– 임상가를 위한 사례집 –

인지치료의 실제

Ivy-Marie Blackburn & Vivien Twaddle 저

천 영 훈 · 구 재 우 · 이 상 열 옮김

圖書出版 하나醫學社

COGNITIVE THERAPY IN ACTION:

A Practioner's Casebook

by lvy-Marie Blackburn and Vivien Twaddle

This Korean edition was Published by Hana Medical Publishing Co.,
in 2015 by arrangement with through KCC, Seoul,

– 임상가를 위한 사례집 –

인지치료의 실제

목차

제4장 | 범불안장애의 사례

제5장 | 공황장애의 사례

제6장 | 강박장애의 사례

제7장 | 신경성 폭식증의 사례

제8장 | 장기적인 문제들을 가진 사례

제9장 | 맺음말

역자 서문

치료는 사람을 변화시키는 작업이다. 현재까지 약 200여가지의 정신치료 방법이 소개되어 왔으나, 결국 모든 정신치료의 목표는 고통 받고 있는 사람의 변화이며 때로는 건강한 개인을 성장시키거나 성숙시키는 것으로 이 또한 변화가 있어야 가능하다.

이러한 변화를 위하여 우리나라에서는 70여년간 정신치료에서 첫 시작은 주로 정신분석적 바탕을 토대로 발전하여 왔다. 프로이드에 의해 정신분석이 시작되어 자아심리학, 대상관계, 자기 심리학을 거쳐 정신분석학적 정신치료가 우리나라 정신치료의 주된 발전을 기여해 왔다. 그러나 20여 년 전부터 인지치료 역시 정신치료의 한 축을 이루어 정신건강의학과에서 많은 발전을 이루어 왔다.

개인적으로는 원광의대 정신건강의학과에서 전공의 수련을 받으면서 정신치료의 경험은 정신분석을 토대로 이루어져 왔다. 이러한 경험은 한국정신분석학회에 정회원으로 가입하면서 교육과 증례토론 등을 통해서 정신치료의 중요성을 더욱 공감하게 되었다. 그리고 1998년부터 2000년까지 캐나다 토론토 의대 정신신체의학 전임의 프로그램을 연수하면서 당시 토론토 대학병원 정신분석 세미나의 지도교수로부터 1년간 역동적 정신치료를 받았던 경험은 사람을 변화시키기 위해서는 나 자신부터 돌아보고 이해하는 깊이를 더하게 되었다.

그러나 한편, 연수당시 토론토 의대 정신건강의학과의 교육 프로그램에는 인지치료 프로그램이 있어 정신의학 교과서를 통해서만 익숙했던 인지치료에 대한 교육을 받고, 같이 토론하면서 인치치료의 가능성과 중요성을 인식하게 되었다. 연수시절 인지치료에 대한 경험은 불안장애 및 우울장애와 폭식증에 대한 인지치료를 귀국 후에 임상에서 적용하게 되었고, 인지치료 역시 정신건강의학과에서 중요한 정신치료 중 한 가지 방법으로 깊이 각인하게 되었다.

인지치료는 경험을 강조하며, 치료자는 솔직하고, 적극적이며 은유적인 언급이나 소크라테스 식의 질문들 그리고 환자의 생각에 협력적으로 집중하는 특성들은 사람에 대한 또 다른 인식으로 나에게 다가왔으며 임상 현장에서 많은 도움이 되고 있다.

인지치료에 대한 수많은 이론서들이 출판되었고 또한 국내에도 번역되어 소개되었지만 실상 인지치료가 진료실 혹은 상담실에서 어떻게 이루어지는 지는 직접 수련과정에 참여하기 전에는 파악하기 힘든 것이 사실이었다. 이 책은 각각의 대표적인 질환에 대한 인지치료의 이론적 토대를 잘 설명하고 있음은 물론 생생한 실제 사례들을 통해 눈앞에서 치료과정을 지켜보는 듯한 착각을 불러일으킬 만큼 치료과정 전반이 잘 기술되어 있다는 점에서 많은 독자들에게 인지치료를 이해하고 이를 통하여 환자치료에 적용하는 데 실질적인 도움을 줄 것이라고 생각한다. 마음의 병으로 고통 받고 있는 많은 분들께 도움이 되기를 바란다

시대를 앞서간 석가모니님, 예수님, 공자님 그리고 소태산 대종사님의 깨달음 역시 인지치료적 접근이 녹아있음을 감사하고, 시대를 뛰어 넘어 이를 임상 현장에서 적용하도록 발전시켜 온 Aron Beck 이후 수많은 인지치료사들에게 감사드린다.

2015년 3월

역자 대표 이 상 열

서 문

이 책은 인지치료를 수행하는 사람들을 위한 책이다. 이 책에는 각기 다른 정동 장애로 인해 뉴캐슬 인지치료 센터로 의뢰되어 온 6명의 사람들에 대한 치료 과정이 담겨 있다. 이들은 우리 센터에서 행하는 임상적 작업들의 대표적인 사례들이라 할 수 있다. 치료에 있어서의 비밀 유지의 원칙에 입각하여 환자 개인을 알아차릴 수 없도록 신상에 관한 자세한 내용들은 바꾸었다. 이 책을 저술함에 있어서 우리는 독자들이 어느 수준 이상의 이론적 지식과 임상적 경험을 지니고 있을 것으로 가정하였기에 인지치료에 대한 기본적인 개념 혹은 전략들에 대해서는 자세히 다루지 않았다. 대신 어떤 방식으로 인지 공식화들을 만들어가고 이에 기초한 치료적 결정들이 어떻게 이루어지는지를 보여주는데 주력하였다. 우리는 실제 사례들을 기술함에 있어서 치료 과정 속의 잘된 점들은 물론 잘못된 점들까지 모든 것을 담았으며 인지치료를 수행하는 우리의 기쁨 또한 전해지기를 소망한다.

이 책은 인지치료의 이론적이고도 지속적인 진화에 대한 챕터로 시작한다. 이 챕터에서는 인지치료적 접근의 원칙들에 대해 재확인하며, 임상가에게 핵심적 중요성을 갖는 최근의 주제들(예를 들면, 인지치료와 다른 이론적 전통들과의 통합, 증가하고 있는 치료적 관계의 중요성, 무의식적 기제들의 역할, 구성주의 모델들 및 치료적 전략들의 확장)을 집중적으로 조명하고 있다.

제 2장에서는 이 책에 기술된 모든 정동 장애들을 포괄하는 인지치료의 경험적 기반에 대하여 기술하고 있다. 관심이 있는 독자들은 pp. 270-288에 기록된 참고 문헌들을 참조하길 바란다. 실험적 연구들은 기초 연구 방법론에 대한 흥미를 유도하기 위해 선택되었으며 결과 연구들은 광범위하게 검증된 것들이다.

제 3-8장은 임상 사례 연구들이다. 각 장은 동일한 포맷으로 이루어진다: 해당 질환의 개요, 그 질환에 해당되는 인지 모델에 대한 설명, 의뢰된 자세한 과정, 증상들을 포함한 평가 섹션, 개인력과 현재의 임상양상 및 인지치료에 대한 적합성 여부 또한 같은 섹션에서 다루고 있다. 다음으로, 치료 계획으로 이끌기 위한 대략적인 인지 공식화와 치료 과정에 대한 기술이 이어지며, 그리고 나서 최종 공식화가 상정되고 이를 통해 치료 결과, 치료 종결 후의 예후 및 남아있는 문제들에 대한 논의가 진행된다. 우울증의 사례는 Ivy Blackburn이 기술하였으며 강박장애는 Vivien Twaddle이 기술하였다. 임상심리학자인 Ian James는 공황 장애 부분을 썼으며 Ivy Blackburn과 함께 인격장애 파트도 기술하였다. 인지치료 영역의 임상전문간호사인 Anne Garland는 신경성 폭식증 및 범불안장애의 저술에 기여하였다.

이 책의 마지막 장에서 다루고 있는 주제들은 엄밀히 말하자면 이 책이 의도한 범위를 벗어난 부분이지만 인지치료의 지속적인 발전에 관한 주제들을 포함하였다: 즉, 인지치료자의 수련, 몇몇 이론적으로 잘 알려지지 않은 영역들과 함께 최근 이론적 개념들, 인지도식의 측정 및 변화의 기전에 대한 경험적 타당성 확보의 필요성에 대해 기술하였다.

인지치료는 정신치료의 영역 안에서 흥미진진하고도 빠른 발전을 지속해 나가고 있는 영역이다. 우리는 인지치료에 대한 우리의 열정이 독자들에게도 전해지길 바란다.

뉴캐슬 인지치료센터는 1988년 설립된 이래로 영국 내에서 인지치료에 대한 임상 경험 측면에 있어서 최고의 센터들 중 하나이다. 센터는 3가지 형태의 서비스를 제공한다: 인지치료분야의 최첨단 연구를 진행하며, 인지치료 영역의 임상가들을 길러냄은 물론 타인강 유역의 뉴캐슬과 잉글랜드 북부의 환자들에게 전문가에 의한 인지치료를 제공한다. 자문 임상심리학자인 Vivien Twaddle은 Steve Galvin 및 Jan Scott과 함께 현재 이 센터의 책임자이며, 뉴캐슬 전문가자격증 취득 후 교육과정(Newcastle post-qualification course)의 설립을 담당하였는데 우리가 아는 한 이 교육과정은 영국 최초로 설립된 과정이다. 그녀는 지금도 센터의 임상 파트를 담당하고 있으며 뉴캐슬시 국가의료서비스기관(National Health Service Trust)에서 전략기획을 담당하고 있다.

자문임상심리학자이자 Durham대학 임상심리학과의 방문교수인 Ivy Blackburn은 1993년 초에 Edinburgh로부터 본 센터에 교육 및 연구 책임자로 부임해 왔다. 그녀는 전문가 자격증 후 과정의 두 번째 해부터 교육 책임자를 맡아오고 있으며 본 센터에서 연구 분야를 시작하여 지금까지 육성해 오고 있다. 연구 영역에 있어서 가장 주된 두 가지 영역은 결과 연구와 수련과정에 있어서 치료자의 자격 요건들을 평가하기 위한 방법들에 대한 연구이다. 1995년에 전문가자격증 취득 후 과정은 그간의 학문적 임상적 성과를 토대로 Durham대학으로부터 인증을 받았다. 1994년에 센터는 A. T. Beck 교수가 센터의 명예총장이 되는 영예를 누렸다.

감사의 말씀

신경성 폭식증 및 범불안장애 편의 저술을 도와준 Ann Garland, 공황 장애 편을 기술해주고 인격 장애 편에 도움을 준 Ian James를 비롯해 이 책이 나올 수 있도록 도움을 준 많은 분들에게 감사를 표하는 바이다. 매우 소중한 비서 업무와 끈기 있는 투지를 보여준 Katharina Reichelt와 Eileen Wardle; 1988년 센터 개소이래로 용기를 가지고 센터를 지원해 오면서 윤리적, 재정적 지원을 지속해준 뉴캐슬 시 보건당국의 책임자인 Lionel Joyce; 애초에 이 책에 영감을 불어 넣어준 Tim Beck; 그리고 마지막으로 그 누구보다도 환자분들에게 감사의 말씀을 전한다.

I. -M. Blackburn
V. Twaddle

제1장

인지치료의 발전

인지치료란 무엇인가?

인지치료(Cognitive therapy)는 인간 행동을 변화시키고, 설명하는 데 있어 지식 구조(knowledge structure) 혹은 사고 과정이 중심적 역할을 하고 있다는 이론을 기초로 한 응용심리학의 한 분야이다. 인지치료 안에서의 대다수의 다양한 지침들은 인지와 감정 간의 상호작용을 인정하면서도, 인지가 감정에 영향을 끼치는데 기여한다는 관점을 취하고 있지만 그럼에도 불구하고 일부에서는 감정을 정보에 대한 일차적 근원이고 그 자체만으로 의미가 있는 것으로써 탐색해 왔다. 모든 지침들이 전적으로 인지 및 행동적 기법들의 광범위한 범주에 의존하고 있으며 일부는 경험적 기법들로 확장되고 있다.

이 장에서는 정신치료에서 진화하고 있는 이 분야의 역사적인 근원에 대해 탐색하려 한다. 논의는 두 개의 섹션으로 나뉘는데, 광범위하게 첫 20년, 그 이후로 현재까지 20년 동안의 인지치료를 설명하게 된다. 또한 인지치료의 효용 및 적용의 범위를 증진시키기 위해 지속되고 있는 내적, 외적의 변증법적 발전 과정을 설명하고자 한다. 이러한 형태의 정신치료가 어떤 점에서 특별한지에 대해 논의하면서 동시에 우리는 새롭게 야기되는 통합적 주제들을 다룰 것이다.

첫 20년간, 1960년대 – 1970년대

인지치료의 이론적인(그리고 임상적인) 토대는 심리학의 전반적인 분야는 물론 그동안 적용되어 온 임상적 관찰 및 실행으로부터 얻어진 다양한 자료들에 의해 만들어졌다. 심리학의 전반적 분야에서는, 세 가지 주된 갈래가 두드러진다: 1) 현상학적 접근 및 자신과 세상에 대한 시각이 행동을 결정하는 핵심이 된다는 논점(Adler, 1936; Horney, 1950); 2) 사고를 일차적, 이차적 처리 과정을 포함하는 계층적인 구조로 설명하고 있는 구조 이론

(structural theory) (Piaget, 1972); 3) 앞선 두 가지 가정 모두를 통합하면서도 정보 처리와 행동 변화에 있어서 인지의 중요성을 강조하는 인지 심리학의 학술적 영역 (Williams 등, 1988).

임상 분야에서는 다수의 학자들이 영향을 끼쳐왔다: George Kelly는 인격적 구성 모형을 통해 행동 변화의 측면에서 세계를 받아들이고 해석하는 특유한 방식을 설명했다(1955); Arnold(1960)와 Lazarus(1966)의 정서에 관한 이론들은 정서 및 행동의 변화에 있어서 인지의 일차적 역할을 강조하였다; Ellis(1962)의 논리-정동요법(Rational-Emotive Therapy)은 임상적 개입에 있어서 인지가 우선한다는 원칙을 설명하였으며 이에 대한 조정을 통해 사고와 행동 패턴을 바꿀 수 있다는 것을 강조하고 있다. 행동치료 분야에서 Bandura의 사회 학습 이론(Social Learning Theory; 1977)은 관찰을 통한 학습의 인지적인 측면에서 새로운 행동 패턴의 발전을 설명하려고 한다는 점이 중요하다. 이를 통해서 Meichenbaum의(1977) 자기교시적 학습 모델(self-instructional learning model)과 행동의 인지적 조절에 대한 Mahoney의 초기 작업(1974)이 시도했던 것처럼 행동 치료를 인지의 영역으로 이동시켰다.

그러나 본격적으로 임상적인 문헌을 통해 주목받은 것은 Beck의 모형이었다. 이 경험적인 인지 모형은 고전적인 정신분석이 지닌 임상적인 한계와 이론의 과잉, 그리고 급진적인 행동주의가 지닌 경직되고 제한적인 특성에 대한 반작용으로써 개발되었다. 이 모델은 1970년대에 인지적 방법론과 인지개념화의 초석이 되었고, 현재에 이르러서도 경험적, 임상적 시도들을 이끌고 있다. Beck의 이론이 나온 1967년 이래로 그의 모델을 근간으로 벤치마킹한 많은 인지치료분야의 발전이 있었다. 이러한 이유로 우리는 남은 장에서 이 모형을 주된 참고 자료로 이용할 것이다.

초기 인지개념화들(Early cognitive conceptualizations)

인지 치료에서 현상에 초점을 두는 것은 환자가 경험한 내용에 대한 임상적인 이해 및 개입을 해 나감에 있어 중심이 되는 중요한 위치를 차지한다. Meichenbaum(1977)의 자기교시훈련(self-instructional training)과 Ellis의 논리-정동 요법(rational-emotive therapy; Ellis와 Greiger, 1977)과 같은 내용 중심적 작업들은 인지치료 문헌상에 있어서 초기에 등장한 것들 중 하나이다. 보다 최근의 예들 중 두드러진 것은 Beck과 Emery에 의해 제시된 바 있는데, 이들은 불안장애 환자에 있어서 위험과 취약성에 대한 내용적

이슈들에 초점을 맞추었으며(1985) ; Beck의 우울증에 대한 개념화에서 제시되는 부정적 인지 3요소(negative triad) 또한 그러한 예라 할 수 있다.

이러한 형태의 임상적인 작업 구조가 지닌 장점은 치료 초기부터 분명해 진다. 이러한 작업구조들은 즉각적인 인지적 현상에 대한 이해를 제공함으로써 환자들이 보다 쉽게 감정과 행동을 연결시킬 수 있도록 해주었다. 이러한 직접적이면서도 구체적인 집중은 인격장애, 정신증적 상태, 학습장애를 지닌 아동 및 성인 등과 같이 조금은 덜 심한 환자들과의 작업을 가능하게 해주었다. 그러나 정서 및 행동 장애에서 보이는 접근하기 힘든 인지적 과정들과 구조들에 대해서는 다루지 않았다는 약점을 지니고 있다. (Craik와 Tulving, 1975; Goldfried 등, 1984) 또한 빈약함의 문제도 있다; 각기 다른 정동 장애에서는 다른 내용을 기반으로 한 모델이 필요했고 이러한 장애들이 상호 배타적인 장애들이 아닐뿐더러, 같은 질환을 지닌 환자라 할지라도 반드시 동일한 내용을 공유하지는 않더라는 문제가 있었다. 이러한 한계로 인해 서로 다른 '수준(level)'의 인지에 대한 개념을 포괄하기 위해서 세 부분으로 구성된 인지적 모델이 만들어졌다. Beck의 모델이 가장 명확하고, 영향력이 있었다. 그의 체계는 자동적 사고들(내용), 잘못된 정보처리(과정), 그리고 역기능적 가정들(구조 혹은 인지도식(schemata)) 사이를 구분 하고 있다. 이렇게 함으로써 단순히 환자들이 어떤 문제를 지니고 있는가를 넘어서 그 문제들에 대한 인지적 이해를 향상시켰다. 그의 모델은 정보의 내용을 정보 처리과정의 결과물로 보고 있다. 의식화된 지식의 일부분으로써 드러나는 자동적 사고들은 직접적이고도 논리적인 사고를 통해서가 아닌 느닷없이 나타나는 것이다. 자동적 사고는 Meichenbaum의 '자기-주장'(self statements; Meichenbaum, 1977)과 Ellis의 비합리적 신념(irrational belief; Ellis and Greiger, 1977)과 같은 의미이다.

인지도식들(Schemata)은 자신 및 세계와 타인에 대한 근본적인 믿음을 반영하는 깊고, 비교적 안정적인 인지 구조이다. 인지도식들은 개인적인 경험들이 어떤 방식으로 지각되고 개념화되는지를 결정하는 사고의 복합적인 패턴들로 나타난다. 이것은 들어오는 정보를 이미 형성된 개념에 짜 맞추고 강화시키는 일종의 변환 기제로써 작동한다. 이러한 경험에 대한 '왜곡' 혹은 조작은 특징적인 정보-처리 과정의 운영을 통해 유지 되는데: 임의적 개입(arbitrary interference), 선택적 추론화(selective abstraction), 과잉 일반화(overgeneralisation), 극대화와 극소화, 개인화(personalization), 낙인찍기/낙인벗어나기(labelling/mislabelling), 이분법적 사고가 그것이다(Beck 등. 1979).

이 모델은 학술 및 임상적 문헌에서의 중요한 이슈(예를 들면, Seligman의 우울증 발병에 기여하는 취약한 귀인 양식(attributional style))로 다루어져 왔던 인지적 소인 즉 취약성에 대한 아이디어를 요약한 것이다(Alloy, 1988). Beck은 개인 특유의 역기능적 인지도식들이 특정 정동 장애에 대한 취약성의 기반을 형성한다고 제시했다. 만약 이들의 본래 가지고 있던 소인이 힘든 사건들에 의해 '활성화' 될 때, 인지도식들은 한 개인이 인지하고, 해석하고, 통합하고, 기억하는 데 있어 체계적 오류를 유발하는 방향으로 인지를 변화시킨다. 인지도식은 '우리가 알아차리지 못하고 있는 생각이며... 이들이 관심의 한가운데 있지 않고 의식의 변두리에 있기 때문에' 무의식적인 것으로 간주된다(Campbell, 1989).

특정한 인지도식들이 한 개인에게 얼마나 부정적인 효과를 미치는지는 그 인지도식이 가진 힘; 그러한 인지도식이 한 사람의 개인적 통합과 안전성에 얼마나 필수적으로 작용하는지; 특정한 인지도식이 활성화되었을 때 개인이 겪게 될 혼란의 정도; 인지도식의 중요성 및 본성에 대한 이전의 학습; 그리고 얼마나 이른 시기부터 그 인지도식이 내재화되어 왔는지 등과 같은 여러 가지 요인들에 의해 좌우된다(Freeman, 1992 참조). Beck은 stressor가 일단 사라지고 나면 인지도식은 이전의 잠재된 상태로 돌아간다고 주장했다. 이는 일부 환자들이 치료의 초기에 빠른 속도로 건강해지는 이유를 설명하고 있다. 추측하건대 이러한 일이 일어난다는 것은 치료자 및 치료자의 해설 즉 환자가 지닌 인지도식 모델을 이해할 수 있도록 해준 것이 스트레스를 감소시켰기 때문일 수 있다(Freeman, 1992). 이러한 잠재상태로의 회귀는 역기능적태도척도로 측정한 인지도식의 양상이 이전에 우울증을 경험했었던 환자들과 한 번도 우울해 본 적이 없는 개인들 간에 별다른 차이가 없다는 사실을 설명하는데 이용되어져 왔다(Weissman, 1979; Hamilton과 Abramson, 1983, Silverman 등, 1984).

이 관찰은 취약성에 대한 더욱 복잡한 설명으로 이어 진다: Teasdale은 그의 차별적 활성화 가설을 통해 이러한 이슈들을 설명하였는데, 우울한 정서가 이전의 우울한 감정의 경험과 연관된 부정적인 해석적 범주들과 구성물들에 대한 접근성을 증가시키는 것이라고 제안하였다(Teasdale, 1988). Teasdale은 기억에 있어 기분의 영향(Blaney, 1986,; Fennell 등, 1987)에 관한 광범위한 연구들로부터 얻어진 아이디어들과, 모호한 상황에 대한 해석, 자기 효능감에 대한 기대, 자신과 미래의 가능성에 대한 평가, 부정적인 사건들과 같은 다른 인지 과정의 영역과의 상관관계를 통합하였다(Bower, 1981; 1983). 결과적으로, Teasdale은 역기능적 인지도식이 하나의 환경적인 stressor와 특정한 인지도식들 간의 명확한 일치의 결과로서 활성화된다는 Beck의 관점에 도전했다. 반대로 Teasdale은 이러한 활성화는, 가장 빈번하고도 원초적으로 이전의 우울의 경험과 연관되어진 부정적인 구조들을 우울한 정서 그 자체가 재활성화 시킴으로써 발생한다고 주장했다. 이것의 임상적 의미는 특정한 stressor는 필수적으로 Beck이 제시했던 것보다 더 넓은 범주의 구조를 활성화시켜야 한다는 것이다. 생물학적, 다른 심리학적 요인들 또한 도입되었으며 이로 인해 그림은 더 복잡해졌다. 역설적으로, Beck이 인지적 조작의 복합성을 포괄하고자 했던 그의 의도와는 다르게 그의 모형은 과도하게 단순하다는 비판을 받았다.

Beck의 모델이 문헌을 통해 처음으로 소개된 이후로, 탐색의 주된 관심은 어떤 종류의 부정적인 해석적 구조가 정서 장애의 발생과 가장 중요한 연관을 갖고 있느냐이다. 이들은 자기와 관련을 맺고 있는 것들인 것으로 보인다. 전반적으로 역기능적인 자기-참조적 인지도식(self-referent schemata)을 가진 사람들이 지속적인 우울 장애의 발달에 더 취약한 것으로 보인다(Teasdale, 1988). 많은 인지 심리학적 패러다임들은 Stroop test, 우발적 회상(incidental recall), 색-이름 명명과제(color-naming tasks)와 같은 검사들을 통해 이러한 자기 도식(self schema)의 중요성을 보여주었다(Kuiper와 Derry, 1982: Segal 등, 1988).

방법론적 가정들(Methodological assumptions)

인지치료는 곧바로 일련의 명시적 가정들(explicit assumptions), 혹은 지도 원칙들(guiding principles)과 관련을 맺게 되며 이를 통해서 치료적 접근의 특징이 결정된다. 넓게 말하자면 여덟 가지가 있다.

1. *인지개념화에 대한 집중(The centrality of the cognitive conceptualization)* 이 모델은 개념적으로, 초기 전통적으로 해오던 주제나 초점이 없는, 빠른 기술 중심적 접근이 아닌, 치료 전략에 초점을 맞추고 명확한 치료 개념을 제시하는 일련의 과정의 중요성을 강조하는 모델이다.
2. *현상학적 강조(The phenomenological emphasis)* 정신병리에 대한 현상학적인 접근은 근본적으로 개인 특유의 주관적 경험이 치료적 변화의 맥락이 될 수 있도록 이끌었다. 그리고 이것은 인지 치료에서 가장 특이적인 초기 관점의 하나가 되었다. 환자의 눈을 통해 세상을 본다는 것은, 자신의 경험에 대한 환자 자신의 보고에 전적으로 의존한다는 것을 뜻하며, 액면 그대로 받아들인다는 것을 의미한다. 치료자와 개념적 치료모델들이 만나게 되는 다양한 지점은 경험의 서로 다른 측면들(내용, 과

정, 구조) 중 어디에 초점을 맞추느냐에 따라 달라진다.

3. *치료적 관계의 협력적 특성 (The collaborative nature of the therapeutic relationship)* 현상학을 중요시하기 위해서는 상호 협력적인 측면을 필요로 한다: 협상하는 분위기 속에서 함께 작업해 나가는 환자와 치료자, 이는 환자와 치료자를 '개인적인 과학자' 로 보는 Kelly의 개념과 일맥상통한다(Kelly. 1955). Beck과 동료들(1979)은 환자가 치료자의 지도를 따라 앞으로 탐색되어야 할 미가공된 정보를 제공하는, 일종의 공동 작업에 대한 아이디어를 요약하여 '상호협동적 경험주의(collaborative empiricism)' 라는 말을 고안해 냈다. 이러한 관계에서의 목표는 특정한 인지 변화 기술들이 가장 효율적으로 적용될 수 있는 환경을 만들어내는 것이다(1979). 그리고 관계의 대부분은 임상적 관계에 초점을 맞추고 있으며 일차적으로는 인지 기법들의 수행을 위한 맥락에서 고려되어졌다. 나중에서야 이러한 관계 자체를 치료적 개입의 도구로써 바라보게 되었다.

Beck의 모델은 무력화시키는 전이(incapacitating transference)와 같은 치료적 관계에서의 어려움들을, 다른 인지 행동적 자료들과 동일한 방식으로 규명되고 검증되어야 할 기술적인 문제로 여겼다. 예전에는 치료에서 이러한 전이의 발생을 최소화 하는 것이 강조되었다. 이는 그 시대의 모든 모델에서 공통되는 견해였고, 치료자–환자 관계보다 치료기법에 더 많은 주의가 집중되었다 (Meichenbaum, 1985; Rehm, 1977). 당시 기술된 상호협동적 치료환경을 발전시키기 위해 치료자가 지녀야할 필요조건들로는, 무소유적 온화함, 적절한 공감과 진솔함(Beck 등, 1979; Beck과 Emery, 1985; D' Zurilla, 1988) 같은 비특이적인 면들과, 좋은 교육적 기술, 상호적이고 고압적이지 않은 태도로 환자의 노력을 유발하고 강화시키는 것, 마찬가지로 중립적인 동료 관계 분위기를 조성하기 위한 개방성과 솔직함 같은 특이적인 면들을 포함하고 있다(Dobson과 Block, 1988; Beck과 Emery, 1985; Rothstein과 Robinson, 1991).

4. *환자의 적극적 참여(Active involvement of the patient)* 상호 협동적인 관계에서는 치료 과정이 자연스럽게 보다 높은 수준의 상호작용으로 발전해 나가게 된다. 이 모델에서는 인지 및 행동 변화에 대한 전략의 창안 및 실험 과정에 환자를 적극적으로 참여시키는 것을 매우 강조하고 있다. 치료자와 환자 둘 다 치료적인 목표의 선택과, 목표를 어떻게 접근하는가에 대한 협상에 있어 각자의 역할을 하게 된다. 이러한 점은 현재까지도 인지치료에 있어서 독창적인 측면이라 할 수 있다.

Vallis 등(1988)의 한 연구는 이런 점에 관심을 가진 연구이다. 그들은 치료자의 행동에 대한 Mattarazzo checklist를 이용하여 인지치료자들과 일반 비특이적 치료자들 간의 역량을 비교하였다(Mattarazzo 등, 1965). 그들은 가장 숙련된 인지 치료자들 사이에서 '예/아니오'를 요구하는 짧은 질문과 중간에 끊는 질문들을 하는 경우가 훨씬 많았다는 사실을 관찰했다. 이것들은 이 척도 상에서는 의사소통의 '오류'로 분류되지만, 인지치료에서 이러한 질문과 중간에 말을 자르기는 오류가 아닌, 환자와 치료자 사이에 적극적인 상호 협력을 이루기 위한 중요한 부분으로 여겨진다. 이는 정신치료의 영역에서는 숙련된 것으로 여겨지는 부분이 다른 형태의 치료에서는 다르게도 평가될 수 있다는 점을 잘 드러내주고 있다.

5. *소크라테스식 질문과 안내적 탐색 (The use of Socratic questioning and guided discovery)* 인지치료에서 이 유형의 질문은 소크라테스식 대화로 알려져 있다. 치료자의 역할은 환자의 생각과 행동을 해석하기보다는 생각, 느낌과 행동에 대해 궁금증을 유발하게 함으로써 그 내면의 것을 발견하도록 환자를 격려하는 것이다: 안내탐색(guided-discovery) 과정의 하나이다.

이는 해석을 통한 소통과는 극명히 대조된다. '의중을 헤아리는 것'과 환자를 잘못 이해할 수 있는 위험성을 떠나서, 해석은 환자로 하여금 본인이 납득이 안 되거나, 혹은 달가워하지 않거나, 힘들어함에도 불구하고 단순히 동의하게 되어버리는 타협적 상황에 처하게 할 위험성을 지닐 수 있다. 인지 치료의 소크라테스식 질문의 형식은 환자가 통합성을 유지할 수 있도록 해주며, 치료자가 가장 정확한 정보 – 인지적 개념화의 기본 원칙, 이론의 발전에서 중요한 전제조건이 되는 정확성 –를 얻을 수 있도록 해준다.

6. *치료자의 솔직함(Explicitness of the therapist)* 협상 혹은 상호협동적인 발상에 따르는 필요조건은, 치료자는 분명하게 모델 및 개념화에 대한 자신의 작업 이론과 발상을 공유해야 한다는 것이다. 또한 실수를 인정하고, 동의하지 않는 것을 인정하는 점 등을 수반한다. 이 인지 치료 체계 내에서는 '사적인(Private)' 치료자 모델은 존재하지 않는데 이는 상호 협동적인 자세를 방해하기 때문이다.
7. *경험에 대한 강조(The emphasis on empiricism)* 이 모델은 항상 상당히 경험적이었다: 커다란 범주에서 인지적(사고, 이미지, 그리고 믿음을 변화시키는 것에 일차적 초점을 맞춘) 그리고 행동적(드러난 행동의 수정에 일차적 초점을 맞춘)으로 분류되는 일련의 기법들을 거쳐 협력적 안내-탐색 과정을 통해 드러나게 되는 작업가설들(working hypotheses)을 창조해내고 검증하는 것이다. 당연히 이러한 범주들이 상호 배타적인 것은 아니다. 예를 들어, 자기주장 훈련과 같은 행동적 기술은 그 자체에

인지적 요소를 갖고 있다: 대인관계 행동 자체의 변화 뿐 아니라 주장의 결과에 대한 예상에 적응해 가는 것과 같은, 인지적 변화를 성취하도록 할 수 있다.

8. *외부적 초점(The 'outward' focus)* 인지치료가 가지고 있는 경험적이고도 적극적인 측면(소위 인지치료에서 이야기 하는 '과제(homework)')은 치료 회기 중 치료적 변화의 일반화(generalisation)를 촉진시키기 위해 고안된 것이다. 이러한 일반화 활동들이 명시적으로 결정되고, 관찰되고 평가되는 정도는 각각의 모델들에 따라 다르다. 그러나 인지치료는 회기 중 상호작용에 대해서는 선택적으로든 전체적으로든 초점을 맞추지 않는다는 것이 일반적인 원칙이다. 반대로, 치료적 맥락에서 치료 세션을 떠나 바깥세상에서 기능하는 것에 더 큰 관심을 갖는다. 수많은 연구들은 주어진 과제에 대한 순응도가 더 나은 예후와 관련되어 있다는 것을 시사하고 있다(Neimeyer 등, 1985; Persons 등, 1985; Primakoff 등, 1989.).

다음 20년간, 1980년대 - 1990년대

떠오르는 주제들

1970년대 이후로 인지 치료 분야에서는 다음의 두 가지 요인들로 인해 이론과 임상분야 모두에서 중요한 변화들이 있어왔다. 첫 번째는 응용 심리학 내부에서의 통합적 영향이다. 비인지적인 이론적 모델과, 인지적 모델의 통합에 관련된 '보다 광범위한' 모델이 최근 20년 간 떠오르고 있다는 것을 볼 수 있다. Neimeyer와 그의 동료들의 Kelly의 인격 구성 이론에 대한 관심(1955); Guidano와 Liotti(1983)의 Bowlby의 애착 이론에 대한 고찰; Safran과 Segal(1990)의 Sullivan의 대인관계 이론과의 융합이 그것이다. 인지 치료에서 이론 및 임상적 변화에 기여한 두 번째 요인은, 인지 심리학이 인지치료의 주류로 통합된 것이다. 이는 인지 도식의 역할에 대한 연구가 증가하고 있는 것(Hollon과 Kriss, 1984; Kuiper와 Olinger, 1986; Willams 등, 1988; Segal, 1990)과 특히 인지 심리학 분야 자체에서의 최근의 이론적인 발전의 기여(Tesdale과 Barnard, 1993; Bower, 1981, 1983)로 잘 설명된다.

문헌에서 떠오르고 있는 주제는 광범위하고 다양하며, 변화의 이러한 과정을 반영하고 있다. 구성주의(Constructivism), 발달, 관계, 감정, 무의식적인 과정들, 상위 인지, 변화 기전들, 심층 구조들과 경험주의적 방법들은 진행되는 고찰 중 일부일 뿐이다(Rosen, 1993). 그 결과로 치료적 목표와 전략에 대한 견해가 변화된 새로운 모형들이 등장했다.

가장 잘 결합된 형태는 1980년대에 Guidano와 Liotti(1983), Mahoney(1988)에 의해 처음으로 해설된 구성주의적 발달 모형(Constructivist developmental models)들이었고, 다음으로 90년대에 이루어진 Safran과 Segal(1990)에 의한 인지 대인관계 모형의 발전이었다. 이들은 위에서 언급된 주제들의 대부분을 깔끔하게 요약하고 있고, 이 섹션 나머지의 대부분을 차지할 것이다.

구성주의적/발달적 관점들

이 관점은 발달 이론과, 지식의 구조적 모형(Piaget, 1977)에 크게 의존하고 있다. 여기서 사고의 개념은 구조적 분화와 통합의 과정을 통해서 발전한다는 것이 핵심이다. - 이러한 과정은 '세상을 알아가는' 방식이 위계적 방향성 하에서 보다 발전된 적응적 방식으로 이동해 간다. 개인은 개념적인 정보를, 기존에 존재하는 구조에 동화시키는 과정을 통해서 세상을 알게 되고, 결국 이를 통해 본인이 직면하는 세계의 외부 구조에 적응할 수 있게 된다. 이는 균형 모형(equilibration model)으로 불린다. '객관적 상대주의(Objective relativism)'가 가장 바람직한 목표이다: 한 개인은 자신을 인지적 비평형(disequilibration) 상태로부터 재평형 상태(re-equilibration)로 이동시키는 과정을 통해서 다음 단계로 발전해 나가게 되는데 이러한 과정은 자신에게 유입되고 있는 자료들과 이미 존재하고 있던 내적 심리구조들 사이의 부조화, 불일치 혹은 모순을 통해서 형성되는 인지적 혼란에 의해 유발된다. 이러한 과정은 새로운 인지적 구성을 수반하며 이를 통해서 새롭고도 발전된 지식의 균형을 이루게 된다.

Piaget의 견해는 정신 병리에 대한 인지치료적 접근의 주된 목표와 철학에 잘 들어맞는다. 인지적 전략과 기술은 개인의 가정, 믿음과 예상의 재정리 또는 수정을 통한 개인의 이해 향상을 겨냥해, 경험들의 평형을 깨고 이에 따른 재 평형을 유도하기 위해 디자인되었다.

개인과 그의 지식 구조에 대한 능동적 구성에 대한 견해는, 구성주의 철학의 중심 전제이며 이는 존재론(실재의 본질)의 개념화 및 인식론적 가정(지식의 본질과 변화의 과정)을 아우르고 있다. 이 철학은 지금까지 인지 치료가 인기를 끌어온 두 번째 절반 기간 동안에 인지 모형에서의 임상적 변화를 반영한다.

Mahoney(1988)는 그의 존재론, 인식론의 대안적인 합리주의로 구성주의적 관점에 반대하고 있다. 후자는 사실과 논리, 개인의 생각과 느낌에 대한 태도가 외부 실재에 직접적으로 연관되어 있어야 한다는 입장과 관련되어 있다. 대조적으로 구성주의 관점에서는 개인이 지식을 창조하고, 이러한 지식은 특유의 내부적이고 독립적으로 존재하는 실재에 반응한다고 생각한다. 지식이 정확하고 사실인지보다는, 현실적이고 적응적인지의 여부를 강조한다.

지난 20년간 구성주의적 사고에 대한 관심은 증가해 왔으며 이로 인해서 치료적 관계 내에서 서로 상이한 기술들에 대한 강조, 즉 변화의 과정은 그 자체만으로도 새롭게 중요성을 인정받아왔다. 그러나 이는 지금까지 지난 20년간에 국한된 구성주의적 모형들의 발달의 불공평한 반영일 수 있다. Ellis(1990)는 논리-정동요법(Rational-Emotive therapy) 같은 모형조차도 진정으로 합리주의적이지는 않다고 주장 한다; 그리고 Beck의 모델은 구성주의적-합리주의적 연속선상의 중간 정도에 위치한다고 주장한다. Beck의 체계에서 어떤 측면들은 명백하게 분리된 외부 세계의 합리주의적 증거에 기초를 두고 있는데 예를 들자면 가설 검증을 위한 논리적 분석과 행동주의적 실험들에 대한 인지의 객체화가 있다. 다른 측면들은 좀 더 구성주의적 철학을 반영 한다: 예를 들어, 특정한 믿음에 대한 생각의 장점과 단점을 목록으로 만드는 것과 같은 기술; 인지의 유용성을 고려하고, 좀 더 유용한 방향으로 재구성하도록 설계된 기술. 더 나아가, 모형은 양쪽 전통을 반영하는 귀납적 질문의 사용을 지지한다.: "증거가 어디 있나?" 와 "어떻게 검증할 수 있나?" 가 합리주의적 질문의 예이다; "그 생각이 당신에게 주는 영향은 무엇인가?" "그렇게 생각하는 것이 당신에게 어떤 유용함이 있는가?" 가 구성주의적 예이다. 확실히 모형 자체의 비적응적인 가정들은 개인에 의해 만들어진 '구성' 들이다. 그러므로 Beck의 모형은 양 철학적 전통 둘 다를 포괄한다. 이 모형이 발전되던 시기에는 이러한 철학적인 논쟁이 적절하지 않았기 때문에 그는 이를 명백히 하지 않았다.

Guidano의 변화에 대한 체계/과정-지향적 모형(system/process-oriented model)은 구성주의적 관점의 전형적인 예이다(Guidano, 1987;1991; Guidano와 Liotti, 1983). 이는 Piaget의 유전적 인식론(Piaget, 1982)과 Bowlby의 애착이론(Bowlby, 1969, 1973, 1980)의 견해와, 변화에 대한 인지적 모형에서 기저의 가정들과 지도 원리를 통합한다. 일반적으로, 인지적 기술들이 사용됨에도 불구하고, 인간 지식 체계 내의 심층적 '암묵적' 구조의 수정과 변형에 있어 이들에게 두 번째 자리가 주어진다. 감정은 존재론적, 그리고 진화론적 관점 둘 다에서 더 일차적인 역할이 주어진다. 감정과 인지는 그들이 서로에게 통합된다는 의미에서 분리될 수 없으며, 감정을 장해로 보는 합리주의적 관점과는 달리, 치료 과정을 통해 구조에 대한 변화를 이끄는 필수적인 부분으로 여겨진다.

이러한 접근은 겉으로 드러난 지식들로부터 감춰진 것들을 식별해내며 정서적 장애와 안녕감에 있어서 자기-인식(self-knowledge)의 핵심적인 역할을 강조한다. 애착은 이러한 자기-인식의 발달에서 주요한 역할을 하는 것으로 여겨진다. 깊은 곳의 핵심적 구조의 변화를 유도하기 위한 치료적 개입이 강조되며 그러기 위해서는 자기-인식의 형성으로 이끄는 발달 단계들에 대한 심층적 고찰을 필요로 한다. 그러므로 문제 해결 및 증상 해소에 더 많은 주의를 기울이던 지금까지의 인지적 분야보다 개인력과 과정에 초점을 둔 주제들에 더 많은 시간이 소요된다. 구성주의적 접근의 목표는 이전의 모델들과 유사하다 - 세상에 대한 특정한 지식 구조와 행동의 무가치함을 밝히고, 주된 인지도식들을 좀 더 기능적인 상태로 수정하고 재구성하도록 돕는 것.

이 모델은 다양한 반응을 이끌어냈다고 말할 수 있다; Mahoney(1991)는 발달과 변화 과정의 복잡성에 대한 관심을 받아들였다; Ellis(1990)는 이를 정신분석의 덜 바람직한(비경험적인)특징들의 일부를 포괄하고 있는 것으로 보았다. 역설적으로, 구성주의적 견해는 현재 학술 인지 심리학 분야 자체에서 가장 강력한 경험적 지지를 얻고 있다. Teasdale(1993)은 감정에 더 집중하고 경험주의적 변화 기술과 치료 과정들의 필요성에 초점을 두는 것을 받아들였다. 그는 감정을 '고차원적인' 지식 과정으로 설명했다. 명시적이지 않은 함축적 수준에 있어서의 인식과 이해는 보다 덜 합리적인 자세를 필요로 한다. 그는 구성주의 모델을 새로운 학문적 현상으로써 받아들였으며 이는 의심할 여지없이 인지 치료가 발전해 가는 가운데 자신들의 중심적 위치에 힘을 보태주었다(Teasdale과 Barnard, 1993; Teasdale, 1993; Barnard와 Teasdale, 1991). 또한 경험적 기술들의 소개를 통해 인지 치료자들이 사용할 수 있는 레퍼토리를 괄목할만하게 확장시켜왔다(Beck 등, 1990; Edwards, 1989; Young, 1990). 그러나 이러한 실험적인 기법들은 기존에 존재하고 있는 인지들에 접근하고, 새로운 인지들을 만들어내며, 멋진 (함축적) 지식들에 도달하도록 함은 물론 인지 구조의 변화를 촉진시키는데 사용된다는 점에서 여전히 치료의 근본적인 목표는 인지적인 것이라 할 수 있다.

인지적-대인관계적 관점

인지치료 분야에서의 두 번째 주된 발전상의 추진력은 대인관계에 기반을 둔 체계들로써 이들은 인지치료 내 치료자-환자관계에 대한 강조를 변화시키는 것에 대한 전반적인 논쟁을 유발하였다. Safran은 이러한 발전에 기여한 주요 인물이다(Safran, 1990; Safran과 Greeenberg, 1988; Safran과 Segal, 1990). 이 모델은 치료적 관계를 핵심적인 역기능적 대인관계 인지도식(interpersonal schemata)를 드러내는 중요한 도구로

본다. 이러한 견해들은 Liotti(1991)도 공유하였는데, 그는 초기 애착 패턴의 역기능적 유형들과 이들이 대인관계 인지도식(치료적 관계 속에서 나타나게 되는)의 발생에 미치는 중요성을 결합시켰다. 대인관계 인지도식은 '대인 관계에서 일어나는 일들에 대한 포괄적인 인지적 표현으로.... 애착 대상과의 상호작용을 기반으로 압축되어 있고.... 한 개인이 어느 정도는 상호작용을 예견할 수 있도록 해 줌으로서 이러한 대상들과의 관계를 유지할 가능성을 증가시켜 준다' (Safran, 1988).

Safran의 모델의 중요한 측면은, 인지기능에 있어서 정보-처리 모델과 생태적 모델 사이의 구분을 이뤘다는 점이다. 전자의 입장은 개인이 정보를 받고, 변환시킨다고 생각한다. 후자의 관점은 개인을 환경(대부분 대인관계적인)과의 상호작용의 측면에서 바라본다. Safran의 체계는 후자의 입장과 좀 더 연관되어 있고, 아는 것과 행동하는 것을 사회-기능적 관점에서 바라보았다(Safran과 Segal, 1990). 환자와 치료자 간의 상호작용은 환자가 지닌 대인관계 도식과 어려움을 반영하기에 이를 이해하는 것이 중요하다. 이 모델이 정신분석적 관계와 유사하다는 이야기는 아니다; 앞서 기술한 인지치료의 동일한 방법론적 원칙들이 이 모델에도 이전의 것들만큼 적용되고 있는 것이다. 이 모델은 치료적 관계를 건강한 대인 관계의 발전을 위한 훈련의 기반으로 보고, 회기 동안 환자가 치료자에게 불러일으키는 느낌과 반응의 맥락에서 환자의 행동, 인지, 감정에 대해 집중하고 있다(Jacobson, 1989).

대인관계적인 관점은 인지 치료가 인격 장애 분야로 확장되는데 크게 기여해 왔다(Beck 등, 1990; Freeman, Pretzer 등, 1990; Young, 1990). 최근의 발전은 인격 장애의 좀 더 특징적인 본질과 관련된 핵심적 대인 관계의 문제점들을 개념화하는데 목표를 두고 있다. 이러한 것들은 치료자와의 관계 내에서 분명해져야 할 필요가 있다. 인지 치료 내에서 이러한 특성의 이론적인 확장이 갖는 중요성은 경험적 기법들의 확장과 병행되어 왔다. 이는 인지치료, 무의식 및 의미의 구성간의 관계를 밝히려는 견지에서 정서 이론의 정교화를 동반해왔다(Safranc Greenberg, 1987, 1991; Greenberg와 Safran, 1984, 1987). Wessler의 인지적 평가 치료(Cognitive appraisal therapy; Wessler, 1993)는 인지 치료의 이러한 감정적인 체계로의 변화를 아우르는 하나의 예이다.

치료적 관계 내에서의 강조점의 변화

인지치료 내에서의 치료적 관계에 대한 전통적인 관점은 기술적인 개입이 일어나는 한도 내에서 바라보는 것이었다(Lambert, 1983). 하지만 이전의 섹션에서 언급했듯이 이것은 변화하는 것이고, 대인관계 메카니즘과 핵심인지도식이 훨씬 더 강조된다. Arnkoff(1981)는 더 광범위한 관계들을 이해하기 위해 치료적 관계를 이용하는 것에 관해서 말하면서 전통적인 관점에 도전한 최초의 임상가 중 한 명 이었다; 그리고 Jacobson(1989)은 관계 자체가 어떻게 우울한 환자들에게 변화를 가져오는 수단으로 사용될 수 있는지를 기술하였다. 현재 이전에 기술된 것과 같은 그러한 개념들이 치료적 관계의 목표, 요구되는 치료자의 자질과 변화의 과정에 대한 논쟁을 통해 좀 더 구체적으로 고려되고 있다.

Guidano와 Liotti(1983) 및 Guidano(1987)는 치료적 관계를 이야기함에 있어서, 역기능적 애착 패턴과 연관됨으로 인해 자기-인식(self-knowledge)의 통합을 저해해 온 환자의 발달상의 과거력을 드러내는 맥락을 치료적 관계가 제공해 준다는 측면에서 이야기하고 있다. 신뢰, 의존, 공격성, 과도한 추종과 회피와 같은 이슈들이 탐색을 돕는 통합적 정보로써 분류되었다. 이것은 Beck의 초기 저작과 현저히 대조되는데 Beck은 이러한 치료 회기 내에서 일어나는 현상을 문제-해결 접근이 필요한 '기술적인 문제'로 보았다. Guidano와 Liotti의 모델들은 인지치료평가척도(Cognitive Therapy rating Scale)에서 명확히 다루어지지 않는 부가적인 치료자의 개성을 강조한다(Beck과 Young, 1988). 환자들이 치료자를 향한 방해가 되는 행동의 의미에 대해서 이해하게 도와주기 위해서는 치료자가 이러한 문제에 주의를 기울이기 이전에 환자가 치료자와의 관계에 대해서 어떻게 느끼는지를 알아보는 것이 필요하다. 치료자의 기술은 신뢰 형성뿐만이 아니다 - 필연적으로 회기가 진행되는 동안 환자뿐만 아니라 자기 자신의 책임과도 조화가 되어야 한다. 오래된 믿음에 도전하거나 새로운 믿음을 만드는 것은 덜 중요하다; 대신, 초점은 최근의 자기 구조(self structures)들을 인식하고 장점들과 문제점들 그리고 그것들 안의 금기들을 바라보는 것에 있다.

다음에 나오는 예를 통해서 접근 방식의 차이를 생각해보자: 환자가 말한다, '사람들은 나를 이해하지 못해요' 전통적인 방법은 치료자로 하여금 환자의 생각을 명확히 하고 그러한 생각이 잘못되었음을 입증하도록 한다. 예를 들어 '당신이 이러한 믿음을 가지게 된 근거는 무엇입니까?', '저에게 예를 들어주시겠습니까?', 그리고 환자들이 사람들과 좀 더 능숙하게 소통할 수 있게 도와주는 것과 같은 현실적인 해결책을 찾는다. 이와 비교해서 좀 더 최근의 접근은 핵심적인 자기 인식(core self-knowledge)을 찾기 위해 환자-치료자 관계의 개인적인 의미를 탐색하는 경향이 있다. 이것은 일련의 다른 질문들을 유도 한다: 예를 들어, '당신은 내가 잘못 이해했다고 느끼나요?' 또는 '당신에게 있어서 사람들이 당신을 잘못 이해했다는 것은 어떠한 의미를 갖나요?' 소크라테스식 문답법을 이용한 질문들과 안내-탐색(guided discovery)을 목적으로 한 일련의 질문들을 주목할 필요가 있다. 질문 내용의 선택은 치료에 사용된 인지적 개념의 틀에 따라 달라진다.

Padesky(1993)는 질문을 선택하는 문제를 세밀하게 살펴보았다. 그녀는 소크라테스식 질문의 복잡한 과정에 대하여 논의하였고 특정 질문에 대한 대답 이상의 것을 경청하는 것과 예상치 못한 것을 발견하는 것에 개방적이어야 하는 것이 중요하다고 강조하였다. 그녀는 인지 치료자들이 개인이 쓰는 특유의 단어들, 감정적 반응들, 은유, 문장에서 이상하게 배치되어 있는 단어들, 그리고 이야기에서 어울리지 않는 요소들에 대해서 귀 기울여야 한다고 충고하였다. 그녀는 이러한 현상학을 환자에게 그대로 되돌려주는 것은 정동을 강화하고 핵심 구조들로 들어갈 수 있는 새롭고 빠른 길을 만들어 준다고 주장한다. 그녀는 안내탐색의 과정을 4단계로 분리했다: 정보를 구하는 질문하기, 듣기, 요약하기, 그리고 통합하기. 마지막 단계가 가장 중요하다. 이 단계는 낡은 구조에 소크라테스식 질문 과정으로부터 얻은 새로운 정보를 적용시키는 것과 관련되어 있다. 위에 나오는 예시들의 경우에서 통합하는 질문은 '이 모든 정보가 사람들이 당신을 이해하지 않는다는 당신의 생각에 얼마나 들어맞나요?' 라 할 수 있다. Safran과 Segal(1990)은 치료적 관계에 대해 할 말이 많다; 그들은 이것에 대한 환자들의 기대를 시험해본다. 그들은 환자들의 치료에 대한 주관적인 경험과 치료자가 느끼는 것과 행동 경향이 임상적 문제를 정확히 찾는 데에 있어서 동등하게 중요하다고 생각한다.

저항의 문제

인지 치료 내의 관계 문제에 대한 증가된 관심과 함께 동시에 저항의 문제가 관심사가 되었다. 전형적으로 인지 치료자들은 저항을 반갑지 않은 현상으로 바라보고, 이것에 대해 문제-해결 접근법을 취한다. 하지만 새로운 대안적 개념은 저항을 근본적인 인지 과정을 탐색할 수 있는 가치 있는 기회를 제공하는 정상적인 과정으로 설명한다.

전통적인 모델들은 저항은 환자, 치료자 그리고/또는 환자-치료자 관계와 관련된 몇 가지 요인들 때문이라고 결론을 내린다(Beck 등, 1979; Ellis, 1983a, 1983b; Lazarus,

1987; Lazarus와 Fay, 1982). 환자 요인들로는 과제 수행의 실패, 지속적 자기 논쟁을 해나가는 것의 실패, 부적절한 감정에 대한 개인적인 책임을 수용하는 것의 실패, 기능의 과도한 결핍, 그리고 치료결과에 대한 과소평가가 있다. 치료자 요인들에는 잘못된 적용 또는 기술의 융통성 없는 사용, 그리고 핵심 문제보다 부차적인 것에 초점을 잘못 맞추는 것이 있다. 관계상의 요인들에는 좋지 않은 치료자-환자 귀속 결합(attributional match; Jack과 Williams, 1991)과 환자와 치료자간의 결탁(예를 들어, 둘 다 불안에 대한 낮은 내성을 가지고 있을 때)을 들 수 있다.

구성주의적 모델은 저항에 대해 강조점을 달리한다. Neimeyer(1986)는 치료적 교착상태는 환자에게 존재하는 구조체계의 결함에 기인한 것이기에 치료자가 생각하는 것처럼 환자가 병식을 얻을 수 있는데 도움이 되지 않는다고 주장한다. 이러한 경우에 불안과 위협받는 느낌이 환자를 통해서 드러날 수 있다. Liotti(1987)는 소위 저항이라는 것의 드러남은 환자가 그의 의미 있는 구조를 보존하려는 시도를 반영한다고 주장함으로써 이 문제를 다룬다. 의미의 보전을 인간 정신 기능의 주요한 목적으로 생각하는 것이다.

의미의 오래된 구조는 원래 변화에 저항하게 되어 있다. 왜냐하면 개인은 예측하고 의미에 귀속되려는 선천적인 욕구를 가지고 있고 이미 성립된 의미 구조를 통해서 안정성을 제공받고 있기 때문이다. 정신과정은 조직화된 수준에 따라 계층적으로 정돈되어 있다. 높은 차원에서 이것은 개인의 통합감 및 정체감과 관련이 되어 있고 일관성과 지속성을 제공하며 변화에 가장 많이 저항한다.

지난 20년을 지나오면서 인지치료 분야에서의 저항에 대한 개념이 확장되어 왔음에도 불구하고 다른 학파들과는 여전히 상이한 상태로 남아있다. 예를 들어 저항의 정신분석적 설명은 무의식적 욕동과 억압된 기억들에 대항한 방어라는 것이다. 인지치료 내에서 저항은 예상된 현상으로 여겨지는데 이것은 자연스럽고 건강한 자기-보호 기능 때문이며 이런 기능은 너무 많거나 너무 빨리 구조에 변화가 오는 것을 막는 역할을 한다고 본다.

변화의 기전에 대한 개념화

인지 치료의 상이한 결과들과 관련된 문헌(특히 재발 방지에 관련한 pp. 40-59을 볼 것)들의 증가는 변화 과정 그 자체에 관한 모든 논쟁을 부채질했다. 가장 잘 설명하는 것은 Freeman의 것인데 그는 가장 적은 변화로부터 가장 큰 변화까지의 연속선상에서 네 개의 포인트로서 도식적인 변화를 기술했다(Freeman과 Leaf, 1989; Beck 등,1990).

연속선의 첫 번째 포인트는 인지도식의 위장(schematic camouflage)이라 불리는 것이다. 이것은 개인에게 자신의 인지도식으로부터 기인한 행동 경향을 무시하고 '옳게' 행동해야하는 것을 가르치는 것을 의미 한다. 예를 들어 정신분열병적인 사람에게 좀 더 사회적으로 적절한 방식으로 행동하는 것을 가르치는 것이다. 이것은 변화에 대한 대처-기술(coping-skill) 모델에 대한 Persons과 Miranda의 생각과도 관련이 있다(Persons,1993).

연속선의 두 번째 포인트는 인지도식의 재해석(schematic reinterpretation)이다. 이것은 좀 더 적응적이고 효과적인 방식으로 인지도식을 사용하는 것과 관련되어 있다; 예를 들어, 환자와 접촉하는 것을 힘들어하는 의대생이라면 정신과보다 병리학을 전공으로 택하는 것이 좀 더 나을 것이다.

세 번째 포인트는 인지도식의 수정(schematic modification)인데 이것은 개인이 절대적 입장에서 좀 더 상대적인 입장으로 옮겨가는 것을 돕는 것과 관계가 있다. 예를 들어, 가치 있는 사람이 되기 위해 모든 사람에게 사랑을 받아야 한다는 입장에서 좀 더 적응적인 입장인 거의 모든 사람에게 사랑받거나 특정 사람에게 사랑받을 필요가 있는 것으로 옮겨 가는 것이다. 마지막 포인트는 가장 도식적인 변화를 나타내는데 이것은 인지도식의 재구성(schematic reconstruction)이다. 이것은 오래된 도식을 제거하는 것, 재건축하거나 재구성하는 것과 관계가 있다. 이러한 형태의 '치유'를 지지하는 데이터는 드물다(Beck 등, 1990).

Hollon 등(1987)은 변화의 세 가지 모델을 기술하였다: 적응(accommodation) - 이것은 내용과 과정 각각에 있는 근본적인 인지도식을 변화시키는 것이다; 활성화/비활성화(activation-de-activation) - 이것은 인지도식을 바꾸기 보다는 비활성화 하는 것이다, 반면에 또 다른 것은 가능하게 만드는 것; 보상적 기술들(compensatory skills) - 이것은 부정적인 생각들이 나타났을 때 이것들을 다루는 일련의 기술을 가르치는 것이다. 이에 대한 근거들을 조사하면서, Barber와 DeRubeis(1989)는 일련의 방법론적인 문제들을 지적해 왔지만, 경험적 관점을 통해서 세 번째 모델에 안착하는 것으로 보인다. Persons(1993)는 다양한 인지의 틀이 존재한다는 것은 변화의 형태 또한 다양하다는 의미임을 지적하였고, 구성주의자들이 인지도식-변화 모델을 지지하는 반면 Beck과 그의 동료들은 보상적-기술 모델에 매달렸다고 주장하였다.

논쟁은 계속되고 있다. 그리고 단기 인지치료와 장기 인지치료 모두에서 인지치료의 효과적인 결과를 설명할 필요가 있는데(2장을 참조할 것), 이는 꼭 필요한 부분이다. 재발 방지는 요구된 변화의 방식과 변화가 달성되는데 필요한 기전에 대해 좀 더 경험적인 이해를 필요로 한다. 더 많은 연구가 이러한 문제를 살피는데 필요하고 이 문제들은 인지치료의 실행에서의 초점과 기술에 필연적으로 영향을 미칠 것이다.

요약

이 장에서는 독자에게 인지치료 영역 내에서 중심이 되는 이론적이고 실천적인 문제점들에 대해 짤막한 소개를 제공하려고 시도하였다. 인지치료는 인지체계를 이해하는 깊이 및 적용범위에 있어서 빠르게 확장되고 있는 분야이다.

이는 다양한 틀을 가진 응용 심리학의 분야이며 창조적 융통성을 지니고 경험주의의 요구들을 결합해온(즉 암묵적 의미 구조들에 대한 보다 구조주의적 발달 분석을 통해 드러난 '지금-여기(here and now)' 현상학에 집중하였던) 임상가들을 만족시켰다. 하지만 다양함에도 불구하고, 이러한 접근들은 이론적이고 실천적인 수준 모두에서 특이적이며 상호 구분된다. 이론적인 측면에서는 여전히 심리적 역기능의 인지적 측면을 변화시키는데 일차적인 초점을 두고 있다. 모든 치료적 방향들은 개념화에 있어서 인지적 성격을 지닌다. 실질적인 측면에서는, 치료적 관계가 지닌 구체적이고 독특한 양상 및 탐색과 변화의 방법 안에 명백한 가정들이 압축되어 있다. 특히 새로운 통합적 모델에 비추어볼 때, 인지치료자에게는 이러한 치료적 접근의 구별되는 측면들에 대한 이해와 존중이 중요하다.

모든 새로운 발전은 연구에 있어서 새로운 질문과 새로운 기회를 가져온다. 변화의 기전에 대한 이해를 조사하는 것에 더 많은 연구가 필요하다. 인지치료는 지난 40년간 그래왔던 것처럼 성장과 발전이 계속되기 위해서는 학술적인 인지심리학과 밀접한 연관을 맺어나가도록 해야 한다.

제2장

인지치료의 경험적 위치

인지치료는 1950년대의 경험적 발견에서 기원하였다. 그리고 강한 경험적 전통이 번창해 왔다. *Cognitive Therapy and Research, the Journal of Cognitive Psychotherapy, An international quarterly, Behavioural and Cognitive Psychotherapy*와 같은 몇몇 새로운 저널들은 풍부한 경험적인 치료 연구들을 수용하였다: 다른 잘 알려진 임상 심리학과 정신과학 저널들 또한 정기적으로 인지 이론 및 치료와 관련된 논문을 출판해 왔다.

인지 치료의 기반이 되는 경험적 문헌에 대한 완벽한 검토는 이 책의 범위를 벗어난 것이다. 그래서 우리는 흥미 있는 독자들에게 관련된 저작을 소개하는 대신 일반적인 개요만을 제공할 것이다. 특히 마지막 장에서 기술되어 있는 사례 연구들과 관련된 분야처럼 치료 관련 연구들에 더 역점을 두고자 한다.

실험적 연구들

사고 및 정서의 결과물들 사이의 연결

비록 사고와 감정 간의 정확한 관계는 아직도 논란의 여지가 있지만 그동안 많은 연구들을 통해서 정동 장애들에서의 인지의 역할들 ; 예를 들어 인지가 다른 것들보다 우선한다는 측면(Zajonc, 1980; Rachman, 1981, 1984) 혹은 정동의 경험 및 정동장애의 치료과정에 실질적으로 관여하는 인지 과정의 측면(Barnard와 Teasdale, 1991)이 증명되어왔다.

우울한 환자들의 꿈에 대한 분석으로부터 그리고 정신 치료적 면담의 분석으로부터 얻어진 Beck의 초기 임상적 발견(Beck and Ward, 1961; Beck, 1963)은 기분 장애에 관한 인지 이론의 기조를 형성했다. 그는 이러한 기분장애 환자들의 꿈들과 의식적 사고들 안에 부정적인 사고의 내용물들이 보편적으로 존재하고 있음을 알게 되었으며, 사고 처리과정의 오류들이 사고의 내용이 지닌 부정적인 편향성을 지속시키고 있음을 알게 되었다. 이러한 초기의 관찰이 있었기 때문에 *정보-처리과정*의 다양한 면면들이 우울증과 불안장애 모두에서 연구될 수 있었다.

우울증의 인지적 측면은 가장 많이 연구되어 왔다. Haaga등(1991)은 이론의 설명적이고 원인이 되는 측면들과 관련된 연구들에 대한 훌륭한 리뷰를 제공하였다. 설명적인 수준에서 우울한 환자들이 다른 임상 집단이나 정상 대조집단에 비해서 사고에 있어서 더 큰 부정성을 보인다는 것은 잘 확립된 사실이다. 자동적사고설문지(Automatic Thoughts Questionnaire(ATQ); Hollon과 Kendall, 1980), 인지방식검사(Cognitive Style Test (CST); Blackburn 등, 1986a) 그리고 Crandell Cognitions Inventory(CCI; Crandell and Chambless, 1986)와 같은 척도에서 우울한 환자들은 정상 대조군에 비해 점수가 높고(Eaves와 Rush, 1984; Hollon 등, 1986; Blackburn 등, 1986a; Lam 등,1987), 회복된 우울증 환자들보다 점수가 높으며(Blackburn 등, 1986a; Hollon 등, 1986) 그들 자신이 회복 되었을 때의 점수보다 높은 것으로 나왔다(Eaves와 Rush, 1984; Dohr 등, 1989; Dobson과 Shaw, 1987).

그렇기는 하지만, 많은 연구들은 또한 우울한 환자들이 오직 부정적인 생각만 가지고 있는 것은 아니라는 것을 지적하고 있다. 예를 들어 Clifford와 Hemsley(1987), Derry와 Kuiper (1981)는 우울한 환자들은 자신을 표현하는 단어를 선택할 때 부정적인 형용사만큼이나 긍정적인 형용사를 선택한다고 밝혔다. Schwartz(1986)에 따르면 개인의 행복감에 있어서 이상적인 긍정적인 생각과 부정적인 생각의 비율은 1.7 대 1.0 이다. 이것은 고전적인 건축물의 '황금' 비율과 비교되었다. 그리스-로마 미학에 나오는 '황금분할' 은 선을 나누었을 때 짧은 부분과 긴 부분의 비율이 긴 부분과 전체의 비율과 같은 것을 말하는 것이다.

위에 기술된 생각의 부정적인 내용은 인지 삼제(cognitive triad)와 연관되어 나타난다 - Beck (1967)에 의해 기술된 것처럼 이것은 자신, 세계, 그리고 미래를 보는 관점이다. 하지만 인지 삼제의 모든 요소가 우울 증후군의 발생에 동등하게 중요하거나 필요한지는 명확하지 않다. Nekanda-Trepka 등(1983)은 우울증 환자의 상당한 비율(13%)이 Hopelessness Scale(Beck등. 1974a)로 평가하였을 때 미래에 대해 부정적인 관점을 갖지는 않는다는 것을 밝혔다.

인지 삼제의 3요소는 개념적으로 매우 비슷하고 쉽게 구별하기 힘들다(Bebbington, 1985). Blackburn과 Eunson(1989)은 우울증 환자들의 사고에 대한 기록들의 내용을 분

서하였는데 50명의 우울증 환자들로부터 얻어진 200개의 자동적 사고들 중 47 %에서 인지 삼제의 2가지 혹은 3가지 요소가 결합되어 있음을 확인하였다. 게다가 이러한 사고들 중 66%는 자기(self)와 연관이 있거나 혹은 다른 두 요소들과 결합되어 있음을 보고하였다. 자기에 대한 부정적인 시각은 우울증의 인지 삼제에 있어서 중요하고도 필수적인 요소이며 세상과 미래에 대한 부정적 시각은 자신에 대한 부정적 시각과 연관성을 지닐 때만 우울증에 있어서 중요한 역할을 하는 것으로 여겨진다.

우울증에서 생각의 부정적인 내용과 대조적으로 불안과 공황장애에서 공통적인 주제들은 개인적 위험과 위협 그리고 그러한 위험들에 대처하는 것에 대한 무능감과 관련되어 있다. Beck 등(1974b), Hibbert(1984), Beck과 Emery(1985)는 이러한 주제들에 대해 자세히 기술하였다. 그들은 생각들, 특히 취약성의 이미지, 불충분함, 통제력의 상실, 사회적 조롱, 질병, 신체적 위험과 죽음이 관련되어 있음을 밝혔다. Butler와 Mathews(1983)는 불안해하는 환자들의 경우 정상 대조군 집단에 비해 모호한 상황들을 개인적으로 위협받는 상황으로 받아들이며 자신들을 향한 주관적인 위험성을 과대평가하는 경향이 있다고 보고하였다. 그들은 세상을 필연적으로 누구에게나 위협적인 것으로 보지 않고 대신에 그들 자신이 특별히 더 위험에 처해 있다고 생각하는 경향이 있다. 비슷하게 그들 자신에 관해서도 자신의 미래는 예측불가능하고 위험한 것으로 치부한다. 따라서 우울증에서 발견되는 부정적인 인지 삼제에서와 같이 자기를 취약한 것으로, 세상을 위협적인 것으로, 그리고 미래를 불확실한 것으로 보는 불안을 유발하는 삼제(triad) 중에서도 압도적이고도 필수적인 요소는 스스로를 취약하고 극복능력이 부족한 것으로 보는 관점이다.

정보 처리과정

정동 장애의 인지 이론에서는 정보-처리과정에서의 특정한 편향성이 이에 상응하는 감정을 이끌어 낼 것이라고 강조한다(Beck 등, 1979; Bower, 1981, 1987). 많은 수의 연구들이 우울증과 불안장애에서 정보-처리과정의 몇 가지 단계에 있는 편향성들을 조사해왔다. 비록 몇몇 모순된 결과들이 보고되었긴 하지만 일반적으로 연구들은 불안에서는 주의편향(attentional bias) 그리고 우울증에서는 기억편향(memory bias)이 있음을 지지하고 있다.

공포-관련 단어에 대한 주의편향은 청각 과제들(auditory tasks)를 수행함에 있어서 더 빠른 속도, 높은 빈도, 그리고/또는 낮은 역치를 보인다는 점(Parkinson과 Rachman,

1981; Burgess 등, 1981; Mathews와 MacLeod, 1986); Stroop 색깔-이름대기 검사(colour-naming test)에서의 긴 잠복기 (Ray, 1979; Watts 등, 1986a; Mathews와 MacLeod, 1985; Carter 등, 1992); 조사 탐색 과제(probe detection task)에서의 주의집중의 이동에 의해 증명된 바 있다(MacLeod 등, 1986; Mogg 등, 1995).

Mogg 등(1995)은 그러나 우울한 환자들이 정상 대조군에 비해 그들이 조사 탐색 과제를 하는 동안 부정적 자극의 공간적 장소 쪽으로 주의편중이 이루어짐을 보고했다. 우울한 환자들은 역치이상으로(supraliminally) 제시된 부정적 단어들에 주의편중을 보인 반면 불안한 환자들은 역치이하(subliminally) 및 역치이상으로 제시된 부정적 단어 모두에서 주의편중을 보였다. 불안증 환자가 역치하 수준에서 자극이 주어지는 가운데서 보여주었던 편향성은 전의식적인 것이다. 저자들은 환경 속의 불쾌한 신호들에 대한 무의식적 민감성에 기인한 것으로 보고 있으며 이러한 점이 아마도 불안증 상태의 특징이라 할 수 있는 주의집중의 문제를 설명해준다고 보았다. 우울한 환자들 또한 대조군에 비해서 좀 더 자신에게 초점을 맞춘 주의집중을 보이고 있으며 그들 자신에게 주의를 기울일 때 좀 더 부정적인 생각을 보인다는 것을 보고했다(Ingram 등 1987). 우울증에서의 '공평함' 현상에 대해 언급한 몇몇 연구들은 우울하지 않은 환자가 긍정적 자극에 편중되어 있는 반면 우울한 환자들은 부정적 자극과 긍정적 자극에 동등하게 주의를 기울인다는 보고를 하였다.

우울증에서 정보검색 과정의 부정적 편향에 대해서는 실질적인 증거들이 있다(Blaney, 1986; Williams 등, 1988; Teasdale과 Barnard, 1993). Lloyd와 Lishman(1975)에 의해 수행된 이 분야의 첫 번째 실험 중 하나는 임상적으로 우울한 환자들의 집단에서 더 우울할수록 중립적인 단어들을 접했을 때 불쾌한 기억에 비해 즐거운 기억을 회상하는데 더 오랜 시간이 걸린다는 것을 발견했다. 따라서 우울증은 긍정적 기억에 대한 접근성을 감소시키는 것으로 보인다. 이 연구는 이후 보다 잘 디자인된 연구들을 촉발시키는데 영향을 끼쳤는데 연구 방법상 2가지의 문제들이 결과에 영향을 끼쳤을 것으로 추측되었다. 첫째로 더 우울한 환자는 정말로 더 부정적인 사건을 겪을 수 있고 이것은 부정적 기억을 더 접근하기 쉽게 만들 것이다; 두 번째로 그들은 우울증에 의해서 중립적이거나 애매한 기억들을 부정적으로 해석할 수 있다. 좀 더 적절한 연구 방법론을 사용한 Teasdale과 그의 동료들에 의해 수행된 일련의 연구들은 Lloyd와 Lishman의 연구결과가 사실임을 보여주었다. 정상 지원자들에게 슬픔 혹은 행복감을 유발시켰을 때 Teasdale과 Fogarty(1979)는 유발된 슬픈 기분은 유발된 행복한 기분 보다 중립 단서 단어들에서 행복한 기억을 이끌어내는 시간을 지연시킨다는 것을 발견했다. 행복하지 않은 기억의 회상에 있어서는 차이가 없었다. Teasdale등, Teasdale과 Taylor(1981)는 우울한 기분은 긍정적 기억을 회상할 가능성을 감소시키고 부정적 기억을 회상할 가능성을 증가시킨다는 것을 발견했다. 나열된 단어들을 회상하는 것과 관련된 좀 더 전통적인 기억 실험을 사용할 때 많은 연구들에서 일관된 결과가 보고되었다 (*inter alia.* Isen 등. 1978; Teasdale과 Russell. 1983: Breslow 등, 1991; Zuroff 등, 1983; McDowell, 1984). 게다가 Zuroff 등(1983), Hammen 등(1986) 및 Bradley와 Mathews(1988)는 기분 상태와 관계없이, 취약한 개인들의 안정된 특성을 나타내는, 우울에서 회복된 환자들의 기억 기능에서 동일한 부정적 편향을 발견했다.

유도된 기분 연구들의 기발한 변형은 Clark과 Teasdale(1982)에 의한 연구였는데 그들은 하루 동안의 기분 변화와 함께 환자들에게 자연스럽게 발생하는 기분변화를 사용하여 행복한 기억과 불쾌한 기억의 회상의 차이를 증명하였다. 대체적으로 인공적으로 기분을 조절한 연구와 같은 결과가 얻어졌다.

이와는 대조적으로 불안한 환자들은 위협-관련 자극에 대해 촉진된 회상에 있어서 동일하고 일관된 양상을 보이지 않았다. Williams 등(1988)은 '불안은 주의 전(pre-attentive) 단계에서 주의의 편향된 배치와 관련되어 있고, 우울증은 정교화(elaboration)* 단계에서 기억을 돕는 단서들의 편향된 사용과 관련되어 있다' 고 주장했다. 따라서 불안은 위협과 관련된 자극의 촉진된 통합적 처리과정과 관련이 있지만 그러한 자극의 촉진된 정교화 처리과정과는 관련이 없음이 예상된다. 확실히 몇몇 연구들에서는 불안한 환자들에서 위협적인 단어들에 대한 편향이 발견되지 않았다(그 중에서도 특히, Mae Leod 1990, 1991; MacLeod와 Mathews, 1991; Mineka. 1992; Mogg 등, 1987; Watts 등, 1986b).

이러한 실험들은 피험자들이 외현 기억 과제(explicit memory task)를 통해 이전에 제공된 자극 아이템들을 회상하거나 인지할 수 있어야 한다. Williams 등(1988)의 제안은 불안에서 선택적 처리과정에 영향을 받는 것은 내재된 기억(implicit memory)이지 겉으로 드러나는 기억이 아니라는 예측을 가능하게 한다. 내재 기억 과제들은 피험자들이 이전에 제공되었던 자극에 대해 의식적으로 회상할 것을 요구하지 않지만 '동일한 자극에 대하여 뒤이은 과정을 촉진하는데 기여하는, 이전에 수동적으로 자극에 노출된 정도' 를 통해 기억의 보존을 평가 한다(MacLeod와 McLaughlin, 1995).

역주

정교화(elaboration) : 우리가 어떤 것을 기억해 내는데 있어서 단순히 제시된 것만을 그대로 저장하지 않고 이와 연관된 것들(단서가 될 만한 것들)을 관련시켜서 기억하는 방법을 의미한다.

내재기억은 불안한 환자에서 위협적이거나 위협적이지 않은 단어를 제시한 후에 어간완성과제(word-stem completion task, Mathews 등, 1989; Zeitlin과 McNally, 1991; Richards와 French, 1991)를 통해 검사되었고 상반되는 결과가 나왔다. MacLod와 McLaughlin(1995)는 최근 어간완성과제가 암묵기억에 대한 검사로 충분하지 않다고 비판했다. 대신 스트룹 검사에서 차용한 단어 및 색깔-이름붙이기 과제를 수행한 후에 순간시각과제(tachistoscopic task)를 사용했다. 불안한 환자들은 대조군에 비해 위협적인 단어의 내재기억에서 편향을 보였고, 외현기억에서는 차이를 보이지 않았다.

따라서, 정보처리에 있어 불안장애와 우울증은 편향성이 다른 것으로 보인다. 하지만 결론에 이르기 위해서는 이 분야의 연구 대부분이 외현기억만 언급한 것으로 보아 우울증에서 내재기억에 대한 더 많은 연구가 필요하다. 정보처리의 편향에 관여하는 인지 이론은 1단원에서 언급되었다. 이들에는 Beck의 인지이론(Beck, 1967), Bower의 연관망이론(associative network theory; Bower,1981), Teasdale의 차별활성화가설(differential activation hypothesis; Teasdale, 1988) 및 최근의 인지하위체계 상호작용이론(Interacting Cognitive Subsystems theory; Teasdale과 Barnard, 1993)이 포함된다.

인지도식(Schemata), 태도들과 신념들

정서장애에 대한 인지모델의 구조적인 측면은 그 구성 요소들에 있어서 가장 추상적이고 가정적이다. 이 분야의 연구는 두 가지 중요한 요소에 의해 혼란이 초래되어 왔었다: 서로 다른 저자들이 '인지도식(schema)' 이 용어를 다른 방식으로 사용하고 있으며 오늘날까지 인지도식들을 평가하고 측정하는 방법론이 확립되지 않았다.

Beck이 사용한 용어체계(Beck, 1976; Beck 등, 1979; Beck과 Emery 1985)로 보면 '인지도식' 이란 단어는 기본적인 사고방식, 기본적 가정, 개인적인 규칙 또는 개인적인 상황과 서로 교환되어 사용될 수 있다. Koavac과 Beck(1978)이 기술하기로 '우리는 우울증에서 작동하는 인지도식들은 전에 잠재해 있는 인지 구조일 것이라고 상정한다. 환자가 특정한 내적, 외적 자극에 직면할 때 다시 작동하는 것이다.' 라고 이야기 하였다. 따라서 정의된 바로는 인지도식들은 역기능적태도척도(Dysfunctional Attitude Scale; DAS)와 같은 특정 척도에 의해 측정되어 왔다(Weissman과 Beck, 1978).

여러 연구들에서 우울증 피험자는 대조군에 비해 이 척도 상에서 의미 있게 높은 점수를 보였다(Hamilton과 Abramson, 1983; Blackburn 등, 1986b). 그러나 Beck의 이론에 따르면 놀랄 일은 아니지만, 우울증을 유발하는 태도들의 수준은 관해(remission)시에 크게 감소하여 정상수준과 별다른 차이가 없는 수준에까지 감소했다(Blackburn 등, 1990; Hamilton과 Abramson, 1983; Simons 등, 1984). Eaves와 Rush(1984) 및 Peselow 등(1990)은 최근에 관해 된 우울증 환자들은 역기능적태도척도 상에서 급성기 우울삽화에 비해서는 낮아졌지만 여전히 높은 수준의 역기능적 태도를 보이고 있음 확인했다. Reda 등(1985)은 60명의 우울증 환자를 항우울제로 치료하며 1년간 추적 관찰한 결과 우울증의 수준과 비슷한 정도로 역기능적태도척도 점수도 감소하였지만 일부 신념은 시간이 지나도 변하지 않았다. 이는 타인을 기쁘게 해줘야 한다는 필요와 강박적인 자기 신뢰(self-reliance)와 관련 있었다.

역기능적태도의 수준은 향후 우울증의 정도를 예견하는 것으로 확인되었지만(Rush 등, 1986; Simons 등, 1986), Lewinsohn 등(1981)에 의한 대규모 전향적 연구에서는 서로 다른 설문지(제어의 중심, 부정적 긍정적 결과의 기대, 비합리적인 믿음, 조절과 자존심의 지각에 대한 측정)에 의해 평가된 부정적인 사고를 통해 1년 후 우울증에 빠질 피험자군과 그렇지 않은 피험자군을 구별해 내는 데는 실패했다.

자신을 나타내는 형용사를 적도록 하는 방법은 자기 인지도식(self schema)을 평가하는 또 다른 방법이다(Segal, 1988). 자신의 차별화 활성 가설*(differential activation hypothesis)*을 뒷받침하기 위하여 Teasdale(1988)은 한 번도 우울해 본 적이 없는 군과 비교했을 때 회복된 우울증 피험자 군에서는 (유도된) 경도의 우울한 기분 하에서 특정 자기 도식이 작동한다는 것을 보고한 몇몇 연구를 인용했다. 예로, Teasdale와 Dent(1987)는 우울증이 없는 피험자군이 더 자기를 언급하는 경도의 형용사(무심한, 무례한, 사려깊지 못한)를 떠올린 것과 달리 우울증에 취약한 피험자군에서 더욱 자기를 언급하는 전반적인 부정적인 형용사(한심한, 어리석은, 가치 없는)를 생각해 낸다는 것을 확인했다. 또한 첫 번째 시점에서 경도로 우울한 여성이 기입한 전반적인 부정적 형용사의 개수는 5개월 뒤인 두 번째 시점에서 우울증의 정도를 예측할 수 있음을 확인했다. Teasdale (1988)의 논문에서 일반적인 가정은 경도의 불쾌한 상태에서 작동하는 사고의 형태(전반적으로 자기에 대한 부정적인 관점을 포함해)는 높은 신경증(선택적 회상에는 경도의 우울한 기분과 같은 정도의 영향을 주는 것으로 알려진)과 결합하여 작동하고, 아마도 우울증을 유발하는 인지도식들 작동시켜 더 심한 우울증을 지속되게 한다는 것이다.

요약하자면, 태도를 측정하는 설문지상 점수를 사용할 때, 우울증을 유발하는 태도는 그 당시 상태에 따라 달라지며 따라서 불안정한 것으로 보인다. 각각의 설문지의 개별 항목에 대한 분석을 통해 더 나은 예측을 할 수 있을 것이다. Teasdale이 시도한 경도의 불쾌한 기분상태(유도되건, 자연적으로 발생하건)에서 자기 도식을 검토하려는 접근은 일부 환자에게 우울증의 발현과 지속에 취약한 사고방식에 다가가는 유망한 방법으로 보인다. 불안장애에도 같은 과정이 적용될 것인지는 증명해야할 부분으로 남아있다.

인지도식(Schema) 연구의 최근 발전들

인지도식의 개념에서 최근 두 가지 발전이 있어왔다. 첫째는 보다 안정된 형태로, 기분장애에서 취약성 요인으로 작용하는 고차적인 성격 특성이다. 이들은 관계지향성(sociotropy)과 자율성(autonomy)으로 기술되어 왔다(Beck 등, 1983; Beck, 1983). 두 번째 혁신은 특히 인격 장애에서 핵심적인 신념 혹은 무조건적인 인지도식들과 조건화된 신념 또는 기본적인 가정들의 구분이다.

관계지향성(Sociotropy)과 자율성(autonomy)

우울증에서 이들 구성물의 타당성에 대한 많은 증거들이 축적되어왔다. 하지만 다른 질환들에서는 연구되지 않았다. 60개 항목인 관계지향성-자율성 척도(Sociotropy-Autonomy Scale: SAS)는 Beck에 의해 두 가지 요소를 측정하기 위해 개발되었다(Beck 등, 1983). 관계지향성 척도는 높은 내적 일치도를 갖는 것으로 보였고 요인 구성(반감, 애착/분리, 타인을 기쁘게 하는 것에 대한에 대한 걱정)에 기반한 3개의 하위척도는 높은 상호 연관성이 확인되었다(Clark과 Beck, 1991). 게다가 관계지향성은 대인관계에 관련된 사건에의 취약성과 연관되는 것으로 밝혀졌다(Hammen 등, 1989; Segal 등, 1989; Robins와 Block, 1988; Robins, 1990). 또한 우울증상의 수준(Barnett과 Gotlib, 1988; Gilbert와 Reynolds, 1990; Moore와 Blackburn, 1994), 신경증의 수준(Gilbert와 Reynolds, 1990; Moore와 Blackburn, 1994), 역기능적 태도 척도(DAS)로 측정된 역기능적 사고방식의 수준 그리고 사회적 인정에 대한 요구를 측정하는 역기능적 태도 척도의 하위척도(Moore와 Blackburn, 1994), 대인관계에서 의존하는 다양한 방법(Barnett와 Gotlib, 1988)과도 연관되는 것으로 확인되었다.

반면 Beck 등(1983)이 보고한 3개의 요인(개인적인 성취, 타인의 통제로부터의 자유, 고독에 대한 선호)으로 구성되는 자율성 척도는 개념적, 공존적인 타당도가 같은 정도로 확인되지 않았다. 비록 내적으로 합치되었지만(Moore와 Blackburn, 1994) 이 척도는 우울증의 수준과 아주 약간만 연관되는 것으로 밝혀졌다(Clark과 Beck, 1991; Gilbert와 Reynolds, 1990; Moore와 Blackburn, 1994). 이것은 독립성을 측정하는 다른 방법과 연관성이 거의 없었고 우울증의 발생에 있어 자율성과 부정적인 성취 사건과의 상호작용에 대해서는 혼합된 결과를 얻었다(Hammen 등, 1989; Robins와 Block, 1988; Clark 등, 1992).

이러한 상이한 결과들은 척도의 타당도와 우울증에서 자율성의 개념의 타당성에 대한 의문을 초래하였다. 결과적으로 Clark과 Beck(1991)은 자율성에 대한 원 척도에 일부항목을 추가하여 측정을 개선하였다. 2041명의 학부생 피험자군을 대상으로 한 최근 연구에서 Clark등(1995)은 93항목의 확장버전 중 59개 항목이 관계지향성의 1개 영역과 자율성의 2개 영역인 고독과 독립성의 일반화 가능성을 확립하기에 충분하다고 밝혔다. 다수의 측정방법을 통해, 자율성 하위척도의 타당도가 수렴되고 판별됨이 만족스럽게 확립되었다. 고독은 불쾌감, 완벽주의, 자기비판, 외로움과 정적인 상관관계가 있었다. 반면에 독립은 완벽주의, 자기효용감과는 정적인 상관관계, 타인의 인정에 대한 우려와는 부적인 상관관계가 있었다. 새로운 자율성 척도의 타당성을 지지하기 위해서는 임상 집단에서 더 많은 연구가 필요하다.

Moore와 Blackburn은 대규모 임상군의 치료 전,후에 대한 비교를 통해 관계지향성의 안정성을 입증하였다.

핵심적 인지도식(Core schemata)

조건화된 인지도식과 무조건적인 인지도식의 구분은 인격 장애의 인지치료에 대한 최근의 관심에서 비롯된, 상대적으로 검증되지 않은 임상적인 가설로 남아있다(Beck 등, 1990). '다른 사람들이 요구하는 것을 내가 하지 않는다면, 그들은 나를 배척할 거야.' 라는 조건적인 믿음은 '나는 쓸모없는 사람이야' 또는 '나는 애교가 없어' 와 같은 자기에 대한 핵심적인 무조건적인 믿음으로부터 나온다. 이들 핵심 신념 또는 초기의 부적응적 인지도식(Young, 1990)은 임상적인 공식들로부터 기인한 것들이며 현재까지는 적절한 측정도구가 존재하지 않는다. Young (1990)은 123항목으로 구성된 인지도식 설문지를 개발하였고 205문항까지 확장하였다. 이 척도의 심리측정의 특성과 타당성은 아직 입증되지 않았다.

결 론

앞서 지적했듯이 기분장애에 대한 인지이론 영역의 실험적인 연구들에 대한 짧은 검토는 자칫 지겨울 수도 있다. 그러나 이러한 검토의 주된 목적은 기분장애의 인지모델을 검증하기 위해 행해졌던 실험적인 연구의 유형을 보여주고자 한 것이다. 관심 있는 독자들은 책의 끝부분에 제시한 참고문헌들을 통하여 우울증 및 불안장애의 발현과 연관된 인지적 변인들에 경험적 탐색들이 어떻게 적용되는지 보다 자세하게 들여다 볼 수 있을 것이다.

Ellis의 논리-정동이론(Rational-emotive theory) 및 구조주의 이론들이 일반적으로 덜 검증되었음에 비해 Beck의 인지 이론은 대부분 경험적으로 검증되어 왔음에 주목할 필요가 있다.

인지치료의 효과

거의 20년 전에 우울증에서 항우울제 치료와 인지 치료의 효과에 대한 첫 비교 대조군 연구(Rush 등, 1977)가 발표된 이래 주로 정신증을 동반하지 않은 단극성 우울증을 대상으로 많은 대조군 연구들이 있어왔다. 범불안장애, 공황장애, 대식증, 사회공포증, 강박 충동장애에 대한 연구 논문들도 점차적으로 늘어났다. 인격장애, 정신병, 외상 후 스트레스 장애, 그리고 기타 질환에 대한 인지치료는 아직 대게 단일 사례 연구에서만 입증되고 있지만 대단위 통제 연구의 결과가 곧 나올 것으로 기대하고 있다.

우울증

치료 결과

우울증에 대한 인지치료의 효과는 입증된 여러 효과성 연구들, 리뷰논문(Williams, 1992; Blackburn, 1995, 1988; Stravynski와 Greenberg, 1992), 메타분석 연구들을 통해 확인되었다. 대부분의 연구는 단극성 주요우울증의 진단기준을 충족시키는 외래 환자를 포함하였지만 일부는 입원환자를 대상으로 한 경우도 있었다(Miller 등, 1985).

인지 치료와 약물치료

최근 발표된 외래로 통원치료중인 우울증 환자에서 인지치료와 약물치료 각각 또는 조합을 비교한 15개의 연구들을 살펴보았다. 이들은 표 2.1에 요약되어있다.

표에 기재된 모든 연구는 무선할당 되었으며 평가는 독립적인 평가자에 의해 표준측정되었고, 평가자간 맹검은 일부 연구에서만 시도되었다. 이를 통해 드러난 주요 요점은 다음과 같다.

1. 우울증 외래환자 치료에 있어서 인지치료는 적어도 항우울제 약물치료 만큼 효과적이다.
2. 가장 심한 우울증 환자에 대한 인지치료의 위치에 대해서는 이견이 있다. Elkin 등(1989)은 해밀튼우울척도(Hamilton Rating Scale for Depression: HRSD) 20점 이상을 심한 우울증으로 정의한 대규모 미국 국립정신보건원(National Institute of Mental Health: NIMH)연구에서 비록 약물치료는 위약 및 임상적 개입 보다 유의미한 효과를 보여줬지만 인지치료의 경우 위약 및 임상적 개입과 의미 있는 차이를 보이지 않았다. 가장 심한 우울증에서는 약물치료가 적절하다는 결론이 도출되었다(Freedman, 1989; Gelder, 1990). McLean과 Taylor(1992), Hollon 등(1992)과 Thase 등(1991)은 우울증의 심각도와 인지 치료에 대한 반응성 사이에 부적 상관관계가 없다는 점을 들어 이러한 결론에 대하여 이의를 제기하였다. Hollon 등(1992)은 또한 미국 국립정신보건원 연구의 세 연구기관 중에서 한곳에서만 약물치료가 인지치료에 비해 우월한 결과를 보였다는 점을 지적하였다.
3. 내인성(endogenous) 우울증과 비내인성 우울증의 인지치료에 대한 반응을 비교한 연구(Rush 등, 1977; Blackburn 등, 1981; Teasdale 등, 1984)에서 내인성은 치료의 부정적인 예측인자가 아님을 밝혔다. 이들 연구들은 비교적 덜 엄격한 기준이라 할 수 있는 연구용 진단 기준(research diagnostic criteria: RDC)을 이용한 연구들이었다(Spitzer 등, 1978). 뉴캐슬 우울증 지수(Carney 등, 1965) 또는 *DSM*-IV 내의 멜랑콜리아 아형(American Psychiatric Association, 1994)과 같은 보다 엄격한 기준을 적용할 경우 좀 더 분명한 차이를 보이게 될 것이다.
4. 인지치료와 약물치료의 병합은 단독치료보다 외래환자의 치료에 있어 더 효과적일 것이다. 하지만 입원환자에게 시행한 병합치료는 퇴원시점에서 단독으로 약물치료만 한 경우에 비해서 더 우월하지는 않았지만 몇 달 뒤 외래 통원치료에서는 더 좋은 효과를 나타냈다.
5. 두 가지 방법론적 지적들을 통해 위에 기술한 신뢰할 만한 결과의 타당성에 의문을 제기할 수 있다. 첫째로 대부분의 연구들(Murphy 등, 1994 과 Elkin 등, 1989 의 연

표 2.1 단극성 주요우울장애(외래 환자)에서 인지 치료와 약물 치료의 비교

연구	결과
Rush 등 (1977) (N: 41)	인지치료 〉 imipramine
Beck 등 (1979) (N: 26)	인지치료 = 인지치료 + amitriptylin
Dunn (1979) (N: 20)	인지치료 + imipramine 〉 지지치료 및 imipramine
McLean & Hakstian (1979) (N: 154)	인지치료 〉 amitriptyline = 이완요법 〉 통찰치료 (insight therapy)
Blackburn 등 (1981) (N: 64)	병원 외래: COM 〉 인지치료 = 항우울제 일반의 외래: 인지치료 = COM 〉 항우울제
Rush & Watkins (1981) (N: 38)	개인 인지치료 = 개인 인지치료 + 항우울제 〉 집단 인지치료
Murphy 등 (1984) (N: 70)	인지치료 = nortriptyline = 인지치료 + nortriptyline = 위약
Teasdale 등 (1984) (N: 34)	인지치료 + 일반적 치료 〉 일반적 치료
Bech 등 (1985) (N: 33)	인지치료 = 인지치료 + amitriptyline
Ross & Scott (1985) (N: 51)	개인 인지치료 = 집단 인지치료 〉 일반적 치료
Beutler 등 (1987) (N: 56 노인환자)	집단 인지치료 = 인지치료 + alprazolam = 집단 인지치료 + 위약 = 위약
Covi & Lipman (1987) (N: 90)	집단 인지치료 = 집단 인지치료 + imipramine 〉 정신역동치료
Elkin 등 (1989) (N: 239)	imipramine + 임상적 개입 = 인지치료 = IPT imipramine + 임상적 개입 〉 위약 + 임상적 개입 • HRSD 〉 20, GAS 〈 50 : imipramine + 임상적 개입 〉 IPT 〉 인지치료 〉 위약 + 임상적 개입
Scott & Freeman (1992) (N: 121)	인지치료 = 상담 = amitriptyline = 일반적 치료
Hollon 등 (1992) (N: 154)	인지치료 + imipramine = 인지치료 = imipramine

COM : 항우울제 치료와 인지치료의 병합치료
CT : 인지치료
GAS : 전반적 평가 척도(Global Assessment Scale: Endicott 등, 1976)
HRSD : 해밀튼 우울척도(Hamilton Rating Scale for Depression: Hamilton, 1960)
IPT : 대인관계치료(Interpersonal psychotherapy)

구를 제외한)은 위약 투여군을 포함하지 않았다. Hollon 등(1993)은 이러한 대조군이 없다면 선택된 표본이 실제로 약물에 의한 반응인지 아닌지 결정하기가 불가능하다고 언급했다. 또한 이들 연구들에서 위약 정신치료 조건이 없다면 우리가 인지치료의 특정 효과에 대해 확정적인 결론을 내리기 어렵게 한다. Blackburn(1995)은 이러한 결과 연구에서 위약 정신치료 조건을 포함한 유효성에 이의를 제기하고 있다.

두 번째 방법론적인 논점은 표 2.1.에 기술된 연구들의 경우 비교적 작은 피험자 집단으로 인해 진정한 차이를 밝히는데 통계적 검증력이 부족할 것이라는 우려이다. 메타분석연구는 이 문제를 대부분 피해갈 수 있다. Dobson(1989)은 28개의 연구 결과를 분석하여 인지치료를 받은 환자는 평균적으로 약물치료를 받은 환자의 70%보다 더 나은 결과를 보였다고 결론 내렸다.

우울증에 대한 인지치료 및 다른 치료법들

인지치료와 다른 심리치료들과의 비교는 치료자와 함께 하는 시간(주의 효과, attention effect)뿐만 아니라 치료-구조(treatment-structure), 희망의 고취, 따뜻함, 진실함, 이해, 무조건적인 수용 그리고 환자의 증상에 대한 타당한 근거의 제공과 같은 소위 비특이적 영향들을 통제하여 이루어진다. 이러한 범주 내에서 몇몇 연구들의 경우 인지 치료와 약물치료를 비교함에 있어서 종종 언론기관들을 통해서 피험자를 모집하거나 우울증이라기보다 스트레스를 많이 받은 사람들 및 대학생들 중 단순히 우울증 척도 검사를 시행해서 뽑힌 사람들을 포함시켰기에 방법론적으로 적절하다고 보기는 어렵다. 게다가 시행된 치료도 매번 전통적인 Beck의 인지치료 패키지가 아니었고 인지적, 행동적 기법들을 즉흥적으로 조합한 것이었다(표 2.2).

역주

imipramine, amitriptyline : 통칭 삼환계 항우울제(TCA: tricycline antidepressants)로 불리는 약물로서 현재는 우울증 치료에 잘 쓰이지 않는 이전 세대의 약물임

alprazolam : 항불안제

표 2.2에서 볼 수 있듯 자발적으로 찾아온 학생들로부터 노인 외래 환자까지 다양한 범위의 상이한 집단들을 대상으로 한 인지치료는 다른 체계화된 치료들(행동치료, 단기 정신역동 치료 또는 집단 정신역동 치료)만큼 효과적이거나 더 효과적으로 나타났으며 대기자 통제집단 혹은 지지치료와 비지시적 치료를 받는 집단보다 우월한 효과를 나타냈다. 인지치료와 행동치료의 병합은 대개 각각의 치료법들을 단독으로 시행했을 때보다 좋은 효과를 나타내지는 않았다. 적어도 Beck의 인지치료는 치료에 있어서 인지 및 행동적 방법 모두에 관여하는 인지치료일 수는 없었으며 이러한 치료의 근간을 이루는 인지적 이론을 제공했다고 볼 수 있다.

장기적인 효과

앞 단원에서는 인지치료가 우울증, 특히 비정신병적 외래 우울증 환자의 치료에 효과적인 방법이라고 밝혔다. 따라서 약물치료를 할 수 없거나 원하지 않는 환자 혹은 항우울제에 반응하지 않는 환자에게 사용 가능한 치료법이 될 것이다. 하지만 우울증의 주요한 문제는

표 2.2 인지치료와 다른 심리치료들과의 비교

연구	결과
Shaw 등 (1977) (N: 32, 대학생)	인지치료 〉 행동치료 = 비지시적치료 〉 통제군
Taylor & Marshall (1977) (N: 28, 대학생)	인지치료 + 행동치료 〉 인지치료 = 행동치료 〉 통제군
Zeiss 등 (1979) (N: 44 언론매체 통한 모집)	인지치료 = 사회적 기술훈련 = 여가 활동 〉 통제군
Shipley & Fazio (1973) (N: 28 대학생)	인지치료 〉 지지 치료
Wilson 등 (1983) (N: 25 언론매체 통한 모집)	인지치료 = 행동치료 〉 통제군
Gallagher & Thompson (1982) (N: 30 노인환자들)	인지치료 = 행동치료 = 단기 정신역동치료
Steuer 등 (1984) (N: 33 노인환자들)	집단 인지치료 = 집단 정신역동치료 (관찰자 평정 척도) 집단 인지치료 〉 집단 정신역동치료 (자기보고형 척도)
Thompson 등 (1987) (N: 91 노인환자들)	인지치료 = 행동치료 = 단기 정신역동치료

재발한다는 특성이며 이는 약물치료 시험들에 의해 충분히 드러난 사실이다(Glen 등, 1984; Prien 등, 1984; Kupfer 등, 1992).

항우울제, 특히 오랜 기간 동안 입증되어 온 삼환계 항우울제는 단기간 치료에서 인지치료보다 훨씬 저렴하다. 특히 자문 받은 정신과 의사보다 일반 의사에게 처방받을 경우 더 싸다(Scott와 Freeman, 1992). 하지만 비용과 효과의 균형을 놓고 생각해 본다면 서로 다른 치료법들에 있어서 장기효과 또는 예방효과가 고려되어야만 한다. 국가적 차원에서 우울증의 사회적 비용에는 치료비용만 해당되는 것은 아니며, 고통 받는 개인의 비용과 사회적 경제적 생산성을 상실함으로써 발생하는 간접적인 비용도 포함된다(West, 1992). 우울증의 급성기 삽화 이후 약물 유지치료를 하는 것은 relapse(증상 소실 후 6-9개월)와 recur(증상 소실 후 9개월 이상이 지난 후)를 줄여준다(예를들면, Glen 등. 1984; Prien 등. 1984). 그럼에도 불구하고 이들 두 연구는 적극적인 약물치료에도 50% 이하의 환자만이 2-3년간 건강하게 유지되었을 가능성이 있음을 나타냈다. 최근 연구들에서는 3년간(Frank 등, 1990) 및 5년간(Kepfer 등, 1992)의 고용량의 삼환계 항우울제 유지치료에서 더 나은 결과를 보임이 보고되었다. 하지만 약물치료에 대한 장기 순응도가 문제되는 것은 분명하며 이것이 바람직한지는 의문이다.

이론적 토대에 따르면 인지치료는 인지치료가 지닌 교육적인 특성과 함께 전반적으로 부정적인 방식으로 정보를 처리하도록 이끄는 개인의 기존 인지도식들을 교정함으로써 우울증에의 심리적 취약성을 감소시키는 것이 목표이기 때문에 우울증의 relapse와 recurrence를 감소시킬 것으로 기대된다. 비록 인지치료가 작용하는 과정이 잘 이해되지는 않았지만(DeRubeis 등, 1990; Miranda와 Persons, 1988; Whisman, 1993; Teasdale, Segal와 Williams, 1995) 표 2.3과 뒷장에 보이듯 인지치료의 예방적인 효과는 장담할 수 있다. 표 2.3의 연구들은 통제된 연구들이라기보다는 자연스럽게 행해진 연구들(Evans 등(1992)의 연구는 제외)이며 피험자의 수가 전체적으로 적다. 그러나 모든 자료가 동일한 결과를 시사한다는 사실은 비록 위음성의 가능성(II형 오류)**을 배제할 순 없지만, 위양성의 가능성(I형 오류)*을 감소시키는 경향이 있다.

Gallagher와 Thompson(1982)은 주요우울증 환자에서 나이가 들수록 단기 정신역동치료, 인지 또는 행동치료 12주 경과 후 반응에서 차이를 보이지 않았고 1년 뒤 추적관찰에서 인지, 행동치료를 받은 군에서 더 효과적으로 호전상태가 유지되었다고 보고하였다. 병원의 표준치료(삼환계 항우울제 + 환경요법)를 단독으로 시행한 군과 표준 치료와 인지행동치료를 병합한 입원환자의 치료에서 Miller 등(1989)은 12개월 시점의 추적관찰에서 병합치료를 받은 군에서 더 좋은 상태로 남아있었음을 보고하였다(표준 치료가 18%인데 비해 병합치료의 경우 54%).

결론

이러한 연구들은 향후 보다 잘 통제된 연구들을 통해서 확정되어야 하겠지만 인지-행동치료가 우울증의 재발을 실질적으로 예방할 수 있음을 의미하고 있다.

표 2.3 우울증 재발 비율: 인지치료와 약물치료 및 다른 심리치료들과의 비교

연구	12개월 (%)	18개월 (%)	24개월 (%)
Kovacs 등 (1981) (N: 35)			
인지치료	33	X	X
삼환계항우울제	59	X	X
Beck 등 (1985) (N: 79)			
인지치료	42	X	X
인지치료 + 삼환계항우울제	9	X	X
Simsons 등 (1986) (N: 36)			
인지치료	20	X	X
삼환계항우울제	66	X	X
인지치료 + 삼환계항우울제	43	X	X
인지치료 + 정신치료	18	X	X
Blackburn 등 (1986b) (N: 36)			
인지치료			23
삼환계항우울제			78
인지치료 + 삼환계항우울제			21
Shea 등 (1992) (N: 61)			
인지치료	X	41	X
삼환계항우울제 + 임상적개입	X	61	X
대인관계치료	X	57	X
Evans 등 (1992) (N: 44)			
삼환계항우울제(지속하지 않음)	X	X	50
삼환계항우울제(지속치료)	X	X	32
인지치료	X	X	21
인지치료 + 삼환계항우울제	X	X	15

역주

*1형 오류(type 1 error) : 실제로는 음성인데 검사 결과는 양성으로 나오는 것

**2형 오류(type 2 error) : 실제로는 양성인데 검사 결과는 음성으로 나오는 것

범불안장애와 공황장애

치료 결과

범불안장애에서의 인지치료에 대한 몇몇의 최근 고찰들은 인지치료나 인지-행동치료가 이 질환의 치료에 효과적인 방법임을 지적하고 있다(Durham과 Allan, 1993; Chambless와 Gillis, 1993; Blackburn과 Davidson, 1995). 초기의 사례 연구들(Hollon, 1982; Last 등, 1983; Waddle등, 1984)에서 일반적인 불안에서 인지적 요소의 수정이 효과적일 수 있다고 지적한 이후, 상당수의 대조군 연구들이 진행되어 왔다. 이것들은 표 2.4에 요약되어있다.

이 연구들은 일반적으로 범불안장애에서의 인지행동치료가 적어도 항불안제만큼 효과가 동등하며 대조군과 위약보다 우월하다는 것을 보여준다. 인지행동치료와 하나 이상의 상황들과 비교한 다섯 개의 연구들에 대한 메타 분석과 두 개의 부가적 연구들을 통해서, Chambless와 Gillis(1993)는 결국 동일한 결론에 도달했다. - 그들이 인용한 7개의 연구들이 표 2.4에 포함되어있는 것을 고려한다면 그리 놀랄 일은 아니다. 그들은 대조군 혹은 비지시적 치료나 위약군이 0.7의 효과크기(effect size)를 보임에 비해 인지행동치료는 평균 1.54의 효과크기를 보임을 밝혔다.

행동치료에 비해 상대적으로 인지행동치료의 효과는 덜 확립되어있고, 여러 연구들은 서로 상이한 결과들을 보고하였다. Borkovec 등(1987)은 대학생들에서 인지행동치료와 이완요법의 조합이 비지시적 치료와 이완요법의 조합보다 우월하다고 설명했지만, Borkovec과 Mathews(1988)는 지역사회 집단에서는 두 개의 치료법 사이에 다른 점이 없다고 보고하였다. 그러나 학생 집단에서 비지시적 치료를 넘어서는 인지행동치료의 우월성은 단지 불안에 대한 자기 보고형 척도에서만 입증 되었고, 불안에 대한 관찰자 평정척도에서는 유의한 차이점이 관찰되지 않았다. Borkovec과 Costello(1993)는 인지행동치료와 이완요법을 비교했고 두 치료법 사이의 차이점을 발견하지 못했다. Butler등(1991)은 원래 형태의 인지치료와 보다 복합적이고 완벽한 형태의 패키지를 이루는 행동치료, 점진적 이완법, 노출, 과제할당 기법, 여가활동을 비교했다. 인지치료는 불안에 대한 대부분의 입증된 척도들(해밀튼 불안척도 (Hamilton, 1959); 벡불안척도 (Beck and Steer, 1990))에서 행동치료보다 우월했지만, 모든 척도들에서 동일한 결과를 보이지는 않았다.

표 2.4 범불안장애에 대한 인지치료 대조군 연구들

연구	결과
Durham & Turvey (1987) (N: 41)	인지치료 = 행동치료
Lindsay 등 (1987) (N: 40)	인지행동치료 = 불안조절훈련 = BZs 〉 통제군
Butler 등 (1987) (N: 45)	인지행동치료 〉 통제군
Blowers 등 (1987)	인지행동치료 = 비지시적치료 〉 통제군
Borkovec 등 (1987) (N: 30 대학생)	인지행동치료 + 이완요법 〉 비지시적치료 + 이완요법
Borkovec & Mathews (1988) (N: 30 지역사회)	인지행동치료 + 이완요법 = 비지시적치료 + 이완요법
Butler 등 (1991) (N: 38)	인지행동치료 = 행동치료 〉 통제군
Power 등 (1989) (N: 31)	인지행동치료 〉 위약 인지행동치료 = diazepam
Power 등 (1990) (N: 101)	인지행동치료 = 인지행동치료 + diazepam 인지행동치료 + 위약 〉 diazepam = 위약
Borkovec & Costello (1993) (N: 55)	인지행동치료 = 이완요법 〉 비지시적치료
Durham 등 (1994) (N: 80)	인지행동치료 〉 분석적 정신치료

장기간 효과

일부 비대조군 추적 연구들은 치료를 통한 성과는 6~12개월 기간 동안 유지된다고 이야기하고 있다. Chambless와 Gillis(1993)는 인지행동치료의 추적 효과를 1.95로 추정했다. Blowers 등(1987)은 6개월 시점에서 인지행동치료와 비지시적 치료 사이의 차이점이 없다고 설명했지만, Borkovec과 Costello(1993)는 12개월 시점에서 인지행동치료를 받은 환자들의 57.9%, 이완요법을 받은 환자들의 33.3%, 비지시적 치료를 받은 환자의 22.2%가 호전이 지속되었음을 보고하였다.

Butler 등(1991)은 또한 6개월간의 추적 관찰을 통해서 인지행동치료가 행동치료보다 우월함을 보고하였다; 인지행동치료의 42%와 행동치료의 5%의 환자들이 회복에 대한 기준을 만족시켰다.

결론

우울증의 사례에서처럼, 대조군 추적 연구들이 필요하다. 일반적인 결과들은 범불안장애에서 인지 및 행동 기법들의 조합이 필요함을 의미한다. 그러나 원래 형태의 인지치료는 제대로 검증되지 않았다. 인지치료를 사용한 가장 좋은 연구들은 Butler 등(1991)과 Durham 등(1994)의 연구들이며, 두 연구는 매우 유망한 결과들을 얻었다. Hollon과 Beck(1994)은 범불안장애 영역의 최근의 연구들에서 인지치료가 보다 나은 결과를 보인 것은 아마도 인지치료자의 더 높아진 전문적인 수준을 반영한 결과일 것이라고 설명하였다.

공황장애(광장공포증을 동반한/동반하지 않은)

치료 결과

공황장애에서의 인지치료는 공황발작에 대한 인지치료(Clark, 1986)에 근거를 두고 있는데, 이는 공황장애 환자들에서 신체적 감각에 대한 파국적 해석(catastrophic interpretation)과 함께 향후 발생할 수 있는 공황발작을 미리 막거나 다루기 위해 회피 및 안전 행동을 하게 된다는 점을 강조하는 Beck과 Emery(1985)의 불안 및 공포증에 대한 인지치료 모델을 기반으로 하고 있다. 다양한 인지-행동 접근법들이 환자가 자신의 신체 감각에 대한 오해를 발견하고 수정하도록 발전되어 왔다. 가장 잘 수행된 접근법들은 Barlow와 동료들(Barlow와 Craske, 1989; Barlow와 Cerny, 1988)의 접근법과 Clark, Salkovskis, Beck과 동료들(Clark, 1989; Gelder 등. 1993; Clark, 1986; Clark 등, 1985)의 접근법이다. Barlow의 공황-조절 치료(panic-control treatment, PCT)는 광범위한 행동과 인지 기법들(대처 기술, 내부 수용성 자극에 대한 노출과 이완 훈련을 포함하는)을 사용하는데 비해 Clark의 인지치료는 신체적 감각의 오해에 대한 인지적 재구성, 내부 수용성 자극에 대한 다소의 노출을 강조하지만 이완 훈련은 포함하지 않는다.

1980년대 중반까지, 공황장애에서 인지치료의 치료 효과에 대한 평가들이 축적되어 왔다. 우선, 여러 통제되지 않은 사례 연구들은 인지-행동적 방법들이 효과적임을 드러냈다

(Barlow 등, 1984; Clark 등, 1985; Salkovskis 등, 1986; Shear 등, 1991; Welkowitz 등, 1991). 보다 최근에까지도 학술대회들을 통해 여러 대조군 연구들 발표되어 왔다. 표 2.5에는 이제까지 발표된 연구들을 요약해 놓았다. 6개 연구 모두 인지치료 단독 또는 행동 기법들과의 조합으로 공황장애의 치료에서 효과가 증명되었다. 인지치료는 지지치료, 이완훈련, 대기/최소-통제군보다 우월하다고 나타났지만, Shear 등(1994)은 인지행동치료와 초점화된 비지시적 치료(focused non-prescriptive treatment) 사이에 차이점을 발견하지 못했다. 연구자들은 인지행동치료의 특이성에 대한 의문을 제기하였다.

표 2.5 공황 발작에 대한 인지치료의 효과

연구	결과
Barlow 등 (1989) (N: 46)	공황-조절치료 = 인지 재구성 + 노출기법 〉 이완요법 〉 대조군
Klosko 등 (1990) (N: 57)	공황-조절치료 〉 위약; 대조군 alprazolam = 인지치료 = 대조군
Beck 등 (1992) (N: 33)	인지치료 〉 지지치료
Shear 등 (1994) (N: 65)	인지행동치료 = 비지시적치료
Clark 등 (1994) (N: 64)	인지치료 〉 이완요법; imipramine 〉 대조군
Beck 등 (1994) (N: 64)	인지치료 〉 이완요법 〉 최소 접촉

장기간 효과

Clark 등(1994)은 6개월간의 추적 연구에서 인지치료의 효과는 imipramine 약물치료와 다르지 않고, 인지치료와 약물치료 모두 이완요법 보다는 우월하다고 보고했다(Ost, 1987). 그러나 15개월이 지난 시점에서, 인지치료는 imipramine과 이완요법 보다 우월했다. Shear 등(1994)은 치료 6개월 후, 인지행동치료군은 지속적인 개선을 계속 보이는 반면 초점화된 비지시적 치료를 받은 집단은 서서히 악화되는 것을 보고했다. Craske 등(1991)은 Barlow 등(1989)이 수행한 연구를 2년까지 추적 관찰한 결과를 보고하였는데; 공황 조절치료(panic control treatment, PCT)를 수행한 환자의 81%에서 공황 증상이 소실된데 비해 공황 조절치료와 이완요법을 조합한 집단의 43%, 이완요법만을 시행한 집단에서는 단지 36%만이 공황 증상이 소실되었음을 보고하였다.

결론

이와 같이, 우울증과 일반적 불안에서처럼, 공황장애에서 인지치료의 효과는 오래 지속되는 것으로 보인다. Craske 등(1991)의 연구는 광장공포증적 회피행동이 있는 공황장애의 장기간 효과에 있어서 인지치료보다는 다른 치료적 기법들을 필요로 할 수 있다고 지적한다.

강박장애

치료 결과

최근까지, 강박장애에 대해 가장 널리 받아들여지는 두 개의 치료는 약물치료(예, clomipramine이나 더 최근에는 fluoxamine)와 함께 모델링(modelling) 및 노출과 반응-예방(response-prevention)을 포함하는 행동치료이다. 행동적인 중재는 60~85%(Rachman과 Hodgson, 1980)의 성공률을 보임은 물론 fluoxamine과 동등한 효과를 갖고 있는 것으로 보고될 만큼(Cottraux 등, 1990) 높은 성공률이 보고되어왔다. Thoren 등(1980)은 강박 증상들에 대한 clomipramine의 효과를 확인하였지만 약물이 중단된 후에 증상이 재발함을 보고하였다. 그러나 Foa(1979)는 행동치료에 반응이 없는 환자들의 경우 자신들이 지닌 강박적 공포가 현실이라고 믿는 과대평가된 사고를 지닌 경우가 많다는 점에 주목했다. 이러한 환자들에서는 책임감, 완벽주의 및 처벌 혹은 파국적 결과에 대한 두려움과 같은 일련의 인지적 과정들이 중요시 된다는 점이 밝혀졌다.

결과적으로, Beck(1976)과 Salkovskis(1985)는 강박장애의 인지적 모델을 발전시켰고 특별한 인지 치료 기법들을 발전시켰다(van Oppen과 Arutz, 1994). Beck은 그들이 해야만 한다고 믿는 행동들 혹은 그들이 일으키지 말았어야 할 결과들과 관련 있는 걱정들로 인해 강박적 환자들이 지니게 된 과도하게 발달되어버린 책임감에 대해 설명했다. Salkovskis는 침습적 사고들이 잠재적으로 해롭게 자각되고 환자가 잠재적인 해로움에 대해 책임이 있다고 여길 때 정상적인 침습적 사고들이 강박관념으로 발전될 수 있다고 설명한다. 침습에 대한 평가는 증가된 불안을 일으키고, 환자는 불안을 감소시키기 위해 드러난 혹은 감춰진 중화시키는 반응들(neutralising responses; rituals)을 만들게 된다.

James와 Blackburn(1995)은 인지치료 기법을 사용한 최근 연구 결과들을 검토한 논문을 발표하였다. 단일 사례 연구들을 포함하여 (Ownby, 1983; Salkovskis와 Warwick, 1985; Blue 등, 1987; Ellis, 1987; Willmuth, 1988; Moore와 Burrows, 1991; Gandev, 1992; Dupont, 1992; Gandev, 1993), 그들은 하나의 비대조군 연구와 다섯 개의 대조군 연구들을 찾아냈다. 이 논문 이후, 하나의 대조군 연구가 더 발표되었다 (van Oppen 등, 1995). 표 2.6은 이러한 대조군 연구들을 요약한 것이다.

이 연구들에서는 인지적 재구성, 자기교시적 학습훈련, 논리-정동요법을 포함한 다양한 인지치료 접근법들이 사용되었다. van Oppen 등(1995)의 대조군 연구와 Salkovskis와 Warwick(1985)의 단일 사례 연구에서만 Beck(1976)과 Salkovskis(1985)에 의해 기술된 방식의 인지치료를 평가하였다.

표 2.6 강박장애에서 인지치료를 사용한 대조군 연구들

연구	결과
Emmelkamp 등 (1980) (N: 15)	인지치료 + 행동치료 = 행동치료
Jaremko (1982) (N: 1)	인지치료 + 행동치료 〉 행동치료
Emmelkamp 등 (1988) (N: 18)	인지치료 = 행동치료
Kearney & Silverman 등 (1990) (N: 1)	인지치료 + 행동치료 (교대로) 〉 인지치료 + 인지치료(교대로), 행동치료 + 행동치료 (교대로)
Emmelkamp & Beens (1991) (N: 21)	인지치료 = 행동치료 = 인지치료 + 행동치료
van Oppen 등 (1995) (N: 71)	인지치료 〉 행동치료

결론

OCD에서의 인지치료는 특히 강박적 반추를 지닌 환자들(ruminators)과 행동치료에 반응이 없는 환자들 및 그들의 강박사고와 강박행동의 합리성에 대해 확신하는 입원환자들에 있어서 노출 및 반응-억제기법에 부가적으로 사용될 수 있는 유용한 치료방법일 수 있다. 강박장애에서 인지치료의 역할이 충분히 받아들여지기 위해서는 단기 그리고 장기적 경과에 대한 더 많은 대조군 연구들을 필요로 한다.

신경성 대식증

치료 결과

DSM-IV (American Psychiatric Association, 1994)에 있는 섭식장애들 중 - 신경성 대식증, 신경성 식욕부진증, 비만 - 신경성 대식증에 대한 인지치료의 효과가 가장 많이 입증되었다는 점에 대해 일반적으로 의견이 일치한다. 이러한 이유로 신경성 대식증의 사례를 제 7장에서 기술할 것이며 여기서는 이 특별한 장애에 대하여 검토해 보려한다.

신경성 대식증에 대한 인지적 접근들은 (Fairburn, 1985; Fairburn과 Cooper, 1989) 장애를 지속시키는 인지적 요소들을 강조한다. 만성적인 낮은 자존감은 외모와 체중에 대한 지나친 걱정을 일으킨다. 한 개인은, 대개 여자들에서, 식이 조절에 그녀의 자존감을 투자하게 되고 이는 결국, 생리적 그리고 심리적인 과정들을 통해 폭식을 유발하게 된다. 폭식은 구토, 하제나 이뇨제의 과도한 사용과 과도한 운동과 같은 보상적 행동들을 유도함으로써 악순환의 고리를 촉발하게 된다. 이것은 자존감을 더욱 감소시키고, 많은 수의 자기 비판적인 부정적 자동적 사고들을 유발한다. 인지행동치료는 환자에게 인지적으로 합리적인 근거를 제시하고, 보상적 행동들로 인한 부정적인 생리적 영향들에 관한 교육을 제공하고, 외모와 체중에 대한 태도를 검토하고 변화시키며, 자신과 연관된 기저의 비기능적 태도들을 감시하고 변화시키는 것들을 포함한다. 그러므로 치료는 정상적인 식이 패턴을 확립하고 인지를 재구성하기 위한 행동적 그리고 인지적 기법들로 구성된다.

여러 연구들을 통해 인지행동치료가 대조군 및 최소 개입 보다 우월하다는 점이 밝혀졌다(그중에서도 Lee와 Rush, 1986; Freeman 등, 1988; Agras 등, 1989; Ordman과 Kirschenbaum, 1985; Leitenberg 등, 1988). Fairburn(1988)은 신경성 대식증에대한 결과 연구들을 검토하여, 대조군에 할당된 환자들의 경우에는 환자의 특정한 병리와 일반적인 병리 모두 감소하지 않은 반면 적극적 치료를 받은 환자군에서는 호전을 보였다고 결론 내렸다. 표 2.7에 인지행동치료와 다른 심리적 치료들을 비교한 연구들을 요약해 놓았다.

이 표에 있는 연구들은, 단기간동안 몇몇 척도들에서, 인지행동치료가 적어도 다른 치료들(예를 들어 행동 치료 및 대인관계 정신치료)만큼 효과적이라고 밝히고 있다. Craighead와 Agras(1991)는 신경성 대식증에서 인지행동치료에 관한 10개의 연구들을 검토했다. 그들은 폭식과 제거(purging)에서 평균 79% 감소했고 59%의 환자들이 관해

되었다고 보고했다. Mitchell(1991)은 그의 검토 논문에서 폭식 빈도에서는 69.9%가 감소했고 단지 32.8%의 환자들이 관해 되었다고 보고했다.

Wilson과 Fairburn(1993)은 폭식 (73~93%)과 제거 (77~94%)에서의 비교될 만한 감소율을 보고했지만, Mitchell(1991)은 더 낮은 관해율을 보고했다(폭식 51~71%, 제거 36%). Harmann 등(1992)은 18개의 치료 실험들의 메타분석연구에서 서로 다른 치료 양식에 대한 효과에서 통계적인 차이가 없다고 보고했다.

항우울제 약물은 신경성 대식증의 치료에서 효과가 증명되었다(Mitchell 등, 1990; Agras 등, 1992). Fairburn과 Cooper(1989)는 다음과 같이 코멘트하고 있다: '몇몇 환자들의 경우 완벽한 회복을 이룰 수 있으며 외모와 체중에 대한 혼란스러운 태도들은 지속되는 경향이 있다.' 이 연구자들은 우울 장애가 동반되어있을 때만 항우울제 약물이 필요하고, 그런 경우에도 인지행동치료를 함께 수행해야 한다고 주장한다.

표 2.7 신경성 대식증 치료에서 인지행동치료와 다른 심리적 치료들과의 비교 연구들

연구	결과
Fairburn 등 (1986) (N: 24)	인지행동치료 〉 단기 정신역동치료 (몇몇 척도상의 결과에서만)
Wilson 등 (1986) (N: 17)	인지 재구성 + 행동치료 〉 인지 재구성
Freeman 등 (1988) (N: 122)	인지행동치료 = 행동치료 = 집단 정신치료 〉 대조군
Agras 등 (1989) (N: 77)	인지행동치료 〉 self-monitoring; 인지행동치료 + 구토방지; 대조군
Fairburn 등 (1991) (N: 75)	인지행동치료 = 행동치료 〉 대인관계 정신치료 (몇몇 척도상의 결과에서만)
Garner 등 (1993 (N: 66)	인지행동치료 〉 지지적 표현치료
Wilfrey 등 (1993) (N: 56)	집단 인지행동치료 = 집단 대인관계 정신치료 〉 대조군

장기간 효과

일련의 추적 연구들은 인지행동치료를 통한 치료적 효과는 1~3년 이상 동안 유지된다고 주장하고 있다(Luka 등, 1986). Fairburn 등(1991)의 연구에서 행동치료를 받은 환자들은 인지행동치료 혹은 대인관계 정신치료를 받은 환자들보다 4, 8, 12개월 기간 동안 유의하게 높은 재발률을 보였다. 반면, 대인관계 정신치료를 받은 환자들은 추적관찰 기간 동안 지속적인 개선을 보였으며 12개월 시점에서 대인관계정신치료 환자들의 44%와 인지행동치료 환자들의 35%가 회복에 대한 기준을 만족시켰다(Fairburn 등, 1993). Agras 등(1992)은 인지행동치료가 32주간의 추적관찰에서 재발에 대한 예방적 효과가 있다고 보고했고, Freeman 등(1988)은 인지행동치료가 6개월간 추적관찰에서 집단 치료보다 우월하다고 보고했다.

결론

인지행동치료가 신경성 대식증에서 선택되어져야 할 치료법으로 기술되어왔음에도 불구하고 인지행동치료가 갖는 특이성에는 의심의 여지가 있다. 앞서 소개한 많은 수의 연구들에서는 잘 정의된 인지행동치료보다는 보다 절충적인 치료 패키지들을 사용했었다. 우울증에서처럼 대인관계 정신치료 또한 유용한 것으로 여겨지지만 일반적으로 교육적, 인지적 그리고 행동적 방법들의 조합이 더 우월한 것으로 보인다. Fairburn 등(1995)은 효과가 그리 오래 지속되지 못하는 행동치료 보다는 장기적인 효과를 보일 수 있는 인지치료나 초점화된 대인관계치료가 더 우월하다고 결론 내렸다.

두 가지 장기적인 문제들

정신병리에 있어서 흔히 장기적 혹은 만성적인 문제들과 연관된 두 가지 영역은 최근까지 인지치료자들로부터 흥미를 불러일으켜왔다: 바로 정신증과 인격장애이다. 두 영역에서의 결과 연구들은 여전히 단일 사례 연구들이나 단일 사례 방법론에 기반한 연구들이기에 확정적인 결과들이라기보다는 나름의 가능성을 제시한 수준들이다.

정신증

인지치료를 통한 망상적 믿음들에 대한 수정은 망상적 믿음들이 비정상적 지각 경험에 대한 감각을 만드는 정상적 시도들의 결과로써 형성된다는 가정에 근거를 두고 있다

(Chadwick and Lowe, 1994). 망상을 갖고 있는 사람은 편향된 추론을 갖고 있고 (Bentall 등, 1994) 그들의 귀인양식, 사건들과 그들의 개연성 있는 추론 사이의 연관성에서 편향성을 보인다(Garety, 1991). Chadwick와 Lowe(1994)는 '망상에 대응하기 위한 우리 노력의 통합적 부분은 환자가 자신의 망상을 특정 사건에 대한 반응 및 이러한 사건을 이해하기 위한 시도로써 해석하도록 격려하고 이러한 사건들이 만들어지고 평가되어지는 것에 대한 이해를 통해 대안적 관점을 갖도록 하는 것' 이라고 설명한 바 있다. 즉 착각에 빠지게 된 한 개인은 외부적 사건들로부터 잘못된 추론을 통해 자신만의 망상적 믿음을 만들어가는 것이다.

단일 사례들 혹은 비통제군 연구에서 인지 치료의 긍정적인 효과를 보여주고 있는 결과들은 Fowler와 Morley, 1989; Chadwick과 Lowe, 1990; Kingdon과 Turkington,1991; Perris와 Skagerlind, 1994; Chadwick과 Birchwood, 1994; Alford와 Correia, 1994 등에 의해 이루어졌다.

Chadwick과 Lowe(1994)는 약물 유지치료를 하고 있는 12명의 외래 환자를 대상으로 다양한 기저선의 디자인을 사용하여 시행한 인지치료의 결과에 대해 기술하였다. 인지치료는 가장 적은 중요성을 가지는 몇몇의 증거들로 시작되는 믿음에 대한 도전과, 그러한 믿음이 행동과 해석에 미치는 영향에 대한 설명으로 이루어졌다; 그것들의 그럴 듯한 점들을 감소시키기 위해 모순된 점들을 강조하고; 그 믿음이 특정한 경험에 대한 반응으로, 그러한 경험을 이해하기 위해서 만들어진 것이라는 합리적인 근거를 제공하고; 마지막으로, 바람직한 정보들을 비추어서 망상과 치료자의 대안을 평가한다. 결과는 12명의 참가자 중 10명 (83%)이 치료의 결과로 잘못된 신념이 감소되었음을 보고했다. 이들 10명 중 6명은 불안과 선입견 척도(preoccupation rating)에서도 감소된 결과를 얻었다. 게다가 10명 모두가 우울증 척도 점수에서 상당한 감소를 보였다.

몇몇의 통제 연구는 이미 보고된 바 있다. Tarrier등(1993a)은 27명의 환자를 대상으로 대처-전략 강화기법(coping-strategy enhancement: CSE)과 문제-해결 치료(problem-solving therapy)를 비교했다. 두 치료 모두 인지 치료 및 행동 치료의 방식을 포함하고 있었다. 5주의 치료 끝에 둘 다 동등하게 망상과 불안에 효과적이었다. 환각, 일반적 기능과 음성증상에는 영향이 없었다. 6개월의 추적관찰 후에, 대처-전략 강화기법이 문제-해결 치료 방식보다 미미하게 더 나은 효과를 보였다(Tarrier 등, 1993b).

Garety 등은(1994) 지속적인 약물저항성 정신증적 증상을 보이는 13명의 환자에게 인지행동 치료를 시행했고, 7명의 환자를 대조군으로 할당했다. 잘못된 믿음으로 인한 고통과 집착을 측정한 결과, 적극적인 치료를 통해 망상적 믿음을 유지시키고 있는 신념에 대해서는 유의할 만한 변화가 있었지만 일반적인 기능에서는 그렇지 않았다.

결과적으로 사례 연구와 통제군 연구에서 꽤 일치된 결과를 보였다고 할 수 있다. 인지행동치료는 망상에 대한 믿음의 정도, 망상에 대한 집착과 관련된 불안과 우울의 감소에는 효과적일 수 있지만, 일반적인 기능과 음성증상에는 별다른 효과를 보이지 않았다. 많은 통제 연구가 현재 시행되고 있고, 미래의 연구는 이러한 환자군에서 인지치료의 적용가능성과 한계에 대해 좀 더 밝혀내야 할 필요가 있다.

인격장애

인격장애에 대한 진단 기준이 명확해짐에 따라 (Axis II, *DSM*-Ⅲ-R and *DSM*-IV, American Psychiatric Association, 1987, 1994) 특징 및 진단의 일관성과 체계성이 어느 정도 갖춰지게 되었고, 현재 특정한 치료 방법의 개발과 치료 결과에 대한 연구 수행이 더 용이해지게 되었다.

인격 장애의 인지 모델은 (Beck 등, 1990) pp.217-222에 나와 있듯이 정서 장애에 대한 인지이론이 자연스럽게 발전한 것이다. 인격 장애가 긴 세월과 관련되어 있기 때문에 초기의 비적응적인 인지도식들을 수정하는 것이 더 강조되었고(Young, 1990), 치료에 있어서 특별한 방법이 발달되어왔다. 특히 치료는 대개 축 I 질환에서보다 장기간 지속되고, 급성 증상의 호전 후까지 연장되어 진다. 치료는 1년에서 2년 동안 지속되지만, 치료 회기는 한 달에 한번 정도의 드문 간격으로 시행되고 pp.25-27에 나와 있듯이 치료적 관계가 훨씬 더 중요하게 사용되어 진다.

인격 장애에서 인지치료 발달의 주된 영향은 Beck 등(1990), Young (1990), Linehan (1993a, 1993b) 그리고 Layden 등(1993)의 치료적 작업에 의해 이루어져 왔고 마지막 두 사람은 거의 경계성 인격 장애의 치료에 전념했다. Pretzer와 Fleming (1989) 또한 인지치료의 방법에서 추천되는 자세한 방침을 제시하고 있다.

인격 장애에서 인지이론과 이를 고무시키는 임상적 치료 방법이 각광받아왔다. 그것들은 치료자에게 힘을 북돋아 주고, 치료에 잘 반응하지 않는다고 알려진 장기 환자들에게 희망을 불러일으켰다(Sullivan 등, 1994; Tyrer 등, 1994; Burns와 Nolen-Hoeksema, 1992). 그러나 지금까지 치료 효과에 대한 주된 일차적 근거는 단일 사례 보고들에 의존하고 있다. 좋은 결과를 보여주고 있는 상당히 많은 사례들에 대한 설명이 Freeman과 Dattilo(1992) 그리고 Dattilo와 Freeman(1994)의 개정판에 기술되어 있다. Turkat와 그의 동료들은(Turkat와 Carlson, 1984; Turkat와 Levin, 1984; Turkat와 Maisto, 1985) 치료를 통해 검증된 가설로부터 온 개개인의 사례에 대한 자세한 방식에 근거하여 단일 사례 방법론을 사용해 왔다. 성공적인 결과는 그 치료자의 방식을 더욱 확실하게 해 주었고 부정적인 결과는 새로운 방식과 가설로 이끌었다. Turkat와 Maisto (1985)는 회피성, 의존성, 자기애성, 그리고 편집성 인격 장애에서 긍정적인 결과를 보고한다. 그러나 반사회성, 경계성, 강박성, 히스테리성, 수동 공격적 그리고 분열성 인격 장애에서는 부정적인 결과를 얻었다. 그들은 부정적인 결과에 대해 치료적 협력의 부족, 즉 중도 탈락, 혹은 잘못된 사례 구조화에 의한 것으로 보았다.

많지 않은 통제 연구가 보고되었다. Woody 등(1985)은 주요 우울장애와 반사회성 인격 장애의 증상을 보이는 약물 중독환자에게 시행한 정신역동적 지지치료와 단기 인지치료의 통제군 연구 결과를 보고했다. 이러한 증상을 나타내는 환자들은 두 가지 치료 모두에 유의한 호전을 보였지만, 반사회성 인격 장애 중 중독문제가 없는 환자들에서는 호전을 보이지 않았다. Linehan등(1991)은 자살시도를 한 44명의 경계성 인격 장애 환자들에게 변증법적 행동 치료(dialectical behavior therapy: DBT) – 인지 행동 치료의 특정한 형태로써, 전적으로 Linehan (1993b)에 의해 기술된 바 있다 – 와 일반적인 치료 (정신치료 혹은 그룹 치료 등을 포함한 그 지역사회에서 가능했던 어떤 치료이든)를 비교했다. 평가는 치료의 마지막에 수행되었고, 1년의 추적관찰이 이루어졌다(Linehan 등, 1993). 치료기간 동안 변증법적 행동치료를 받은 환자의 6.8%가 자살을 시도했고, 이는 통제군의 33-35%와 비교되는 결과이다; 변증법적 행동치료를 받은 환자들의 경우 병원에서 보내는 시간도 더 짧았다(8.5일과 38.8일). 중도 탈락 비율 역시 확연하게 달랐다(변증법적 행동치료에서 16.7%, 통제군에서 50%). 추적기간인 1년 후에는 대부분의 적응 관련한 척도에서는 변증법적 행동치료가 월등했고; 자살 시도율에서의 차이는 유의하지 않았지만, 변증법적 행동치료를 받은 환자들은 입원기간이 더 짧았다.

결론

인격 장애에서의 인지치료는 초창기에 있고, 이것의 경험적인 토대는 여전히 사례에 대한 기술 및 단일 사례 연구의 수준에 머물러 있다. 그러나 이 분야에서의 연구는 매우 흥미로운 부분으로 접어들고 있다; 인지 개념화와 매뉴얼을 통한 정교한 치료 방법들을 통해서 긍정적인 치료 효과를 기대할 수 있을 것이며 향후 연구 결과들을 통해서만 이를 증명해 낼 수 있을 것이다.

전반적인 요약

이 장에서는 인지치료에서의 경험적 근거에 대해 살펴보았다. 실험적 연구들은 정서장애에 대한 주의, 지각, 해석 그리고 기억의 오류와 관련한 인지이론의 정보처리 모델을 뒷받침해 주고 있다. 이러한 것들은 우울장애와 불안장애에서 다르게 나타나는 것으로 보인다. 인지도식의 평가에 대한 방법론적인 부분은 불만족스러운 수준이며, 따라서 이론의 이러한 중요한 면이 경험적으로 입증 되었다기보다는 여전히 가정이나 임상적인 근거에 기반하고 있다고 할 수 있다.

치료 결과에 대한 연구는 우울장애, 범불안장애, 공황장애, 그리고 대식증에서 인지치료의 효과를 보여주었다. 강박장애, 정신증적 장애에서의 망상과 환청, 그리고 인격장애와 같은 검토된 다른 영역은 여전히 타당성을 입증하기 위해 좀 더 잘 짜여진 통제 연구가 필요하지만, 지금까지의 전망은 밝다.

적용 가능한 여러 다른 영역 -예를 들어, 건강불안, 건강염려, 통증관련, 사회공포증과 부부 문제- 은 아직 검토되지는 않았지만, 이에 대한 엄청나게 많은 경험적 치료 결과에 관한 문헌들이 역시 빠르게 증가하고 있다는 것은 주목할 필요가 있다.

인지치료의 연구에서 두 가지 영역이 크게 미결로 남아있다: 치료중의 변화 과정(Whisman, 1993) 그리고 결과에 대한 예상. 통제군 치료 연구에서 보이는 동등 효과의 관점에서 보면 누가 인지치료에, 그리고 누가 약물치료, 단기간 정신역동 치료 혹은 대인관계 정신치료와 같은 다른 몇몇 치료에 각각 가장 잘 반응할 것인가에 대해 정확도의 예측이 필수적이다.

제3장

우울증의 사례

수퍼우먼도 자신의 눈물을 통제할 수는 없다 – *Frances*

2장에서 보여주었듯이 인지치료는 단극성 우울증에서 효과적이고, 대부분의 치료 결과들은 비정신증적 주요 우울증을 보이는 외래 환자들에 대한 것이었다.

우울증은 일차 진료 기관과 병원에서 가장 흔하게 맞닥뜨리게 되는 정신과적 증상이다. 주요 우울증의 평생 유병율은 20%로 추정되고, 이러한 비율은 여성에서 남성보다 두 배 가까이 높다. 지금 이 순간에도 여성의 4.5-9.3%, 남성의 2.3-3.2%가 우울증으로 고통받고 있다. 몇몇의 연구들은 일반 임상에서 5%정도가 주요 우울증의 진단기준에 부합하고, 5%는 경도 우울증의 진단기준을 만족시킨다고 보고했다. 게다가 10%는 어느 정도의 우울증상을 가지고 있었다(Blacker와 Clare, 1987; Clinical Resource and Audit Group, the Scottish Office, 1993). 또한 주요 우울증상을 가진 사람들 중 25%는 치료를 받지 않고, 50% 정도는 진단을 놓친다고 보고되고 있다(Freeling와 Tylee, 1992). 대부분의 우울증 환자들은 일반 의사에게 치료를 받고 있고, 그들은 그러한 환자들 중 오직 10%만 정신과 전문의에게 의뢰한다. 그렇기는 해도 정신과에 의뢰되는 외래 환자의 약 1/4은 우울증이고, 우울한 환자들은 병원에서 입원실의 약 1/4을 차지하고 있다.

1989년에 영국인의 약 71만 근무일이 정신과적 질환 때문에 사라졌고, 그들 중 절반은 아마도 우울 장애로 인한 것으로 보인다. West(1992)는 영국에서 병원비와 일반의사 자문의뢰를 통한 우울증 치료의 비용이 연간 약 3억 파운드에 달한다고 추산했다. 게다가 이러한 추정은 우울증의 총 부담 중 사회적 부담인 오직 25%만 따진 것이고, 남은 75%는 사회적 경제적 생산성의 감소 등의 간접적인 비용으로 구성되어 있다. 더군다나 우울증에서는 자살의 위험성이 매우 높다. 영국에서 해년마다 4000건의 보고가 있고 우울증은 그중 적어도 70%를 차지할 것이라 생각되고 있다(Wilkinson, 1989). 자살은 진단되지 않은, 혹은 적절하게 치료 받지 않은 우울증 환자에서 빈번하게 발생한다(Schou와 Weeke, 1998; Isacsson 등, 1992).

우울증의 정의

위에서 이야기 한 짧은 소개는 우울증이 흔하고, 심각하며 비용 부담이 큰 질환이라는 것을 보여주고 있다. 진단은 현재 표준 진단 기준 (*DSM*-IV, 미국정신의학회, 1994; ICD-10, 세계보건기구, 1993)의 사용으로 인해 더 용이해졌다. 이러한 진단 기준의 적용은 우울증의 분류에 대한 오랜 논란과 일반의사, 정신과 의사, 심리학자와 다른 정신과 근무자등이 흔히 사용해서 그들이 우려하는 오진이나 진단을 놓치는, 혹은 적절하지 못하거나 불충분한 치료를 받게 되는 것에 관련한 문제들을 해결하는 데 도움을 주었다. 주요 우울장애의 기본 증상들이 표 3.1.에 요약되어 있다.

경도, 중등도, 심한(정신증적 증상을 동반하지 않은 혹은 동반한), 그리고 비정형적 우울 및 산후 발병 등과 같은 몇몇 우울증에 대한 하위분류들이 *DSM*-IV에서 나누어 졌다. ICD-10도 매우 유사한 카테고리를 포함하고 있고 '멜랑콜릭 양상' 대신에 '신체화 증후군'이라는 용어를 사용하고 있다.

표 3.1 주요우울장애의 진단 기준(*DSM*-IV에서 요약함)

다음의 증상들 중 적어도 5개 이상이 동일한 2주의 기간 동안 지속되어야 함.(증상 1 혹은 2는 반드시 포함)
1. 우울한 기분 2. 흥미 혹은 즐거움의 상실 3. 체중 감소 혹은 증가; 식욕의 감소 혹은 증가 4. 불면 혹은 과수면 5. 정신운동지체 혹은 초조 6. 피로 혹은 에너지의 상실 7. 무가치감 혹은 과도하거나 부적절한 죄책감 8. 집중력 저하/결정 내리기 힘듬 9. 자살 사고 혹은 자살 행동

인지 모델

위에 기술된 진단기준은 우울증의 주된 증상으로 기분 (우울한 기분)과/혹은 의욕(흥미와 즐거움의 소실)의 변화를 중요하게 강조하고 있다. 이러한 변화는 뇌의 신경전달물질

(특히, 노르에피네프린(norephinephrine)과 세로토닌(serotonin))의 기능적 비정상을 반영하는 생물학적 정신과 영역을 고려한 것이고 따라서 치료는 이러한 신경전달물질들의 레벨을 조절하는 항우울증 약물을 사용하는 것이 치료 방법이 된다.

반면에 우울증의 인지 모델(Beck, 1967; Beck 등, 1979; Blackburn과 Davidson, 1995; Fennell, 1989; Williams, 1992)은 우울한 사람에게서 일어나는 사고의 변화를 강조한다. Beck(1967, 1976)에 따르면 임상 관찰에서 가장 핵심적인 정신과적 증상은 완전히 변화된 사고 패턴이다. 이것은 제 2장에 자세하게 기술되어 있고, 이 모델은 위에 인용한 참고문헌들에서 이미 충분히 논의되었다. 따라서 여기에서는 짧게 되돌아보도록 하겠다.

부정적 인지 3요소(인지 삼제: cognitive triad)로 묘사되는 사고의 부정적 내용들(자기, 자신의 세계와 미래에 대한 부정적인 관점을 언급하는)이 우울증의 심리적 토대를 이루는 것으로 본다. 사고의 부정적 내용들이 우울증을 유발하는 것은 아니지만 그것이 바로 우울증의 핵심 증상이다(Beck, 1983). 우울증에 대한 심리적 도식화는 생물학적 요인의 중요성을 무시하거나 어느 특정 요인에 치우치지 않은 상태에서 우울증의 증상들을 부정적 인지 3제의 결과물로써 이해하려는 시도이다. 이것은 그림 3.1.에 개괄적으로 나와 있다.

그림 3.1 우울증 증상들에 대한 심리적 도식화

사고의 내용	증상들
자신에 대한 부정적 시각 자신이 부적절하고, 무가치하다는 식의 생각과 어떤 목표를 이루기 위한 자질이 부족하다는 생각 **자신의 환경에 대한 부정적 시각** 자신의 세계를 부족하며, 처벌적이고 꽉 막혀있는 것으로 바라봄 **자신의 미래에 대한 부정적 시각** 자신의 미래를 절망적이며 영원히 충족되지 못할 것이며 공허함과 고통이 지속될 것으로 여김	**기분** 슬픔, 절망, 불안, 죄책감 **인지** 자기비하, 자책, 부정적 예측, 부정적 기억, 삶을 남들은 전혀 이해 못할 고난으로 바라봄 **동기** 흥미의 상실, 즐거움의 상실, 우유부단, 자살에 욕구/시늉 **신체** 식욕, 성욕 및 수면 욕구의 상실 **행동** 활동저하, 울기, 왔다갔다함 **심리적** 긴장, 불안

한 환자가 최근에 나에게 다음과 같이 말한 적이 있다: '나는 공허한 마음, 공허한 몸 그리고 공허한 인생 속에 갇혀있는 느낌이에요.' 이것은 일견 시적인 과장처럼 들릴지 모르지만, 이 63세의 남자는 완전한 확신을 가지고 있었고 질문에 뜻밖의 반응을 보인 것이지만 치료 세션에 오기 전에는 이러한 언급을 한 적이 없었다. 이는 그의 기분이 극심하게 가라앉아 있기 때문에 충분히 이해할 수 있다; 그는 불안함을 느꼈고; 점점 활동이 줄어들면서 스스로 고립되었으며, 자살사고를 가지게 되었고 잠들기가 힘들었고 일찍 깨어났다; 더 이상 음식을 먹고 싶지 않았고, 책을 읽거나 텔레비전을 볼 때에도 집중할 수 없었으며 스스로가 다른 사람들에게 짐이 되고 미래는 현재보다도 더 나빠질 것이라고 생각하고 있었다.

위에 묘사된 사고의 부정적인 산물들은 p.15과 pp.33-36에서 언급된 정보처리 과정에서의 다양한 오류로 인한 것이다. 따라서 *선택적인 주의와 추상화(selective attention and abstraction)*; 부정적 왜곡으로 인한 *임의적 추론(arbitrary inferences)*; 부정적인 면을 *과장(magnifying)*하고 긍정적인 면을 *축소(minimising)*하는 것; 그동안 모아진 부정적인 정보들로부터 이끌어내어진 과잉일반화(over-generalising) 및 부정적 결과들에 대한 내적이고도 지속적이며 광범위하게 자기 탓으로 돌리는 *개인화(Personalisation)*의 과정을 통해서 우울증 환자는 지속적인 부정적 해석들과 비관주의로 주변 사람들을 놀라게 한다. 몇몇은 그녀가 '터무니없고' 진실하지 않다고 생각할 수 있고(특히 격려나 설득이 어떠한 변화도 일으키지 않을 때), 점차 짜증이 날 수도 있다. Burns(1980)는 일반 금속을 금으로 바꿀 수 있는 연금술사와 달리, 우울한 사람은 금을 일반 금속으로 바꿀 수 있는 것처럼 보인다고 말했다. 위에 묘사된 전개 과정의 내용은 '논리적 오류' 라고 이름 붙여졌지만 최근의 연구에서는 정상적인 사람들도 사고 시에 비논리적인 '편법' 을 사용한다는 것이 입증되었는데(Kahneman 등, 1982; Nisbett와 Ross, 1980), 현재는 체계적이고 일관적인 부정적 판단(이것은 정확한 혹은 부정확한 추론으로 이어질 수 있다.)이 형성될 때 그것을 '편향(bias)' 라는 용어로 사용하는 것이 적절하고, '왜곡(distortion)' 이라는 용어는 판단 혹은 결론이 현실을 인지하는 방식에 있어서 통상적으로 받아들이기 어려운 경우에 적합한 표현이라 할 수 있다(Alloy와 Abramson, 1988).

마지막으로 중요하게, 인지 모델은 태도, 신념, 가정, 규칙, 그리고 핵심적 인지 도식의 존재를 다루고 있고, 왜 어떤 이에겐 두드러지지 않거나 혹은 일시적 어려움을 초래하고 마는 데 비해 별로 중요해 보이지 않는, 혹은 다른 이들에게는 오직 일시적인 어려움을 초래할 뿐인 이러한 것들이 특정한 사람이나 특정한 상황에서는 지속적인 우울증의 유발인

자로 작용하는 지에 대해서 설명한다(pages 15-16; 36-39 참조). 이러한 핵심 구조들은 사랑, 인정, 성취, 자율성, 권리, 전능 및 완벽주의와 관련되고 이는 초기 아동기에 학습되는 것으로 보이며, 이후로는 타당한 경험들에는 중요성을 부여하고 부적절한 경험들은 제외시키는 일생동안의 과정을 통해서 강화된다. 당연히 우리들 중 그 누구도, 심지어 과학자들조차도 이러한 과정들로부터 안전하지는 못하다. 차이점은 정서장애에서는 인지 도식, 규칙 혹은 가정이 극도로 역기능적이고, 경직되어 있으며 과도하게 일반화 되어있다는 것이다. 예를 들어: '사람들이 나에게 요구하는 모든 것을 하지 않으면, 그들은 나를 알려고 하지 않을 거야.' 이 조건화된 인지 도식은 '나는 사랑스럽지 않아' 혹은 '나는 쓸모없어' 따라서 '나를 받아들이게 하는 유일한 방법은 다른 사람들을 항상 만족시키는 거야'와 같은 핵심 믿음을 반영하고 있다.

이 모델의 다양한 요소들이 Frances의 케이스에서 나타나 있다.

FRANCES

의뢰 과정

Frances는 스스로가 인지치료를 원해서 그녀의 주치의로부터 의뢰되었다. 의뢰서에는 매우 짧게 'Frances는 38세의 기혼 여성으로 1년 동안 우울증을 앓고 있다' 라고만 적혀 있었다. 그녀는 여러 가지 항우울제 치료에도 호전을 보이지 않았다. 그녀는 경도의 우울증을 가진 사람들이 인지 치료 기법을 사용하여 자신들의 상태를 경감시키고, 주요 우울증으로 발전하는 것을 막기 위한 방법에 대한 안내서인 '우울증 다루기(*Coping with Depression*)'(Blackburn, 1987)를 읽었다. 의뢰서에는 또한 그녀가 질환 때문에 회계사로서의 은행일을 그만 두어야 했다고 쓰여 있었다. 그녀에게는 6살 된 아들이 있었다.

평 가

증상 양상

Frances는 그녀의 가라앉은 기분을 말과 비언어적 방법으로 나타냈다. 그녀의 기분은 거의 항상 가라앉아 있었지만, 어떤 상황에서는 밝아질 수 있었다(예를 들어, 좋은 친구가 전화하거나 그녀의 아들이 뭔가 재밌는 말을 했을 때). 그녀는 거의 한 박스의 티슈를 다 쓸 정도로 치료 시간 내내 울었고 시선을 잘 마주치지 않았다. 그녀는 자신이 동료, 은행에서의 고객, 남편, 아들, 그리고 친구나 부모님들을 포함한 모든 사람들을 우울하게 만든다고 느끼고 있었다. 그녀는 무력감과 절망감을 느꼈고, 다시 일어서기에는 희망이 거의 없었기 때문에 모든 사람들이 그녀가 죽는다면 더 나아질 것이라고 생각했다. 그러나 자살에 관해서 생각하거나 시도한 적은 없었다.

그녀는 잠들기가 어렵지는 않았지만, 항상 피곤했고 밤에 평균 5시간 정도를 자면서 규칙적으로 거의 3시에서 4시 사이에 일어났다. 깨어 있는 채로 누워서 그녀는 걱정과 우울한 생각들에 대해서 반추했다. 그녀는 외모에 신경을 쓰지 않았고, 심지어 뉴스 기사를 읽을 때에도 집중할 수가 없었다. 그러나 집안일이나 남편과 아들을 돌보는 것은 꽤나 충실하게 해내고 있었다. 그녀는 아마추어 밴드에서 바이올린을 켜거나 에어로빅, 산책, 친구들과 만나서 식사를 하고 극장에 가는 것 등과 같은 모든 여가와 사회적 활동을 포기했다. 그녀는 건강과 부부관계, 나쁜 엄마가 되는 것과 미래에 대해서 끊임없이 걱정했다. 그녀는 쇼핑하러 나갔을 때 예전에 알았던 누군가를 만나면 속이 거북해 지고 맥박이 빨라지는, 불안과 관련된 약간의 신체증상으로 힘들어 했다. 일반적인 신체증상들로는 잦은 두통과 요통 그리고 활력 저하가 있었다. 그녀는 평소보다 많이 먹었고, 지난 3개월 동안 7파운드(약 3kg) 정도가 늘었다. 성욕 역시 약간 저하되어 있었다.

Frances는 일을 하고 있지 않는 것에 대해서 스스로 부끄러움을 느꼈기 때문에 모든 사회활동을 피했다. 그녀는 자신감을 완전히 잃었고, 스스로가 쓸모없고 한심하다고 느꼈다. 공포나 강박증 혹은 정신증적 증상은 없었다.

그녀의 증상 양상은 주요 우울장애의 진단 기준을 만족시켰다. 그녀의 불안 증상들은 우울 장애의 일부였으며 동반된 범불안장애의 진단 기준을 만족시키지 않았다. 또한 축 II의 질환에도 해당하지 않았다.

임상심리학적 평가에서 중등도 이상의 우울증을 보였다:

- 해밀튼 우울척도(Hamilton Rating Scale for Depression: HRSD) 17-item version(Hamilton, 1960): 17점 (비우울 점수 ≤ 6)
- 벡우울척도(Beck Depression Inventory: BDI, Beck 등, 1961): 24점 (비우울 점수 ≤ 9)

- 상태-특성불안척도 - 상태(Stait-Trait Anxiety Inventory, state version: STAI-S, Speilberger 등, 1970): 52점 (정상집단 점수: 36)

인지 편향 및 왜곡에 대한 척도에서 다음의 점수를 얻을 수 있다:

- 자동사고 설문지(Automatic Thoughts Questionnaire: ATQ, Hollon과 Kendall, 1980): 111점 (정상집단 점수≤42)
- 절망감 설문지(Hopelessness Scale: HS, Beck 등, 1974): 19점 (정상집단 점수 ≤3)
- 역기능적 태도 척도(Dysfunctional Attitude Scale: DAS, Weissman과 Beck, 1978): 195점 (정상집단 점수 ≤113)
- 인지 형태 검사(Cognitive Style Test: CST, Blackburn 등, 1986): 84점 (정상집단 점수 ≤59)

질환의 경과

18세 졸업시험을 준비할 때 그녀는 매우 불안하고 우울함을 느꼈다. 그녀는 치료를 받지 않았으나 그때 매우 절망적이었다고 한다.

21세 대학교 3학년의 생활을 즐기면서 마지막 시험을 앞두고 다시 한 번 불안과 우울을 느꼈다. 6개월가량 지속되었고 치료는 받지 않았다.

26세 장기간의 연인관계가 끊기면서 Frances는 극도로 우울했다. 직장을 그만 두어야 했고 주치의로부터 항우울제를 처방 받았다. 우울감은 3개월간 지속되었고 약물 치료는 6개월간 지속되었다.

33세 다른 곳에서 새로운 직장을 얻으면서 그녀는 직장에서 대인관계의 어려움을 경험했고 무능하고 가치가 없다고 느꼈다. 우울 증상으로 발전하는 듯 했지만 완벽한 우울증은 아니었다. 호전을 위해서는 대인관계의 변화와 보다 나은 근무 환경이 필요했다.

36세 다른 곳으로 이사한 후에 Frances는 그녀가 이전의 직장에서 잘해왔던 작업이 그녀가 떠난 후에 폐지되었음을 알았다. 그녀는 우울해지기 시작했다. 혼란스러운 새 직업을 시작했고 그곳에서 그녀는 잘 해낼 수 없을 것 같았다.

37세 우울증이 악화되었다. 우울 증세가 심화되고 4개월 후에 이전에 처방 받았던 주치의를 찾아갔다. 우울 증세가 호전되었고 3개월간 휴양 후에 크리스마스 연휴 뒤 직장에 돌아갔다.

38세 Frances는 몇 주간 직장에 머물렀지만 아무것도 할 수 없다고 느꼈다. 그녀는 재발을 예감했고 상사로부터 퇴직을 권고 받았다. 약물 치료에 효과가 없었기 때문에 6개월 후 그녀는 주치의에 의해서 인지행동치료에 보내졌다.

개인적 배경

Frances는 대학교 강사인 Denis와 9년 전에 결혼했다. 유일한 자녀인 Marc는 6살이다. 부부는 또 다른 아이를 원하고 Frances는 "너무 늙기 전에" 임신하기를 원했다. 1985년에 Denis와 결혼하기 전 Frances는 Philip과 장기간의 연애를 했고 그녀가 26살이던 1982년에 헤어졌다. 그녀는 Philip과 대학에서 만났고 경제적인 이유로 동거했으며 Philip은 여전히 대학원에서 공부했으나 Frances가 일을 해서 경제적으로 그를 도울 수 있었다. 그들은 점점 멀어지기 시작했고 Philip의 졸업 파티에서 더 이상 그와 그의 친구들을 이해할 수 없다고 생각했다. 그녀는 그의 친구들이 자신을 지적으로 열등한 사람으로 얕보고 Philip도 자신을 사람들 앞에서 창피한 존재로 여긴다고 느꼈다; 또한 그는 동료 학생과 염문도 있었다. 커플은 잔인하게 헤어졌다. 힘든 시간이었고 단기간의 우울증상이 동반되었다.

그녀의 양친 부모는 살아계셨고 200마일 가량 떨어진 곳에 있었다. 그녀의 아버지는 퇴직한 사업가로 오랜 기간 집에서 떨어져 생활했었고 매우 열심히 일했으며 마을에 기반을 둔 지역농장의 관리자 자리에까지 올랐다. 그는 그곳을 잘 알았고 사려 깊었다. 비록 그가 퇴직한지 8년이 지났지만 사람들은 여전히 경제적인 상담을 위해 그를 찾아왔다. 그녀의 어머니는 유약해 보였고 결혼 전과 자녀들이 학교를 다니기 시작한 후에는 사무 보조원으로 일했다. 그녀의 어머니는 때때로 우울감을 느꼈고 주치의로부터 약한 항우울제를 처방 받았다. Frances는 어머니에게 친밀감을 느꼈고 그녀의 어머니가 문제를 이해해 줄 수 있다고 생각했다. 그러나 어머니가 과도하게 걱정하게 되고, 그로인해 우울증상이 재발될까봐 그녀에게 짐이 되는 것을 원치 않았다. 그녀는 아버지와도 잘 어울렸지만 성장하는 동안 항상 멀리 있었기 때문에 친밀함을 느끼지는 못했다.

2살 많은 언니인 Madeline은 20년 전에 개인 관리자와 결혼해서 행복하게 살고 있으며 3명의 십대 아이를 두었다. 그녀는 Madeline이 매우 다르게 보였기 때문에 그녀와 가까워 질 수 없었다. 그녀는 똑똑했지만 학교생활에 흥미를 느끼지 못했다. 결과적으로 Frances와 다른 학교에 진학했고 16살에 결혼을 위해 떠났다. 4살 어린 여동생은 공부를 잘했고 회사에서 중책을 맡고 있다. 그녀는 최근에 결혼했으며 가끔 Frances와 연락을 주고받고 있다.

Frances는 열심히 공부했고 항상 상위권을 차지했다. 졸업 후에 대학에서 사학을 전공했으며 22살에 은행에서 교육 매니저로 일을 시작했다. 상사의 격려로 동시에 회계학을 공부했으며 2년 후에 회계사 자격을 얻었다. 그녀는 식구들이 자신에게 기대를 갖고 있다는 것을 느꼈고 그렇기에 더더욱 열심히 해야만 했다. 1985년 Denis와 결혼한 후로 그녀의 뜻과는 달랐지만 더 좋은 직책을 얻기 위해 대학에서 경력을 쌓기 원하는 남편 때문에 2번 직업을 바꿨다.

현재 상태

대기실에서 그녀에 대한 첫 번째 인상은, 가슴이 메이도록 흐느껴 울고 있었고 의자에 걸터 앉아서 본인을 숨기고 싶어 하는 것처럼 옷을 입었다 – 모자로 얼굴을 가렸고 큰 겨울 외투와 부츠, 장갑을 착용했다.

치료자가 그녀에게 어떻게 불편하냐고 물었을 때 그녀가 처음을 말한 내용은 그녀는 병동에 있는 '환자들'이나 대기실에 앉아있는 다른 '환자들'처럼 보이고 싶지 않다는 것이었다. 그녀는 그런 것이 창피하고 부끄러운 것이라 생각했다.

이러한 시작 시점에서의 언급은 환자가 자기 자신을 표현하는 방식과 마찬가지로 치료자가 사전 개념화를 이끄는 사고와 이론을 형태화하기 시작하는데 종종 도움을 준다.

두 번의 평가 세션에서 그녀가 불편감과 지속적인 울음을 보이면서도 Frances는 그녀의 삶을 스스로 잘 설명했다. 그녀는 치료자와 관계가 좋았고 신뢰를 나타냈으며 할 수 있는 한 개방된 상태로 대화하기 원했다. 그녀는 자주 사과했다: '미안합니다. 울음을 멈출 수 없네요' '끔찍해요 – 내 스스로를 통제할 수 없어요' 그녀가 자주 울고 싶은지 물었을 때, 그녀는: '아니오. 나 자신에 관해 이야기 할 때만 그래요. 보통 나는 스스로를 잘 조절해요'. 직장이 없다는 부끄러움 외에도 그녀는 친구들과의 만남을 피했고 전화도 하지 않았다. 왜냐하면 쉽게 울음이 터질 것 같았고 '그들이 내가 완전히 한물간 사람이라고 생각할까봐' 였다.

Frances가 어려운 상황이라고 묘사할 때의 주제는 다음의 언급으로 예를 들 수 있다.:

- '나는 완전히 통제불능이라고 느껴요'
- '직업을 바꾸는 일은 내가 결정할 수 있는 일은 아니에요. 나는 그저 Denis가 원하는 대로 따라야만 했었어요'
- '나는 초라해졌다고 느껴요'

- '나는 단순한 가정주부로 남고 싶지 않아요'
- '수 년 간의 나의 노력은 다 부질없는 것이었어요'

평가 요약

Frances는 반복적인 우울 증상을 경험했다. 그녀는 능력 있고, 결단력 있으며 야망 있는 젊은 여성으로 학교, 대학, 전문 직장에서 열심히 일했고 은행 회계사로서 그녀의 직업에 최선을 다했으며 그래서 남성이 지배적인 환경에도 불구하고 성공을 거두었다. 그녀는 집에서도 남편과 아들 주변의 일들을 정리하고 임무를 완수했다. 삶은 회오리바람 같았고: 아침을 준비하고 아들을 학교에 데려가고, 남편에게 훌륭한 저녁식사를 대접하기 위해 직장에서 돌아오는 길에 슈퍼에 들렀으며 직장에서 힘든 하루를 보냈음에도 다음 날을 위해 저녁마다 준비했다. 그녀는 이러한 일에 매우 능숙했고 부부의 사회적 활동이나 가사도우미, 보모도 필요할 때마다 적당히 배치했다.

바로 이 시점에서 치료자는 자신에게 묻게 된다: '왜 이 여인이 과거부터 우울해 왔는가? 그리고 왜 지금 우울한가?' 실마리는 처음 우울증이 시작되었을 때와 최근의 유발 원인들과 관련이 있었다. 다음의 요인들이 중요했다:

1. 우울증의 단기적인 초기 삽화(episode)는 자신의 성과에 대한 평가와 관련이 있었다 – 즉, 검증.
2. 연인 관계가 깨진 것을 실패로 보았으며 특히 그녀가 자신을 지적으로 열등하다고 느꼈기 때문에 더욱 그러했다.
3. 그녀는 대인 관계에 많은 것들을 투자했으며 자신보다 우월하다고 느끼는 남편을 위해서 자신의 직장 생활을 희생시켰다.
4. 새로운 직업 상황은 위협적으로 받아들여졌고 자신이 하는 업무에 대한 부정적인 평가에 예민했다. 예를 들어 그녀가 직장을 떠난 후 그 자리가 보다 신참에게 맡겨졌을 때 그녀는 자신이 이제까지 별로 중요하지 않은 일을 해왔던 것이기 때문이라고 받아들였다. 직장에서의 일이 잘 굴러가지 않을 때는 책임을 본인에게 돌렸다 – 그녀가 잘 못해냈기 때문이라고 생각했다.
5. 마지막으로 그녀는 슈퍼우먼이 되려고 했다: 최고의 직업, 최고의 아내, 최고의 어머니와 최고의 가정주부가 되고자 했다. 그녀는 완벽한 가정을 갖기 위해 또 다른 아이를 갖기 원했다.

최근 삽화의 유발 요인들은 그녀가 잘 맞지 않고 통제하기 힘든 '재난에 가까운' 새로운 업무와 그녀가 사랑했던 직장에서 떠나야만 했을 때 얻은 후회와 분노, 임신에 실패했기 때문에 현재의 직장에 매어있을 수밖에 없는 것들이었다.

단기인지치료에 대한 적합성

공식적으로 적합성을 평가하기 위해 단기 인지치료 평가척도(Short-term Cognitive Therapy Rating Scale: Safran과 Segal, 1990)가 사용되었다. Frances는 인지 치료에 매우 적합했다. 이 척도는 0-5점으로 평가되고 점수가 높을수록 더 적합함을 나타낸다.

1. *자동적 사고에 대한 접근성(Accessibility of automatic thoughts)*

그녀는 자발적으로 핵심적인 부정적 자동 사고를 보고할 수 있었다. (5)

2. *감정에 대한 자각과 구별(Awareness and differentiation of emotions)*

그녀는 세션의 안과 밖에서 모두 자신의 감정들에 접근해 들어갈 수 있었으며 그러한 감정들을 구분해 낼 수 있었다. 단 분노의 감정은 잘 알아차리지 못했으며 치료자로부터 유도 질문을 받아야만 보고하였다. (4)

3. *개인적 책임의 수용(Acceptance of personal responsibility)*

그녀는 변화에 대한 개인의 책임을 받아들였고, 인지 치료에 참여했으며 약물을 복용하는 것에 부가적으로 스스로 다른 무언가를 하기 원했다.

4. *인지적 논리근거에 대한 적합성(Compatibility with cognitive rationale)*

그녀는 자기치료를 위한 인지치료 책자를 읽었기 때문에 인지 모델에 대해 알고 있었다; 그녀는 인지치료 모델을 효과적인 방법으로 여겼고 과제 수행에도 적극적이었다. (5)

5. *협조 능력(Alliance potential) - 치료시간 동안*

치료의 시작부터 그녀는 치료 시간에 양호한 협조 능력을 보여주었다. 그럼에도 불구하고, 치료자는 몇 가지 걱정이 있었다: 첫째로 환자의 뚜렷이 높은 자율성(autonomy)은 도움 받는 것에 대한 저항을 유발할 수 있다; 둘째로 Frances가 부정적인 시각으로 치료자와 그녀 자신을 비교함으로써 치료자는 모든 걸 다 가졌는데 비해 그녀는 그렇지 않다고 잘못 받아들일 수 있다는 점이었다. (3.5)

6. *협조 능력(Alliance potential) - 치료시간 이후*

치료 시간을 벗어나서도 그녀의 협조 능력은 뛰어났다. Frances는 직장은 물론 사회적으로도 친밀한 관계를 맺었었다. 그녀는 모든 것을 털어놓을 수 있는 좋은 친구들과 가족들이 있었다. (5)

7. 문제의 만성화경향(Chronicity of problems)

일 년 이상 지속된 현재의 우울 증상은 부정적인 예측 인자가 될 수 있다. 그러나 현재의 문제는 만성적이지 않고 현재의 풀리지 않은 상황에 따른 것으로 보이며 그녀가 지닌 심리적 문제들은 인지치료에 적합한 것들이었다. (4)

8. 안전 행동(Security operations)

대체로 그녀가 치료에 있어서의 참여나 협조에 방해가 될 만한 안전 행동 혹은 회피 행동을 할 만한 이유는 없었다. 환자 역할을 함으로 인해 생길 수 있는 수치심이 그녀로 하여금 치료를 중단하게 하거나 치료 시간을 빼먹게 할 수도 있다는 점은 걱정되는 부분이었다. (4)

9. 집중력(Focality)

Frances는 논의되었던 문제에 집중할 수 있었으며 논의되던 문제로 다시 되돌아와야 하는 일은 거의 없었다. (4)

10. *치료에 관한 환자의 낙관적태도/비관적태도(Patient optimism/pessimism regarding therapy)*

마지막으로 그녀는 인지치료에 상당한 희망을 걸고 있었다. 그녀가 과거에 약물치료에 반응이 있었음을 알고 있었지만, 인지 치료가 단기, 장기적으로 그녀에게 도움이 될 것이라고 생각했다. (5)

총점 50점 중에 44.5점을 기록했으므로 Frances는 단기 인지 치료에 매우 적합했다.

초기 공식화(Initial Formulation)

초기의 사례 개념화는 두 번의 평가 세션과 두 번의 치료 세션 후에 잠정적으로 이루어졌다. 이러한 개념화는 환자의 과거력으로부터 얻어낸 정보나 그녀의 대화에서 주요한 주제, 전형적인 자동적 사고, 감정적인 반응, 비언어적 행동을 통해 얻어낸 정보들을 활용하였다. 그림 3.2에 간략하게 설명되어있다.

그림 3.2 초기 공식화

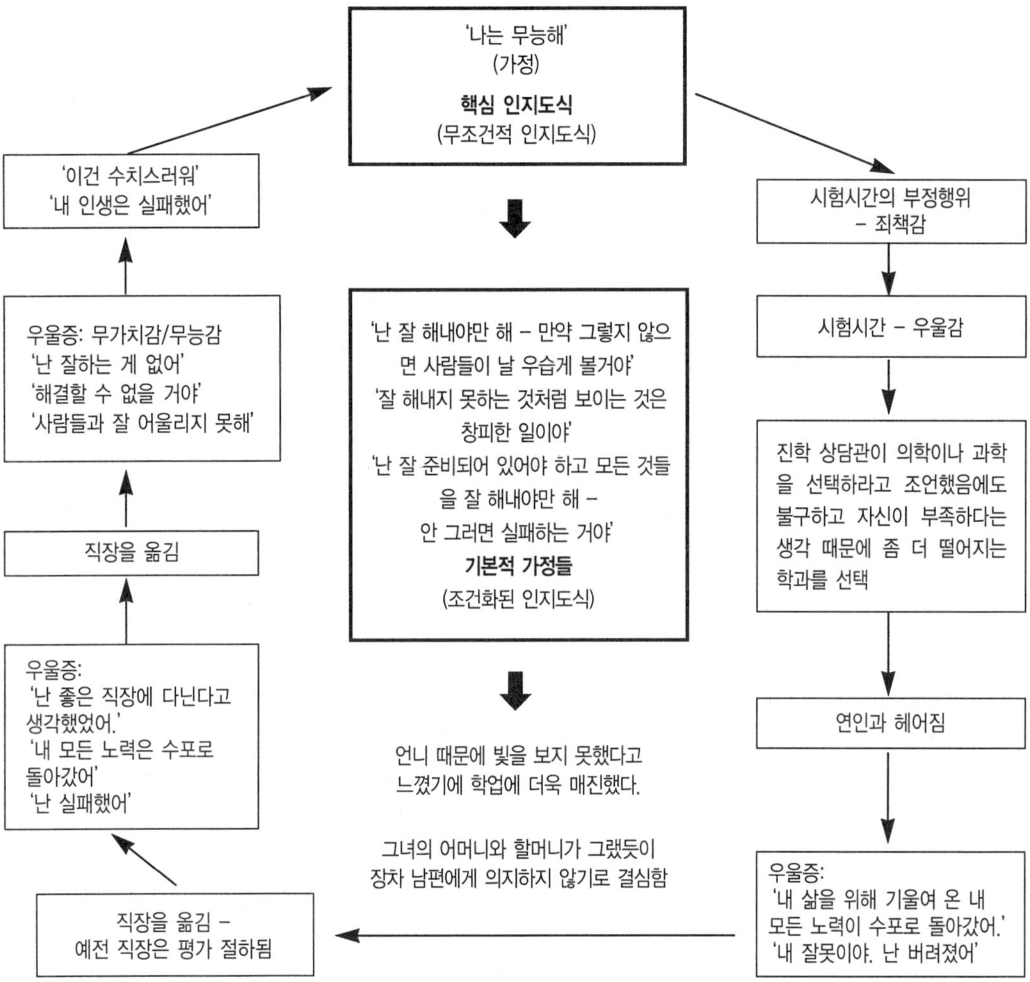

이러한 인지 공식화의 내용은 좋은 치료 경과와 함께 좋은 치료적 관계가 확실히 성립되었던 8번째 회기까지는 Frances와 공유하지 않았다. (일부 치료자들은 예비적 개념화를 치료 초기에 환자들과 공유하는 것을 선호한다 – 3, 4번째 회기에서. 이것은 일부의 경우 합당하지만 협력과 이해를 확실히 하기 위해서는 7, 8번째 회기까지 기다리는 것이 좋다.) 그때 치료자와 환자는 치료 세션은 물론 할당된 과제를 통해서도 충분한 정보를 얻을 수 있고 흩어진 그림의 조각을 모아서 전체적인 그림을 얻을 수 있다. 환자와의 대화를 통해 드러난 일반적인 주제들이 각 회기의 말미에 피드백 되어졌다.

치료

치료 계획

두 번째 회기 이후에 Frances는 그녀와 치료자가 그녀가 어떻게 시간을 사용하는지를 알기 위해 작성해야 하는 주간 활동 계획표를 받았다(표 3.2). 그녀가 주장하는 것처럼 대부분의 시간을 비활동적으로 보내는지, 너무 많은 집안일을 하는지, 혹은 충분히 즐거운 활동에 참여하고 있지 않은지는 불분명했다.

세 번째 치료 시간에 Frances는 흐느껴 울었다. 그녀 스스로 활동계획표를 작성하는 것을 힘들어 했는데 이러한 작업이 '나는 하찮은 일들로 시간을 보내고 있다'는 그녀의 생각을 또 다시 확인시켜주는 일이 되었기 때문이다. 그녀가 이전에 해왔던 복잡한 일들과 비교해 보았을 때 지금하고 있는 일들은 반복적이고 누구나 할 수 있는 일이며 그런 일들은 어느 누구라도 자기 자신 보다는 잘 할 것이라고 생각했다. 이러한 점들이 그녀로 하여금 무가치하다고 느끼게 했다. 치료 시간의 나머지 시간은 자세한 문제 목록을 작성하고 우선순위를 정하는데 사용했다. Frances는 처음에 두 가지 문제를 작성했다.

1. '사람들을 만나고 싶지 않은 것'
2. '일에 관한 향후 계획'

이후의 대화를 통해 세 가지의 주요한 문제영역들을 포함시켰다:

3. '환자 역할을 받아들이는 것'

치료자는 Frances가 치료 받으러 오는 것을 계속 당혹스러워하고 창피하게 여긴다면 그녀로 하여금 치료를 찾도록 하였던 문제들에 대해 작업해 나가는 데 있어서 심각한 장애가 될 수 있다고 생각했으며 또한 부가적인 문제들을 유발할 수 있다고 보았다.

4. 그녀가 일을 그만 둔 이후로 유발된 남편과의 문제

사실 치료자는 Frances가 남편의 수준에 맞추기 위해서 자신의 뜻에 반해서 항상 직업을 바꾸어 왔다는 사실을 강조하는 대목에서 그녀가 지닌 나름의 분노를 알아차릴 수 있었다.

5. 그녀 자신을 위한 즐거운 활동에 참여하는 시간을 만들어 내기

이것은 그녀가 작성해 온 활동 계획표에 대한 평가와 그것에 대한 그녀의 부정적인 반응을 통해서 얻어졌다.

위에 적은 문제들 중에서 어떤 것이 가장 시급하냐고 물었을 때 Frances는 자신이 남편과의 상황에 가장 압박감을 느끼고 있다는 사실에 놀랐다. 그녀는 그가 자기 자신에게만 빠져있고 가족과 충분히 함께하지 않는다고 묘사했다. 그는 직장에서 매우 바빴고 밤늦게 좋지 않은 기분으로 들어왔다. 그는 항상 신문을 읽었고 그녀는 그와 무엇도 상의하지 않았다. 그는 항상 우울한 표정으로 돌아다녔고 – 사실, '내 아버지가 했던 것처럼 행동했다'.

치료자는 이것이 즉각적인 상황이며 이 문제에 대한 해결을 통해서 Frances에게서 자기주장적 행동을 이끌어 낼 수 있다는 점에서 좋은 출발이었다고 생각했으며 – 치료 작업상의 몇몇 문제들은 지나친 순종과 자기주장의 결여에서 기인한 것으로 여겨졌기에 – 이를 통해서 자기 통제감을 형성하고 비난을 줄일 수 있다고 보았다.

Frances에게 할당된 과제는:

1. Denis와 문제가 발생하는 상황에 대한 목록 작성;
2. 활동 계획표에 몇몇 즐거운 활동들을 집어넣기
– 바이올린 연주나 정원 관리 같은 일부 취미를 회복하기

표 3.2 주간활동계획표

시간	월요일	화요일	수요일	목요일	금요일	토요일	일요일
9-10	아침식사준비, Marc 학교 데려다주고 가게 들리기	아침식사준비 Marc 학교 데려다주기	아침식사준비 Marc 학교 데려다주기	아침식사준비 Marc 학교 데려다주기	아침식사준비 Marc 학교 데려다주기	아침식사준비 Marc 보이스카웃에 데려다주기	아침식사준비
10-11	청소, 빨래	차를 수리 센터에 맡기기	침대 시트 교체 및 정돈	문 3개 수리	대형마트에서 쇼핑	어제 못 산 것 쇼핑	바비큐 준비
11-12	청소, 빨래	집까지 걸어옴	친구와 커피마심	청소	//	청소	Denis와 다툼
12-1	빈둥거림	옷 수선	//	쇼핑해 온 것 정리	쇼핑해 온 것 정리	Marc를 데리러 감	내가 싫어하는 남편 친구 2명이 바비큐 파티를 하러 옴
1-2	우체국, 은행	가계부 정리	세탁하려고 커튼을 걷음	정리 정돈	의자에 파묻혀 신문을 읽음	Denis가 장식하는 걸 도와줌	//
2-3	물건사고 Marc를 학교에서 데리고 옴	자동차 수리센터까지 걸어가서 차를 가지고 와서는 Marc를 데리고 옴	Marc를 학교에서 데리고 옴	Marc를 학교에서 데리고 옴	Marc를 데리고 옴	//	//
3-4	Marc 숙제를 도와줌	Marc 숙제를 도와줌	Marc 숙제를 도와줌	Marc가 어린이용 풀에서 노는 동안 앉아 있었음	Marc 친구네 집에 가서 친구랑 놀게 해줌	//	정리함
4-5	정원에 물주기	가계부를 좀 더 정리	다림질	빨래 걷음	//	정리 정돈	Marc와 놀아 줌
5-6	Marc 식사준비	Marc 저녁먹임	Marc 저녁먹임	Marc 저녁먹임	Marc 저녁먹임	Marc 저녁먹임	Marc 저녁먹임
6-7	Marc를 씻김	씻는 시간	씻으면서 Marc와 놀아 줌	Marc에게 책 읽어줘서 재움	Marc에게 책 읽어줘서 재움	Marc에게 책 읽어줘서 재움	Marc에게 책 읽어줘서 재움
7-8	Marc에게 책 읽어줘서 재움	Marc에게 책 읽어줘서 재움	Marc에게 책 읽어줘서 재움	Marc에게 책 읽어줘서 재움	Marc에게 책 읽어줘서 재움	Marc에게 책 읽어줘서 재움	Marc에게 책 읽어줘서 재움
8-12	Denis가 퇴근하여 저녁을 먹고 10에 취침	Denis가 퇴근하여 저녁 먹다 다투고는 11시에 취침	다림질, Denis가 9시 퇴근하여 밥 먹고 취침	Denis를 위해서 문서 작업을 해주고 퇴근한 Denis와 저녁 식사, TV 시청 후 11시 취침	Denis가 7시에 퇴근해서 Marc의 학교에 대해 이야기 나눈뒤 저녁 먹고 11시 취침	저녁 일찍 먹고 TV를 본 후 10시 취침	일요신문 읽은 후 식사, TV시청 후 11시 취침

치료 경과

4 – 5 회기

이 두 회기는 결혼 상황과 활동들의 질을 향상시키는 것과 관련 있다. 과제에 대한 검토를 통해서 Frances는 집안을 꾸미는 것과 같이 '보다 건설적인 일' 들을 했을 때와 집에서 바이올린을 연주했을 때와 같은 활동들에 대해 보다 행복함을 느꼈음을 알게 되었고 이러한 사실에 그녀 자신도 놀랐다. Denis에 관해 언급된 문제들은 그가 이기적이고 사려 깊지 못하며 세밀한 부분에 부주의하고 자신만을 위해 대부분의 시간을 투자하며 일방적이라는 점이었다. 치료자와 환자는 결혼 상황에 집중하기로 동의했는데 부가적으로 새로운 문제가 생겼다 – 그녀가 전에 다니던 직장으로부터 요청서를 받았는데 1년 전에 그녀가 담당했던 고객이 자신이 받았던 조언에 대해 불만을 제기하고 있기에 그에 대한 편지를 작성해야 했다.

결혼 생활과 연관된 중요한 문제들은 1) 대화의 부재 2) 그로인한, 독심술이 필요한 상황 3) Frances는 모든 문제들에 대처해야 할 필요가 있었고, 그럼에도 도움을 요청하지 않으려는 점 4) 성격차이, Denis는 자유분방하고 충동적이며 Frances는 섬세하고 계획적이다.

소크라테스식 문답법은 그녀의 생각이 옳던지 그렇지 않던지 고려하지 않은 채로 남편의 생각에 따라서 반응한다는 점을 발견하도록 함으로써 의사소통을 증진시키는데 목적을 두었다.

T: 당신은 Denis가 퇴근 후에 당신에게 오늘 하루 어땠는지를 물어보고는 정작 당신 대답은 듣지도 않는다고 말씀하신 거죠?

F: 맞아요. – 그는 신경 쓰지 않아요. 그는 어쨌든 내가 따분하게 살아가고 있다는 것을 알아요. 그는 나에게 진절머리가 난 것이 분명해요.

T: 이것이 당신 스스로에게도 한 말이지요? 이런 점들이 당신에게 어떤 기분이 들게 하나요?

F: 상처 받아요

T: 화가 나고 열 받기까지 하던가요?

F: 음... 그런 것 같아요.

T: 그럼 그 때 어떻게 했나요?

F: 저녁 내내 아무 말도 하지 않았어요. 난 부엌에 숨었고, 좀 울었고 토라져서 화를 내고 있었어요.

T: Denis가 당신의 일상에 대해 그런 식으로 생각하고 있다는 걸 어떻게 알죠?

F: 다른 게 뭐가 있겠어요. Denis는 내가 한 일이라는 것이 고작 집안 청소나 화장실 청소가 전부라는 사실 따위는 알고 싶지 않아 해요. 엄청 사소한 것들이죠.

T: 물어봐 놓고는 대답도 기다리지 않았다는 사실에 대해 그에게 언제 이야기 했죠? Denis는 어떻게 반응했죠?

F: 그는 옷을 갈아입으려고 윗 층에 올라갔어요. 그리고 소리쳤죠. "오늘 저녁식사가 뭐야?"

T: 당신이 나한테 예전에는 당신의 결혼생활이 좋았었다고 말했었죠. 만약에 Denis가 과거에도 그렇게 똑같이 했었다면 당신은 어떻게 했을까요?

F: 아마도 위층으로 쫓아 올라가 내가 보낸 하루와 그가 보낸 하루에 대해 이야기를 나눴을 거에요.

T: 맞아요. 전에 잘 지냈던 시절에는 그가 당신이 지루한 삶을 살아오고 있다고 생각하고 있고 당신에게 넌더리를 내고 있다고 생각해 본 적이 있나요?

F: 아뇨, 절대로 그렇지 않았죠. 내 삶은 그 땐 지루하진 않았거든요.

T: 음, 그 땐 어떤 경우에도 우울하지 않았었다... 사실 우리는 Denis가 지금 당신 삶을 지루하게 여기고 있는지 아닌지 모르잖아요? 그가 직접 그렇게 얘기한 적이 있나요?

F: 아뇨, 사실 나는 그가 내가 집에 붙어 있는 것을 좋아한다고 확신해요. 나는 그와, Marc, 그리고 집에 더 많은 시간을 할애할 수 있거든요.

T: 그가 그렇게 말했나요?

F: 네, 몇 달 전에 그가 그런 말을 했었어요.

T: 자 보세요, Frances, 여기에 약간 앞뒤가 안 맞네요. 당신은 Denis가 당신을 폄훼하는 생각들을 하고 있다고 생각하고 있고 마치 그게 진실인 것처럼 그 생각들에 반응하고 있어요. 사실 당신의 최근 상황들을 폄훼하는 단어들을 사용해서 설명하고 있는 것은 바로 당신이에요. 그는 적어도 한 가지 상황에 대하여 전혀 다르게 이야기 했을 수 있거든요. 그는 어떨까요? 어떠한 생각들이 저녁마다 대화를 나누지 않았음에도 불구하고 당신으로 하여금 그가 당신을 나쁘게 보고 있다고 생각하도록 하는 걸까요?

F: 모르겠어요.

T: 그도 이렇게 생각하고 있을지도 몰라요. '그녀는 나를 더 이상 사랑하지 않아', '나는 그녀를 우울하게 만들어.' 뭐 이런 식으로.

F: 음...

T: 아마도 여기엔 악순환이 있을지 몰라요. 당신은 그의 문제라고 치부한 생각들에 계속 반응하고 있고 그는 그가 당신이 갖고 있을 것이라 여기는 생각들에 반응하고 있을지 몰라요. 어떻게 해야 이 악순환을 깰 수 있을까요?

위 두 사람은 그러고 나서 환자와 치료자가 교대로 Denis역할, 그리고 Frances역할을 맡으면서 다양한 상황에 대한 역할극들을 수행했다, 삶을 대하는 차이점들 - Denis는 태평하고 강압적이고 Frances로 보면 꼼꼼하고 조심성 있는 -이 서로 상호보완적으로 간주되는 성격차이로 재해석되었다. Frances는 그들이 과거에 잘 지내왔으며 다양한 즐거움들을 누려왔던 것은 Denis가 지닌 삶에 대한 열정 덕분이었다는 점에 동의하였다.

Frances가 결혼의 부정적인 면에만 최근의 초점을 맞추고 있는 점을 바꾸기 위해서, Frances에게 Denis가 그녀와 아들에게 관심을 가져줬다고 생각될 때와 언제, 어떻게 그가 그녀를 도왔는지에 대해 그녀가 기억할 수 있는 모든 상황들을 리스트로 만들어 기록하도록 했다.

이 논의는 또한 그녀가 도움을 청했을 때 그녀의 자동적 사고들을 확인하는 데에도 사용되었다. 이를 통해 그녀가 어느 상황에서든 도움을 청하기를 힘들어했음이 밝혀졌고 그래서 치료 받으러 오는 것도 창피했던 것이다. 다음과 같은 질문들이 던져졌다: 다른 사람들이 그녀에게 도움을 청했을 때 느낌이 어땠는가, 그들에 대해 어떤 생각을 했는가, Denis를 포함한 다른 무엇이 그녀가 도움을 한 번도 청하지 않도록 만든 걸까, 그들이 자신을 버렸다고 생각하나, 수퍼우먼으로 여겨지기를 바랬는가, 만약에 도움을 청했다면 어땠을 것 같은가. '수퍼우먼' 이란 용어는 치료에서의 캐치프레이즈가 되었고, 종종 유머러스한 방식으로 사용되었다.

두 개의 *행동적 과제들*이 숙제로 제시되었다:

1. 자신의 삶이 너무 지루하게 생각되기 때문에 그가 자신을 무시하는 것처럼 느껴질 때 Denis와 이야기를 나눌 것 그리고 넘겨짚어 생각하기 보다는 그가 진짜 생각하는 게 무엇인지 좀 더 알아보기.
2. 토요일에 Denis에게 자신이 쇼핑 간 사이에 Marc를 체육관에 데려가 달라고 부탁하기, 좀 더 집안일을 결정하는 것에 참여하도록 하기.

그녀는 결과를 예측하고 이를 확인함으로써 그녀가 넘겨짚었던 것들이 맞는지를 알게 될 것이다. 그녀가 이전 직장에서 요구받은 그 편지에 관해, 다시 한번 문제 해결적 접근을 시도 하였다.

T: 이것에 무슨 문제가 있다고 생각하세요?
F: 내가 그 파일을 갖고 있지 않다고 편지를 못 쓰겠어요, 그리고 나는 그 자세한 부분들이 기억이 안나요.
T: 전화해서 그 파일을 요구해보실래요?
F: 내가 그 전화에다 대고 울음을 터뜨릴까봐 두려워요. 그들이 나는 그냥 우는 여자, 너무 불쌍한 사람으로 생각할 거에요.
T: 거기에 두 가지 부정적인 예상들을 하고 있군요. 당신이 할 수 있는 다른 어떤 게 없나요?
F: 우편으로 그 파일 좀 보내달라고 요구해 보는 것?
T: 그래요, 그렇게 할 수 있겠네요. 그렇지만, 당신은 당신의 부정적인 예상을 시험하는 좋은 기회를 잃는 거에요. 그들이 당신에게 1년 전에 대했던 모든 고객들에 대한 세부사항을 다 기억할 거라고 기대한다고 생각해요? 그리고 그렇다고 한다 해도, 그게 이성적으로 가능한 건가요?
F: 아마도 나는 나대신 와 있는 젊은 남자에게 그 파일을 내게 보여 달라고 요청하는 편지를 쓸 수 있을 것 같아요. 만약에 내가 미리 마음의 준비를 한다면 울진 않을 것 같아요.
T: 좋아요. 당신이 그 파일을 본다면 편지를 쓸 수 있겠어요?
F: 사실 편지를 쓰는 것이 내가 할 일은 아니라 생각해요 . 어쨌든 난 더 이상 거기서 일하지 않거든요.
T: 그건 맞아요. 당신이 그 젊은 사람에게 사정을 설명하면 그 사람이 그걸 해줄까요?
F: 틀림없이 그럴거에요.
T: 네, 그럼 그렇게 하면 되겠군요.

다시, 은행의 그 젊은 남자가 집으로 왔을 때 어떻게 그녀가 행동할 지에 대한 예행연습을 계속 진행했다. 이것은 또 다른 행동실험이었고, 그녀의 예상들과, 자동적 사고와 그 결과에 대한 기록들도 포함시켰다. 이 치료기간 동안, 과제에는 그 3가지 행동과업들을 포함시켰고, 자동적 사고에 대한 기록과 그녀의 주간 생활에 기분이 좋아지는 활동들을 도입하였다.

6 – 9 회기

이 회기들에는 자동적 사고들이 기록되어졌고, 치료 시간 중에 이러한 자동적 사고들에 도전하였는데, Frances 스스로가 이에 도전하였다. 몇 개의 예시를 뒷 페이지 표 3.3에 제시하였다. 처음에 그녀는 역기능적 사고들에 대한 기록을 어려워했다. 치료자가 치료 시간 동안에 주요하고도 쟁점이 되는 인지들을 기록할 수 있도록 도움을 주었고, 보다 도움이 되는 방식으로 이에 도전할 수 있도록 했다. 그녀는 이렇게 결론을 지었다: '나 이 연습 못해요, 그러니 나는 좋아지지 않을 거에요.' 이것은 다른 이들의 도움을 받지 않고 잘 해내려하고 성공하려 하는 그녀의 욕구를 다시 한번 보여준 것이었다.

이에 대한 논의는 다음의 논리적 근거를 통해 진행되었다: 어떤 사람의 자동적 사고를 기록하고 그것에 도전한다는 것은 쉽지 않은 일이며 아무나 쉽게 할 수 있는 일이 아니다.

그렇다면 왜 그녀가 당장 그것들에 능숙해져야 하는가? 모든 새로운 기술은 연습을 필요로 한다. 그녀가 당장 바이올린을 켤 수 있었던가? 그녀가 배울 때 도움을 필요로 하지 않았던가? 자동적 사고들을 기록하는 것과 같은 '힘든' 행동을 하도록 하는 이유는 한 개인이 우울해 하는데 있어서 이러한 자동적 사고들이 우울증을 지속시키기 때문에 이를 기록함으로써 이러한 자동적 사고들 안에서의 공통된 주제들을 발견하고 도전함으로써 보다 잘 알아차릴 수 있도록 돕기 위함이다. 이를 통해 발견된 공통주제들은 어떠한 기본적인 태도가 그 환자로 하여금 특정상황에 취약하게 만드는지를 이해할 수 있도록 해 줄 것이다.

Frances는 규칙적으로 그 과제를 계속했다. 그렇지만 그녀는 치료자가 일러준 방식을 사용하기보다 자기만의 방식으로 하는 것을 선호했다. 특별한 노트를 사서 거기에 그 과제를 했다.

이번에는 또한 '환자가 된다는 부끄러움' 에 대한 논의가 진행되었다. 논리의 흐름은 '누가 환자인가', '환자가 된다는 것은 무엇을 의미하는가' 였다. 이것은 치료에서 늘 반복되는 주제이고 그래서 여기에 재구성한 발췌문을 싣는다.

T: 환자가 된다는 것에서 어떤 점이 창피한가요?

F: 그건 상황대처를 못하는 사람이라는 걸 의미해요. 나는 많은 문제들을 안고 있는 그런 사람이 되고 싶지 않아요.

T: 그럼 이 클리닉에 오는 모든 사람들이 상황 대처를 할 수 없고 많은 문제들을 갖고 있다는 것이군요. 무엇 때문에 그 사람들이 그렇다고 할 수 있죠?

표 3.3 역기능적 사고들에 대한 기록

날짜	상황 설명: 1. 불쾌한 감정들을 유발하는 실제적 사건 혹은 2. 불쾌한 감정들을 유발하는 생각의 흐름, 백일몽 혹은 회상,	감정(들) 1. 슬픔/불안/분노 등을 명확히 2. 감정의 정도를 1-100%까지 점수 매길 것	자동적 사고(들) 1. 감정(들)에 선행한 자동적 사고들을 기록 2. 자동적 사고(들)에 대한 믿음의 정도를 0-100%까지 점수 매길 것	대안적 반응들 1. 자동적 사고(들)에 대한 대안들을 적을 것 2. 대안적 반응에 대한 믿음을 0-100% 까지 점수 매길 것	결과 1. 자동적 사고(들)에 대한 믿음을 다시 평가할 것(0-100%) 2. 뒤이은 감정들을 명확히 하고 평가할 것 (1-100%)
	피곤한 상태로 일어남	공허함 80% 처짐 80%	일어나기 싫었다. 또 다른 의미 없는 날이 시작되었다. 집안일은 더 하기가 싫다. 100%	내 하루를 허접한 일들로 채울 필요는 없어. 무언가 흥미로운 일을 해보자 – 친구네 가서 음악을 연주해 보자 60%	1. 50% 2. 공허함 50% 처짐 50%
	수퍼마켓에서 전에 있던 직장의 사람을 만났음	불안 100%	그 사람들은 나를 몰래 도망간 거라고 생각할 거야. 내가 정말 아팠더라면 다른 사람들이 모두 일하는 그런 시간에 쇼핑하러 가지는 않았겠지. 100%	내가 우울증 때문에 일을 그만둔 걸 그들도 알고 있어. 설령 그들이 우울증에 대해 이해하지 못한다 해도 그 사람들 문제지 뭐. 내가 무슨 죄 지은 것도 아니고. 내가 쇼핑을 하기로 했으면 그게 바로 내가 할 일. 50%	1. 50% 2. 불안 50%
	Denis가 내가 잘 모르는 직장 동료들과의 저녁 자리 초대를 수락했다	분노 100% 불안 100%	그가 좀 더 신중했어야 해. 그렇게 급작스럽게 알려주면 내가 어디 가서 아이 봐 줄 사람을 찾나? 100% 그 사람들 나한테 쓸데없는 질문들을 해댈 거고 난 내 모습에 창피해 할 거야 100%	내가 전화해서 부탁할 보모가 몇 있긴 해. 최악의 상황에는 약속을 취소하면 되지 뭐. 쓸데없는 질문에는 대답하지 않으면 돼. 몇 가지 대답들은 되받아칠 수 있도록 연습할 수 있어. 70%	1. 40% 2. 분노 40% 불안 30%
	Denis가 지긋지긋해 하고 우울해 보였다	슬픔 100% 짜증남 60%	내 잘못이야. 내 오랜 우울증 때문에 그 사람이 불행해 진 거야. 100% 그는 이기적이야 100%	나 때문이 아닐 수 있어. 직장에서 무슨 일이 있었겠지. 부서에서의 감원으로 인해 그의 자리도 위험한 상황이야. 그는 매우 피곤하고 휴식이 필요해 90%	1. 30% 2. 슬픔 40% 짜증남 0%

F: 난 딴 사람들에 대해서는 몰라요. 하지만 내게는 그것이 약한 사람, 실패자라고 느껴져요.

T: 동전의 다른 한 면을 봅시다. 강하고 성공한 사람들도 문제를 가지고 있지 않나요? 또 우울함이나 걱정, 그 밖에 것들 때문에 도움을 받지 않나요?

F: 네, 모든 사람들이 그렇게 생각하죠.

T: 당신은 A를 약한 사람, 실패자라고 생각하나요? B도? C 그리고 D도? [치료자는 공개적으로 자신들의 우울증과 치료과정에 대해 공개적으로 이야기하고 책을 쓴 대중매체와 정계, 학계에 저명한 몇몇의 이름을 언급한다.]

F: 나는 C에 대해서는 몰랐어요. 정말 그랬데요?

T: 나는 여기서 각계각층의 사람들을 만나요. 나는 그들을 유약한 사람 혹은 실패자로 보지 않아요. 왜냐하면 실제로 그렇지 않기 때문이죠. 내가 보는 건 그 사람과 함께하는 문제들, 종종 우울증과 관련된 것들이죠. 당신은 우울증이 얼마나 흔한 것인지 아나요? [치료자는 약간의 자료를 제시한다.] 당신은 우울증에 걸려서 치료를 받아본 적 있는 사람을 아나요?

이 질문에 대한 대답은 당연히 '네' 이다. 그리고 환자는 어느 누구도 그 사람들을 나쁘게 생각하지 않는다는 걸 깨닫는다. 치료자는 Frances가 몇몇의 친구들에게 자신을 드러내는 것과 그들의 반응을 살피는 것을 독려했다. 그 결과는 교사로 매우 존경받는 한 친구가 우울증으로 치료받았었고, 다른 친구는 치료를 받은 또 다른 그녀의 친구에 대해 이야기 해 주었다는 점에서 매우 만족스러웠다.

Denis와의 상황은 그녀 스스로의 방식으로 해결되었고 그것도 매우 만족스럽게 해결되었다. 그녀는 Denis와 마음을 나누는 대화를 나누었고, 놀랍게도 그는 그들 간의 관계가 악화되고 있었음을 자각하면서 변화를 이끌어가는 데 열성적이었다. 그들은 각자 자신들의 방식으로 비참하거나 고통스러워하기 보다는 위기가 닥쳐올 때마다 함께 대화를 나누기로 결심했다. 이때까지 Frances의 분위기는 훨씬 개선되었고, 그녀는 많은 즐겁고 사회적인 활동에 참여하고 있었다. 그녀는 가능한 대안적인 직업들을 알아보기 시작했다.

치료 중간평가 해밀튼우울척도 – 10점, Beck우울척도 14점

10-14 회기

부정적인 사고들과 다양한 행동실험들의 기록과 도전은 계속되었다. 초기 공식화를 되짚어볼 수 있었고, 이것은 그녀의 핵심적인 자아도식의 근원을 논의하고 세부사항을 알아보게끔 해주었다. '무능함'은 '부족함'과 마찬가지로 자기 자신에 대한 그녀의 믿음에 들어맞지 않았음을 알게 되었다. 그녀는 개인적으로 실패했다는 느낌을 사적인 영역과 직업적인 영역 모두에 적용시켰는데 직업적 영역에서 보다 많은 문제들이 유발되어 왔기에 '부족함'으로 느껴지는 것이 보다 편했다. 이 부분에서 그녀는 그녀의 어린 시절에 대해 더 많이 얘기했다. 구체적으로 그녀의 어머니가 느꼈던 불행함, 대학을 나오지 않았기 때문에 회사에서 다른 동료 관리자들에 비해 열등하다고 느끼고 가정과 서먹하며 비판적이었던 아버지, 또 훨씬 예쁘고 모두와 잘 지냈던 그녀의 언니와 언제나 모든 상을 휩쓰는 그녀의 여동생에 관한 것들이다. 그녀가 부족하다고 느끼는 것은 그러므로 굉장히 오래전부터의 일로부터 기인했던 것이었고, Frances는 그 부족함을 고된 일과 완벽한 아내, 엄마 그리고 전문적인 직업여성이 됨으로써 채워왔던 것이다. 이 역할들에 대한 어떠한 위협도 나쁘게 포장된 스키마를 자극했으며 우울증을 유발했다.

두 번의 회기들을 통해 '나는 부족해'에 관련된 과제들은 계속되었다. 그녀는 소크라테스식 질문법을 통해 어렵지 않게 끌어낼 수 있었던 모든 금기들을 기록했으며 도전을 통해서 확인된 모든 증거들을 기록했다. 이러한 작업이 이 부분에서 갖는 목적은 그녀의 적합성(sense of adequacy)에 대한 지각을 높이고 강화시키는 것과 함께 완벽함과 자발성에 대한 욕구는 줄이는 것이었다. 치료과정 속에서 이 부분에서의 포인트는 인지도식이 이미 상당히 약화되었으며 일부 수정되었기 때문에 인지도식에 초점을 둔 작업을 오래 끌지 않아도 되었다는 점이었다. 주목해야만 할 사실은 Frances의 삶 대부분이 잘 기능해왔으며 인격장애를 갖고 있지 않았던 점이다. 그렇기 때문에 작업의 일부가 축 II 질환(인격장애)를 지닌 환자들의 경우에서처럼 느려지지 않을 수 있었다.

그녀가 과제를 하며 사용한 주된 기법은 그녀의 다양한 역할에서 적합성에 대한 지각을 0에서 100까지 점수를 매기는 연속선 방법이었다. 적합성이란 다음과 같이 정의 내렸다: 1) 훌륭한 엄마가 된다는 것에 있어서 0점 = 아이를 때리는 것, 100점 = 결코 인내심을 잃지 않는 것과 항상 아이가 그녀를 필요로 할 때 있어주는 것, 2) 좋은 아내가 된다는 것에 있어서는 0점 = 불륜을 저지르는 것, 남편이 원하는 것을 결코 하지 않는 것, 100점 = 항상 남편을 이해하고 인내심을 갖는 것, 그의 곁에 항상 있어주는 것, 3) 훌륭한 커리어우먼이 된다는 것은 0점 = 옳은 일을 전혀 하지 않는 것, 100점 = 항상 옳은 일만 하는 것과 도움을 청하지 않는 것. 이 작업은 치료시간 안에서와 과제로 3주간 계속되었다. 그리고 마지막에 Frances는 모든 척도에서 100점을 얻는다는 것은 과도한 수퍼우먼이 되는 것이며 그녀가 진정 되고 싶은 모습은 아니라고 결론지었다.

치료의 과정을 다시 살펴봄을 통해서 그녀는 자신이 얻은 성과들을 리스트로 만들었다. 그것들은 다음과 같았다:

- 나는 내가 우울했었다는 것을 받아들이고 그것이 개인적인 실패는 아님을 인정한다.
- 나는 환자라는 것을 받아들였다.
- 나는 역기능적인 사고들을 인지하고 그것들에 대항하는 법을 배웠다.
- 나는 내 남편과의 관계를 재정립했다.
- 나는 나 자신을 드러내는 법과 도움을 받아들이는 것을 배웠다.
- 나는 발전했고 일보다 삶에 좀 더 새로운 관심을 유지하고 있다.
- 나는 수퍼우먼이 되려는 노력을 멈춰야 한다는 것을 배웠다.

최종 공식화

그림 3.3에서 보듯 이것은 핵심 인지도식, 부가적인 상황적 인지도식 및 위급하고 결정적인 사건들을 제외하고는 초기 공식화와 매우 유사하다.

결 과

4개월 간 14번의 치료회기를 마치고 Frances는 6개월 간 3번의 후속 치료를 유지하며 상당한 회복을 보였다.

치료 마지막 날, 그녀의 심각도 수치는 HRSD 4, BDI 5, STAI-S 40이었다. 인지방식에 대한 측정에서 그녀의 점수는 ATQ 50, HS 4, CST 60, DAS 114였다. 그림 3.4는 치료과정 동안의 진척을 보여준다.

그림 3.3 최종 공식화

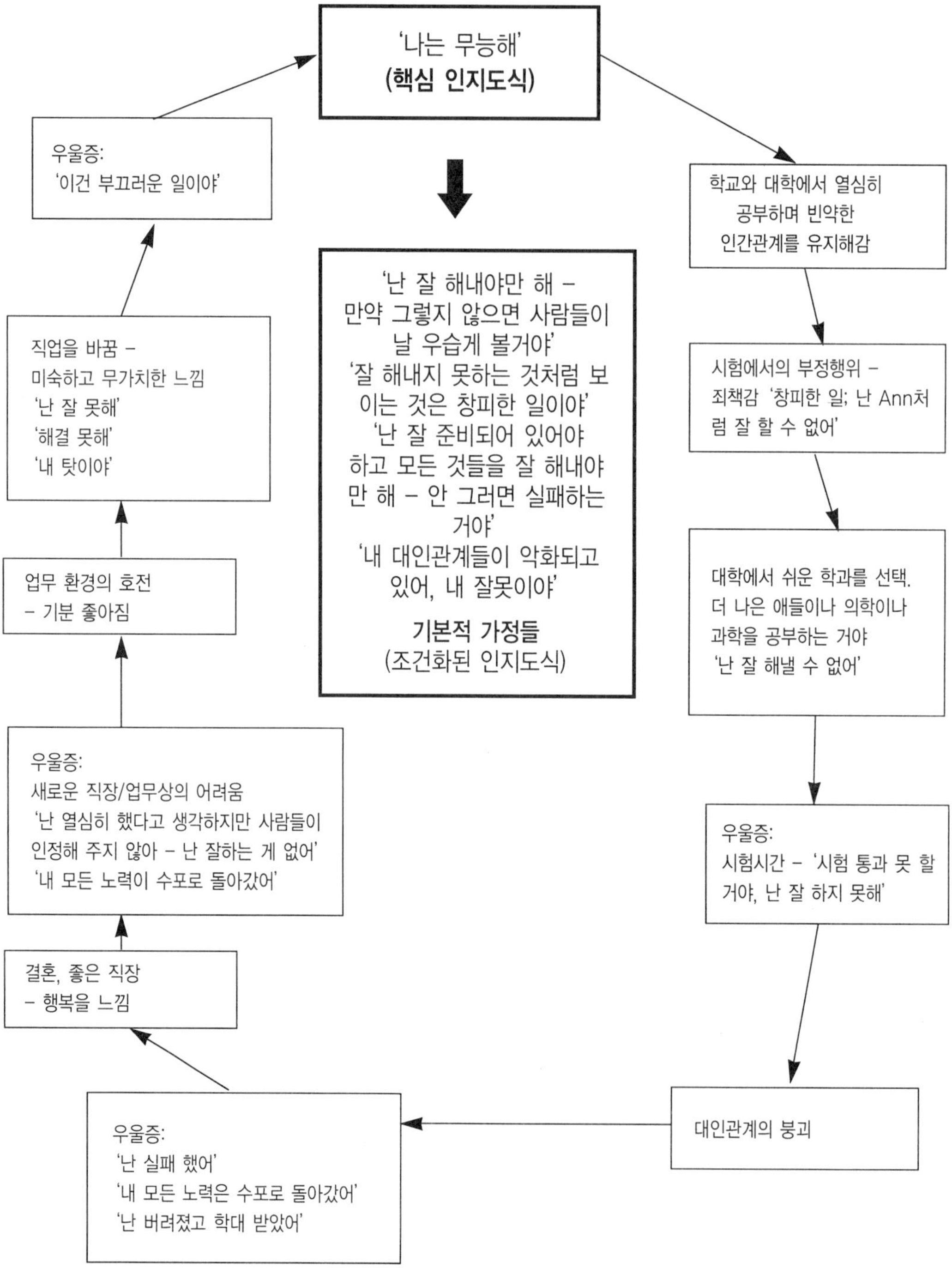
'나는 무능해'
(핵심 인지도식)
'난 잘 해내야만 해 – 만약 그렇지 않으면 사람들이 날 우습게 볼거야'
'잘 해내지 못하는 것처럼 보이는 것은 창피한 일이야'
'난 잘 준비되어 있어야 하고 모든 것들을 잘 해내야만 해 – 안 그러면 실패하는 거야'
'내 대인관계들이 악화되고 있어, 내 잘못이야'
기본적 가정들
(조건화된 인지도식)
학교와 대학에서 열심히 공부하며 빈약한 인간관계를 유지해감
시험에서의 부정행위 – 죄책감 '창피한 일; 난 Ann처럼 잘 할 수 없어'
대학에서 쉬운 학과를 선택. 더 나은 애들이나 의학이나 과학을 공부하는 거야
'난 잘 해낼 수 없어'
우울증:
시험시간 – '시험 통과 못 할 거야, 난 잘 하지 못해'
대인관계의 붕괴
우울증:
'난 실패 했어'
'내 모든 노력은 수포로 돌아갔어'
'난 버려졌고 학대 받았어'
결혼, 좋은 직장
– 행복을 느낌
우울증:
새로운 직장/업무상의 어려움
'난 열심히 했다고 생각하지만 사람들이 인정해 주지 않아 – 난 잘하는 게 없어'
'내 모든 노력이 수포로 돌아갔어'
업무 환경의 호전
– 기분 좋아짐
직업을 바꿈 –
미숙하고 무가치한 느낌
'난 잘 못해'
'해결 못해'
'내 탓이야'
우울증:
'이건 부끄러운 일이야'

그림 3.4 치료를 통한 호전 정도

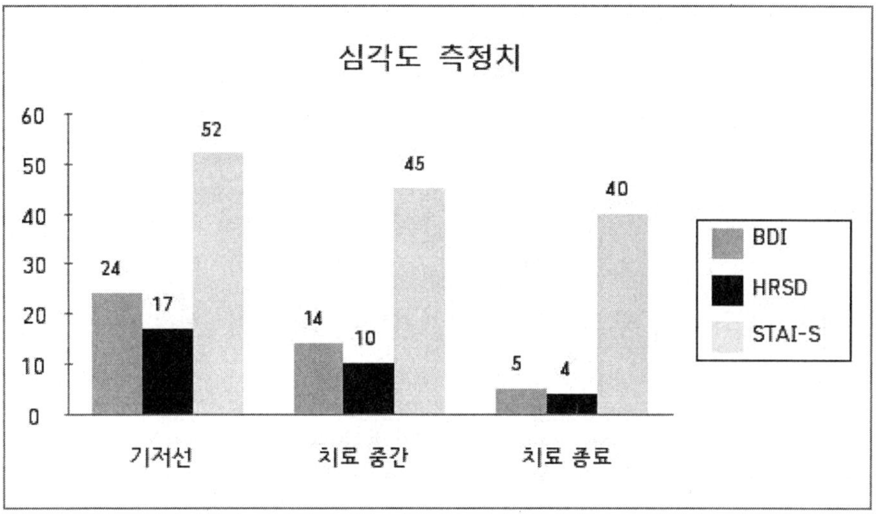

BDI: Beck Depression Inventory
HRSD: Hamilton Rating Scale for Depression
STAI-S: State-Trait Anxiety Inventory-State Version

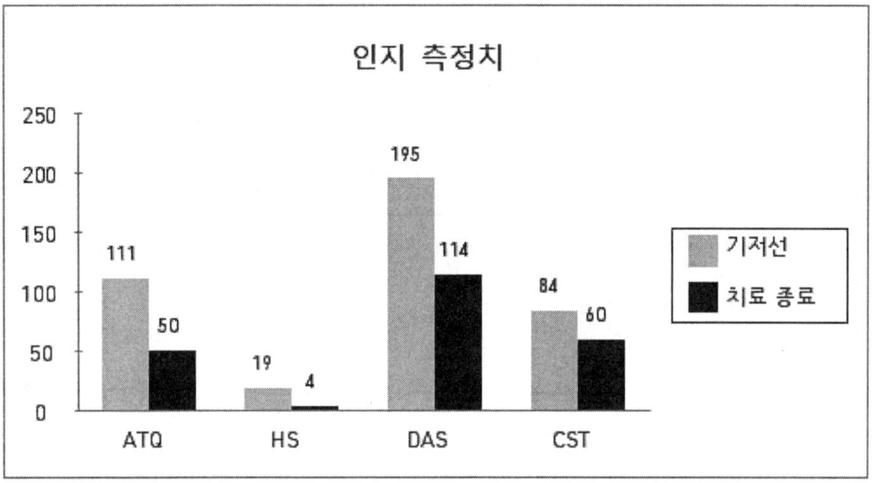

ATQ : Automatic Thoughts Questionnaire
HS : Hopelessness Scale
DAS : Dysfunctional Attitude Scale
CST : Cognitive Style Test

재발-방지

이것은 마지막 치료회기에서 다루어진 것이고 6개월간 3번의 후속치료에서 재검토된 것이다. Frances는 그녀를 침체시키는 관계의 깨짐, 쉽게 사람을 신뢰하지 못함, 인간관계에서 그리고 직장에서 제어를 할 수 없음, 새로운 직장 환경, 불확실한 직장 전망 등의 결정적인 사건들을 리스트로 만들었다.

미래에 가능한 위험들은 과거의 사건들과 연관되어 있었으며 재발과 예방의 방법들은 '만약에 ~라면 어떻게 될까?' 라는 틀에서 논의되었다.

- 만약에 Denis가 다시 직업을 바꾸고 싶어 한다면 어찌하겠는가.
- 만약에 새 직장에서 당신이 동료들만큼 잘 알지 못한다고 느낀다면 어찌하겠는가.
- 만약에 당신이 도움을 청해야 한다면 어찌하겠는가.
- 만약에 당신의 아들이 아파서 일을 쉬어야 한다면 어찌하겠는가.
- 만약에 당신이 다시 우울하다고 느끼기 시작한다면 어찌하겠는가.
- 만약에 스스로 통제가 안 된다고 느끼기 시작한다면 어찌하겠는가.

이 모든 '만약에~?' 것들은 신중하게 논의되었다. Frances는 그녀가 어느 정도의 무질서함을 허용하고 그녀만의 시간을 가지면서 어떤 것에 과도한 부담을 않도록 특별이 관심을 쏟아야 함을 알았다.

논 의

Frances는 단기 인지치료 척도의 적합성에 관한 부분에서 예상되었듯이 인지치료에 잘 반응했다. 그녀는 치료 받으러 왔던 1년 동안 항우울제를 복용했었고 잠자기 편해진 것 말고는 뚜렷한 호전을 보이지 않았었다. 그녀는 인지치료가 진행되는 동안 항우울제를 계속 복용했고 인지치료가 끝난 후 3개월 뒤 투약을 중단했지만 증상들의 재발은 없었다.

Frances의 예후는 단기적으로든 장기적으로든 양호할 것으로 여겨졌다. 그녀의 초기 핵심 비적응적 도식 - '나는 부족해' -는 견고하게 굳어있는 것은 아니었고 회피 혹은 의존 행동의 양상은 없었다. 반대로 그녀는 부족하다는 느낌을 보완하기 위해서 역-의존적 행동 양상(아주 심한 정도는 아니지만)을 발달시켰다. 이러한 보완은 대부분 그녀를 위한 것이었지만 그녀가 개인적 실패라고 자각하는 인간관계 및 직업적 상황들에 대하여 취약하게 만들었다. 치료기간 동안 그녀는 미래에 그녀가 잘 지내기 위해 필요한 핵심 이슈들에 대해 이야기했다.

치료 과정에서 그녀의 자발성은 그녀가 부과된 과제들에 열의를 보이고 자기 자신에게 적용해 볼 수 있도록 했다는 점에서 인지적 방법들의 사용을 촉진시켰다고 할 수 있다. 치료자는 그녀의 자기 통제감을 길러내기 위해서 숙제, 치료의 빈도 및 미래와 관련한 결정에 있어서 자발성을 고려하였다. 그녀의 철저함, 끈기와 정직함은 모두, 치료 과정에 집중하는데 도움이 되었으며 치료를 단기간에 성공적으로 진행될 수 있도록 하는 힘이 되었다.

제4장

범불안장애의 사례

Gill – 흐르는 모래 위에서 안전한 발 디딜 곳을 찾아요

최근 몇 년간 범불안장애(Generalized anxiety disorder)의 역학을 명확히 하기 위한 많은 연구들이 있어왔다. Breslau와 Davis(1985)는 일반 인구 집단 내 375명의 여성을 조사하여 각각 1달 간 2.4 %, 6개월간 11.5 %의 유병률을 보고한 바 있다. 많은 연구자들이 1년 유병률을 조사해 왔고 6.4%(Uhlenhuth 등, 1983), 2.3%(Angst 등, 1985) 및 2.6%(Dean 등, 1983) 등으로 다양한 추정치를 보인다. 한편 미국인을 대상으로 한 Blazer 등(1991)의 연구에서는 3.5%의 유병률을 보고한 바 있다.

범불안장애의 정의

DSM–IV에서 정의된 GAD를 위한 진단 기준은 표 4.1에 요약되어있다. *DSM*–IV와 연

표 4.1 범불안장애의 진단기준 (*DSM*–IV에서 요약)

1. 사건(일이나 학업 수행 같은)이나 활동 등에 대한 과다한 불안과 걱정(염려되는 예상)이 적어도 일주일에 4일 이상, 6개월 이상 지속된다.
2. 개인은 걱정을 조절하기 힘들다
3. 불안과 걱정은 다음과 같은 증상들 중 적어도 세 가지와 연관된다.
   - 안절부절이나 긴장 또는 벼랑에 선 느낌
   - 쉽게 피곤해짐
   - 집중이 어렵거나 마음이 빈 것 같음
   - 쉽게 짜증 냄
   - 근육 긴장
   - 수면 장애

구 및 임상적 양상들을 통해 정의되는 범불안장애의 양상은 걱정의 과정으로 특징지을 수 있으며 걱정은 일종의 인지적 활동이기도 하다.

Borkovec과 Inz(1990)는 범불안장애를 '다양한 삶의 상황에 걸쳐 자율적인 활동과다 상태와 운동 근육 경직, 불면증, 세밀한 것에 집착하는 상태를 동반한 과도하거나 비현실적인 불안과 걱정' 으로 정의한다. 덧붙여 Barlow(1988)는 불안과 걱정은 미래에 기반을 둔 상태라는 점에 주목한다. 즉, 개인이 제어할 수 없는 위험하고도 고통스러운 일이 지금 막 일어날 것이라고 예상한다는 것을 말한다. 그러므로 이 장애는 예상할 수 없고 통제할 수 없는 성질의 사건들에 대한 부정적인 예견을 동반하는 부정적인 정서로 특징지어진다. Barlow는 또한 범불안장애에서는 관심의 포커스를 내적-관찰에 두고 있음을 주목하며 환자는 상황을 직접 대처하는 데 있어서 자신이 지닌 능력에 대해 지속적으로 부정적인 평가들을 내리게 된다. 이것은 주의집중에 대한 초점을 점차 좁혀가면서 각성을 증가시키게 된다. 그 결과로 걱정과 미묘한 회피, 안심을 찾는 행동들을 일으키는 염려와 과각성의 인지적 도식이 형성되게 된다.

Barlow는 또한 불안장애가 발생하는 개인들의 경우 불안해지는 생물학적 소인을 타고 났을 수 있다고 추정한다. 범불안장애와 같은 장애들은 생물학적 소인이 있는 사람이 예측 불허와 통제 상실을 특징으로 하는 초기 환경을 경험할 때 나타날 수 있다. 이는 그의 내부에서 심리적 취약성을 형성함으로써 불안장애 발생의 가능성을 높이게 된다. 걱정에 대한 인지적인 활동이 범불안장애에서의 핵심 주제라는 점은 인정하지만 이러한 인지들이 이 질환에서의 일차적 원인으로 여겨진 적은 없다는 점에 주목하는 것이 중요하며 이러한 주제를 둘러싼 논쟁은 아직도 진행 중이다. 그림 4.1은 Beck 등의 연구에서 발췌한 것으로서 불안과 걱정에서의 인지적인 주제를 묘사한 것이다.

그림 4.1 불안과 걱정의 인지적 주제들

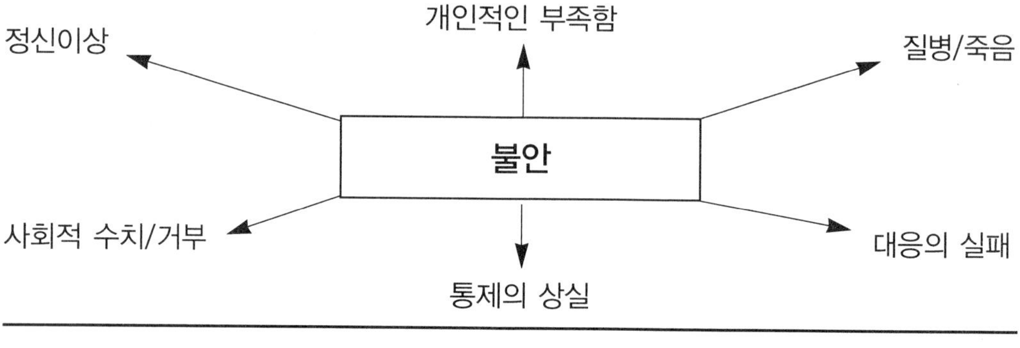

인지 모델

하나로 통일된 범불안장애 모델은 존재하지 않지만 많은 연구자들이 이 장애를 정의하고 치료의 일부로써 개입하는데 필요로 하는 특징적인 양상들에 대해 강조하고 있다. 뒤이은 설명은 Butler(1992), Barlow(1988), Borkovec과 Costello(1993), Blackburn과 Davidson(1990)의 연구들로부터 인용한 것이다. 범불안장애의 인지적 모델은 불안한 개인은 위협 혹은 위험에 대해서는 증가된 지각을 지닌 반면 이에 대처하는 자신의 능력에 대해서는 낮게 평가한다는 것이다. 그러므로 이러한 사람은 자신의 내적인 또 외적인 대처능력은 과소평가하면서도 나쁜 방향으로 예상되는 사건들에 대한 가능성과 심각성은 과대평가한다. 이러한 맥락에서 범불안장애는 다음으로 구성 된다:

- 위협적인 단서의 감지
- 신체적 활성화와 억제
- 언어적/이미지적 내용이 담긴, 걱정의 진행으로 특징지어지는 사고활동
- 미래 사건에 대한 부정적인 예견

덧붙여서 Barlow(1998)는 범불안장애의 핵심이 되는 초점들은 불확실성, 예상할 수 없음과 통제할 수 없음이라고 강조한다. Blackburn과 Davidson(1990)은 조금 다른 강조점을 제시하였는데, 그림 4.2에 요약되어있다.

그림 4.2 사고의 불안한 내용 및 불안 증상들

사고의 내용들	증 상 들
자기 자신을 취약하다고 봄 세상을 위협적인 것으로 봄 미래를 예측불허라고 봄	• 불안함 • 우울함 • 자신감 결여 • 의존감 증가 • 자율신경계 증상들 • 수면 장애 • 의욕 상실 • 집중력 저하 • 과도한 각성

치료의 전반적인 목적을 논의함에 있어서 Butler(1992)는 '혼란으로부터 질서를 이끌어 낸다' 라는 비유를 사용한 바 있다. 그러므로 치료의 목적은 환자가 지닌 자원들을 운용할 수 있게 하고 위협에 대한 지각을 줄이고 대처능력에 대한 지각을 높임으로써 대처능력의 균형을 변화시키는 데에 있다. Butler는 치료적 개입이 걱정의 내용보다는 걱정에 대한 활동, 그 자체에 초점을 두는 것이 보다 이롭지 않을까에 대해 질문한다. 그녀는 치료자들에게 너무 많은 기술들을 적용하기 보다는 질환의 발병과 유지를 이해하기 위한 수단으로써 문제들에 대한 공식화에 집중할 것을 권유하고 있다. 이는 동시에 환자의 심리적 취약성을 무너뜨리기 위한 방법으로써 조건적 가정들을 수정해 나가는 방식을 통해 이루어지게 된다.

범불안장애에서 걱정 과정의 기능에 대한 이론적인 논쟁이 분분하다. 환자들은 걱정을 언어적 활동이라고 이야기하지만 Borkovec과 Inz(1990)는 이것은 고통을 주는 이미지에 대한 인지적인 회피의 한 형태임을 나타내는 것이라고 추정하고 있다. 만약 그들의 가설이 맞다면 파국적 이미지로 묘사된 핵심 도식의 수정이 필요할 것이다.

GILL

의뢰 과정

Gill은 약간의 우울증을 동반한 불안과 공황발작 문제로 지역사회 정신간호사(Community psychiatric nurse: CPN)에 의해 인지치료센터로 의뢰되었다. 간호사는 비지시적 상담과정에 Gill을 참여시켰다. 이 과정은 그녀가 지닌 문제에 대한 병식을 키워주었지만 증상들은 지속되고 있었다. 그 의뢰인은 환자가 인지치료를 하기에 적합한 여러 부정적 인지왜곡들을 지니고 있음을 알아차렸다.

평 가

Gill의 문제에 관한 평가는 3번의 회기에 걸쳐 면담, 심리학적 검사들 및 기본적인 자기보고들을 이용하여 다음의 3가지 특정 영역들에 대한 정보들이 모아졌다.

1. 증상 양상

2. 질환의 병력
3. 개인적인 배경

증상 양상

Gill은 범불안장애를 겪고 있는 38세의 여성이다. 그녀는 가슴이 두근거림, 위장장애, 심한 홍조와 팔과 손가락에 따끔거림 등의 형태로 나타나는 자율신경계 각성 증상들을 겪고 있을 뿐만 아니라 '긴장되고, 짜증나고, 예민함' 을 느낀다고 설명했다. 이런 증상들은 다양한 주기와 강도로 나타났다. 치료 시작 당시의 자기 보고에 따르면 그녀는 1주일에 3일에서 5일은 긴장되고 예민해 진다고 하였다. 그녀는 이 느낌들의 강도를 0에서 8까지의 척도 상에서 6점이라고 평했다. 증상이 있는 날들의 그 느낌들은 4시간에서 12시간정도로 지속되곤 했다. 대략 일주일에 한번 그 증상들은 굉장히 심해졌고, Gill은 2분에서 3분간 지속되는 공포의 습격을 경험하곤 했다. 그녀는 침대에서 내려오자마자 숨 막히는 두려움과 공포로 표현되는 불안함을 느끼기 시작한다고 이야기했다. 동반되는 자동적 사고들은 그 날에 무슨 일이 벌어질지, 예를 들면, 그녀의 가족들의 안전을 염려한다거나 남편 사업의 잠재적인 어려움에 대해 비관한다든가 하는 것으로 집중되었다. Gill은 그녀 자신의 안녕 또한 걱정했는데 자신이 '미쳐버릴 것' 에 대한 심한 걱정을 표현했으며 자신이 쓰러져서 팔 다리를 버둥거리는 통제 불가능한 상태가 되어 결국 정신병원으로 끌려가는 끔찍한 장면을 떠올렸다.

Gill이 불안감에 대처하는 주된 전략은 주의를 분산시키고 남편으로부터, 딸로부터, 어머니로부터, 건강전문가들로부터 그녀가 정서적으로 괜찮다는 지속적인 안심을 받기위해 바쁘게 지내는 것이었다. 그녀는 또한 응급상황에서 진정할 필요가 있을 때를 대비해서 두 개의 temazepam 알약을 핸드백에 항상 넣고 다녔다. 또, 그녀는 불안에 관한 문헌들을 반복해서 읽고 명상테이프 등을 듣곤 하며 이겨내려고 애썼다. 이 모든 전략들은 그저 일시적인 안도감만을 주었고 장기간으로 보면 그 문제를 경감시키기 보단 오히려 더 악화시켰다. Gill은 미묘한 기피 행동들을 하고 있었다. 다음과 같은 행동을 그녀는 회피했다.

- 기분이 나빠지게 만드는 공포에 관한 문제를 다루는 것
- 그녀의 증상들을 악화시키는 일련의 활동들
- 미리 예견하고 계획하는 것
- 그녀의 일상을 변화시키는 것

그녀는 자신의 기분을 의기소침한 것으로 묘사했다. 그녀의 집중력과 기억력은 보통이었지만 이른 아침에 깨는 약간의 수면 장애를 보였다. 이러한 수면 장애는 대략 일주일에 한 번 정도 있었으며 그럴 때면 새벽 5시에 일어나서 다시 잠들기가 어려웠다. Beck의 우울증 척도(BDI)상 그녀는 보통의 평범한 정서 상태를 나타내는 11점 정도였다. 그녀의 문제가 처음 시작되었을 때는 3일 동안 죽고 싶다는 생각을 했었다. 그렇지만 이 생각들은 8개월 동안 쭉 일어난 것은 아니었고 평가 상 그녀는 어떠한 자살에 대한 생각도 가지고 있지 않았다.

Gill은 평가 당시 어떠한 처방약도 복용하지 않고 있었다. 그녀는 불안 증상들을 조절하기 위한 목적으로 술을 먹지는 않았으며 사실 음주가 통제가 안 되는 그 느낌들을 더 강화시켰기 때문에 술 먹는 것을 피하는 편이었다. 그녀의 카페인 섭취도 허용수준이어서 그녀의 증상들을 악화시킬 것으로 예상되지 않았다.

그녀는 감별 진단을 필요로 하는 혼합된 증상들을 보였다. 그녀가 설명한 증상들은 때론 *DSM*-IV의 공황 발작에 대한 진단기준에 맞기도 하였으나 결국 범불안장애로 진단 내려졌는데, 이는 공황 발작이 다른 질환에 의해 보다 잘 설명된다면 공황 장애로 진단 내리지 않는다는 배제 기준에 의한 것으로써 그녀의 경우 범불안장애의 걱정하는 측면에 해당하였다. 이와 비슷하게, 침습적인 이미지와 안심을 바라는 행동은 강박장애를 의심할 수 있었다. 그러나 강박장애의 진단 또한 침습적 이미지가 광범위한 불안에 대한 걱정의 측면에 국한되어 있고 두드지거나 저명한 강박행동이 없다는 측면에서 배제 되었다. Gill이 호소한 어려움들은 주요우울장애의 진단 기준에 맞지 않았으며 축 II의 질환을 의심할만한 증상 또한 없었다.

Barlow가 범불안장애 하나만 나타나는 것은 굉장히 드물다고 주장한 것과 90퍼센트의 환자들이 추가적인 불안장애의 기준을 충족한다는 사실은 주목할 필요가 있다. Barlow는 이것이 일부 성격적 측면과 축 II 질환의 존재에 기인할 것이라고 추측하였다. 하지만 이것은 개념적으로 조사하기 힘든 영역이라고 결론지은 바 있다.

기저선의 심리검사 점수들은 다음과 같다.

- 벡 우울척도(Beck Depression Inventory) 11점
- 절망감 척도(Hopelessness Scale) 9점
- 역기능적 태도 척도(Dysfunctional Attitude Scale) 130점
- 해밀튼 우울척도(Hamilton Rating Scale for Depression, 17 item version) 7점
- 벡 불안척도(Beck Anxiety Inventory) 45점

질환의 경과

Gill은 불안 증상들의 1년간의 내력을 알려주었다. 그녀는 어느 날 일어나서 엄지발가락이 마비됐었던 경험을 회상했다. 그녀는 즉각적으로 '이건 뇌졸중의 전조 증상이야' 라고 생각했다. 그녀는 이전에도 그녀를 안심시켜주었던 주치의를 찾아갔다. 그러나 그녀는 점점 신체적 느낌들에 대해 민감해졌고 이러한 문제는 더욱 광범위해져서 결국 자신이 유방암에 걸렸다는 걱정에 집착하기에 이르렀다. Gill은 안심하기 위해 대략 3주에 한 번씩 주치의를 방문하였으며 2차례의 유방 X선 사진촬영을 보험과는 상관없이 개인적으로 비용을 지불해가며 부가적으로 찍었다.

그 당시 관련된 스트레스의 요인은 남편 사업의 재정적 어려움이 핵심이었다. 6개월 동안 그녀는 은행 매니저와 일을 처리하는 것을 담당했고 이러한 재정적 문제들로부터 남편을 지켜냈다. 일단 그 문제들이 잘 풀리면서 Gill의 불안 증상들은 약해졌고 건강에 대한 걱정들도 사라졌다.

8개월 후에 그녀는 매우 불안하고 예민해지면서 이전의 어려움들이 재발했으며 잠이 들지 못하고 어떠한 목적 있는 활동에도 참여하는 것이 불가능해졌다. 이 시기에 불안은 좀 더 분산되었고 걱정은 신체적 건강 보다는 정신건강에 초점이 맞춰졌다. 이 시기 그녀는 혼자 있지를 못했다; 매우 눈물이 많아졌고 안정감을 얻기 위해 남편과 어머니 곁에 달라붙어 있었다. 또 다시 유발 요인들이 가족 사업의 재정적 어려움에 집중되었다. 다음번 그녀가 주치의를 방문했을 때, Gill은 정신과 자문의에게 의뢰되었으며 그는 항우울제와 항불안제를 처방하였다. 약물 치료는 그녀의 불안 증상을 경감시키기 위한 목적이었으며 그녀는 지역사회의 정신간호사(CPN)를 소개받았다.

평가를 받기 전 6개월 동안, Gill의 불안 증세는 악화와 호전을 반복했다. 이 기간 동안 그녀는 자신의 문제를 해결하기 위한 도움을 얻기 위해 여러 곳을 찾아다녔다. 여기에는 다량의 자기 치유 서적들을 포함하여 최면요법과 반사요법, 개인정신치료가 포함되었다. Gill의 불안상태를 지속시키는 요인들은 안심을 추구하는 행동과 미묘한 회피가 결합된 통제가 필요하다고 믿는데서 기인한 것처럼 보였다.

개인적 배경

Gill은 어머니와 외할머니로부터 키워진 외동이었다. 그녀는 출생 후 어린 시절을 Kent 마을에서 보냈다. 그녀의 아버지는 Gill이 6주되었을 때 집을 나갔고 이후로 아버지에 대해 전혀 알지 못했다. 2명의 삼촌들도 같은 집에서 함께 살았다. 그녀의 어머니는 Gill을 먹여 살리기 위해 밖에서 일을 했고 그래서 그녀는 정서적으로 항상 외할머니와 훨씬 더 가까웠다고 회상했다. Gill은 어머니가 대부분의 시간을 '불행하게' 보냈고 남편이 다른 여자 때문에 집을 나갔다는 사실에 '매우 비참해했다' 고 기억했다. 그 누구도 집에서 그녀의 아버지에 대해서 언급하는 것은 용납되지 않았다. Gill은 그녀 자신을 '수줍음' 이 많고 '걱정이 많은' 아이로 묘사했다. 특히 그녀의 두 삼촌들은 매 주말 과도하게 술을 마셨었다고 기억했다. 결과적으로 언쟁이 잦았고 그들이 집에 돌아와 주사를 부릴까봐 미리 걱정하곤 했었다.

Gill은 친구가 많았으며 활동적이고 사교적이었음에도 특별히 학교를 좋아하지도 싫어하지도 않았다고 이야기 했다. 그렇지만 그녀는 아버지가 없었고 다른 아이들과 좀 다르게 생각하고 느꼈기 때문에 '낙인이 찍힌' 것 같았다라고 진술했다. 그녀 스스로는 그렇게 생각했을지 모르지만 Gill은 결코 놀림을 받거나 집에 아버지가 계시지 않다고 괴롭힘을 당하지도 않았다.

Gill은 16세 때 두 개의 O 레벨들을 받고 졸업해 지역 한 백화점에 취직했다. 취직을 했다는 것이 그다지 그녀를 즐겁게 하지는 않았고 19세 때 그녀는 유일무이한 남자친구였던 David와 결혼해 일을 그만두었다. 그녀의 남편이 계속 자영업을 해 옴으로 인해 18년의 결혼생활 동안 도산과 주택 소유권 회복과 같은 수많은 스트레스 요인을 만들었음에도 그녀의 결혼생활을 '기본적으로는 행복했다' 고 묘사했다.

이 시간들 내내 Gill은 책임을 지고 David의 힘든 일들을 해결해왔고, 그의 사업이 잘 안 풀리는 것인가 해서 그의 기분 변화들에 신경을 썼다고 했다. 그는 심술궂고 의기소침해지곤 했고 그녀는 그를 달래려고 애써야 했다. 이 커플은 13살 된 Ellen이라는 딸 하나가 있었다. Gill은 Ellen에게 완벽한 엄마가 되려고 고군분투 했고 가능한 한 삶의 모든 불행한 요소들로부터 딸을 보호하려고 했다.

Gill은 그녀의 남편 사업을 도왔고 지역 백화점에서도 파트타임으로 일했다.

현재 상태

Gill은 자기 자신을 커져만 가는 절망감 속에서 자신의 어려움들에 대한 해결책을 찾고 있는 매우 불안한 여성으로 표현했다. 그녀는 빠른 속도로 말을 했고 대부분의 질문들에 대하여 지나치게 충분히 대답하였다. 그녀는 반복적으로 '내 불안증세가 없어질 거라 보장할 수 있어요?', '나만큼 심각한 문제들을 가진 사람들을 만난 적이 있어요? 그들은 좀 나아졌었나요?', '좋아지는 데 얼마나 걸리던가요?' 같은 질문들을 하며 안심을 얻기를 원했다. 그 당시에는 그녀를 그 초점에서 벗어나게 하는 게 대단히 어려웠다. 그러나 그녀는 즉각적인 제한 설정에 응했고 지시에 따라서 합리적인 수준의 주제들에 집중해서 논의해 나갈 수 있었다. Gill은 사고들과 감정들을 인식하고 분류할 수 있었고 그녀의 문제들의 이러한 측면들과 행동들과의 연결고리들을 만들어 나가기 시작했다.

평가의 요약

Gill은 범불안장애의 증상들을 호소했다. 주관적으로 그녀는 자신의 문제가 고치기 힘들 것이라고 생각했다. 그녀가 높은 수준의 불안을 경험하는 날이면 그녀의 자기인식은 '대처할 수 없어'였고 이러한 인식은 통제력의 전적인 상실이 임박했다는 느낌을 동반했다. 사업에 재정적 어려움들을 초래하는 사건(그녀는 이러한 유발 인자들이 예측 불가능하고 통제가 불가능하다고 봤다)과 그녀가 이야기한 자동적 사고들은 동시에 나타나는 것으로 보였지만 이러한 일치성으로 그녀가 보여주는 다양한 고통들을 모두 설명하기는 어려워 보였다. 이는 마치 몇몇 중요한 정보의 조각들을 잃어버린 것과 같았다. 또한 그녀의 지속적으로 안심을 추구하는 행위는 그녀의 주된 대처 방식 중에 하나가 회피임을 시사한다. Gill은 또한 특별히 남편과 딸에게 과도한 책임감을 갖고 있는 것 같았고 그들이 성가신 일들로 인해 신경 쓰지 않게 하려고 많은 시간을 허비했다. 그녀의 도움을 구하는데 매달리는 행동들은 만일 치료 회기들을 그러한 행동을 막는 쪽으로 구조화되지 않는다면 치료에 의존적이 될 수도 있음을 시사했다.

단기인지치료에 대한 적합성

치료에 대한 적합성은 공식적으로 Safran과 Segal(1990)의 단기인지치료 적합도 척도(Short-term Cognitive Therapy Rating Scale; 71-72페이지에 기술되어 있음.)를 사용하여 측정 하였다. 높은 수치는 좋은 예후를 나타내고 낮은 수치는 별로 좋지 않은 예후를 표시한다. 가능한 점수의 총 최대치는 50이다.

1. 자동적 사고들에 대한 접근성

Gill은 자발적으로 자동적 사고들을 보고했고 비교적 쉽게 이미지들을 질문과정을 통해 말로 묘사할 수 있었다. (5점)

2. 감정들에 대한 인식 및 구별

그녀는 질문과정을 통해 감정들을 인식하고 수치화 할 수 있었다. 그렇지만 어느 시간 이상 그 감정들에 집중하는 것을 다소 꺼려했다. (3.5점)

3. 개인적 책임의 수용

Gill은 반복적으로 '내 문제들을 해결할 수 있는 사람은 오직 나 자신 뿐이야' 라고 되뇌었다. 그렇지만, 그녀가 자가 치유 서적들과 대체 요법들에 강박적으로 매달린다는 것은 어떤 면에서 보자면 자신의 문제에 대한 '마법 같은 치유' 를 기대하고 있는 것이라고 볼 수 있었다. (2점)

4. 인지적 논리근거에 대한 적합성

치료자와 함께 인지적 논리근거에 대해 함께 얘기를 나누는 동안 그녀는 쉽게 자신의 사고들과 감정들 및 행동과의 연관성을 인식할 수 있었다. 그녀는 과제의 이론적 근거를 이해했고 그녀의 문제를 이해하고 대처전략을 개발하는데 열의를 보였다. (4점)

5. 협조 능력(치료시간 동안)

Gill은 다소 정서적으로 동떨어져 보였고, 따뜻함을 쉽사리 드러내지 않았는데 때로는 다소 방어적으로 보였다. 그러나 피드백에 대해 그녀는 잘 경청했으며 이를 이해했다. (3.5점)

6. 협조 능력(치료시간 이후)

다른 사람과의 관계를 설명함에 있어서 Gill은 사회적 관계를 맺은 많은 여자 친구들이 있다고 하였지만 정작 이러한 관계들을 신뢰할 만한 관계로 여기지는 않았다. 그녀는 딸과는 친밀한 관계라고 했지만 남편과의 사이에는 다소 벽이 느껴진다고 하였다. 이들 사이에는 다소 갈등을 피하려는 경향이 있었다. (3.5점)

7. 문제의 만성화 경향

Gill은 불안 증세를 일 년간 보였다고 진술했다. (4점)

8. 안전 행동

이것은 불안함을 줄이고 자존감을 증진시키는 것에 목적을 둔 심리학적 혹은 행동적 활동들을 의미한다. 이것들은 치료 진행 과정에 있어서 장애물로 작용할 것이다. 이런 관점에서 보면 Gill은 특정 주제들에 대한 다소의 회피 행동을 보였지만 이러한 사실에 대해 토론을 통해 그녀가 이러한 회피 전략을 사용하고 있음을 이해할 수 있었으며 치료의 일부로써 밝혀져야 할 필요가 있다는 것도 받아들였다. (4점)

9. 집중도

치료자의 도움을 받아서 그녀는 특정 주제에 집중해 나갈 수 있었다. 그녀는 이야기 주제들을 옮겨 다니는 경향이 좀 있었지만 곧 다시 바로 원래의 주제에 집중할 수 있었다. (2점)

10. 치료에 대한 환자의 낙관적 태도/비관적 태도

Gill은 의기소침해 있었고 치료가 도움이 안 될지도 모른다며 다소 걱정스러워 했다. 그렇지만 그녀는 인지치료에 대해 열린 자세로 임했으며 치료를 한다고 해서 손해 볼 것은 없다고 생각했다. (3점)

이 척도 상 총점 34.5점은 환자의 문제가 단기 인지치료에 중등도로 적합함을 의미한다.

초기 공식화

Gill의 문제에 대한 초기 공식화는 그림 4.3에 제시하였다. 이것은 Beck의 정서 장애의 발달 및 유지에 관한 인지모델을 사용하여 만들어졌다.

치 료

치료 계획

초반에는 10에서 12개의 인지치료 세션들이 논의되었다. 토의의 과정을 거쳐 특정한 4가지 치료 목표가 설정되었으며 우선순위가 매겨졌다.;

1. 불안함과 걱정에 좀 더 효과적으로 대처할 수 있도록 하기
2. David, Ellen 및 치료자에게 문제에 대한 안심을 얻기 위해 질문을 해대는 것을 중지하기
3. 미묘하게 회피하는 행동을 하는 것을 멈추기
4. 사업에 대한 David의 걱정들에 대해 책임지려 하는 것을 덜 하기

대개는 인지치료에 있어서 치료의 첫 번째 단계에 문제에 대한 교육이 이루어진다. 그러나 Gill의 경우 불안의 주제와 이런 증상들을 일으키는 심리학적인 기제에 대한 상당한 지식을 갖고 있었다. 또한 그녀는 불안을 통제하기 위한 이완 요법, 시각화 기법, 약물복용, 긍정적 자기진술 등을 포함한 다양한 전략들을 이미 사용하고 있었다. 이 모든 전략들은 문제 해결에 별다른 영향을 끼치지 않았다.

그러므로 치료는 Gill에게 도움이 될 수 있는 방식으로 수정되어야 했다. 평가를 통해서 불안 증상들을 유발하는 것들 및 이를 지속시키는 특정한 믿음과 행동들에 대한 이해를 얻기 위해 접근해야만 할 중요한 정보들이 있을 것으로 여겨졌다. 이러한 정보를 얻기 위한 방법으로써 자기 관찰(self-monitoring)이 강조되었다. 특정한 행동 실험이 이러한 정보들을 얻기 위한 가장 용이한 방법이 될 것으로 가정하고 Gill의 안심추구 행동에 명료한 초점이 맞춰졌다. 안심을 추구하는 행동이 증상들을 지속시키는 강력한 요소라는 것은 명백했지만 이러한 행동의 목적이 전적으로 불안을 감소시키기 위한 것이었기에 그녀에게 이러한 행동을 하지 말도록 하는 것과 이제까지 안심 받기를 추구해온 그녀에게 그런 욕구를 충족해서는 안된다고 가르치는 것은 오히려 불안을 증가시킬 수 있었다. 이는 Gill과 치료자가 명백한 감정들과 믿음들에 접근하도록 해 줌으로써 그녀로 하여금 이러한 행동의 이면에 감추어진 특이한 의미를 알아차릴 수 있도록 하기 위함이었다. 이러한 과정이 일단 정립되고 나면 문제에 대한 보다 많은 즉각적인 인지 공식들을 제공하게 될 것이며 치료자를 통해 적절한 치료적 개입이 가능할 것으로 여겨졌다.

그림 4.3 초기 공식화

심리적 취약성을 형성하는 선행 요인들

초기 경험들

- Gill이 태어난지 6주 되었을 때 떠난 아버지의 부재
- 엄마를 자주 접하지 못했음
- 취한 삼촌들의 행동으로 인한 예측불허, 논쟁과 긴장
- '불쾌한 사건들에 대해 언급하지 말 것(아버지가 떠난 것들과 같은)' 라는 암묵적 메시지

⬇

조건적 가정들과 핵심 도식의 형성 (가설)

- '나는 항상 제어가 되어야 해.'
- '인간이란 신뢰할 게 못돼.'
- '세상은 예측불허이고/위험해.'

⬇

문제에 대한 유발 요인들

결정적인 사건

지불을 제대로 하지 않는 고객들로 인한 사업의 재정난

⬇

조건화된 가정들과 핵심 도식의 활성화

예측불가/ 통제력 결여/ '나는 다른 사람을 믿을 수 없어.'

⬇

문제를 지속시키는 요인들

부정적인 자동적 사고들

'나는 내 생각들과 감정들을 통제할 수 없어.'

⬇

불안증상들

- 행동적: 미묘한 회피, 안심추구
- 정서적: 두려움
- 생리적: 각성
- 인지적: 인지적 회피
- 동기적: 흥미의 결여

치료 경과

1-4 회기

치료 계획에 따라, 안심추구 행동이 불안장애를 지속시키는 역할을 하는 것에 대한 설명을 기재하여 Gill에게 주었다(상세한 설명은 Salkovskis와 Kirk(1989)를 참조할 것). 이 회기를 통해서 그녀의 안심-추구 행동이 설명되었다. 그 후에 안심-추구 행동을 없애야 하는 이유를 설명하였으며 치료자가 그녀의 안심-추구 행동을 발견할 때마다 그녀에게 그러한 행동을 하고 있음을 이야기해 주었고 치료자는 그녀가 원하는 안심되는 말을 해주지 않았다. 그리고 나서 Gill로 하여금 자신의 생각들과 감정들을 검토하도록 했다. 또한 치료 시간 이외의 시간에도 자신의 안심-추구 행동들을 모니터 하도록 했으며 다음 한 주 동안 이러한 행동들을 줄이도록 노력해 보도록 했다. 그녀는 기록된 합리적 설명에 잘 따랐으며 스스로의 행동을 모니터 하는 것에도 적극적이었다. 이를 통해서 유용한 정보를 얻을 수 있었다. 초기에 그녀는 여러 형태의 안심-추구 행동들을 판별해 낼 수 있었다.

- 불안을 느낄 때면 David와 Ellen에게 자신이 잘 하고 있는지 물어보는 것
- 항불안제를 핸드백 속에 넣어 가지고 다니는 것
- 불안증 관련 글들 의식적으로 세 번 이상씩 읽는 것
- 자신이 어떻게 느끼는지에 대해 엄청난 양의 메모를 작성하는 것

이러한 사실을 통해 그녀가 항불안제를 치워버렸을 때 초래될 결과에 관한 행동 실험이 고안 되었다; 그녀는 자신의 불안도가 높아질 것이라고 예상했다. 그녀는 세 번째 회기 이후 이 실험을 시행하였는데 그녀의 예상과는 달리 별다른 부작용이 나타나지 않았다. 하지만 그녀는 이러한 결과를 초래한 이유에 대해서는 파악하지 못했다. 두 번째 행동 실험은 불안 관련 서적들을 치워버리고 다시는 이러한 서적들을 뒤적이지 않도록 하는 것이었다. 또다시 Gill은 증세들이 더 심해질 것으로 예상했다. 그러나 이러한 실험을 수행했음에도 아무런 나쁜 결과가 나타나지 않았다. 그녀는 자신의 예상이 왜 빗나갔는지에 대한 이유를 이번에도 알아낼 수 없었다.

이러한 행동 실험들은 치료자로 하여금 부정적으로 예견하는 인지들은 위험성과 위협에 대한 과장된 인식과 이에 대한 대처능력의 과소평가를 기반으로 하고 있다는, 불안에 대한 인지모델을 설명할 수 있도록 해주었다. Gill은 이런 저런 일들이 그녀가 생각했던 것만큼

나쁘지 않았다는 사실을 충분히 인지하고 있었으며 "이런 사실로부터 내가 무언가 배워야 하는 게 아닌가?"라고 물었다. 이는 대답이 필요한 중요한 질문으로 부각되었고 미래에 대해 부정적으로 예측하는 인지들을 검토하는 것에 과제의 초점이 맞춰졌다.

이 연습은 중요한 정보를 알려주었다. Gill이 지닌 부정적으로 예측하는 이미지에 접근해 나갈 때 그녀의 문제들이 처음 시작되던 무렵에 초점이 맞춰졌으며 그녀는 한밤중에 그녀의 어머니와 David에게 도와달라고 울고 애원하면서 집을 향해 걸어가는 것을 떠올렸다. 이것 뒤에 감추어진 의미를 탐색함으로써 그녀는 다음의 자동적 사고들을 발견했다.

- 나는 내 생각들을 통제해야만 한다.
- 나는 언제나 점검하는데 전념해야만 해.

자신의 생각들을 통제할 수 없을 것이라는 그녀의 인식은, 통제 불능이 되어가는 것을 의미했으며 자신이 미쳐간다는 의미였다. 그리고 나서 그녀는 만약 자신이 미쳐버릴 경우 자신의 가정과 남편 및 딸을 잃게 되고 근처 정신병원에 보내져 평생 그 곳에서 살아야 될 것이라고 생각했다. 이러한 대화가 진행되는 동안, Gill은 펑펑 울었으며 자신이 혼자 남겨지는 것(이것은 그녀가 무슨 짓을 해서든지 피하고 싶었던 부분이다)을 얼마나 싫어하는지 알게 되었다. 그녀는 혼자 남겨진다는 것의 어떤 점이 그토록 심한 절망감이 관련이 있는지를 알아내지는 못했다.

그녀가 꺼냈던 질문("내가 걱정했던 것들처럼 일들이 나쁘게 풀린 게 아닌데도 난 왜 그런 사실들로부터 무언가를 깨닫지 못하고 있지?")으로 돌아가서, 그녀로 하여금 자신의 삶 속에서 일어났던 예기치 못했던 사건들에 대해 점검해 보도록 하였다. 그녀가 자신의 어린 시절을 회상해 보면, 항상 불안했고, 매사가 잘못되어 간다며 늘 걱정이 많았었다. 삼촌들이 술에 취했을 때, 예측 불가한 행동들을 했었던 일들을 다시 떠올렸으며 결혼생활 18년 대부분이 사업으로 인해 생겨난 예측 불가한 사건들로 점철되어 있었다고 말했다. 그녀는 남편인 David 또한 변덕스럽고, 충동적이어서 예측이 불가한 사람이라고 말했다.

치료 초기 단계에 나타났던 두 번째 사항은 그녀가 일을 적절히 처리하지 못한 것에 대하여 자기 비판적인 경향을 가지고 있다는 점이었다. 그로인해 그녀는 슬픔과 죄의식을 토로했다.

이번 첫 네 번의 치료회기들을 통해서 다음의 사항들이 명백해졌다.

- Gill은 자신의 미래를 부정적으로 예견하고, 그 예견되는 임박한 재난에 대처하기에

는 자신의 능력이 부족하다고 믿고 있었다.

- 그녀는 잘된 일들을 깎아내리려는 경향이 있었고 자기 비판적이었으며 이러한 면들이 기분이 가라앉는 시기에 그녀를 더욱 취약하게 만들었다.
- 그림 4.4에서 보여주는 새 정보는 인지 도식화에 이용할 수 있었다.

그림 4.4 최근의 사건들과 그 이면의 믿음들 간의 연관성에 대한 인지도식

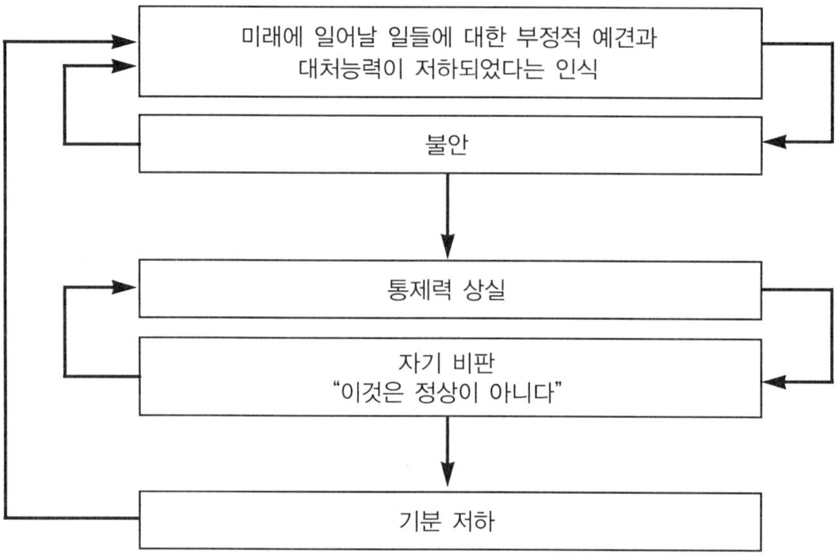

핵심인지도식에 대한 가설

'나는 실패자다'
'나는 상처받기 쉽고/약하다'
'세상은 너무 위험해'
'사람들은 예측불허이다'

기본적 가정에 대한 가설

?'내 생각을 통제하지 못하면,
나는 모든 것을 잃을 것이다.'

5-8 회기

첫 네 번의 치료회기를 통해 모아진 정보를 토대로, Gill의 부정적 예견들이 얼마나 현실적인 것인지를 평가하는 시간을 가졌다. 이것은 다음 6단계를 통해 이루어졌다.

1. 부정적인 예견을 알아내기
2. 이러한 예측이 현실로 나타날 가능성을 평가하기
3. 활동에 참여하기
4. 결과에 대한 평가
5. 부정적인 예측이 현실로 나타나지 않은 이유를 찾아내기
   예; 예측 자체가 비현실적이었다, 대응 전략이 이미 실행되었다.
6. 이 경험을 통하여 알게 된 점을 생각해 보기

Gill은 이 전략을 매우 효율적으로 사용하여 그녀의 부정적 예견이 비현실적이었으며, 대부분 근거가 없었다는 것을 확인할 수 있었다. 한차례 더 이렇게 된 이유를 찾기 시작했고, 그녀의 어린 시절에 대한 토론으로 되돌아갔다.

이 때, 그녀는 종종 어렸을 때 '안전하지 않다' 고 느꼈었고, 혼자 남겨지는 것에 대한 두려움이 많았다고 설명했다. 그녀는 밤마다 어머니와 할머니가 돌아가시지 않게 해달라고 기도했던 것을 떠올렸다. 이로 인해 자신이 버려질지 모른다는 걱정에 둘러싸이게 되었다. 또한 그녀는 어린 시절에 가족 누구도 그녀가 맞닥뜨린 문제를 해결하도록 정서적인 면에서 돕지 않았다고 하나하나 이야기하면서 매우 화를 냈다. 가족들은 '인생은 힘들며, 세상은 어려운 곳' 이라는 태도를 보였었다고 당시 상황을 묘사했다. 그래서 가족의 가훈은 이런 것이었다. '굴복하면 안 된다. 싸워야 한다. 힘을 합치자 — 일단 굴복하면, 끝장이다.' 이를 통해서 Gill은 얼마나 자신이 느끼는 것들이 불안정한 것인지, 자신이 원하는 것과 필요로 하는 것을 안다는 것이 얼마나 중요한지를 자각하게 되었다. 이러한 사실은 그녀의 문제 이면에 의존성이 존재할 가능성을 드러내 주었다.

이 단계에서 안심 추구 행동을 줄이려는 부가적인 개입이 지속되었다. 이번 행동 실험은 David에게 안심 시켜달라는 요청을 하지 못하게 하는 것이었다(그림 4.5). Gill은 아침에 잠에서 깼을 때 마다 David에게 안심을 얻으려 했다는 사실을 알아차릴 수 있었다. 그녀는 이 행동을 하지 않음으로써 매일 불안을 야기하는 유발 요인이 무엇인지에 대한 아주 중요한 정보를 알아내게 되었다. 이 중요한 정보는 인지 도식에 추가되었다.

8회기 마지막에 이르러서는 그녀의 불안 증세의 강도는 줄었고, 일주일에 한 번쯤 불안 증세가 없는 날이 생겨나기 시작했다고 말했다.

그림 4.5 David에게 안심을 추구하는 행동을 하지 않도록 한 실험을 통해 얻어진 정보들

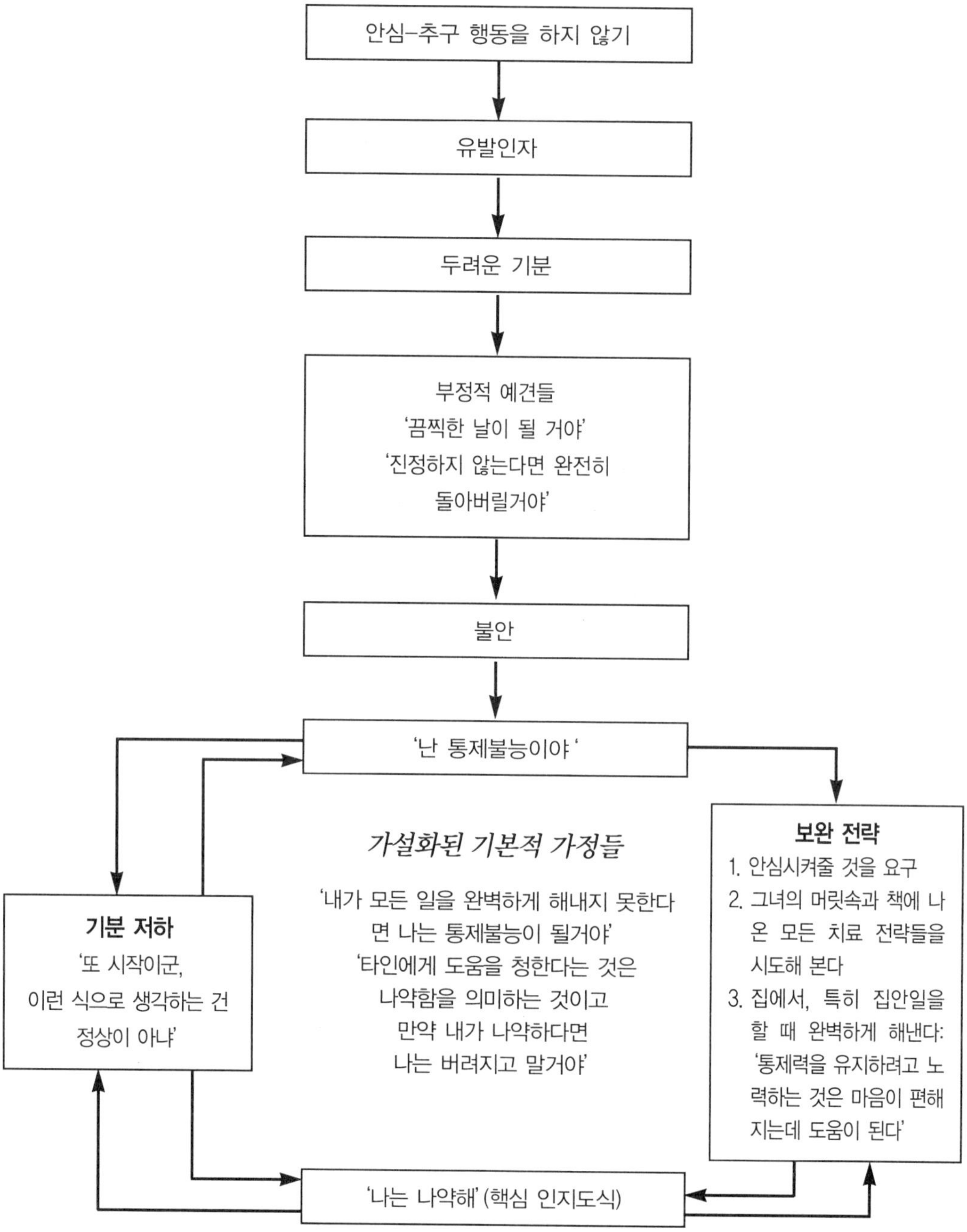

9–12 회기

이 회기 동안에는 심상화(imagery)에 초점을 맞추어 치료가 진행되었다. 두 가지의 이미지들이 그녀의 생각을 지배하는 듯했다: 그 중 하나는 홀로 바닥에 앉아 관절염으로 다리를 저는 늙어버린 자신의 모습이었다; 두 번째 이미지는 완전히 미쳐서 정신병원에 홀로 남겨진 자신의 모습이었다. 그녀는 열 살 때부터, 매주 월요일 저녁에는 혼자 남겨졌었다고 회상했다. 그녀는 그때마다 매우 불안해졌으며 그녀의 어머니와 할머니가 살해됐거나, 교통사고로 죽었을지 모른다는 생각을 했었다고 회상했다. 토론을 통해서 Gill에게는 안전이 중요했으며 심상화를 통해서 드러났듯이 홀로 남겨진다는 것은 버려짐과 안전의 상실을 의미한다는 것이 밝혀졌다. 이 점을 더 깊이 이해해 가는 과정을 통해서 그녀는 타인을 신뢰하는데 있어서 어려움들을 경험했고 전반적으로 타인들을 신뢰하지 않았었다는 사실을 알게 되었다. 이에 대한 증거를 들자면, '사람들은 너의 기대를 저버릴 거야' 라는 어머니의 주장처럼 그녀가 사업을 통해 만난 사람들과의 경험을 통해서 그녀 또한 동일한 결론을 내리게 되었다. 이러한 경험은 치료를 통해서도 드러났는데, Gill이 밝힌 바에 의하면 David은 2년 전에 혼외 불륜관계에 돌입했으며, 그녀에게 헤어지자고 한 바 있었다. 그녀는 자신의 일생을 통해 이러한 사건이 있기 전까지는 그를 신뢰해왔지만, 지금은 그러한 신뢰가 산산이 깨져 버렸다. 비록, 그는 떠나지 않기로 했지만, 안전에 대한 그녀의 중요한 토대 중 하나가 무너져버린 것이었다.

이를 통해 Gill의 핵심 도식은 다음과 같이 재정리되었다.

- '나는 정서적으로 약하며, 상처받기 쉽다.'
- '타인은 믿을 수 없다.'
- '세상은 위험하며, 예측이 불가하다.'

이 단계에서 Gill의 심상화가 불안을 초래하는 주된 유발 요인이 된다는 점이 분명해졌다. 게다가 그녀의 우울 증상들을 지속시키는 심상화는 침습적(intrusive) 성격을 지니는 것 같아 보였다. 침습적 사고의 과정과 이로 인한 불안은 그림 4.6에 제시하였다.

그림 4.6 침습적 사고들의 인지 모델

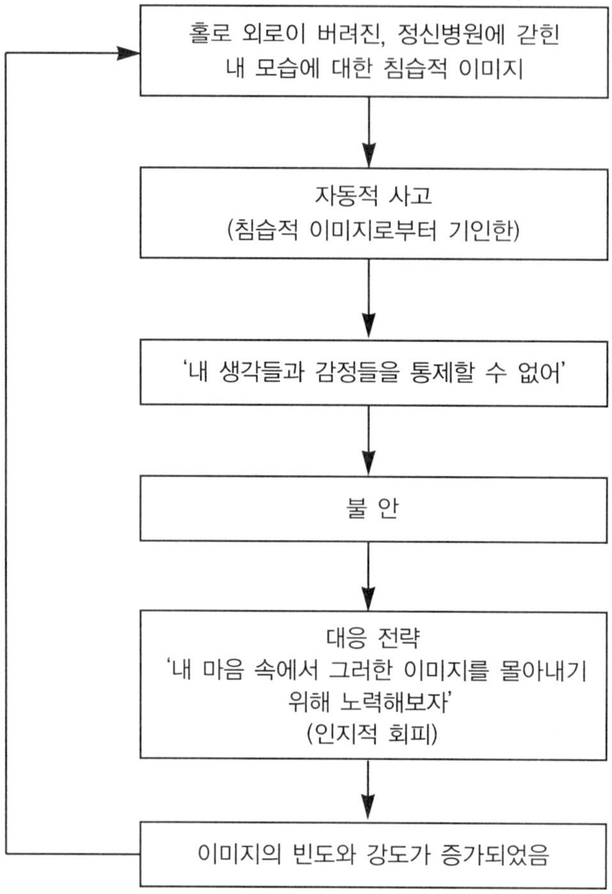

Salkovskis(1989)의 침습적 사고(intrusive thoughts) 모델에 따라서 이러한 현상에 대한 논리적 근거를 Gill에게 제시하였다. 이번 치료 세션을 통해 행동 실험을 시행하였다.

치료자: Gill, 이제 '나는 내 생각을 통제할 수 없어.' 라는 생각을 검증하기 위한 실험을 해볼 겁니다. 이 실험을 하는 동안 나는 당신에게 특정한 과제를 해보도록 요청할 것입니다. 내가 하려는 말을 귀담아 듣고서 한 번 시도 해보세요. 저와 함께 할 수 있겠죠?

Gill: 예

치료자: 지금부터 2분 이상, 털이 복슬복슬 핑크색이고, 초록 형광색 귀를 가진, 몸집이 큰 토끼가 아닌 다른 무엇을 상상해 보시오.

여기서 매우 중요한 것은, 절대로 그 토끼에 대해서는 생각조차 하지 말아야 한다는 점이고 크고 복실복실한, 형광색 귀를 지닌 분홍색 토끼의 모습을 당신의 마음속에서 떨쳐버려야 한다는 점입니다. 당신이 그 토끼를 마음속에 두지 않도록 애쓰라는 것은 명령이기 때문에, 나는 당신이 제발 그 크고 복실복실한, 형광색 귀를 가진 분홍색 토끼에 대해 생각하지 않기를 바래요. 왜냐하면 당신의 마음속에서 그 토끼를 몰아내는 것이 가장 중요하기 때문입니다.

자, Gil, 내가 말하고 있는 동안, 당신 마음속에 어떤 것이 스쳐갔나요?

Gill: 크고 복실복실한, 초록 형광색 귀를 가진 분홍색 토끼요.

치료자: 당신이 그 것을 생각 안하려고 애쓰는 동안, 토끼에 대한 이미지는 어떻게 되었죠?

Gill: 제 마음속에 계속 떠오르더군요.

치료자: 그 토끼 생각을 안 하려고 정말 열심히 노력해 봤나요?

Gill: 예. 그런데 그 생각을 떨쳐내기가 힘들었어요.

치료자: 흥미로운 사실이군요. 왜 그렇게 되었다고 생각하세요?

Gill: 확실히 잘 모르겠네요.

치료자: 좋아요. 이번엔 좀 다른 실험을 해보죠. 이번에는 당시의 마음속에 크고 초록색 형광색 귀를 가진 털이 복슬복슬한 핑크색 토끼의 모습을 떠올리고 집중해 주세요. 가능한 한 최대한 오랫동안 당신 마음속에 그런 이미지를 유지하도록 노력해 보세요. 정말 열심히 하셔야 합니다.

당신 마음속에 그 토끼에 대한 이미지를 계속 유지하는 것이 쉬운가요?

Gill: 아니오. 그리 쉽지 않네요. 자꾸 사라지려해요.

치료자: 이것도 역시 흥미로운 사실이네요. 왜 그런 걸까요?

Gill: 잘 모르겠어요.

치료자: 좋습니다. 이 두 가지 실험을 정리해 볼까요. 먼저 첫 실험에서, 당신이 그 토끼 생각을 안 하려고 애를 쓸수록 그 이미지가 당신 마음속으로 더욱 더 스며들어왔습니다. 인정하시나요?

Gill: 예

치료자: 좋아요. 그것은 정신병동에 홀로 남겨진 당신 자신의 이미지에 대하여 당신이 대처하려 했던 방식과 약간 비슷해 보입니다. 당신이 마음속에서 그 생각을 떨쳐내려고 애쓰지만, 다시 되살아납니다. 맞지요?

Gill : 예

치료자: 그래요. 그런데 두 번째 실험에서는 당신이 그 생각을 당신 마음속에 일부러 간직하려 했지만, 슬그머니 사라져 버린 것 같네요.

Gill : 예, 맞아요.

치료자: 이것이 당신이 자신의 생각을 통제하려고 사용하는 방식으로 보이는데 그런가요?

Gill : 그런 것 같아요.

치료자: 좋아요. 그러면, 정신병동에 홀로 남은 당신 자신의 이미지를 당신 마음 밖으로 몰아내려 애쓰는 대신에 그 이미지를 그대로 유지하려고 노력했다면 어떻게 되었을까요?

Gill : 사라졌을 것 같네요. 하지만 그런 상상을 한다는 것이 너무 힘들고 불쾌해져요.

치료자: 어떤 방식으로 기분이 나빠지는 걸까요?

Gill : 글쎄요. 만약에 내가 그 이미지에 집중한다면 내 불안이 더욱 커지고 결국엔 통제불능 상태가 될 것 같네요.

치료자: 또 하나의 가설은 이렇습니다. 당신 마음속에서 그러한 상상을 몰아내려 하면 계속 되돌아오고, 그 상상과 그러한 상상이 의미하는 것이 당신의 불안을 촉발시키는 것이라 한다면, 그러한 상상이 사라진다면 불안 또한 사라질 것이라고 생각하는 것이 타당하지 않을까요?

Gill : 글쎄요...

치료자: 지금 실험을 하나 해보면 어떨까요? 즉, 이미지들 중 하나를 떠올려서 당신 마음속에 담아 두려고 해보면서 무슨 일이 일어나는지 지켜보는 것은 어떨까요?

Gill : 글쎄요, 힘든 부탁인데, 난 내가 있어야 할 곳에 제대로 있다고 생각하는데, 내가 완전히 미쳐야 하나요!!!

격려를 받아가면서 Gill은 실험에 참여하여 괄목할만한 인지의 변화를 이루었다. 그녀는 이 실험을 평가함에 있어서 초기에는 자신의 생각들과 감정들에 초점을 맞춘다는 것이 일견 이에 대한 통제를 포기하는 것처럼 여겨졌지만 실은 이러한 생각과 감정에 집중함으로써 불안이 가중될 것이라는 애초의 예상과는 달리 오히려 불안이 사라짐을 관찰할 수 있었다. 결론적으로는 역설적이게도 오히려 더욱 편안해지고 통제되는 느낌을 얻을 수 있었다. 그녀는 이러한 대응방식을 치료 시간 이외의 시간에도 사용했고, 3주일이 지나지 않아 이러한 침습적 이미지는 사라졌다. 12회기가 끝나는 시점에 그녀는 불안 증세를 한 달에 3~4회 겪는다고 말했다. 애초에 계획되었던 치료가 완료되었음에도 다루어져야 할 몇몇 이슈들이 남아있었기에 6회기의 부가적인 치료 회기가 진행되었다.

13-18 회기

이 마지막 단계의 목표는 David의 관계에서 나타나는 어려움들을 점검하는 것은 물론 조건적 가정들과 핵심 인지도식을 수정하는 작업을 시작하는 것이었다.

David과의 관계에 초점을 맞추는 가운데 그녀는 2년 전 그가 다른 여자와 관계를 가졌던 사건을 떠올렸다. 이 일이 있기 전까지 그녀는 그를 전적으로 의지해 왔었다고 했다. 남편이 바람을 핀 것과 함께 등장한 주제들을 버려짐과 관련 있는 것들이었다. Gill은 "만약 David이 떠났다면, 내 인생에는 남는 게 하나도 없고, 나는 혈혈단신이 되었을 것이다"라고 말했다. 그녀는 이 시기를 그녀의 불안 문제가 시작된 시점으로 여겼고, 당시 그녀는 의지할 건 오직 자기 자신뿐이라는 결론을 내렸었다고 한다. 그러나 불안 증세가 악화될수록 자신감을 잃어갔고, 이는 고립감을 가중시켰다. 그녀는 자기 자신으로부터 버려지는 것처럼 '미쳐가는' 것에 대해 공포에 질려있었다고 표현하였다. 이러한 사실은 인지 공식화에 추가되었다.

Gill과 치료자가 그녀와 David과의 관계에 초점을 맞추는 가운데 다음의 문제점들이 드러났다.

1. Gill은 둘 사이의 평화를 유지하기 위해서 책임을 다하였고 사업상 남편의 문제들을 해결해 나갔다.
2. 그녀는 David에게 자신 의견을 드러내는 것을 어려워했다.
3. David는 자신이 원하는 것들, 요구, 감정을 드러내기를 어려워하고 있었다.

결국, 이 부부는 감정적 문제들을 다루는 방법으로 단순 회피에 의존하는 경향이 있었다. 이러한 문제들을 '소크라테스' 식 질문을 통해 알아보았다.

치료자: Gill, 여기 두 가지 주제들이 명백해 보이는 데요: 당신은 David과의 관계에서 평화를 유지하기 위해 노력했고, David에게 당신의 생각들과 감정을 표현하기 어려워했어요. 내가 이해한 내용이 맞나요?

Gill: 예. 그게 내 진짜 문제였어요.

치료자: 당신이 자신의 생각과 감정을 표현하려 할 때 특별히 뭐가 문제가 되던가요?

Gill: 무슨 말씀이시죠?

치료자: 예를 들어, 그에게 사랑한다고 말하는 것이 어려웠거나 혹은 부탁을 거절하기 어려웠던, 또는 분노를 표현하기 힘들었던 또 다른 경우들이 있었나요?

Gill : 그에게 사랑한다고 말하는 것은 어렵지 않아요 – 항상 사랑한다고 말하거든요. 힘들진 않구요, 'No'라고 말하는 경우도 많이 있어요, 내가 귀찮으면 그렇게 해요.

치료자: 예를 들어 David에게 당신이 열 받은 모습을 보여준다면 어떤 일이 벌어질 거라고 생각하나요?

Gill : 글쎄요, 내가 흥분했을 때, 그는 내게 몇 시간이고 말을 걸지 않아요.

치료자: 그렇게 되어 버렸을 때 당신은 어떤 느낌이 드나요?

Gill : 죄책감이 들죠. 화해하고 싶어져요.

치료자: 그런 상황에 어떤 것들이 당신으로 하여금 죄책감을 느끼게 하는 걸까요?

Gill : 나는 항상 내가 뭘 잘못한 것이라고 생각해요. 내 잘못이죠. 잘못된 점을 고치고 싶어요.

치료자: 어떤 점을 바로잡고 싶으신 거죠?

Gill : 우리 둘 사이의 문제들. 화해하고 친구가 되는 거죠.

치료자: 그렇다면, 당신이 생각했던 것처럼 당신이 따질 때 David는 입을 닫아버린다면, 당신 둘 사이는 친구가 아닌 거죠?

Gill : 예.

치료자: 그러면, 누가 누구에게 친구 관계를 끊은 거죠? David입니까? 당신입니까?

Gill: David가 끊은 것이라 생각해요.

치료자: 자, 당신은 따지고 David는 당신과 화해할 생각을 하지 않고 있고, 이런 상황으로 인해 뭐가 열 받는 거죠?

Gill : 잘 모르겠어요

치료자: 이 문제에 집중해 보기로 해요. 당신은 죄책감을 느끼고, 또 다른 느낌은요?

Gill : 제 생각엔 불안해지기도 하는 것 같아요.

치료자: 그렇군요. 그래서 David이 입을 닫아버리는 것에 대해 생각할 때면 당신은 죄책감과 불안을 느끼는 군요. 이러한 상황이 특별히 당신에게 의미하는 바가 있나요?

Gill : 글쎄요, 당신도 좋아하지 않는 사람에게는 말을 걸지 않잖아요. 안 그래요?

치료자: 그렇다면 내가 제대로 이해했는지 모르지만, David이 당신과 이야기하지 않는 때면 그가 당신을 좋아하지 않는 거라고 생각하는 군요?

Gill : 그래요.

치료자: 그게 사실이라고 치고, David이 당신을 좋아하지 않는다면 어떤 일이 벌어질까요?

Gill : 날 떠날 거에요.

치료자: 만약 그가 떠난다면, 어떤 일이 초래될까요?

Gill : 모든 것이 수포로 돌아가겠죠, 나는 홀로 내버려진 상태가 될 거에요.

치료자: 그래요. 그래서 이렇게 갈등이 있는 상황에서는 David이 당신을 좋아하지 않는다고 굳게 믿는 것 같아 보여요.

Gill : David이 왜 나랑 사는지 모르겠어요.
치료자: 무슨 뜻이지요?
Gill : 글쎄요. 나는 그 사람이 내 어디가 좋은지 이해가 안돼요. 그것이 나로 하여금 완벽한 아내와 엄마가 되려고, 그를 위해 모든 일이 잘 굴러가도록 힘들게 노력하는 이유죠 – 아마도 그렇게 해야 그가 나와 같이 살 것이니까요. (그녀는 울기 시작했다.)
치료자: 정말로 슬프고, 고통스러우신 것 같네요. 지금 무엇에 집중하기가 어렵다는 것을 압니다만, 바로 지금 당신 마음속을 스쳐간 생각은 뭐죠?
Gill : (울면서)그가 왜 나와 사는지 모르겠어요. 너무 비참해요. 다만 내가 너무 의존적이고, 불안정하기 때문에, 아마도 그래서 그가 나에게 미안한 마음을 갖는 것 같아요. 그는 내게 사랑한다고 말하지만 어떤 사람이 이렇게 나약한 사람을 사랑하겠어요? 이렇게 눈물 짜고 있는 저를 보세요.

이러한 연습을 통해서 Gill의 핵심 도식에 관한 부가적인 정보를 얻을 수 있었다: 가장 중요한 것은 '나는 정서적으로 나약하고 취약하다' 였으며, 두 번째로는 '나는 사랑받을 만한 점이 없다' 라는 것이었다. 이러한 정보들은 그녀의 조건적 가정들에 대한 협력적 인지 공식화를 가능케 했다.

- '나는 항상 평온을 유지해야 해, 그렇지 못하면 나는 버림받을 거야.'
- '나는 내 생활의 모든 면(나 자신, 일, 대인관계)을 잘 관리해야만 해, 그렇지 못하면, 모든 것(가족, 가정, 온전한 정신)을 잃게 될 거야.'
- '다른 이들이 나를 저버리고, 상처 줄 수 있기 때문에, 나는 자립적이어야만 해.'

논의를 통해서, David이 치료에 한 번 참석하는 것이 도움이 될 것이라는 결정이 내려졌다. 그는 적극적으로 참여했고, Gill이 현재 처해있는 문제들을 지속시키는 부가적인 요인들이 밝혀졌다. 이는 그녀가 David과 상호작용하는 방식과 연관이 있었다. 그녀는 자신의 행동과 이야기 한 것에 대해 그가 어떻게 반응할 지에 대해 매번 부정적 예측을 하고 있었다. 여기에는 남편이 자신을 사랑했고, 자신들의 관계가 행복했는지에 대한 확신을 얻으려는 행동이 매일 동반되었다. 이러한 양상은 그들의 결혼 생활 내내 이어졌고, 이로 인해 남편은 매우 힘들어했다. David은 자신의 생각과 감정을 전하는 것이 어려웠고, 종종 우울해지는 경향이 있다는 점을 인정했다.

치료자와 Gill 그리고 David은 함께 행동 실험을 해보기로 했다: David은 Gill이 원한다 해도 그녀를 안심시켜주지 않기로 했다. 처음에 그것이 그녀의 불안을 증폭시켰지만, 치료 초기부터 그녀는 대응 전략들을 신속히 수행했고, 자신의 부정적 사고들을 알아내고 이에 도전했다. 또한, 부부는 자신들 사이의 의사소통이 부족한 점에 대해 대화를 나누었고 결혼생활 상담을 받는 것을 고려하기 시작하였다.

그 다음 달에도 Gill은 호전이 지속되고 있음을 보고하였고 인지 공식화를 위한 부가적인 데이터들을 모아갔다. 그녀는 자신의 어머니가 정서적으로 도움이 되지 않았고, 삼촌들의 음주로 인한 긴장과 다툼들로 인해 가정 내 예측불허의 상황이었다는 사실을 통해 다음의 것들을 배우게 되었다.

1. 항상 자립적이어야 한다.
2. 평온함을 유지하기 위해서 노력해야 하며 타인의 걱정과 고통까지도 책임지도록 해야 한다.
3. 남자는 떠난다 — 그녀가 아기였을 때 아버지가 떠난 것처럼, 그래서 어머니가 매우 비통해 했었다.
4. 어릴 적 아버지를 화제에 올리는 것이 허락되지 않았던 점, 암묵적 메시지는 '열 받게 할 주제에 대해서 화제에 올리지 말 것' 이었다. 이는 David와의 관계 속에서도 똑같이 진행되었다.

치료의 마지막 단계는 조건적 가정들과 핵심 도식을 교정해 나가는 작업을 시작하는 것이었다. 이 중요한 작업은 이미 통제에 대한 이슈에 초점이 맞춰져 있었고, 치료자와 환자가 함께 이를 허물기 위한 행동 계획을 만들어 나갔다(205p 참조).

'나는 항상 평온을 유지하고 있어야 해. 그렇지 않으면 버림받을 거야.' 라는 잘못된 신념을 수정해 나가기 위한 계획이 수립되었다. 이 계획에는 Gill이 David과 상의하기를 꺼려하는 주제들을 찾아내도록 하는 것이 포함되었다. 다음으로, 그녀는 이러한 주제들을 논의하는 것에 대한 부정적 예견인지(negative predictive cognitions)들을 판별해 내었고 이러한 부정적 인지들의 타당성을 검증하기 위한 행동 실험을 고안해 냈다. 그녀는 또한 이러한 행동실험들로부터 얻어진 결과 데이터들을 일지 형태로 기록해나갔다. 치료의 이런 측면과 관련하여, 그녀에게 인지적 관점에서 대인관계의 어려움들을 점검하는 내용의 책인 '어떤 사랑도 충분할 수 없다(Love Is Never Enough)'를 읽어 보라고 했다.

18회기까지, Gill은 대략 매 여섯 주일마다 한 번쯤 불안 증세를 겪었다고 보고했다. 그러나 그녀는 이러한 불안 증세들을 현명하게 잘 넘길 수 있다. 또한, 그녀는 안정 추구 행동을 사실상 없앴음에도 불구하고 더 이상 침습적 이미지를 경험하지 않았다. 그녀의 요청에 따라 치료는 종결되었다. 그녀는 자신이 얻은 것들을 공고히 하기를 원했고 David과의 관계를 지속해 나가는데 노력했다. 그녀는 나중에 남편과 함께하는 합동세션(joint session)이 있다면 참여하고 싶다는 뜻을 밝혔다. 그녀는 추천받은 서적들이 매우 가치 있었음을 알았고, Beck의 작업에 근거한 부부치료가 도움을 줄 것이라고 생각했다. 그녀는 이들 중 일부를 그녀 자신에게 적용하기 시작했고, David과의 관계가 보다 솔직해져 간다고 느꼈다.

최종 공식화 (Final Formulation)

Gill과 치료자가 만든 마지막 인지 공식화는 그림 4.7에 제시하였다. 치료를 끝내는 시점에서 자신의 문제에 대한 이해를 보여주는 대부분의 정보는 Gill이 만들었다.

그림 4.7 최종 인지 공식화

심리적 취약성을 형성하는 선행 요인들

초기 경험들

- Gill이 태어난 지 6주되었을 때 떠난 아버지의 부재
- 도움이 안 되는 엄마, 그녀는 자신의 환경에 대해 비통해 했으며 혼자 아이를 길러야 하는 것에 대해 불평했다
  메시지: '사람들은 믿을게 못돼'
- 취한 삼촌들의 행동으로 인한 예측불허, 논쟁과 긴장
  –Gill은 평온함을 유지하려 했고 통제감을 잃지 않으려 노력
- 아버지에 대해 언급하는 것이 금지됨
  메시지: '열 받을 일에 대해서는 언급하지 않는다.'
  항상 취약하고 불안정하게 느낌; 안심 추구

↓

기본적 가정들과 핵심 도식의 형성

'나는 항상 평온함을 유지해야 해 그렇지 않으면 버려질 거야'
'내 삶의 모든 면을 통제하고 있어야만 해 그렇지 않으면 난 모든 것을 잃게 될 거야'
'다른 이들이 날 저버리고 상처 줄 수 있기 때문에 홀로 설 수 있어야만 해'
'나는 정서적으로 나약하고 취약한 사람이야'
'난 사랑받을 만한 사람이 못 돼'
'다른 사람들을 신뢰할 수 없어'
'세상은 예측불허야.'

문제에 대한 유발 요인들

↓

결정적인 사건

David의 외도가 시작됨
고객들의 연체로 인해 사업상 재정난이 초래됨

↓

조건화된 가정들과 핵심 도식의 활성화

↓

문제를 유지시키는 요인들

부정적인 자동적 사고들 ⇄ **불안 증상들**

불안 증상들:
- 행동적: 미묘한 안심 추구
- 정서적: 두려움
- 생리학적: 각성
- 인지적: 인지적 회피
- 동기적: 흥미의 결여

결 과

치료 말미에 치료 시작 시 평가 시점에서 사용하였던 심리 측정 도구들을 이용하여 다시 평가하였는데 다음과 같은 변화들이 나타났다: BDI 6점, DAS 72점, HS 2점, BAI 6점, HRSD-17 0점. 치료를 통한 이러한 점수의 변화는 그림 4.8에 제시되었다.

그림 4.8 사전/사후 설문지 측정 결과

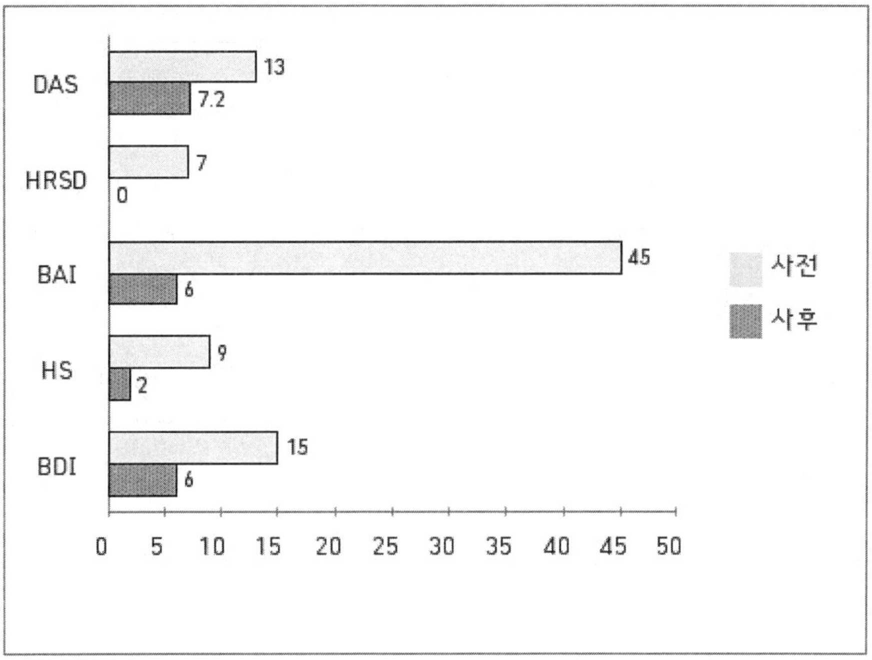

DAS : Dysfunctional Attitude Scale,
HRSD : Hamilton Rating Scale for Depression
BAI : Beck Anxiety Inventory
HS : Hopelessness Scale
BDI : Beck Depression Inventory

재발-방지

마지막 두 번의 치료 회기들은 재발방지 전략들을 찾아내고 이를 실행하도록 하기 위해 실시되었다. 인지 치료의 핵심적인 목표들 중 하나는 환자로 하여금 자가치유전략(self-help strategies)들을 구사할 수 있도록 하고 치료를 통해 얻어진 이득들을 유지할 수 있도록 이러한 전략들을 실행하게끔 하는 것이다. 이를 염두에 두고 다음의 사항들을 점검하는 형태로 치료에 대한 검토가 이루어졌다.

1. 우선, Gill이 그러한 문제들에 취약하도록 만든 것은 무엇인가?
2. 어떤 생활 속의 스트레스 인자들이 현재의 문제를 촉발시켰는가?
3. 어떤 요인들이 이러한 문제를 지속시켰는가?
4. 치료를 통해 그 문제를 다루기 위해서는 어떤 대응 전략이 유효하다고 밝혀졌는가?
5. 장래의 어떤 고위험 상황들이 Gill로 하여금 재발에 취약하도록 만들 수 있는가?
6. 이러한 고위험 상황들을 다루기 위한 계획들은 무엇인가?

Gill과 치료자는 재발 방지를 위한 청사진을 그려낼 때 쓰일 지침으로 이 질문들을 사용했다(211 페이지, 표 7.8 참조). Gill은 이 훈련에 적극적으로 참여해서, 불안이 재발할 위험을 만들어낼 수 있는 많은 영역들을 찾아냈다. 이것들은 아래와 같이 요약될 수 있다.

- 사업에서의 재정적 스트레스 요인들
- David과 Ellen의 문제들을 떠안기
- David과의 관계에서 느끼는 긴장

Gill이 이런 잠재적인 스트레스 요인들을 어떻게 다룰 수 있을지를 예측하고 그녀 자신이 지닌 대응 가능한 자원들이 있음을 증명해 줄 수 있는 전략들을 수립함은 물론 고위험 상황에 내재되어 있는 지각된 위협들을 무너뜨리기 위한 계획들이 고안되었다. 재발 방지를 위한 부가적 측면은 조건화된 가정들과 핵심 인지도식을 지속적으로 교정해 나가는 것이었다. 그런 이유로 기저의 잘못된 신념들의 근원에 대한 보다 깊은 이해와 함께 견고하고도 구체적인 행동 계획을 마련하기 위한 목적으로 플래시 카드를 도입하였다 — 여기에는 그러한 신념들이 지닌 인지적, 정서적, 행동적 양상들을 수정하기 위한 목적을 지닌 단기 및 장기 목표들을 포함시켰다 (이에 대한 예는 205p 표 7.6을 참고 할 것).

Gill은 조건화된 가정들을 수정하기 위한 작업을 이미 시작하였고, 어느 정도의 변화가 시작되었다. 치료에서의 이러한 측면은 내담자에게 종종 어려울 수 있다. 정의를 내리자면, 조건화된 가정들은 가치 판단에 관여하게 되며 이러한 가정들의 지배력을 약화시키기 위한 도전에만 전적으로 매달리기 보다는 이들이 내담자에게 도움이 되는지 아닌지의 관점에서 바라볼 필요가 있다. 이러한 예는 표 4.2에 기술하였다.

표 4.2 특정 신념을 유지하는 것의 도움이 되는 측면과 그렇지 않은 측면
"사람들은 날 저버리고 상처 줄 수 있기 때문에 난 자기-신뢰적(self-reliant)이어야만 해"

도움되는 측면	결과
1. 만약 내가 타인에게 의지하지 않는다면 그들이 나를 저버리는 일은 없을 것이며 내가 상처입거나 상심할 일은 없을 것이라는 점에서 나름의 보호(protection)를 제공함 2. 나는 심하게 버림받은 실제 경험이 있기에(어머니와 David), 따라서 이는 자기-보호적인 측면이 있다.	1. 이것은 내가 사람들과 가까워지거나, 다른 사람들과 어떤 것들을 공유함으로써 얻는 이익들을 향유하지 못하도록 막는다. 2. 이런 생각에는 인간이 모든 시간을 통해서 100% 신뢰할 만한 존재가 되어야만 한다는 기대를 담고 있는데 그런 것은 불가능한 일이기에 비현실적인 생각인 것이야; 결과적으로 나는 매일 매일의 상황에서조차 사람들이 도저히 충족시킬 수 없고, 실패할 수밖에 없는 나만의 기준을 만들어 놓았고 그래서 힘들어 하고 있어. 3. 100% 자기-신뢰적이라는 것은 불가능한 것인데 나는 이러한 원칙에 의해 살아가려 함으로 인해 나 자신이 다른 사람들과의 경험으로부터 배울 수 있는 기회를 박탈하고 있고 때로는 어떤 사람들은 신뢰할 수 있다는 사실을 받아들이지 않고 있어.

부가적으로, 조건화된 가정들이 자신의 행동은 물론 주변 환경과의 상호작용을 지배하는 일련의 규칙들로 나타난다는 점에서 행동 실험은 이러한 인지적 취약성을 교정해 나가는데 있어서 가장 중요한 부분이다. Gill은 행동 실험을 고안해 내는데 다소 힘들어 했기 때문에 특정 신념들과 연관된 사례들은 치료 회기들 안에서 만들어졌으며 행동 계획에 반영시켰다.

논 의

Gill은 18 회기에 달하는 인지 치료를 받았고, 치료를 통해 괄목할만한 성과를 얻었다. 그녀에게 치료의 어떤 측면이 가장 도움이 되었는지 물었더니 그녀는 인지 공식화, 침습적 심상화에 대한 작업 및 기저의 신념들을 수정한 것을 꼽았다. 부가적으로, 치료 시간에 David을 참여시킴으로써 그들 사이에 지속되어 온 부적응적 상호관계를 다룰 수 있게 되었다. 이는 앞으로 해결해 나가야 할 중요한 영역을 보여준 것은 물론 둘 사이의 의사소통을 위한 새로운 길을 열어준 것이었다.

David은 이 회기에 공식적으로 참가하는 것에 다소 망설였었으나, Gill의 단기 목표중 하나는 그 둘 사이에 겪고 있는 대화의 어려움에 대하여 그와 함께 토론하는 것이었고, 앞으로 가져야 할 일련의 행동에 대하여 일종의 합의를 이루도록 노력하는 것이었다. 이 부부가 그들 간의 대화 수준을 개선하기 위해 치료를 받기로 결정한다면 향후 인지 치료센터를 통해서 치료해 나가기로 동의를 하는 것으로 치료는 종결되었다. 부부에 대한 치료는 6~8 회기 이상은 걸리지 않을 것으로 예상했는데, Gill 개인에 대한 치료가 끝난 시점으로부터 적어도 6개월가량이 지난 후가 적당할 것으로 보였다. 이렇게 함으로써 Gill에게 그 동안 얻은 수확을 더 공고히 할 시간을 주는 것은 물론 부부로 하여금 자기들 관계 중 어느 측면을 수정해 가야 할지를 파악할 시간을 줄 수 있을 것이다. 개인에 대한 치료에서 부부 관계에 초점을 맞춘 치료로 치료 작업을 재조정해 가는데 있어서 중간에 휴식기를 둔다는 것은 중요한 일이다.

제5장

공황장애의 사례

Stephen – '... 당신이 이미 불가능한 부분을 제거했다면 이후 무엇이 남든지 간에, 설령 말도 안된다해도, 그것은 진실일 수밖에 없다' (Sherlock Holmes)

Arthur Conan Doyle 경

극단적인 공포가 인지 행동 장애뿐만이 아니라 생리적인 각성을 극적으로 증가시킨다는 사실에 대해 여러 실험연구들이 검증을 시도하였다. 이런 검증 작업들의 대부분은 다소 인위적인 공포-유발 시나리오들을 설정하였다. 따라서 참전 군인들에 대한 Marshall의 관찰은 환경의 영향을 고려하는 생태학적인 타당성(ecological validity)을 가지며 임상적으로 더 흥미롭다고 할 수 있다(Marshall, 1978). 그는 전투 동안, 일부 행동 척도 상에서 군인들의 수행 능력이 극적으로 손상되는 것을 관찰하였다. 실제로, 전투 당 평균 약 30%정도의 군인들만이 적들을 향해 발포를 수행할 수 있었다: 많은 군인들이 움직이지 못하고 그 자리에 얼어붙었으며; 일부는 숨거나 도망쳤고; 다른 일부는 지남력을 상실하여 혼란스러워졌으며; 또 다른 일부는 자신들의 총에 올바로 장전을 하는데 실패하였고 이 밖에도 여러 행동들이 관찰되었다.

이러한 행동들 중 많은 것들이 임상적인 공황증상과 유사한 점이 있다는 사실은 주목할 만한 가치가 있다. Marshall의 관찰에도 불구하고, 군인들은 자신들의 장애를 이상하거나 어떤 종류의 질병의 신호로 인식하지 않는 경향을 보였는데 이는 그들이 자신들의 반응을 전투라는 지극히 실제적인 자극들에 기인하는 것으로 여길 수 있었기 때문이었다. 많은 점에서 이러한 인과적인 귀인(causal attribution)이 '정상적인 공포'와 '비정상적인 공포'(즉, 공황발작)을 구분 짓는 핵심적인 특징이다. 그러므로 우리는 공황발작을 외관상으로는 위험하지 않거나 혹은 확실하지 않은 자극에 대해 발생하는 극단적이고 예기치 못한 공포반응이라고 대략적으로 정의할 수 있다.

일반 인구집단에서, 공황발작은 매우 흔한 것으로 보인다. Norton 등(1985)에 의한 연구는 지난 1년 간 젊은 성인의 34%가 공황발작을 경험하였었음을 보여주었다. 그러므로 공황증상의 발생은 단지, 증상이 반복적이며 예측되지 못하는 경우에만 문제가 되는 것처럼 보인다; 그리고 이러한 경우들에서의 상태만이 공황장애라고 불리어 질 수 있을 것이다. 미국 국립보건원의 통원가능권 내 역학 설문조사 (National Institute of Mental Health's epidemiological catchment area survey; Robins와 Regier, 1991)에서 도출된 유병률 자료는 공황장애의 6개월 간 유병률이 0.8%였고 이와 흔히 동반되는 상태인 광장공포증은 3.8%였음을 보여준다. 다른 연구들에서는 더 높은 유병률을 보여 왔다: 예를 들어, Reich(1986)는 공황장애의 6개월 간 유병률이 3%였고 광장공포증은 6%였다고 보고하였다. 유병률은 남자에서보다 여자에서 더 높은 것으로 보인다 – 공황장애에서는 60%가 더 높고 광장공포증에서는 30%가 더 높다. 심지어 일부 지역에서는 이러한 장애에 이환되어 있다고 진단된 사람들 중 50% 이상이 치료에 대한 접근성 및 비용대비 효율성 측면 때문에 치료를 받지 못하고 있다고 일반적으로 여겨지고 있다는 사실(Roth와 Fonagy, 1995)은 주목할 만한 필요가 있다.

공황장애의 정의

DSM-Ⅲ-R(미국 정신의학협회, 1987) 이후로, 공황장애는 더 이상 따로 구분된 진단 범주가 아니게 되었으며 현재는 광장공포증을 가지고 있는지 여부와 함께 정의되어야 한다. 환자들의 회피행동이 종종 매우 미묘할 수 있기 때문에 그들의 치료자들은 광장공포증을 동반한 공황장애와 동반하지 않은 공황장애를 구별할 때 주의를 기울여야 할 필요가 있다. 표 5-1에 진단 기준에 대한 요약이 제시되어 있다.

인지 모델

공황장애에 대한 인지모델(Beck 등, 1985; Clark, 1986; Salkovskis, 1988)은 공황장애로 고통 받는 환자들이 일상적인 신체감각에 의해 유발된 공포에 반응하는 경향이 강하다는 가정에 기초를 두고 있다. 이런 민감성은 신체감각들에 대한 내부수용적 조건화(interoceptive conditioning)와 파국적 오역(catastrophic misinterpretation)의 결과로 생각되어진다. 대개 공포는 자율신경계 각성을 동반하기 때문에 신체감각을 두려워하

표 5.1 광장 공포증을 동반한 공황 장애의 진단 기준(*DSM*-IV에서 요약되었음)

공황 장애

- 공황 발작의 존재 – 강한 불쾌감이 일정한 시간 동안 지속되는데 다음 13가지 증상들 가운데 적어도 4가지 이상의 증상이 갑작스럽게 나타나며 10분 이내에 그 증상이 최고조에 도달하게 된다: 심계항진, 발한, 떨림 또는 전율, 흉통 또는 가슴의 불편 감, 호흡곤란, 오심, 비현실 감, 질식 감, 어지러움, 조절 능력 상실에 대한 두려움, 죽음에 대한 두려움, 마비 감각 또는 저린 느낌, 오한 또는 얼굴이 화끈 달아오름

- 공황 발작의 성질 – (1) 예기치 못한 상태에서 반복적으로 발생하며; (2) 다음 중 한 가지 이상이 발작에 뒤이어 나타난다: 추가적인 발작이 나타날 것에 대한 두려움, 발작의 결과들에 대한 근심 걱정(예를 들면, 심장 발작이 일어나지나 않을까, '미쳐버리는 것은 아닐까' 하는 걱정), 발작으로부터 기인하는 뚜렷한 행동 변화(예를 들면, 회피)

- 배제 – 발작이 일반적인 의학적 상태 혹은 섭취한 물질(예를 들면, 약물, 커피) 때문에 발생하는 것이 아니어야한다; 발작이 사회 공포증, 강박 장애, 외상 후 스트레스 장애, 분리 불안 장애와 같은 다른 불안 관련 장애에 의해 더 잘 설명되어서는 안 된다.

광장 공포증

- 만약 공황 증상이 발생하게 될 경우 몸을 피하기 어렵거나 도움을 받기 어려운 상황에 처해 있을 경우 이런 상황들에 대해 두려움을 느끼는 것; 두려움 때문에, 개인은 여행을 제한하거나 집을 떠나 멀리 가게 될 경우 동반자를 필요로 하게 된다 – 또는 강렬한 불안감에도 불구하고 광장공포증적 상황을 참고 견디게 된다.

- 배제 – 불안이나 공포로 인한 회피가 다른 불안 장애에 의해 더 잘 설명되어지지 않는다.

는 사람은 피드-포워드(feed-forward) 방식의 증상악화에 취약하게 된다. Clark(1989)는 공황증상에서 증상을 유발시키는 계기들이 내부적일 수도 있고 환경적인 것일 수도 있고 광범위할 수도 있다고 생각하였다. 그는 또한, 두 종류의 공황증상이 있음을 제시하였는데 이는: (1) 불안성 발작(anxious attacks: 불안을 유발시키는 상황들이나 혹은 어떤 종류의 두려운 예상이 먼저 선행되는 것)과 (2) '예기치 못한' 발작('out of the blue' attacks: 불안을 유발하는 분명한 선행요인이 없는 경우)이다. 하나의 악순환을 가정해보면, 먼저 증상을 유발시키는 계기로 신체감각의 일부 미세한 변화가 있고 이 변화가 느껴지는 순간 이것이 해를 줄 것 같이 인식되고; 이것이 걱정을 낳고 걱정이 그 사람을 신체감각에 더 집중하게 만들고; 이런 감각들은 파국적으로 해석되어(파국적 신체해석: catastrophic body interpretations – CBIs) 개인이 대처할 수 없을 것처럼 느끼게 만든다. 일부 수정된 Clark(1986)의 모델이 그림 5.1에 요약되어있다.

그림 5.1 공황 장애의 순환 과정

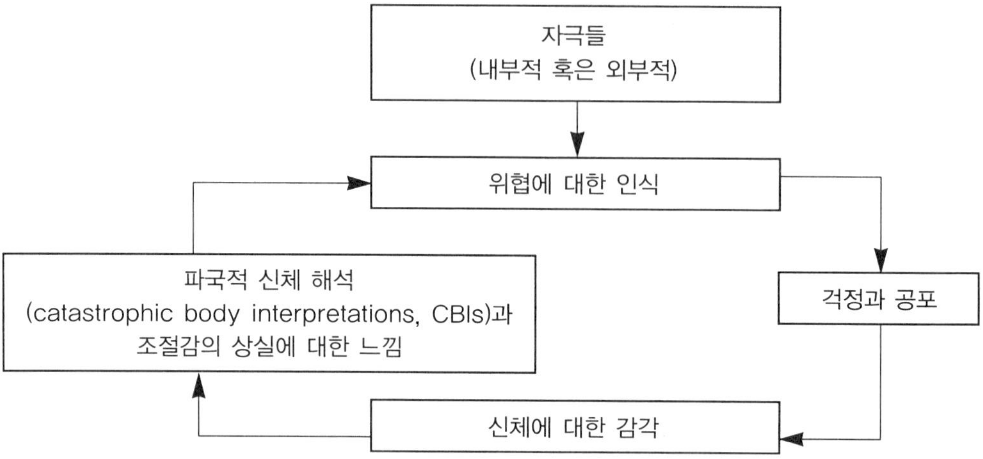

공황발작에 대한 공포를 인식하고 있는 환자는 지나치게 경계하게 되고 내적으로 집중하게 된다. 이런 지나친 경계와 내적인 집중이 생리적인 변화에 더 민감하게 반응하도록 만들고 따라서 발작이 시작될 가능성을 더 높이게 된다. Clark와 Ehlers(1993), McNally(1991)는 최근 이런 인지적 가정을 뒷받침할 수 있는 경험적인 증거에 대해 검토하였는데 실제로 공황장애에 이환된 환자들이 다른 종류의 불안을 가진 사람들이나 불안을 갖지 않은 사람들에 비해 신체감각들을 잘못 해석하는 경향이 더 많다는 증거가 있다고 결론 내렸다(Clark 등, 1988; Foa, 1988; Chambless 등, 1984). 이 모델은 신체감각들에 대한 환자의 잘못된 해석을 확인하고 변형시키는데 목적을 둔 치료접근들의 개발을 이끌었다: 여기에는 Barlow와 Craske(1989)의 공황 조절 치료, Salkovskis와 Clark(1991)의 공황장애에 대한 인지치료가 있다. 이런 접근들의 여러 측면들이 이 장에서 설명 되어질 것이다.

STEPHEN

의뢰 과정

Stephen은 그를 담당하고 있던 일반의를 통해 의뢰되었다. 그는 '만성적인 광장공포증을 동반한 공황장애' 를 병명으로 의뢰되었으며 두 가지 장애 모두 이전의 심리적인 치료들(다방면에 걸친 불안-조절 집단 치료)에 반응이 좋지 않았었다. 그가 가진 문제들은 최근 더 악화되어; 이제는 그가 집을 떠나 어딘가로 가려고 할 때 항상 부인이 함께 따라가야 하는 상태였다. 자영업자이자 과거 프로미식축구선수였던 그는 두 명의 아이들과 함께 살고 있었다. 그의 어머니는 십 년 전에 사망하였으며 그의 아버지는 최근 치매 진단을 받았다. 그는 당시 약물 복용을 하지 않고 있었고 의뢰 직전부터 커피와 술을 끊은 상태였다.

의뢰한 일반의는 Stephen이 인지치료에 적합한지 평가를 요청하였다. 그는 일반의의 진료실에 정기적으로 방문하여서 그의 흉부와 심장의 통증들에 대해 지속적으로 안심을 얻기를 원하였던 것으로 보였다. 최근 몇 달간, 그는 여러 검사들을 받았으며 검사결과 상 그는 건강하였다.

평 가

평가의 주요부분은 첫 세 번의 회기에서 이루어졌다. 이 단계에서, 진단적 면담이 시행되었고; 세부적인 병력이 얻어졌다. Stephen은 인지 모델에 대한 설명을 들었고 이와 관련된 관찰 방법 및 매일 매일의 일지를 정확하게 작성하는 방법을 교육받았다.

증상 양상

Stephen은 *DSM*-IV(미국 정신과 협회, 1994)의 광장공포증을 동반한 공황장애에 대한 진단 기준과 일치하였다. 그는 최근 예상하지 못한 공황발작 증상들을 여러 차례 경험하였으며 증상들의 간격은 4주를 넘지 않았다. 그는 공황발작이 앞으로 또 발생할까 계속 두려워하며 지냈으며 다음의 일련의 신체증상들을 경험하고 있었다. 숨 가쁨, 이인증(depersonalization), 어지러움, 가슴 벌렁거림, 발한 및 팔과 흉부의 통증들. 인지치료센터에 내원하기 전, 그는 종합 신체검사를 받았으며 검사 상 그가 가진 증상들의 원인이 될 만한 신체적 요소들은 발견되지 않았다. Stephen은 또한, 광장공포증의 진단기준과도 일치하였다. 그는 벗어나기 어려운 장소에 있게 되는 것에 관해 두려움을 갖고 있었다. 두려움의 결과로 그는 여행을 가는 것을 스스로 자제하게 되었으며 이미 언급한 것처럼 집을 벗어나 멀리 가게 될 경우 항상 그의 부인을 동반하는 것이 필요하였다. 공황 발작이 사람들에게 주목 받을 때 발생하는 것이 아니기 때문에 그의 문제가 사회공포증이라는 증거는 찾을 수 없었으며; 어떠한 다른 불안장애와도 그의 증상들은 일치하지 않았다.

첫 번째 선별 회기를 통해 기저선의 평가수치들(감정 척도수치)이 얻어졌다. (이러한 기저선 평가수치들은 결과 데이터들과 함께 pp.142-3에 제시하였다). 이 자료들에서 볼 수 있는 것과 같이 Stephen은 우울증 때문에 고통을 받고 있는 것은 아니었으며 이러한 사실은 호전을 기대할 수 있는 좋은 예후인자였다.

질환의 경과

Stephen의 첫 번째 공황발작은 그가 열여섯 살일 때 아버지와 격한 논쟁을 벌인 후에 발생하였다. 열일곱 살 즈음에 일련의 추가적인 공황발작들을 경험한 후 그는 디아제팜(diazepam)을 처방 받아 복용하였다. 그는 삼십 대 초반까지 매일 일정량의 디아제팜을 복용하였다. 그러나 디아제팜 복용으로 인한 힘겨운 금단증상을 겪은 후 그는 불안에 대처하기 위해 다시 알코올을 남용하기 시작하였고 불안증상과 과음은 결국 프로미식축구선수였던 그의 경력을 단축시킬 수밖에 없게 만들었다. 그의 광장공포증은 더 심해졌으며 이 당시부터 그는 부인에게 자신이 여행을 갈 때 함께 가줄 것을 요청하기 시작하였다. 그러한 불안뿐 아니라 그는 자신을 '상당히 건강염려증적' 이라고 여겼는데 -이는 이십 대 초반부터 시작되었다고 느꼈다. 또한 그는 자신의 건강에 대한 집착이 열정적인 운동선수였던 것과 관계가 있을 것이라고 추측하였는데 왜냐하면 '좋은 건강상태는 좋은 운동능력을 예측하는 중요한 요소' 이기 때문이다.

Stephen은 십대 시절부터 그의 삶의 바탕에 드리워져 있던 지속적인 긴장감을 의식해 왔다고 주장하였다. 그러나 공황장애 증상들이 악화되었던 특별한 상황들도 존재하였다. 그는 다음과 같은 상황들에서 특히 더 심한 발작 증상들이 빈발했던 것을 경험하였는데 이러한 상황들은 (1) 그의 미식축구선수생활경력을 치명적으로 위협하였던 심한 다리부상, (2) 어머니의 사망, (3) 디아제팜 금단증상 및 (4) 아버지가 치매로 진단을 받은 것과 같은 시기에 발생한 최근 그의 직업상의 어려움과 같은 것들이었다. 이런 직업상의 어려움이 그가 현재 도움을 요청하게 된 이유였다.

그는 12년 전 단기 과정의 정신치료를 받았었고 9년 전에는 불안조절을 위한 집단치료를 받았었다. 그는 이 두 가지 치료에서 모두 일시적인 효과를 얻었으나 각각의 치료 후 일 개월, 삼 개월 만에 재발을 경험하였다.

개인적 배경

Stephen의 현재문제들은 그의 어려웠던 아동기에 그 근원이 있는 것처럼 보였다. 그는 어린 시절 영국 북서부에서 세 명의 자녀 중 장남으로 부모님과 함께 거주하였다. 그는 부모님 사이의 불화로 인해 집 안에 많은 긴장감이 있었다고 보고하였다. 그의 아버지는 가족과 오랜 기간 떨어져 지내야 하는 석유굴착 시설 노동자였다. Stephen은 아버지를 공격적인 사람으로 묘사하였으며 아버지가 자식들에게 거의 관심이 없었다고 보고하였다: 환자는 '아버지는 그 당시 대부분의 시간 동안 우리들에게 관심을 갖지 않고 지냈는데 아버지를 몹시 무서워하였던 우리들로써는 차라리 다행스러운 일이었다.' 고 이야기 하였다. 그는 그의 어머니를 약하고 의존적인 사람으로 표현하였다: 어머니는 항상 다른 사람들 특히 남자들에게서 보호를 받는 것을 필요로 하였다. 이런 필요성 때문에 종종 그녀는 짧고 은밀한 관계에 빠져들게 되었다. Stephen은 이런 집안의 상황에 크게 영향을 받았다. 그러나 그는 공포와 혼란에도 불구하고 이른 십대시절부터 계속 어머니와 형제들을 보살피고 보호해야 하는 책임감을 느껴왔다.

틀림없이, 이것은 그에게 커다란 부담이었을 것이며 열여섯 살 경에는 이런 사실이 분명하게 드러났다. 아버지와의 언쟁 후 페리호를 타고 여행하다 그가 처음 완전한 형태의 공황 발작을 경험했던 것도 이 당시였다. 어머니를 보호하기 위해 노력하면서 아버지와 심하게 다툰 후 Stephen은 집을 나왔고 그 후로 그는 아버지가 굴착시설에 근무할 때에만 집을 찾았다.

현재 상태

Stephen은 자신의 문제를 잘 표현하는 키가 큰 사십 대 초반의 남자였다. 그는 자신감 있게 이야기를 하였으며 치료 상황에서 꽤 편안해 보였다. 그는 여러 권의 자기-치료 서적들을 읽고 난 후 회기에 참석하였고 그래서 불안과 관련된 다수의 용어들에 익숙한 상태였다. 그는 충분한 동기를 가진 것처럼 보였으며 수행과제들을 하는 것에 대해서도 열정적인 것처럼 보였다. 이런 역동성은 치료관계에서 지속적으로 유지되었고 그는 자신의 문제들을 극복하기 위해 열심히 노력하였다.

그는 첫 번째 면담에서 자신의 문제점들을 다음과 같이 묘사하였다:

- '전화 통화나 하기 싫은 일 같이 가벼운 스트레스에도 악화되는 지속적인 긴장감';
- '잦은 경미한 공황발작들과 이따금씩 발생하는 심각한 공황발작들' ;
- '부인 없이는 집을 떠날 수 없다는 것과 그녀가 어디에 있는지 항상 알고 싶어 하는 욕구'.

평가 요약

평가를 통해서 Stephen이 십대 중반부터 다양한 정도로 고통을 겪어 왔던 만성적인 장애, 즉 공황장애에 그가 이환 되어있음을 확인하였다. 그의 공황장애는 갑작스런 삶의 스트레스들이 존재하는 동안 더 악화되는 것처럼 보였다. 럭비선수 생활이 끝난 후 특히 힘들었던 한 시기가 지난 뒤 그는 추가적인 광장공포증적 증상들을 갖게 되었다. 그의 현재 문제들에 대한 근접 선행요인(proximal precursor)들은 최근 직업에서의 어려움과 아버지의 치매진단이었다.

과거에 그의 공황장애는 부분적으로 항불안제들에 의해 조절되었었다. 힘들었던 금단증상의 시기를 거친 후 그는 불안에 대처하기 위한 방편으로 알코올을 다시 사용하였고 이는 그 자체로 추가적인 문제들을 야기 시켰다. 이전의 치료는 단지 일시적인 증상 완화만을 제공하였으며 그의 증상들은 치료가 종결된 후 곧 다시 발생하게 되었다. Stephen은 그가 가지고 있는 파국적 사고와 지속적인 안심에 대한 요구에 다소 지치고 화가 난 일반의에 의해 의뢰되었다.

첫 평가 회기에서, 그는 광장공포증을 동반한 공황장애에 이환되었음이 확진 되었다. 그는 상당히 자신감 있고 의욕에 차있는 것처럼 보였으나 그의 부인이 대기실에서 기다리며 앉아있다는 사실을 인정하였다: '…그녀 없이는 난 도저히 여기까지 올 수 없어요'. 그는 낙관적인 태도를 가지고 있었으며 인지모델을 열정적으로 받아들였고(다음 단락의 단기 인지치료에 대한 적합성을 참조하라) 공황장애의 인지치료에 대한 고무적인 결과연구들(Clark 등, 1994)이 있었기 때문에 그는 치료에 의해 좋은 결과를 얻을 것이라고 예상되었다.

단기인지치료에 대한 적합성

Stephen은 인지치료에 매우 적합한 것으로 평가되었다(표 5.2 참조). 그가 변화에 대한 자신의 책임감을 받아들이고 있다는 분명한 근거가 있었고 수행과제에 참여하겠다는 그의 열정은 회기가 진행되는 동안은 물론 그 외의 시간에도 충분히 치료에 협력할 수 있을 것이라는 가능성을 보여주었다. 그는 적절한 주제들에 잘 집중할 수 있을 것으로 보였으며 그가 지닌 문제들의 멀리 떨어진(distal) 선행요인들과 근접(proximal) 선행요인들을 잘 구별할 수 있을 것으로 여겨졌다. 당연히 만성화 되어버린 그의 문제들이 고민거리였으며 이전의 정신치료적 치료들에서 큰 도움을 얻지 못했기 때문에 장기적인 회복의 전망에 대해 그는 다소 신중한 태도를 보이게 되었다. 다소 걱정스러웠던 또 다른 측면은 그가 하고 있는 많은 안전 행동들이었는데 여기에는 지속적인 맥박측정, 여러 상황들에 대한 회피, 그리고 물건이나 사람들을 도구처럼 이용하는 것을 들 수 있었다. 그는 이러한 행동들이 공황발작이 시작되는 것을 막는데 도움을 줄 것이라고 잘못 인식하고 있었다.

표 5.2 단기 인지치료 적합성 평가 척도
(Sarfan and Segal Suitability for Short-term Cognitive Therapy Rating Scale,1990)

적합성 평가(불량 0 – 5 양호)	
1 자동사고들에 대한 접근성(accessibility)	3.5
2 감정들에 대한 인식(awareness) 및 구별(differentiation)	3.5
3 변화를 위한 자신의 책임감을 받아들임(acceptance)	4.0
4 인지적 논리근거(cognitive rationale)에 대한 적합성(compatibility)	4.0
5 협조 능력(alliance potential) (치료시간 동안)	4.0
6 협조 능력(alliance potential) (치료시간 이후)	4.0
7 문제의 만성화 정도(chronicity)	2.0
8 안전 행동(security operation)	3.0
9 주제에 대한 집중(focality)	4.0
10 치료에 대한 환자의 낙관적 태도/비관적 태도	3.5
	총 점수 35.5

초기 공식화(initial formulation)

사례 공식화를 그림 5.2에 도표형태로 제시하였으며 Stephen이 대출을 위해 은행을 찾아가는 특수한 사례를 이용하여 중요한 주제들을 간결하게 요약해 보려고 시도하였다.

그의 아동기와 그 결과로 일어난 삶의 사건들이 파국적이고도 건강염려증적 성격을 지닌 다양한 역기능적인 무조건적, 조건적 믿음들을 형성하였을 것으로 가정하였다. 스트레스가 증가하는 시점이 되면 위협에 대한 인식, 신체감각들에 대한 과민성, 파국적 신체해석 및 안전행동들이 포함되는 특징적인 악순환을 활성화 하게 된다.

치 료

치료계획

이 책에서는 치료가 명확히 구분되는 단계를 거치는 것으로 표현하였지만 실제 치료는 구분되지 않는 연속적인 과정이라 할 수 있다. 치료의 일반적인 원칙들은 다음과 같았다:

1. Stephen의 파국적 신체해석을 인식하고
2. 그가 자신의 신체 감각에 대해 파국적 해석들이 아닌 다른 대안적 해석들을 할 수 있도록 돕고
3. 토론과 행동실험을 통해 그의 파국적인 해석들과 파국적이지 않은 해석들의 타당성을 시험해 보았다.

이 작업의 주된 초점은 광장공포증 보다는 공황장애에 맞추어졌다. 공황장애의 치료에 이용되는 인지행동적 수행과제들은 광장공포증적 증상들에 대해서도 필요한 변화를 유발시킬 것이라고 생각되었다(Michelson과 Marchione, 1989). 또한, 광장공포증은 공황장애로 인한 이차적인 증상으로 여겨졌기 때문에 공황장애가 치료의 주요초점으로 인식되어졌다. 아래에 개략적으로 기술된 작업은 공황장애 환자들에게 사용되는 모든 기법들을 철저하게 나열한 것이 아니라 '실제-삶' 의 상황에서 이런 기법들을 융통성 있게 적용한 것임을 언급할 필요가 있다.

치료는 세 달에 걸쳐서 9회기 동안 진행되었다; 첫 4회기는 매주 진행되었고 나머지는 2주 혹은 그 이상의 간격을 두고 진행되었다.

그림 5.2 초기 공식화

과거선행 요인들

- 부족하고, 일관적이지 못하며 혼란스럽고 폭력적인 양육
- 부모의 지지 부족
- 아동기 불안
- 책임감에 대한 미성숙한 개념
- 건강에 대한 집착의 증가

과거선행 요인들

- 디아제팜의 복용
- 디아제팜 금단 증상
- 음주
- 경력의 상실
- 현재 직업에서의 어려움들
- 어머니의 죽음과 아버지의 치매 진단

기본적 믿음들

무조건적 믿음: '나는 연약해 – 나는 심장에 문제가 있어'
조건적 믿음: '만약 공황 증상이 생기면, 나는 통제 불능이 될 거야 – 만약 내가 심한 두려움을 느끼게 되면, 심장이 멈추게 될 거야'

↓

유발 사건

대출을 받기 위해 은행 지점장을 방문함

↓

위협에 대한 인식

공포

안전 행동들

- 부인을 동반하고 다니는 것
- 서류가방을 꽉 움켜잡기
- 문 옆에 앉기
- 지속적으로 손목의 맥박을 측정하기
- 은행 지점장과의 시선을 회피 하는것

신체 감각들

- 질식감
- 심계 항진
- 오심
- 발한

파국적 사고들

'내 손이 떨리고 있어 – 그녀는 나한테 뭔가 문제가 있다고 생각할 거야'
'내 심장이 마구 뛰고 있어 – 나는 그녀의 사무실 안에서 쓰러질 거야'
'만약 그녀가 내 대출 신청을 거절한다면 나는 공황증상을 경험하게 될 거야 – 내 심장은 멈출 지도 몰라. 만약 내가 죽어버리면, 아내와 아이들은 앞으로 어떻게 살아가야 하나?'

치료 경과

치료는 Stephen이 지닌 높은 수준의 동기와 인지치료모델에 대한 그의 전반적인 적합성으로 인해 빠르게 진행되었다. 치료의 여러 특징들은 아래에 좀 더 자세히 설명되어 있다.

1. 파국적 해석들을 알아내기

치료가 진행되는 동안, Stephen에게 자신의 경과에 대해 기록지를 쓰도록 권했다. 초기에는 기록지에 (a)그의 상태에 관해 그가 갖고 있는 개인적인 믿음들과 (b)자신의 상태를 설명하는데 그가 사용해 온 비유들 혹은 민간심리학(folk psychology)들을 기록하는 것이 포함되어졌다. 그는 다음과 같은 것들을 적었다:

- '심장은 근육이기 때문에, 내가 느끼는 흉통은 심장이 지쳤거나 쥐가 난 것을 의미한다.'
- '나의 팔 혹은 가슴의 긴장감은 심장질환에서 나타나는 최초의 증상이다.'
- '언젠가, 아마도 내가 자고 있는 동안, 나는 갑자기 숨을 멈추게 되고 죽게 될 것이다. 만약 내가 숨을 지나치게 길게 참게 되면 전체적인 몸 상태가 붕괴될 수도 있을 것 같아 두렵다.'

말할 필요도 없이 이러한 두려움들을 치료할 필요가 있었다. Stephen이 적은 세 번째 가정인 '자신의 호흡에 대한 두려움' 은 교육과 행동-역설(behavioural-paradox) 작업을 통해 다루어졌다. 제일 먼저, 치료자는 그와 함께 호흡에 대한 생물학적 성질 - 그가 호흡하는 것은 반사 작용이며 호흡에 주의를 기울이지 않는다고 이 작용이 갑작스럽게 멈추지는 않는다는 사실 -에 대해 토의하는 시간을 가졌다. 두 번째로, 치료자는 그가 자신의 믿음을 행동으로 시험해 보도록 요청하였다: 그로 하여금 호흡을 참아서 자신이 숨 쉬는 것을 멈추게 할 수 있는지(죽을 수 있는지) 시험해보도록 했다. 이러한 시도들을 통해서 그는 다음과 같은 것들을 배웠는데 (a) 자신의 호흡기 계통에 대한 새로운 정보와 함께, 보다 더 중요하게는 (b) 그가 자신의 검증되지 않은 예측들을 실험해볼 수 있다는 개념을 배우게 되었다.

치료의 중요한 부분 중 하나는 공황일지를 작성하는 것이었으며 이를 통해 그에게 다음과 같은 것들을 수행해 보도록 하였다:

- 공황증상이 발생하는 상황들을 알아낸다;

- 증상과 관련된 신체적인 감각들을 알아낸다;
- 모든 파국적 신체해석들을 기록 한다;
- 대안적이고도 합리적인 반응들을 도출해본다;
- 그의 확신 정도를 측정 한다;
- '안전 행동들' 을 찾아낸다.

일지작성 및 사고-관찰(thought-monitoring) 방법들을 수행하는 일환으로 Stephen에게 그가 자주 빠져들게 되는 인지왜곡들('꼬인 생각')을 찾아내도록 하였다. 자신의 일지를 점검함으로써, 그는 자신이 다음과 같은 왜곡들 및 편견들을 자주 사용하고 있다는 것을 깨닫게 되었다:

선택적 추론(selective abstraction) – 그는 상황에 대한 맥락을 무시한 채 그 상황의 위협적인 요소들에만 집중하는 경향이 있었다.

'오늘 내 심장이 멀쩡해 보이기는 한데, 방금 팔에서 이상한 통증이 느껴졌어.'

파국화(catastrophising) – 그는 어떤 상황들에서 발생할 수 있는 가장 극단적인 부정적 결과들에 집착하는 경향이 있었고 그런 결과가 일어날 수 있는 가능성을 부풀렸다.

'내 가슴에서 느껴지는 통증은 암 때문이야 – 확실히 그래.'

과대평가/과소평가(magnification/minimization) – 그는 잠재적인 위험들을 강조하였으며 위협적이지 않은 징후들은 축소하거나 무시하였다.

'비록 내가 여태까지 죽지 않고 살아남았지만, 나는 아주 오랫동안 스트레스를 받아 왔기 때문에 내 심장은 틀림없이 병에 걸렸을 거야.'

누구나 상상할 수 있듯이, 이러한 왜곡들은 그의 불안을 증폭시키는 경향이 있었다.

Stephen이 자신의 파국적 해석을 알아차리게 하는 또 다른 방법은 소크라테스식 질문법이었다. '일어날 가능성이 있는 최악의 상황은 무엇인가요?' 와 같은 질문들은 그가 자신의 특정한 두려움들을 자세하게 묘사할 수 있도록 만들어 주었다. 이러한 두려움들을 자세히 설명함으로써, 그는 여러 가능한 대처 전략들을 충분히 숙고할 수 있었다.

2. 대안적인 비파국적 해석을 형성하기

치료의 이 부분에서는 먼저 심리교육을 통해 그의 증상 및 행동들에 대한 인지적 설명을 제공하였고; 두 번째로, 그가 좀 더 기능적인 해석을 할 수 있도록 도움을 제공하였다.

(a) 교육

공황장애와 싸워 나가는데 있어 가장 강력한 도구들 중 하나는 환자에게 공황장애의 순환과정 – 이는 또한 투쟁/도피반응(fight/flight response)으로 잘 알려져 있다 – 에 대한 정보를 제공하는 것이다. Stephen의 경우, 그는 이전 치료를 통해서 투쟁/도피반응에 대해 알고 있었다. 그는 이것이 매우 유익하다는 것을 깨달았는데 특히 다음과 같은 사실들에 대한 정보가 그러하였다: (1) 공황장애로 인한 신체적인 결과; (2) 아드레날린의 급격한 분출이 미치는 영향; (3) 과호흡에 따른 과도한 산소 흡입의 문제; 그리고 (4) 일반적인 과호흡에 대한 정보, 그리고 나타나는 증상들은 매우 유사하지만 과호흡이 공황장애를 일으키지는 않는다는 사실 등. 그는 9년 전 스트레스–관리 과정에 참석을 했었고 여전히 호흡 및 이완훈련들(Bernstein과 Borkovec, 1976을 참조)을 실천하고 있었으며 이것이 그의 증상들을 경감시키고 있었다.

Stephen은 자신이 받았던 과거의 치료를 통해 얻게 된 또 다른 유용한 도구가 있다고 느꼈는데 이는 약칭 WASP이었고 특히 경미한 공황증상에 유용하다고 느꼈다 – '기다리고(Wait), 받아들이고(Absorb), 그리고 천천히 진행하라(Slowly Proceed)'. 그는 이것이 공황발작이 진행되는 동안 도움을 주었다고 느꼈는데 왜냐면, WASP을 통해 공황증상을 먼저 '확인' 하고 증상에서 도망치려고 노력하지 않으면서 자신의 신체에 대해 집중하는 것으로부터 벗어나 주의를 전환하도록 노력해야 하며, 발작이 지나가는 순간 자신을 거기에 적응시키고 천천히 행동해야 한다는 사실을 배웠기 때문이다.

두려움에 대한 이론적인 정보와 함께, 치료자는 Stephen에 대한 치료의 효용성을 증가시킬 수 있는 그 만의 독특한 해석을 구성하기 위해서 그가 작성한 일지로부터 정보를 얻어 이용하였다. 다음의 질문들은 Stephen이 자신의 공황장애 순환과정을 이해하도록 도움을 주었던 질문들이다:

- '이러한 신체감각들(어지러움, 심계항진)을 경험했을 때, 당신의 머릿속에 어떤 생각이 스쳐갔었는가?'
- '당신이 심장 발작을 일으킨 것이 아닐까 생각했을 때, 당신은 어떤 기분을 느꼈었는가?'
- '당신이 이러한 두려움을 느꼈을 때, 당신 스스로는 공황증상을 조절하기 위해 어떠한 조치를 취했었나?'

이러한 형태의 질문이 그의 여러 가지 공황발작 시나리오들을 분석하기 위해 사용되었다; 그는 이것이 자신의 문제에 대한 이해를 증진시키고 신체적 느낌과 연결된 해석들을 파국적으로 하지 않도록 이끄는데 있어 유용하다는 것을 깨달았다.

(b) 사고에 도전하기(thought-challenging)

자신의 일지에 대한 올바른 사용을 통해, Stephen은 자신의 자동적 사고들을 알아내어 이러한 사고들을 자신의 신체감각들과 연결 짓는 것에 익숙해졌으며 그로 인해 자동적 사고들에 대해 성공적으로 도전할 수 있었다. 많은 다른 공황장애 환자들과는 달리, 그는 역기능적 심상(dysfunctional imagery)을 경험하지 않았다. 만약 이를 경험했었다면, 몇몇 형태의 심상수정기법(imagery-modification technique)이 사용되어졌을 것이다(Clark, 1989, pp. 70-71).

그러나 그는 다른 공황장애 환자들에서 흔히 나타나는 것처럼 끊임없이 안심 받기를 원했다: '정말 내 심장이 멀쩡한 건가요?' 이런 상황은 치료에서 초기에 논의되어졌으며 그의 심장이 건강함을 그에게 안심시키는데 모든 치료시간을 보낸다 하더라도 그의 믿음은 바뀌지 않을 것이라는 것을 인정할 수밖에 없었다. 따라서 그에게 치료자, 그의 담당 일반의 및 다른 사람들로부터 안심 받기를 원하는 행동을 중단해 보도록 격려하였으며 그러한 행동을 중단한다고 해서 그의 불안과 공황발작이 증가되는지를 관찰해보도록 했다(pp. 104-105 에 이 주제와 관련한 좀 더 자세한 논의가 나와 있다).

방금 논의된 이 특징은 공황장애 환자들의 믿음이 변하기 어렵다는 것을 보여주는 좋은 예가 된다. 그들은 단순한 논쟁만으로는 쉽게 변하지 않고 심지어 그러한 잘못된 믿음에 반하는 수많은 증거들이 있을 때조차도 자신의 믿음을 바꾸지 않으려 한다. 그럼에도 불구하고 치료자는 소크라테스식 질문법과 다양한 자기 탐색 기법들을 통해, 환자가 자신의 파국적 신체해석이 잘못된 믿음들로부터 도출되었다는 것을 스스로 발견하도록 돕는 것이 중요하다. 효과적인 질문 기법의 좋은 예는 Clark(1989, pp. 78-80)에게서 보여 진다. 여기서 한 환자는 그가 '공황 발작을 일으키면 기절하여 쓰러질 것'이라는 자신의 잘못된 믿음에 대해 이의를 제기해 보도록 도움을 받는다. 이 예는 또한, 환자의 역기능적 믿음들이 공황 발작을 경험하지 않고 있을 때 보다 공황 발작을 경험할 때 더 강력하다는 것을 보여준다(Stephen의 경우도 마찬가지였다). 예를 들어, 공황발작 상황이 아닐 때, 심장발작에 대해 걱정하는 Stephen의 믿음 정도는 40-50%였으나 공황발작이 있는 동안에는 100%였다. 결과적으로,

어느 정도의 융통성을 그의 믿음에 주입시키도록 노력하고 실제로 공황발작을 경험하는 동안, 그가 자신의 가정들에 대해 이의를 제기해 보도록 노력하는 것이 중요하다고 여겨졌다. 이는 다음 단락에서 제시되는 것처럼, 행동 실험을 통하여 이루어졌다.

3. 토론과 행동 실험을 통해 파국적인 해석과 비파국적 해석의 타당성을 시험하기

불안장애에서는 소크라테스식 질문법과 이에 대한 합리적 반응들이 다른 장애에서 보이는 만큼의 효과를 가져다주지 못하는 것처럼 보인다. 실제로, 환자가 아무런 위험이 없다는 것을 논리적으로는 이해하면서도 여전히 두려움을 느끼게 되는 경우는 매우 흔하다. 따라서 행동 실험들은 변화에 있어 필수적인 요소이다. 그러나 Stephen과 함께 행동수정을 위한 과제들을 수행하기 전에 그가 자신의 문제들을 변화시키지 않고 유지시키기 위해 무심결에 사용해 온 행동들을 먼저 검토해 보는 것이 중요하였다.

표 5.3 안전 행동들의 인식된 기능, 실제 기능 및 기타 잠재적인 영향들

안전 행동의 유형	그가 인식하고 있는 기능	이러한 인식의 현실성	기타 잠재적인 영향들
1 부인을 함께 데리고 다니는 것	• 나를 진정 시킨다	그녀는 나를 좀 더 긴장시키는 면이 있다	내가 끔찍한 공황발작을 경험하게 될 가능성을 증가 시킨다
	• 내가 운전 중에 기절하거나 심장 발작을 일으킬 경우, 부인이 차를 운전해 줄 수 있을 것이다.	실제로는 그녀가 차를 대신 운전할 수 없을 것이다	나는 그녀와 함께 있음으로인해 '나는 약하다', '나는 실패자다' 같이 느끼게 된다
2 발작이 시작되는 느낌이 들 때 물건들을 꽉 쥐는 것 (예를 들면, 컵을 꽉 쥐는 것)	• 나를 진정 시킨다	이는 내 몸 전체를 긴장시킨다	나의 긴장감을 증가시키고 내가 나 자신의 신체에 대해 훨씬 더 많이 생각을 하도록 만든다
	• 내가 떨고 있다는 사실을 다른 사람들이 알아채는 것을 막아준다.	나는 내 손과 팔의 맥박을 느끼기 시작 한다	위에서처럼, 내가 지나치게 긴장되어 보이기 때문에 아마도 사람들은 무언가 문제가 있다는 것을 알아챌 것이다 – 따라서 나는 내 자신에게 더 많이 신경 쓰게 될 것이다

(a) 안전행동들에 대한 분석

Stephen은 그에게 부과된 과제들 중 하나의 일부로서, 여러 상황에서 자신의 행동을 관찰해 보고 자신의 안전행동들을 확인해보도록 요청 받았다. 그런 안전행동들에는 자신의 맥박을 지속적으로 점검하고; 자신을 긴장된 상태로 유지하고; 깊게 숨쉬고; 스트레스를 주는 상황들을 회피하고; 물건 혹은 사람들을 지지체계로 사용하는 것들이 포함되어졌다. 그 다음 그는 다음과 같은 것들을 해보도록 요청 받았다: (i) 그런 안전행동들 각각이 공황발작을 막는데 있어 그에게 어떤 식으로 도움을 주는 지 정확하게 기술하는 것, (ii) 이런 인식이 현실성이 있는 것인지 알아보는 것, 그리고 (iii) 안전행동이 그에게 끼쳤을 그 밖의 다른 영향에 대해 기술하는 것(표 5.3). 그는 곧 이런 행동들 중 많은 행동들이 자신의 공황장애를 극적으로 악화시켰고 자신의 신체 감각들에 대해 더욱 신경을 쓰게 만들었다는 것을 깨달았다.

(b) 행동실험을 통한 가설-검증

어떤 특정한 행동과제에 참여하기 전에, 행동과제를 성공적으로 수행하는 것에 대한 어려움과 중요성을 Stephen이 예측해보도록 하는 것이 중요하였다. 먼저, 이는 가장 어려운 과제들을 맨 위 꼭대기에 두고 더 쉬운 것들을 바닥에 두는 탈감작화 순위(desensitization hierarchy)를 만드는데 도움을 주었다. 다음으로, 이는 그가 자신의 어떠한 성공이건 모두 합리화해서 없애버리는 것을 막아주었다. 실제로, 이는 그가 어떠한 성공적인 수행의 치료적 효과도 부정해버리는 경향을 감소시켰다. 다음의 대화는 그의 합리화와 관련된 문제를 보여 준다:

치 료 자 : 두 단계를 올라가는데 얼마나 걸렸죠?

Stephen: 대략 6,7개월 정도요 – 지난 번 저는 발작이 있었어요.

치 료 자 : 당신이 그것을 해냈다는 사실이 당신이 자신의 심장에 대해 생각하는 방식을 바꾸게 만들었나요?

Stephen: 글쎄요, 그렇지 않아요! 당신도 알잖아요, 이 단계들은 일반적인 것들처럼 어려운 단계 들이 아니에요, 게다가 당신이 여기서 저를 도와주었잖아요… 저는 당신이 내게 너무 어려운 것들을 시키지 않았을 거란 걸 알아요. 이제, 만약 나 혼자서 하려면 너무 힘들거에요.

일단, 예측들이 확립된 후, 행동시험이 시작되었다. 다음의 3가지 시험방법들이 사용했다.

1 치료 내에서 공황장애의 감각들을 재현하기

원인이 되었던 자극들이 무해하다는 것을 보여주기 위해, Stephen에게 증상을 초래했던 종류의 행동들을 실제로 해보도록 만드는 것이 중요하였다. 처음에 Stephen은 공황장애 증상을 재현하려는 시도에 대해 극단적으로 꺼려하였는데 이는 그가 조절능력을 상실하지나 않을까 두려워했기 때문이었다. 그는 또한 자신이 어떻게 발작이 일어나게 만드는지를 정확히 잘 모르겠다고 주장하였다. 그러나 그의 이런 주장은 발작이 일어나는 동안 어떻게 숨을 쉬었었는지 보여주도록 부탁했을 때 곧바로 뒤집혔다 – 그런 시도를 한 순간, 그는 발작이 시작될 것 같은 느낌을 받았고 이에 대해 놀라게 되었다. 뒤이은 좀 더 심도 깊은 검토를 통해 그는 자신의 많은 안전행동들(맥박재기와 같은)이 오히려 발작을 초래하는 경향이 있다는 것을 알게 되었고 이는 그에게 유익한 도움이 되었다.

또한, 그의 공황발작에 대한 원인이 되었던 일련의 자극들과 이로 인한 파국화를 입증하기 위하여 특정한 공황발작을 유발하는 기법들이 사용되어졌다. 그 중 두 가지 예로는 기립/착석 기법과 단어-발화 기법(word-priming technique)이 있었다. 기립/착석 기법을 통해서는 Stephen에게 45초 동안 일어섰다 앉았다를 반복하도록 하였다. 이 단순하지만 다소 힘든 과제는 눈앞이 어른거리고, 심장이 갑갑해지고, 맥박이 빨라지는 것과 같은 그가 심장병과 연관 지었던 일련의 감각들을 유발했다. 단어-발화 기법을 통해서는 그로 하여금 다음의 단어 목록을 왼쪽에서 오른쪽으로 천천히 읽도록 하였다:

단어 조합들

가슴 통증 . . . 심장 발작

어지러움 . . . 실신

숨 가쁨 . . . 질식

심장이 두근거림 . . . 죽음

이 기법의 목적은 생각들이 그의 신체 및 감정에 강력한 영향을 끼칠 수 있음을 보여주기 위하여 공황 증상들을 유발시키는 것이었다. Stephen과의 연관성 및 그에 대한 영향력을 증대시키기 위해서 그가 갖고 있는 특수한 두려움들과 일치하도록 단어 조합들을 고르는 것이 중요하였다 – 예를 들어, 그는 흉통과 심장 발작을 연관 지었다. 하지만, 이 기법은 Stephen에게 큰 효과를 주지는 못했다.

2 치료 안에서 결과들을 시험하기

공황발작으로 인한 결과들을 시험해보는 것에 대한 두려움은 Stephen의 공황장애를 계속 유지시키는 중요한 요소들 중의 하나였다. 예를 들어, 그는 계단을 이용하지 않았는데 이는 그가 자신의 결함 있는 심장이 멈춰 실신하게 될까 봐 두려워했기 때문 이었다: '설령 내가 죽지 않는다 하더라도, 나는 소동(사람들이 몰려들고, 구급차가 출동하는 것과 같은)을 일으킬 것이고 그러면 바깥에 다시 나가는 것에 대한 모든 자신감을 잃어버리게 될 것이다.' 그러므로, Stephen이 반복적으로 계단을 이용해 보도록 하는 것이 중요하였다. 앞선 인지 치료 훈련에서 얻게 된 경험들과 함께, 그는 이제 자신의 공황장애가 지닌 작동 원리들과 과정들을 설명할 수 있는 수준에 이르렀다. 그는 자신의 장애가 계단을 오를 때 자연스럽게 발생하는 생리적인 변화에 대한 자신의 파국적인 해석에서 비롯되었다는 사실을 빠르게 받아들였다. 그는 자신의 운동부족 때문에(그는 공황장애로 인해 초래될 결과에 대한 두려움 때문에 운동을 그만두었었다) 그 감각들이 더욱 극심하게 느껴질 수도 있겠다고 생각했다.

3 안전행동을 중단하기

바로 앞에서 설명했던 것처럼, 이때까지 Stephen이 자신을 구해 줄 것처럼 생각했던 안전행동들이 오히려 문제를 더욱 악화시키고 있었다. 따라서 그가 그 행동들을 중단하도록 돕는 것이 중요하였다. 그에게 그림 5.2의 공식화에서 제시하였던 예를 사용하여, 은행지점장 시나리오에 대한 역할극을 해보도록 하였다. 치료자는 그가 실제 상황에서 했었던 모든 행동들을 반복해보도록 격려하였다(숨쉬기, 앉는 방식, 말하기 등등). 그가 알게 된 흥미로운 사실들 중 한 가지는 그의 자세(뻣뻣하고 긴장된)와 물건들을 꽉 움켜쥐는 그의 경향(사람들이 그를 떨고 있는 것처럼 보지 않도록 하기 위한)이 자신의 신체감각들에 대해 그가 더 예민하게 느끼도록 만들었다는 사실이었다. 따라서 그의 자세를 변화시키고 움켜쥐는 힘을 줄임으로써 그는 자신의 신체감각들에 대해 덜 예민해지게 되었으며 결과적으로 더 편안해지게 되었다.

덧붙여, Stephen에게 새로운 상황에서 자신이 앞서 확인했던 안전행동들을 하지 말도록 격려하였다. 이 작업에는 인지적 접근과 행동적 접근이 함께 사용되었다. 표 5.3에 제시된 예 중 하나(그가 자신의 부인과 함께 여행 다니고자 하는 욕구)를 예로 들어 설명하면 인지적 접근을 통해서는 표에서 보여 진 것과 같은 안전행동들의 기능을 중단시키는 작업이 이루어졌으며 행동적 접근을 통해서는 그가 혼자서 여행을 다니도록 돕는 것을 목적으로 한 단계적인 위계 과제들의 수립이 인지적 접근과 협력적으로 이루어졌다. Stephen에게 그러한 과제를 수행하는 동안 그가 느낀 불안의 정도를 기록해 보도록 했다. 처음 불안

정도가 상승한 이후, 그는 자신이 의지했던 안전행동들을 포기하는데 있어 점점 더 편안하게 느끼게 되었고 그의 불안에 대한 평가 점수는 감소하였다.

최종 공식화

공황장애는 인지적 공식화가 단순하다는 점에서 다른 기분 장애들과 확연히 다르며 이러한 공식화는 이미 치료의 첫 회기에서 일찍 구성되어진다. 치료가 진행되어 가면서 개인의 고유한 자동사고들 및 안전행동들과 관련된 좀 더 자세한 세부사항들이 덧붙여지게 되지만 이에 반해 발달 단계 상의 요인들은 덜 강조 된다.

Stephen에 대한 치료는 그가 자신의 도피행동들에 관해 세부적인 부분들을 이해하도록 만들고 자동사고들에 대해 알아갈 수 있도록 만들었다. 공식화와 관련된 정신-교육의 범위를 넘어서는 성장과정상의 요소들에 대해서는 거의 작업이 이루어지지 않았다. 책임감과 통제력에 관한 주제들은 그의 양육환경에서 기인한 것이 분명하였다 - 아버지의 폭력적인 행동에 대한 우려가 지속되는 동안, 그는 자신의 어머니를 보호해야 할 필요성이 있었으며 예측 불가능한 상황들이 존재하였다. 통제력의 실제적인 상실에 대해 Stephen이 인식하고 있는 두려움 때문에 이 주제와 관련 있는 상황들이 촉발되어진다는 점이 이해되어졌다. 그는 부모의 '실패' 가 어떤 방식으로 자신의 인격적 기능에 취약한 기반을 형성했고 공황장애를 일으키는 경향을 조장했는지 이해할 수 있었다; 그리고, 결과적으로 그의 회피 전략들이 어떤 식으로 공황장애가 발생하도록 기여하였는지에 대해서도 이해할 수 있었다. 따라서 최종 공식화는 그림 5.2에서 제시되었던 초기 공식화를 좀 더 구체화한 형태가 되었다.

결 과

1 통계적 결과 자료

Stephen의 호전 정도를 평가하기 위하여 일련의 심리측정 설문지들이 치료 과정 동안 시행되었다. 사용된 불안척도들은 다음과 같았다:

- Beck 불안척도(Beck Anxiety Inventory, BAI)(Beck과 Steer, 1990); 불안장애를 지닌 환자들의 평균점수는 23.49이고 표준편차는 12.39이다.

- 상태-특성 불안척도(Stste-Trait Anxiety Inventory)-상태 판(STAI-S) (Speilberger 등, 1970); 표준 점수는 pp. 66~7 참조.

사용된 우울 척도들은 다음과 같았다:

- Beck 우울척도(Beck Depression Inventory, BDI)(Beck 등, 1961).
- Hamilton 우울평가 척도(Hamilton Rating Scale for Depression, HRSD) (Hamilton, 1960); 표준점수는 pp.66~7참조.

표 5.4는 Stephen의 주요문제가 우울증상보다는 불안증상 중의 하나임을 보여준다. 실제로, 그는 우울 척도에서 '정상' 범주 내의 점수를 보였다. 따라서 치료를 통한 호전은 불안 점수에 반영되었다. 주목할 만한 사실은 대부분의 호전이 치료의 전반부에서 일어났다는 것이고 이는 최근 Clark 등(1994)에 의해 보고된 경험적인 관찰들과도 일치한다.

표 5.4 Stephen의 치료 전, 치료 중 그리고 치료 후의 심리측정 척도 결과

회기		*불안증상* BAI	STAI-S	*우울증상* BDI	HRSD
1	치료 전	42	57	12	8
5	치료 중	18	40	11	7
9	치료 후	12	38	11	8

그림 5.3은 표 5.4의 자료들을 막대그래프로 나타낸 것이다.

2 임상적 결과

Stephen은 9회기 동안 치료를 받았다. 그는 매우 빨리 인지모델을 이해하였는데 왜냐면, 이 모델이 자신이 겪었던 어려움에 대한 경험과 잘 맞는 것처럼 보였기 때문이었다. 그의 일지를 검토한 결과 그가 공식화를 받아들인 이후 그의 믿음들에 상당한 변화가 이루어진 것을 알 수 있었으나 이 변화들은 모두 그가 행동실험을 하고 난 후에 이루어 진 것처럼 보였다. 이는 그가 파국적 해석들을 시험해보는 것이 변화의 과정에서 결정적인 요소였음을 의미한다.

그림 5.3 Stephen의 불안 및 우울 척도 결과들

불안 척도 점수들

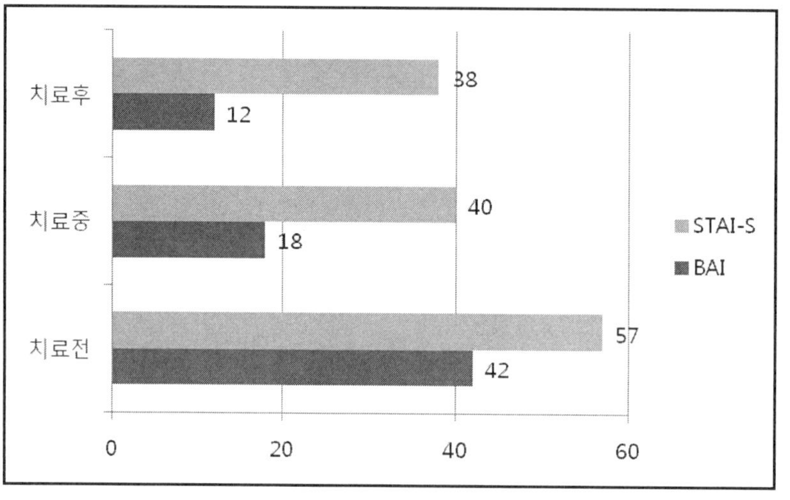

STAI-S 상태-특성 불안척도 - 상태 판
BAI Beck 불안척도

우울 척도 점수들

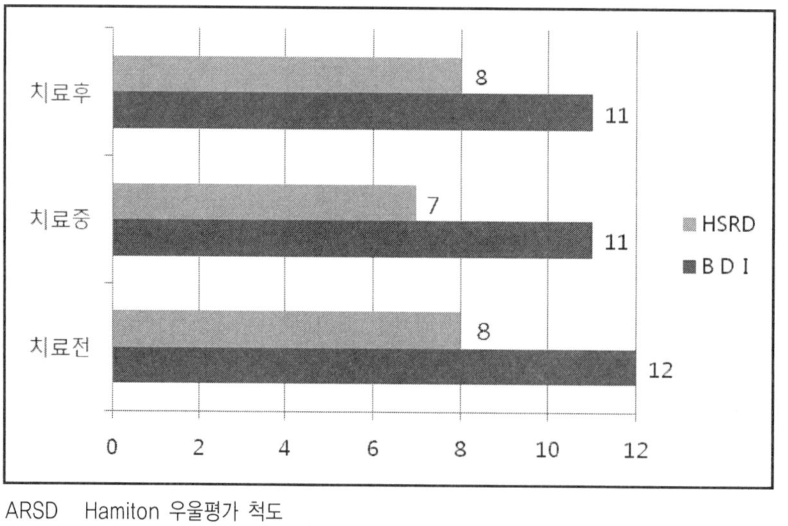

ARSD Hamiton 우울평가 척도
BDI Beck 우울척도

그림 5.4 재발 및 유지에 관한 질문들

치료에서 이루어진 성취에 대해 평가하기

- 행동/느낌/태도에 어떠한 변화가 일어났나?
- 치료 후와 치료 전 사이에 존재하는 객관적인 차이는 무엇인가?
- 문제 목록에서 기술 되어진 목표들을 성취하였는가?

인지 치료를 통해 배우게 된 중요한 교훈들을 인식하기

나 자신에 관하여 :

- 공식화를 통해서 나 자신에 대해 알게 된 사실은 무엇인가?
- 내가 사용해 오던 전형적인 종류의 인지적 왜곡들은 무엇인가?

장애에 관하여 :

- 이 장애의 모델은 무엇인가?
- 이 장애는 어떻게 유지되고 있는가?
- 이 장애가 지속되는데 있어서 나의 회피행동과 안전행동들은 어떤 역할을 하고 있는가?

고위험 상황들을 인식하기

- 현 시점에서도 여전히 어렵거나 두려운 혹은 우울하게 만드는 상황들에 대해 목록을 작성하라
- 그 상황들 중 적어도 두 가지를 선택한 뒤 인지 치료를 통해 얻게 된 통찰 및 기술들을 사용하여 이 상황들을 어떻게 다룰 수 있을지 계획을 세워보라

재발의 초기 징후들을 인식하기

- 초기 재발의 징후들에 관한 목록을 작성하라 – 예를 들면, 실제로는 부인이 필요하지 않은 상황에서 내가 그녀를 데리고 다니기 시작하는 것; 핑계들을 대면서 상황들을 회피하는 것

만약 재발이 발생할 경우 무엇을 해야 할지 정하기

경미한 재발:

- 이러한 재발을 통해 내가 지금까지 알게 된 것은 무엇인가?
- 미래에 이런 재발이 발생하는 것을 막기 위해서 내가 해야 할 일은 무엇인가?

중한 재발:

- 무엇이 중한 재발을 야기시키게 될 것이라고 생각하는가?
- 이런 비상 상황이 발생할 경우 내가 가지고 있는 계획은 무엇인가?
- 내가 연락 할 필요가 있을지도 모르는 사람들(친구들, 주치의, 인지치료 센터)의 주소를 알고 있는가?

치료를 끝마칠 때쯤, 그는 혼자서 자유롭게 여행할 수 있었으며 최종 치료 회기 이후 몇 달 동안은 공황발작을 경험하지 않고 지냈다. 6개월 후와 12개월 후의 추적-회기에서 그는 아버지가 최근 사망한 사건과 같이 스트레스를 주는 여러 생활 사건들을 통해, 일련의 경미한 공황증상들을 경험하기는 하였지만, 여전히 큰 증상 없이 지내고 있었다.

재발-방지

마지막 바로 전 회기부터, 치료는 재발-방지에 초점을 맞추기 시작하였다: 치료자는 일련의 질문들을 포함한 과제를 부여하였고(그림 5.4 참조) 이는 그 다음 마지막 회기에서 토의되었다. 안전 및 회피 행동들을 다시 하지 않도록 하는 데에 특별한 중점을 두었다.

치료자는 Stephen이 마지막 회기를 마치고 일어서 나가기 전, 그가 보인 모습 때문에 그의 예후에 관해서 다소 안심을 할 수 있었다:

Stephen: 지난 번 저는 이런 종류의 작업이 저를 탐정 같은-일종의 셜록 홈즈 같은-그런 사람이 되도록 만든다는 사실을 깨달았습니다. 제가 저 자신의 인식이나 가정보다는 사실에 기초해서 판단하도록 말이죠.

치 료 자 : 그것이 가장 기본적인 것입니다. Stephen씨.

논 의

Stephen은 3개월에 걸쳐 9회기의 인지치료를 시행 받았다. 치료에서 보인 호전은 6개월과 12개월의 추적 회기에서도 유지되었다. 분명히 그는 Safran과 Segal(1990)의 적합성 척도에서 예측되었던 것처럼 인지 치료에 대한 반응이 매우 좋았다. 그가 인지모델을 받아들이고 강력한 동기를 가졌던 것이 그의 빠른 진전에 큰 도움이 되었다. 회기 내와 회기 바깥에서 항상 협력하여 열심히 작업할 수 있었던 그의 능력 또한 중요한 기여 요인이 되었다.

그러나 이런 뚜렷한 정도의 호전이 전적으로 단기 인지치료에 대한 그의 일반적인 적합성 때문이라고 볼 수만은 없었는데 왜냐면, 인지치료로 치료받은 환자 중 90%가 12회기가 지나가기 전에 공황 장애에서 벗어나며 평균적으로 단지 5.5 회기 만에 이런 성취가 이루어진다는 것을 보여준 연구결과(Clark 등, 1994)가 있기 때문이다. 이런 결과에 힘입어, Clark와 그의 동료들은 현재 실제적으로 유효하면서도 좀 더 단기적인 공황장애 인지치료 프로그램을 개발하기 위한 시도를 하고 있다.

치료의 전반적인 성공에도 불구하고, Stephen은 매우 힘든 생활 사건들 후에 이따금씩 증상이 재발하는 것을 보고하였다. 예를 들어, 앞에서 언급했던 것처럼, 그는 치료 8개월 후 아버지의 사망에 이은 일련의 공황발작들을 경험하였다. 그러나 며칠 안에 그는 치료적 재발-방지 작업을 이용하여 자신의 파국화를 멈출 수 있었다. 그 후로 그는 단지 경한 수준의 어려움만을 경험하였고 이는 과거에는 상상하기 어려웠던 상태라고 이야기 하였다.

이 사례에서 중요한 점은 근본적인 인지도식에 대한 직접적인 작업이 없었음에도 불구하고 이루어진 변화의 정도가 크다는 것이었으며 또한, 치료후의 스트레스 요인에 직면했을 때에도 이런 변화가 지속적으로 유지되었다는 것이 입증되었다는 점이다. 인지치료 이론은 그러한 작업 없이 장기간 지속되는 결과를 얻기 어려울 것이라고 예측하는데 어떻게 이런 변화가 가능하였을까? Stephen의 사례에서는 - 그리고 이는 매우 많은 공황장애 환자들에게서도 특징적인 모습인데 - 행동 실험이 공황장애의 기저에 깔린 개인적 취약성에 대한 가정들을 강하게 무너뜨렸기 때문인 것으로 여겨진다.

이 사례 연구에서 대략적으로 기술된 단기적 집중 치료방식은 장기간의 변화를 이끌어 내는데 충분한 것처럼 보였다 - 이것이 강조하고 싶은 중요한 점이다. 인지치료는 매우 효과적인 형태의 정신치료이며 주요 지표상 증상의 변화가 빈약하다는 임상적 증거가 있을 때에만 성장발달과정에 초점을 둔 작업에까지 깊이 들어가게 된다. Stephen은 공식화 단락에서 언급되었던 범위(pp. 132-3; 142)를 넘어서는 어린 시절의 주제들에 대한 탐구 없이도 빠르게 변화하였다. Stephen에게 만약 이런 변화가 없었다면, 그 때는 인지도식에 초점을 둔 작업이 필요했을 수도 있고 실제로 만약 치료 후에 재발 했다면, 이 작업이 권고되었을 것이다. 일반적으로, 환자는 자신을 표현하는 과정에서 복합적인 진단 혹은 성격 문제들을 드러내기 때문에, 증상 - 중심 치료로 충분할지 아닐지에 대해서는 치료 초기에 알 수 있다.

제6장

강박장애의 사례

John – '당신은 당신이 이루어 온 것들의 총합이다'

정신장애의 진단 및 통계 편람(Diagnostic and Statistical Manual of Mental Disorders, 미국 정신과 협회, 1994) 최신판인 제 4판은 강박장애를 불안장애 중 하나로 분류한다. 최근의 지역사회 연구들은 강박장애의 평생 유병률을 2.5%로 추정하였고 1년 유병률은 1.5%에서 2.1%로 추정하였다. 강박장애는 발병률에 있어 남자와 여자 사이에 차이가 없으며 대개 청소년기 혹은 이른 성인기에 발병하나 아동기 때부터 발병하는 경우도 있다. 강박장애가 가장 많이 발생하는 연령은 남자가 여자보다 더 빠른 편이고 대개 서서히 발병하게 된다. 많은 경우 호전과 악화를 반복하는 만성적인 경과를 밟게 되는데 스트레스와 관련되어 증상의 악화가 있을 수 있다. 대략 5%의 사람들은 발병 사이에 증상이 경미하거나 전혀 없는 일시적 경과를 밟게 된다.

강박장애의 정의

강박장애는 대개 환자가 자신의 증상을 부적절하다고 보고하며 이를 '올바로 바로잡거나' 중화하려는 충동을 동반하게 되는 침습적이고 불쾌한 생각들이 발생하는 것을 특징으로 한다. 중화 행동(neutralizing behavior)은 손 씻기나 확인하기 같이 외적으로 드러나는 행동의 형태를 취하거나 혹은 강박적 사고가 떠오를 때마다 '좋은 생각'을 하는 것 같이 인지적 행동의 형태를 띨 수 있다. 중화 행동은 그것이 인지적이던 외적으로 드러나는 형태를 취하던 간에 대개 반복적으로 행해지며 이것이 환자가 치료를 찾게 되는 주요 이유 중 하나로 자주 거론되게 된다.

강박적 사고들이 실제 삶에서의 문제들에 대한 단순히 지나친 걱정이 아니라는 것을 이해하는 것이 중요하다. 이것이 일반적인 불안장애와 강박장애를 구별 짓는 부분이다. 더 정확히 말하면, 강박사고들은 자아비동조적(egodystonic)이다 – 즉, 이들은 이질적이며 자신의 통제 범위에 있지 않고 자신이 갖거나 원할 것이라고 기대하는 범주의 생각이 아닌 것으로 경험된다. 따라서 그러한 생각들은 또한 우울 사고들과도 구분되는데 우울한 생각들은 기분과 일치되며 자아동조적인(egosyntonic) 생각의 반추들을 포함 한다 – 예를 들어 자신이 무가치하다는 생각이 그렇다. 그럼에도 불구하고 강박사고들은 전적으로 그 자신의 마음이 만들어낸 것으로 인식된다. 강박사고가 갖는 흔한 형태로는 자신이 오염되었다고 믿거나 자신의 행동에 대해 반복적으로 의심을 하거나 혹은 물건들을 특정한 규칙대로 배열해야 할 필요성을 느끼거나 공격적 혹은 끔찍한 충동들을 갖게 되거나 하는 그런 형태들이 있다.

강박행동(compulsion)들은 필수적인 요소를 포함하게 되는데 이 요소는 원치 않는 생각들 때문에 발생한 정신적 괴로움을 경감시키기 위해 환자가 특정한 행동을 수행해야 한다고 강요받는다는 느낌이다. 이따금 정형화된 행동들은 왜 그런 행동들을 하는지 환자가 명확하게 알지 못하는 가운데 매우 정교하게 이루어 질 수 있다. 그 행동들은 사실상 분명히 과도하며 대개 중화시키거나 예방하고자 했던 것들과 어떠한 현실적인 방식으로도 연관성이 없다.

*DSM-IV*는 강박사고들을 '침습적이고 부적절한 것으로 경험되며 현저한 불안이나 정신적 고통을 야기하는 반복적이고 지속적인 생각, 충동 혹은 이미지들' 로 정의한다. 그리고 강박행동들은 '반복적인 행동들 (예: 손 씻기, 정돈하기, 확인하기) 혹은 정신 활동들(예: 기도하기, 숫자세기, 속으로 단어 반복하기)' 로 정의되며 이러한 행동의 목적은 불안이나 정신적 고통을 예방하거나 경감시키기 위한 것이지 즐거움을 얻거나 만족감을 얻으려고 하는 것이 아니어야 한다. 대부분의 경우에서 환자는 강박사고에 동반되는 정신적 고통을 경감시키기 위해 혹은 어떤 두려운 사건이나 상황을 방지하기 위해 강박행동을 수행해야 한다는 압박감을 느끼게 된다.

강박장애의 진단은 강박사고나 강박행동의 유무와 함께 표 6.1에 요약된 요소들이 있어야 내려진다.

표 6.1 강박 장애의 진단 기준(*DSM*-IV를 요약하였음)

1 강박사고 그리고/또는 강박행동이 존재 한다

2 강박사고와 강박행동이 지나치거나 비합리적이라는 사실을 인식한다 (이 조건은 소아에게는 적용되지 않는다)

3 강박사고와 강박행동은 심한 고통을 초래하거나 시간 소모적이며(하루에 1시간 이상이 소모된다) 또는 그 개인의 일상생활, 직업 생활 혹은 사회생활에 심각한 지장을 초래 한다

4 만약 다른 축I의 장애가 공존하고 있을 경우, 강박사고나 강박행동의 내용이 그것에만 국한되지 않는다 – 예를 들면, 우울증의 경우에서 보이는 죄책감의 반추, 또는 식이 장애의 경우에서 보이는 음식에 대한 집착.

5 이 장애는 약물이나 신체적인 의학적 상태의 직접적인 생리적 효과로 인한 것이 아니다.

인지 모델

인지–행동적 공식화

1980년대까지 강박장애의 최선의 치료법은 행동치료였다. 그러나 치료결과에 대한 연구보고서들은 이런 행동치료에 중대한 결함이 있음을 보여주었는데 그것은 아주 잘 선별된 치료군에서 조차도 실제 치료 성공률이 50%가 되지 않는다는 것 이었다; 치료에 대한 비순응 및 비동의가 결정적인 요소들이었다(Salkovskis, 1989).

행동적 방법들의 일부 문제점들을 극복하기 위하여 인지적인 틀이 도입되었다. 이에 관한 가장 간단한 예는 행동적 원칙들의 근본적인 확장이었다: 즉, 강박적인 두려움은 두려워하는 자극들을 재검토하지 않으려고 하기 때문에 지속된다는 것이다. 그러나 이는 강박장애의 현상을 완전히 설명하는 데에는 실패하였다(Beech와 Liddel, 1974; Rachman, Desilva와 Roper, 1976; Roper와 Rachman, 1975; Roper, Rachman과 Hodgson, 1973). 2장에서 논의되었던 것처럼, Salkovskis의 확장된 인지적 공식화는 경험적으로 지지를 얻고 있다(Emmelkamp, 1987; James와 Blackburn, 1995). 그것은 침습적인 생각들이 정상적인 현상이며 그 자체로서 자동적으로 정서적인 함축적 의미를 갖게 된 것이 아니라 평가의 결과로서 정서적 특성들을 획득하게 된 것이라는 전제에서 출발한다. 침습적인 생각들은 오로지 의도적으로 하게 되는 행동이나 생각에 영향을 갖는 범위 내에서만 지속되며 독창적인 문제-해결에 필수적이라는 의미에서 적응적이고 기능적인 것으로 여겨진다(Salkovskis, 1988). 이러한 개념은 가장 적합하고 중요한 인지적인 자료들을 선택하

는데 있어 여러모로 도움이 된다.

강박장애에서 보이는 생각들과 중화행동들의 특징적인 패턴은 기저에 깔린 특정한 믿음과 침습적 사고의 적절한 형태가 상호작용한 결과이다. 이러한 믿음들은 자신의 해로운 생각들과 행동들이 가져올 수 있는 부정적인 결과에 대한 책임감을 지나치게 강조하는 형태를 띠게 된다. 만약 침습적인 생각들이 개인이 가지고 있는 그러한 믿음들과 상충되게 된다면, 그때는 그런 침습적인 생각들이 불안을 일으키기 때문에 이 믿음들은 그가 그 생각들에 저항하도록 유도하는데 만일에 저항이 실패하게 되는 경우에는 그 생각들을 중화시키도록 만들게 된다. 심각한 기저의 믿음들은 이러한 책임감과 비난 받는 것에 대한 걱정들인 것으로 여겨지며 그로 인해 향후 닥치게 될 위협에 대한 책임감의 측면에서 침습적 사고들을 평가하게 된다(Salkovskis와 Warwick, 1988). 그러면 결과적으로 그러한 생각들을 중화시키기 위한 시도는 진정한 위험에 대한 재평가를 하지 못하도록 만들게 되며 책임감에 대해 이전에 갖고 있던 근원적인 믿음들을 증폭시키는 결과를 가져온다. 강박장애로 고통 받는 개인들은 성장발달 과정에서, 충분한 보살핌을 받지 못했거나 혹은/또한 중요한 어른들로부터 엄격한 행동원칙 및 책임감에 대한 특별한 가르침을 받았기 때문에 이로 인해 실제적으로 혹은/그리고 심적으로 인식된 문제들을 경험하였을 수 있다. 안심-추구 행동을 통해 책임을 타인에게 떠넘기거나 확인 작업을 수행하는 것은 이러한 인지도식의 흔한 임상적 양상이다.

치료는 이 모델의 주요 인지-행동적 요소들에 초점을 맞춘다: 회피 행동을 줄이고 문제 상황 및 생각들에 대한 노출을 증진시키기; 책임감과 관련된 태도를 수정하기; 침습적 사고에 대한 평가를 수정하기; 책임에 대한 평가에 동반되는 중화행동을 방지하기; 그리고 직접적인 방식뿐만 아니라 안심을 얻는 것을 중단하는 간접적인 방식을 통해 책임감에 대한 노출을 증진시키기.

구성주의적 공식화(constructivist formulation)

구성주의적 출발점은 Salkovskis의 출발점과 다르다. Salkovskis는 책임감에 관한 이른 시기의 어떤 경험에 대해 강조한 반면, Guidano와 Liotti(1983)는 강박장애의 발생 원인을 특정한 형태의 병리적인 애착에 기인한 것으로 보았는데 이 애착은 양가감정으로 특징지어지며 아이에게 두 가지로 구별된 서로 상반된 자기 해석을 제공한다고 보았다: 즉, 자신이 사랑스럽기도 하고 똑같이 사랑스럽지 않기도 하고, 가치가 있게도 판단되고 가치가 없게도 느껴지는 자기 해석을 제공한다. 강박장애는 통합적이고 모순되지 않은 자기 이미지에 대한 욕구의 측면에서 설명된다. 심리적으로 이는 확실성과 질서를 끊임없이 추구하는 것으로 요약되며 정확한 원칙에 대한 집착 및 완벽주의적 행동 전략들과 관련된 경직된 태도를 구성하게 된다. 강박적 역설도 깔끔하게 설명 된다: 높은 가치를 부여 받은 확실성은 모든 것에 대해 체계적으로 의심하도록 만든다.

이 모델은 양가적 애착이 발생하는 심리-사회적인 맥락을 설명 한다: 매우 언어적이지만 정서적으로는 결핍된 양육이 바로 이런 맥락이며 이는 도덕적 가치 및 윤리적인 원칙들을 통해 얻어지는 감정에 대한 조절과 함께 아이에게 절대적인 사랑과 애정 그리고 어른의 성숙함 및 책임감을 요구한다. 이것과 상반되어 양립할 수 없는 감정들은 '금지되며' 그 개인은 엇갈린 감정들을 배제시키고 조절하게 된다. 이것은 그로 하여금 인지적이고 행동적인 전략들을 사용하도록 만드는데 이 전략들은 아동기의 구체적인 단계에서 감정 '통제'를 위한 전략들로 발달했었다는 사실을 고려해야만 이해될 수 있다. 결국 강박장애를 유발시키는 사건들은 서로 엇갈린 감정들이 수면 위로 떠오르게 되었다는 사실을 예고해주는 것이라 할 수 있다. 이러한 사건들에는 다음과 같은 것들이 포함 된다: (1) 청소년기, 청소년기에는 가족들로부터 벗어나려는 욕구 및 실제 현실과 독립적인 관계를 맺고자 하는 욕구가 존재한다. 하지만 '왜곡된' 자기-이미지는 이러한 분리에 문제를 유발 한다; (2) 일생 동안 어느 시기건 정서적 유대감의 형성과 단절이 일어나게 되는데 새로운 경험들을 자신에 대하여 기능적으로 경직된 관점 속에 통합시키려 할 때면 어쩔 수 없이 어려움을 겪게 될 것이다; (3) 중요한 관계에서의 대인관계적 문제, 중요한 타인이 질병에 걸리거나 혹은 그와의 이별 또는 사별, 직장에서의 실패 혹은 좌절 같이 확실성에 대한 개인의 추구를 무력화시키는 삶에서의 사건들도 이에 포함된다.

이 모델에서 치료의 주요 초점은 완벽주의적인 태도와 확실성에 대한 욕구를 바꾸는데 있다. 그 첫 단계는 이러한 태도를 잘 이용하는 것인데 환자에게 너무 많은 것을 하려고 노력해서는 안 되며 치료 그 자체는 단지 부분적인 경감밖에는 줄 수 없다는 것을 시작부터 받아들이도록 제안하는 것이다. 이런 접근은 강박적인 환자들에게 많은 이점을 제공 한다: 치료자는 정직하게 행동하고 있는 상황이며 강박적인 환자들은 윤리적인 행동에 커다란 중요성을 부여하기 때문에 이런 행동은 좋은 치료적 관계를 촉진시키게 된다; 어떤 것이 이루어지는데 있어 꼭 완전하거나 완벽해져야 할 필요는 없다는 생각이 제시되고 있으며 따라서 완벽주의와 확실성에 관련된 믿음들에 대해 작업하기 위한 토대를 마련하게 된다; 환자는 자신의 강박적 의식행동을 그만두도록 강요받게 될 것이라고 믿지 않게 되며 따라서 순응과 연관된 예기 불안 및 문제들이 줄어들게 된다; 그리고 두려움과 의식행동들의 방어적인 가치를 인식하게 됨으로써 치료자는 환자의 전체적인 증상과 암묵적인 자기-이해 사이의 연관성을 탐색하기 위한 준비를 할 수 있게 된다.

그 다음 치료는 행동적 치료의 방식을 따라 진행되게 되는데 심리교육이 포함된 직접적이고 구체적인 기법들이 사용된다. 두려움 및 의식행동의 본질과 기원에 관하여 이루어지게 되는 심리교육은 자신 및 세계에 대해 환자가 가지고 있는 관념의 측면을 다루게 되는데 특히 초기 학습 및 초기 애착에 대한 아주 근본적인 경험들이 인식되고 설명 된다. 핵심적인 비합리적인 믿음들 혹은 가정들을 인식하고 분명하게 이를 말로 표현하는 기법과 함께 거리 두기 및 탈중심화 기법들이 사용된다. 감정적인 경험들을 언어적인 경험들로 바꾸는 훈련은 재구조화된 인지도식 과정을 유지하는 기법들과 함께 필수적인 부분을 구성하게 된다.

JOHN

의뢰 과정

John은 그의 담당 의사에 의해 센터로 의뢰되었다. 그는 16년 간 강박장애를 앓아 온 서른 살의 남자였다. 그는 이미 12회기의 행동 치료를 받았었는데 이 치료는 견딜 수 없을 정도의 불안을 야기시켰으며 치료가 종결된 후에는 효과가 더 이상 지속되지 못하였다. 이 치료는 인지치료로 의뢰되기 6개월 전에 시행되었었다. 이전에 클로미프라민을 복용했을 때는 다소간의 치료적 호전을 보였었지만 부작용이 너무 심하여 그는 약을 계속 복용하기 힘들다고 느꼈다. 그는 대학에서 강사로서 자신의 역할을 유지하는 것이 점점 더 힘들어지고 있다는 사실을 깨달았다. 그는 이미 인지치료에 대한 책들을 읽었었으며 인지치료를 시도해 보는 것에 흥미를 보이고 있었다.

평 가

증상 양상

John은 두 가지 종류의 강박사고를 드러냈다: 첫째로, 아이들과 접촉하거나 혹은 강박사고와 관련을 맺게 되는 물건들과 접촉함으로써 기생충에 감염될 것이라는 생각이 있었고; 두 번째로, 자신의 아파트에 대해 문단속을 하지 않은 것은 아닌지 혹은 전기 기구들의 전원을 끄지 않은 것은 아닌지 반복적으로 의심하는 것이 있었다. 그는 자신이 외적으로 드러나는 중화행동들(neutralizing behavior)은 물론 잘 드러나지 않는 은밀한 형태의 중화행동들을 모두 하고 있다고 하였다. 외적으로 드러나는 형태의 중화행동들에는 청소를 하거나 또는 확인을 하는 의례적 행동들이 포함되었다. 이런 의례적 행동들로서 피부가 벗겨져 빨갛게 될 때까지 자신의 손을 열다섯 번 연속으로 씻는 행동; 혹은 정해져 있는 씻는 방식을 따라 한 시간 동안 샤워를 하는 행동; 또는 전원스위치 및 출입문 자물쇠를 확인하는 행동들(심할 때에는 한 번에 두 시간 까지 소요되는)이 있었다. 잘 드러나지 않는 은밀한 중화행동 전략들에는 5와 소수들의 배수들을 차례로 세는 행동이 포함되었다. 이런 숫자들은 어떤 '마술적인' 특성을 가지고 있어서 그의 강박사고들에 동반되는 불완전함 및 불확실함에 대한 느낌들을 상쇄시킬 수 있었다.

자신의 증상들에 대한 평가에서 John은 만약 이 의례적 행동들을 '적절히' 수행하지 않는다면, 뭔가 나쁜 일이 발생할 것이라고 믿고 있다는 것을 스스로도 알고 있었다. 그는 불길한 전조가 어떤 형태로 나타날지 확신하지 못하였으나 위험(화재, 어떤 종류의 피해를 주게 될 사람들 및 기타 등등)이 있는 것으로 느끼고 있었다. 그리고 증상들에는 어떤 반복된 패턴이 존재하였는데 예를 들어, 축구연습을 마치고 돌아온 후 아침에 일을 하러 나가기 전 증상들은 더 나빠졌고 스코틀랜드에 있는 부모님을 만나기 위해 자신의 집을 출발할 때는 특히 더욱 나빠졌다. John은 증상을 일으키는 근접한 유발 요인들이 스트레스와 관련 있을 수도 있겠다는 생각을 할 수는 있었으나 그러한 스트레스가 주는 인지적인 영향력은 자각하지 못하였다.

질환의 경과

John의 강박장애는 어떤 특정 사건에 의해서 유발되었던 것처럼 보였는데 그 사건은 그가 14살 때 요충에 감염 되었던 것이었다. 그는 이에 대해서 매우 수치스럽게 생각하였고 매우 심한 충격을 받았었다고 회상하였다. 이 사건과 비슷한 시기에 그의 누나가 대학을 가기 위해 집을 떠나게 되었고 역시 비슷한 때 그의 성적이 매우 심각한 문제로 부각 되었다. 시험들을 치르면서 매우 평범한 성적들을 받게 되자 학업에 있어서 타인들이 그에게 갖는 기대에 맞추어서 사는 것이 어렵다는 것을 깨달았다. 그는 장애에 대한 유발 요인으로 특히 기생충 감염에 초점을 맞추는 모습을 보였으며 초기에는 기생충 감염 외에 다른 종류의 요인들이 관련될 수 있다는 생각에 대해서는 받아들이지 않는 모습을 보였다.

그의 나이가 18살이었을 때 증상이 가장 심각하였는데 그 해는 그에게 가장 중요한 해였으며 집을 떠나 대학에 진학하기 위한 준비를 해야 하는 그런 해였다. 그때 이후로 그의 증상들은 호전과 악화를 반복하였다. 강박증상들은 인지치료를 받기 바로 전 2년 동안 특히 오랜 기간 진행되며 그를 심하게 괴롭혔는데 이 시기는 그가 대학에 강사로서 취업을 한 시기와 일치하였고 이 대학에서 일하면서 그는 자신을 불행하다고 느꼈다 - 또다시 그는 다른 사람들이 자신에게 갖는 기대에 맞추어 살 수 없을 것이라고 믿게 되었다.

개인적 배경

John은 세 자녀 중 둘째로 태어났고 그의 부모는 교육을 많이 받은 사람들이었는데 그의 어머니는 교사였으며 아버지는 변호사였다. 그의 누이는 그보다 세 살이 더 많았고 그녀는 그와 아동기 때 매우 친밀한 관계를 가졌었다. 그의 남동생은 그보다 두 살 어렸으며 심한 문제아여서 반항적인 행동으로 가족들 간의 다툼을 유발시켰다. John과 남동생은 상극이었다. 그는 절대로 자신의 생각을 솔직히 이야기하지 않았으며 항상 분란을 일으키지 않으려고 노력하였다. 그의 어머니는 그가 기억하는 한 매우 오래 전부터 건강에 문제가 있었다. 그가 청소년 시기를 보내고 있었을 때 그녀는 폐경기 상태였으며 암에 대한 공포증을 겪고 있었다. 그녀의 고약한 성질과 비판적인 태도 때문에 그녀와 함께 산다는 것은 대단히 어려운 일이었다. 그녀의 어머니(John의 외할머니)는 암으로 사망했었고 John의 외가에서 이것은 매우 중대한 사건이었다. John은 어머니와 자신의 관계에 대해 겉으로는 아쉬움을 표현하였으나 정서적인 따스함이 결여되어 있었다. 그의 아버지는 정서적으로 무관심하였고 동떨어져 있었으며 오로지 학업적 성취에만 관심을 보였다. John은 자신이 아버지의 기대를 한 번도 충족시키지 못했던 것처럼 느껴왔다.

그는 가족들로부터 벗어나고 싶어 했으며 그가 대학교에 진학하게 된 열여덟 살에 소원을 이룰 수 있었다. 그는 이 당시부터 가능한 한 집에는 가지 않으려 했으며 집에 가게 되면 자신의 증상이 더욱 안 좋아진다는 사실을 알게 되었다.

증상의 양상

John은 자신이 감정을 억제하는 사람이라고 이야기하였으며 질문들에 대답하는 방식에 있어서 매우 신중한 태도를 취했다. 그는 근면하고 성취 지향적이었으며 타인의 호감을 얻기 위해 많은 노력을 기울였다. 이런 경향은 치료에서 보이는 그의 행동에서도 나타났는데 그는 눈에 띄게 자신의 치료자를 즐겁게 해주려고 노력하였고 직면은 피하려고 하였다. 한 번은 그가 치료자를 삼십 분 동안 기다린 일이 있었는데 이것도 그는 '자신의 생각들을 정리할 수 있는' 좋은 기회였다며 긍정적으로 해석하였다. 그의 인지적인 회피는 특정한 사항들을 시간 순서에 맞추어 기술하는 것을 잊어버리거나 혹은 실제로 치료에 자신의 일지를 가져오는 것을 잊어버리는 경향에서 두드러졌다. 감정적인 회피 또한 두드러졌는데 그는 현재 혹은 과거의 감정을 경험하거나 그러한 감정을 표현하는데 있어서 무능력함을 드러냈다. 그러나 그의 지능과 언어구사 능력은 이와는 전혀 달랐다. 그는 자신의 증상적인 장애를 '고차원적인' 방식으로 묘사할 수 있었으며 치료가 지닌 구체적인 심리-교육적인 측면을 즐겁게 받아들였다.

전형적인 자동적 사고들은 다음과 같았다:

- '나는 내가 대처할 수 없는 상황에 있다고 느껴.'
- '모든 사람이 내게 내 능력 이상의 것들을 기대해.'
- '나는 더 잘하기를 원해. 하지만 나는 언제나 55퍼센트짜리 인간이었어.'
- '사람들은 내가 당당하고 유능할 것이라고 기대해.'
- '나는 내 자신이 당당하고 유능하지 못할까 봐 걱정돼.'
- '내가 당장 뭘 해야만 할 것 같은데 대체 왜 그래야 하는지 모르겠어.'
- '난 그저 무언가에 억지로 끌려 다니는 느낌이야.'

평가의 요약

John은 강박장애로 고통 받고 있는 상태였다. 그 외의 다른 축I 진단에 이환 되어 있다는 증거는 없었다. 그는 분명한 강박사고들과 강박행동들을 가지고 있었으며 표 6.1에 기술된 모든 추가 진단 기준들을 만족시켰다. 멀리 떨어진 유발 요인들로 열네 살 무렵 그가 그야말로 수치스럽게 느꼈고 통제되지 않는 것으로 느꼈던 실제적인 감염 경험이 있으며; 또한 자신의 성취와 해야 할 의무에 관한 한 다른 사람의 기대에 맞추어 살 수 없을 것 같다고 평소에 느끼고 있던 그 감정들이 포함되었다. 그런 감정들은 그의 부모에게 용납되지 않았고 따라서 John은 감정들을 처리하기 위해 강박증적 회피 기제를 발전시켰다. 가까운 유발 및 지속시키는 요인들로는 그가 대학에서 새로운 직장을 얻게 되면서 형성된 성취에 대한 기대들이 있으며 이는 그에게 실패할지도 모른다는 위기감을 주었다. 그가 심리적 기능상 보이는 감정표현의 결핍은 얼마나 교묘하게 강박장애적 기제가 그에게 감정 상태들을 회피하도록 만드는지 보여주는 증거이다. 이 때문에 그는 여성들과 의미 있는 정서적 관계를 맺고 유지하는데 어려움이 있었다.

단기인지치료에 대한 적합성

평가가 진행되는 동안 수집된 정보는 인지 치료에 대한 John의 적합성에 대해 적절히 이해할 수 있는 기반을 제공하였다. Sarfan과 Segal의 단기인지치료 적합성평가척도(Sarfan and Segal Suitability for Short-term Cognitive Therapy Rating Scale,1990)를 시행하였다(아래에 있는 각 항목 다음의 괄호 안에 최대 5점까지의 점수를 매긴다).

치료에 대한 적합성의 측면에서 볼 때, 그의 종합적인 상태는 긍정적인 부분과 부정적인 부분이 혼재되어 있는 것처럼 보였다. 긍정적인 측면으로써, John은 일반적인 자동사고들뿐만 아니라 자기 자신에 대한 개념과 주로 관련 있는 자동사고들-이것들이 특히 중요한데-을 식별하고 이들을 명확히 표현할 수 있었다(5); 또한 그는 변화에 대한 개인적인 책임감을 적절하게 인식하고 있었다(5); 그는 인지모델이 자신의 문제들을 모순 없이 설명해줄 수 있다고 생각하였으며 과제와 같은 치료의 '적극적인' 측면들이 갖는 가치를 이해하고 수용하였다(4); 그는 신속하게 치료자에게 협조하였으며 '공감적 반향(empathic resonance)'을 보였다(4); 그는 집중해서 작업을 수행할 수 있었는데 문제 영역을 확인하고 치료 과정 속에서 편안하게 작업을 진행하였다(4); 그는 귀납적으로 유도되는 탐색 질문의 형식에 잘 반응하였으며 협력적이고 경험적인 태도에 편안해 했다. ; 그리고 그는 치료가 도움이 될 것이라는 합리적인 수준의 희망을 표명하였다(3).

그러나 부정적인 측면으로서 John은 감정 상태들을 경험하고 구분하는데 있어 많이 힘들어 했다.(1); 그는 치료 시간을 벗어나서는 안정적이고 신뢰할 수 있는 관계를 확립하는데 큰 어려움을 겪고 있었으며 갈등에 대한 회피와 양가감정을 뚜렷하게 보이고 있었다(1); 그의 문제들은 16년 째 지속되고 있었으며 따라서 만성적이었다(1); 그리고 그는 매우 두드러진 인지적이고 정서적인 회피 기제들은 지니고 있었다(2).

그의 적합성 점수는 30점이었고 이 점수는 그가 단기 인지치료에 대해 중등도의 적합성을 지니고 있다는 것을 의미하였다. 정서적인 문제들은 예후의 측면에서 주요 관심 영역이었으며 아마도 후반기의 치료 단계에서 추가적인 치료가 필요할 것으로 생각되었다. 그의 강박장애가 아동기가 아니라 청소년기 때부터 시작되었다는 사실은 단기치료의 결과에 관한 긍정적인 지표였다. 일반적으로 인격 장애와 관련되어 있는 초기 부적응적 현상들이 그에게서 두드러지게 나타나지는 않을 것으로 여겨졌으며 치료에서 보여 진 그의 행동은 이런 견해와 일치하였다.

초기 공식화

그에게는 강박장애에서 전형적으로 나타나는 성장발달상의 요인들이 존재하는 것처럼 보였다: 즉, John은 정서적인 표현들이 결핍되어 있으며 개인의 책임감과 높은 도덕적 행동 규범들에 대해 강력한 메시지를 강요하는 지성화된 양육(intellectualized parenting)을 받았다. 여기에는 인지 모델에 대한 단락에서 개략적으로 기술된(p. 151) 개인적 가치와 연관된 동등하면서도 모순된 메시지로 이어지는 양가감정적 요인들이 존재하는 것으로 보였다. 그의 사고 내용들은 자신의 자존심과 관련된 역기능적 스키마가 존재한다는 사실을 암시하였다; 그는 자신에 대한 타인의 견해에 지나치게 의존하였는데 이런 태도는 성취를 추구하고 매력적인 사람이 되려는 것을 통해 드러났다. 증상을 유발시키는 요인들에는 개인적인 실수, 실패 혹은 타인의 마음에 들지 못하게 된 일과 같이 다른 사람들의 긍정적인 평가를 잠정적으로 상실할 수도 있는 문제들이 포함되는 것처럼 보였다. 두 가지 형태의 침습적 사고들은 - 불확실한 것에 대한 반복적인 의구심과 오염에 대한 강박적 사고 - 이런 가치와 관련된 외부적인 요소들에 해를 끼치게 된다는 관점에서 평가되었다. 중화 행동들은 침습적 사고들을 처리하는 과정으로 이해되었으며 이와 연관된 고통은 자동적 사고에 의한 것이었다. (그림 6.1 참조).

그림 6.1 초기 공식화

1 *멀리 떨어진 발달적 요인들*	• 정서적인 억압 • 자존심과 관련된 양가적인 메시지 • 행동 원칙 및 개인적인 책임감에 대한 지나친 강조
2 *역기능적 자기 인지도식의 공식화*	• 성취를 추구하고 매력적인 사람이 됨으로써 다른 사람들의 좋은 평가를 받는 것에 지나치게 의존함
3 *가까운 유발 요인들*	• 다른 사람들의 마음에 들지 못하게 될 것 같은 상황들
4 *침습적 사고들*	• 자신의 행동에 대한 반복적인 의구심 • 오염에 대한 공포
5 *자동적 사고들*	• 다른 사람들이 가지고 있던 호의적인 평판을 결과적으로 상실하게 되고 자신감도 상실하게 됨.
6 *부정적인 감정*	• 불안, 현저한 불쾌감
7 *중화 행동들*	• 확인하기 • 씻기 • 숫자 세기

치료

치료 계획

전반적인 치료 목표는 John이 의례적 행동(ritualistic behavior)을 해야 할 필요성을 제거하는데 두었고 이는 그가 침습적 현상을 재평가하여 이것이 더 이상 정서적인 의미를 갖지 못하도록 돕는 것을 통해 이루어졌다. 강박증후군 대한 체계적인 규명이 증상적 수준 뿐만 아니라 기저의 가정적 수준(assumptive level)에도 영향을 미치는 방식으로 이루어지는 것이 필요하였다. 증상의 호전을 위해서는 재평가작업을 위한 '여유'를 주기 위해 의례적 행동을 감소시킬 필요가 있었다. 잘못된 가정의 변화를 위해서는 심리적인 생존(viability)의 관점에서 발달적인 측면들을 이해하는 것이 필요하였으며 John에게 인지의 재구성이 일어날 수 있도록 새로운 경험들을 제공할 필요가 있었다.

세 단계의 치료계획이 세워졌으며 초기, 중기 및 후기 단계들을 그림 6.2에서 개략적으로 살펴 볼 수 있다.

각 단계는 치료 과정에서 일련의 '항목들'을 포함하고 있는데 이 항목들은 상호 배타적이

그림 6.2 치료의 세 단계

초기 단계(1-3회기)

1 신뢰 관계를 확립한다: 주의 깊게 경청하고 희망을 고취 시킨다
2 목표들을 확립한다
3 심리적인 이해를 확립한다; 심리-교육을 제공하고; 평가하고; 관찰한다
4 다루어야 할 증상들에 대한 자료를 '단순한 영역의 형태로 축소시켜' '손쉽게' 의사소통하기 위해 다른 환자들에게도 공통적으로 적용되어지는 영역의 용어들을 사용하기로 협의한다
5 초기 공식화를 도출한다

중기 단계(4-8회기)

6 증상들과 감정적인 회피 사이에 연결고리가 있다는 사실을 '지금 여기에서' 입증한다; 현재 일어나고 있는 사건들을 또 다른 현재의 사건들과 연결한다(수평적 연결); 특정한 상황들을 통해 일반 규칙들을 도출해낸다
7 감정적인 회피가 가지고 있는 성장발달상의 의미를 밝혀낸다
8 과거의 문제들과 현재의 문제들을 연결한다(수직적 연결)
9 초기 공식화를 협력적인 방식으로 구체화한다
10 과제 부과 작업들을 통하여 그리고 적절한 상황에서 치료적 관계를 이용함으로써 그 공식화를 시험해본다
11 인지도식들을 인식하기 시작한다

후기 단계(9-12회기)

12 부과된 과제들을 수행함으로써 '과거부터 가지고 있던 오래된' 가정들에 저항해 본다
13 가정들을 이해하는 과정에서 치료적 관계를 활용하고 감정적인 회피를 직면시키는 것이 필요할 경우에도 이를 활용한다
14 초기 가정들을 재구성한다
15 미래에 대한 목표들을 확립한다
16 재발-방지 방법들에 대해 토의한다
17 지금까지 이루어진 치료에 대해 요약하고 이에 대해 이해되어지지 않는 부분은 없는지 확인한다.

거나 어떤 특정한 순서대로 수행되지는 않았다. 이 항목들은 이 장에서 기술된 12회기 패키지에 포함된 일련의 작업들에 대한 개념을 제공 한다; 치료자의 기술은 이런 항목들을 융통성 있고 능숙하게 연결하여 환자가 이러한 심리적인 과정들에 참여하도록 유도하고 이를 통해 환자가 나중에 스스로 그러한 연결을 할 수 있도록 만드는 것이었다. 1장에서 개략적으로 기술한 지침들이 그런 변화 과정에 가장 중요하였으며 이런 변화는 정신치료를 기교적 행위들의 집합체가 아닌 예술적 행위로 만들어 주었다.

다음 단락은 치료의 각 단계에서 무엇이 진행되었는지를 보여준다.

치료 경과

1-3회기

첫 번째 과제는 John으로 하여금 자신의 문제를 치료자에게 충분히 표현할 수 있는 여유를 제공하는 것이었고 치료자의 입장에서는 처리해야 할 정보의 양을 줄이면서 문제가 지닌 복잡하고 힘든 측면에 대한 이해를 공감적으로 피드백해주는 것이었다. 이는 다음의 몇 가지 이유들 때문이었다: (1) 강박장애 환자들은 자신의 상태를 자세하게 끝없이 계속 설명하는 것을 좋아하며 치료 중 대부분의 시간을 이런 설명을 하기 위해 사용한다. 그들이 이렇게 행동하는 첫 번째 이유는 남김없이 모든 것을 이야기함으로써 치료자가 틀림없이 이해했을 것이라는 확신을 통해 자신의 상태에 관한 안심을 얻으려고 하기 때문이다; 그리고 두 번째 이유는 환자들이 자신의 증상에 대한 책임을 치료자에게 교묘하게 떠넘기려고 하기 때문이다; (2) 강박장애 증상들은 혼란스럽고 이해하기 어려운 수많은 생각들로서 경험 되며 이는 환자를 무기력한 상태에 빠뜨리게 된다. 환자가 제시한 자료들을 좀 더 단순한 범주의 형태로 바꿈으로써 환자는 치료초기부터 이를 통제할 수 있을 것이라는 느낌을 받게 되고 의사소통 방법에 대한 손쉬운 지름길을 얻게 되어 치료시간을 최적의 방식으로 사용할 수 있게 된다.

이 시점에서 치료자가 희망에 대한 느낌을 고취시키는 것이 중요하였는데 부주의하게 John의 안심 받고자 하는 욕구를 강화시키거나 John의 경험에 대한 특수성을 고려하지 않는 것처럼 보이지 않으면서 증상들이 포함된 범주들이 다른 환자들에게서도 자주 관찰되는 증상이라는 공통점을 강조하였다. 이는 치료적 신뢰를 형성하는 과정의 복잡성 혹은 '공감적 공명(empathic resonance)' 을 설명해준다. 이는 환자들이 자신이 이해 받고 있다는 느낌이 들 정도로 충분히 세부 사항들에 귀 기울여 경청하면서도 그들에게 동화되거나 압도되지 않는 과정을 포함 한다; 현실적인 희망을 고취시키지만 안심시키는 것은 아니다; 각 개인들이 공통적으로 가지고 있는 모델을 제시하면서도 그 모델은 환자의 개인적 특성을 충분히 존중할 수 있는 여지를 가지게 된다.

치료자와 함께하는 작업을 통해 증상의 범주들에 관한 의견의 일치를 이룬 후, John은 그림 6.3에 대략적으로 기술된 일지를 사용하여 자신의 증상들을 관찰하기 시작하였다.

그림 6.3 증상에 대한 일지(diary)

날짜	시간/ 지속시간	침습적 사고의 종류 (C 혹은 D)	침습적 사고의 강도 (1–10)	확신의 정도 (1–10)	의례행동의 종류(W, Ch 혹은 M)	의례행동에 대한 집착 (1–10)	유발상황 WK PP

C 오염
D 의구심
W 씻기
Ch 확인하기
N 숫자 세기
WK 직장에서의 특별한 스트레스
PP 타인과의 신체적인 접촉

이 단계에서 그에게 군이 어떤 변화를 시도하지 말고 그저 침습적 사고들과 강박적 행동들을 살펴보기만 하도록 명확한 지시를 내렸다. 이는 치료과정이 가져다 줄 수 있는 위협감을 줄이고 증상들의 기능적 중요성에 대해 치료자가 이해한 바를 전달하기 위해서였으며 또한, 이를 통해 치료 시작 전 기준이 될 수 있는 일부 정보들을 치료자가 얻고자 하였다. 강박장애로 고통 받는 다른 많은 사람들과 마찬가지로 John은 이 단계에서 매우 즉각적인 증상의 변화를 보고하였다. 이는 두 가지 이유 때문이었다. 첫째로, 그는 관찰 과제를 통해 광범위하고 다양한 현상들을 구분된 범주로 단순화시킴으로써 '통제감'을 얻을 수 있었다. 둘째로, 이러한 종류의 기록이 증상에 미치는 '거리 두기' 효과 때문에 침습적 사고로 인한 즉각적인 고통이 완화되었으며 결과적으로 일련의 증상의 순환과정을 감소시키는 효과를 주게 되었다.

일지(그림 6.3)에서 보여지는 것처럼, John의 강박사고는 두 가지 종류로 나누어졌다: 오염(contamination, C)과 의심(doubts, D); John의 의례적 행동은 세 가지 종류로 나누어졌다: 씻기(washing, W), 확인하기(checking, Ch)와 숫자세기(counting, N). 강박사고들은 강도와 확신의 정도에 따라 평가되었는데 대개 변화되는 첫 번째 영역은 확신의 정도였으며 강도의 영역은 그 뒤에 천천히 변화하였다. 의례적 행동들은 빈도뿐만 아니라 그 행동들이 행해질 때 얼마나 끈질기고 강하게 행해졌는가에 대해서도 기록되었으며 이는 주의 깊게 살펴봐야 하는 또 다른 지표였다. 유발 상황들에는 스트레스 받는 곳으로 일하러 갈 때(WK) 및 축구 연습 때나 붐비는 가게들과 같이 밀착된 신체적 접촉이 있는 장소들에 있다 돌아올 때(PP)가 포함되었다.

John의 증상이 나타나는 방식은 곧 바로 드러나기 시작하였다. 많은 강박장애 환자들과 마찬가지로, 일지쓰기가 완벽주의적이고 확실히 하고 싶은 그 자신의 욕구를 만족시켰기 때문에 John은 이런 복잡한 일지를 작성하는데 있어서도 아무런 어려움이 없었다. 증상이 나타나는 방식은 다음과 같았다:

PP--> C --> W
WK--> D --> Ch

이런 패턴에 대한 인식은 John에게 새로운 발견이나 마찬가지였는데 왜냐하면 이때까지 그는 자신의 증상이 스트레스와 얼마나 관련이 있는지 인식하지 못하고 있었기 때문이었다. 이런 매우 분명한 심리적인 관련성에 대한 인식을 John과 함께 공유한 후 치료자는 강박장애에 대한 인지모델을 설명해 주었으며 John과 개인적으로 부합되는 설명을 하기 위해서 자신만의 특징적인 증상들을 신중히 활용하였다.

그 후 John과 치료자는 John의 삶에 존재하는 더 많은 스트레스 요인들을 확인하였다. John은 직장생활 및 개인생활에서 인간관계에 여러 가지 문제들이 있는 것처럼 보였다. 직장에서 그는 매우 불행하다고 느꼈다. 그는 자신의 상사에게 실제 자신의 능력보다 저평가 받는다고 느꼈으며 자신이 할 수 없다고 느껴지는 학술연구를 하도록 강요받는다고 느꼈다. 여자 친구들과의 관계에서 John은 한 번도 깊이 있는 감정을 느껴보지 못하였으며 연애 관계는 좋아하지만 그 이상의 관계를 유지하는 것에는 어려움을 느꼈다. 더욱 최근에는 이것이 그에게 더 큰 문제가 되었는데 왜냐면 그의 동년배 친구들이 결혼을 하고 아이들을 낳아 기르는 나이대가 되었기 때문이었다.

이는 치료에 있어 중요한 전환점이 되었다. John과 치료자는 강박장애 증상들이 빙산의 일각일 뿐이라는 사실을 확인하게 되었다. 이제 John은 자신의 치료 목표가 처음 생각했던 것처럼 단순히 증상들만을 다루는 것이 아니라 인간관계와 일에서의 문제들을 해결하는 것도 포함한다는 사실을 이해할 수 있었다. 이 단계에서 그는 인간관계와 일에서의 문제들이 어쩌면 강박증상에 필수적인 요소일지도 모른다는 가설을 고려하기 시작하였다.

따라서 3회기가 끝날 때, John과 치료자는 그림 6.2에서 대략적으로 기술한 처음 다섯 가지 항목들을 달성하였다.

4-8회기

치료는 직장에서의 스트레스와 연관되어 드러나기 시작한 문제들을 명확히 하는 쪽으로 진행되었다. John은 자신과 상사와의 관계가 매우 부담스러운 관계임을 인정하였다 – 상사와의 관계에서 그는 자신이 유능하고 자신감 있게 보이려고 노력하였으나 또 한편으로 자신이 그렇다고 느껴야만 했다. 물론 이 상사와의 관계에서만 존재하는 특수한 문제들도 있기는 하였으나 결국 John이 그때까지 자신이 맺는 대부분의 관계에 적용시켜 왔던 일반 규칙들에서 크게 벗어나지 않는다는 사실이 분명해졌다. 이는 이른바 '수평적 측면 연결(lateral linkaging)'의 한 예인데, 지금 여기에서 일어나는 특정한 사건이 동시에 일어나고 있는 다른 사건들과 어떤 관련이 있는지 환자가 알게 되어 이 사건을 더 이상 단순한 특정 사건으로서가 아니라 일반 규칙들을 보여주는 사건으로 인식하는 것이다. John이 자신에 관해 밝혀낼 수 있었던 규칙은 다음과 같았다: '내가 유능하고 자신감이 있어야만 다른 사람이 나를 좋아할 것이다.' 그는 자신이 좋은 남자로서 자신의 감정이나 욕구들을 희생하면서까지 타인들의 기분을 맞추어주기 위해 얼마나 노력해 왔는지 깨닫기 시작하였다. 오염에 대한 침습적 사고들을 분석하는, 연속적 유도질문하기(downward arrow exercise)을 통해서 이러한 부분을 뒷받침하는 다음의 자료들이 드러났다:

John: 저는 오염될지 몰라요.
치료자: 만약 당신이 오염된다면 그 다음에는 어떻게 되는 것인가요?
John: 제가 다른 사람들도 오염시키게 될 것 같아요.
치료자: 그것은 당신에게 어떤 의미인가요?
John: 그건 당혹스러운 일일 거에요. 그리고 그 사람들은 저한테 화가 나게 되겠죠.
치료자: 그럼 만약 그들이 당신에게 화가 난다면 어떻게 되는 거죠?

John: 그들은 저를 더 이상 좋아하지 않게 될 거에요.
치료자: 그렇게 되는 것이 왜 심각한 문제가 되는 거죠?
John: 제가 저 자신을 좋아하지 않게 되니까요.

유도질문하기(inductive questioning)를 통해 John은 자신이 항상 '비위를 맞추려고' 했던 어머니와의 관계가 연관되어 있다는 사실을 알 수 있었다. 그의 어머니는 잔 걱정이 많은 사람이었으며 항상 보호 받기를 원하였고 느닷없이 난폭하게 화를 내는 경향이 있었다. 이런 생각은 '수직적 연결'의 한 예로 볼 수 있는데 이는 과거에 일어난 사건이나 상황이 현재의 사건 혹은 상황과 연관되어 있다는 인지적 인식을 의미한다. John은 안내탐색기법(guided-discovery technique)을 통해 이러한 연관성들을 인식할 수 있도록 도움을 받았으며 항상 마지막에는 현재의 상황과 연결이 되어 John이 치료 받도록 만든 문제들에 도달하게 되었다. 이런 연결 기법은 초기 공식화를 구체화하는데 있어 중심적인 역할을 하였다. 공식화는 항상 각 회기의 핵심 부분이었으며 초기 공식화로부터 자연스럽게 과제가 할당되었다.

이 시점에서 부과된 과제는 John이 다른 사람들과의 관계에서 그들의 비위를 맞추기 위해 쏟는 에너지에 초점을 맞추는 것이었다. 과제 수행의 결과는 확실히 John에게 도움이 되었으며 그가 자기 자신을 이해하는데 많은 영향을 주었다. 그는 상사와의 관계가 아버지와의 관계와 유사하다는 것을 자발적으로 깨닫기 시작하였는데 특히 아버지가 가지고 있던 비판적인 태도에 대해 그렇게 생각하였다. 아버지와 함께 있을 때, John은 한 번도 자신이 어떤 목표를 달성했다는 느낌을 갖지 못했었다. 그는 자신이 평범하고 지루하다고 느꼈으며 부모님과의 관계를 악화시키지 않기 위해 부모님에게 순종적으로 행동했었다. 이때부터 John은 자신의 침습적 사고들에 동반되는 감정들을 보고하기 시작하였다. 그는 질식당하고 압도되어 도망치고 싶은 두려운 느낌들을 묘사하였다. 그 전까지 그는 자신의 증상에 동반된 감정적 측면들을 이해하지 못했었다. 그는 자신에게 압박감을 주었던 청소년 시기의 관련 사건들을 기억해 내기 시작하였는데 예를 들면, 그는 성가대에서 성가를 부르거나 오르간을 연주하도록 정서적으로 강요받았다고 이야기 하였다. 이는 대단히 중요했는데 왜냐면, 치료를 시작할 때 John은 그런 기억들을 해내지 못했었기 때문이다. 비록 인지적으로 기억하는 것보다는 적지만 이제 그는 인지적인 수준에서뿐만 아니라 감정적인 수준에서도 기억을 되살리기 시작하였다. 그의 인지적 회피 전략들과 정서적 회피전략들이 감소했다는 것을 고려할 때 이것은 치료가 그가 지닌 인지도식의 구성에 영향을 주고 있다는 증거였다.

John은 자신의 기억들을 인지도식의 체계로 통합시키면서 현재 치료 단계를 끝마쳤다: '사랑 받기 위해서, 나는 성취해야만 하고 사람들의 비위를 맞춰 주어야만 한다.' 그는 성취를 다른 사람들에게 인정받고 사랑 받는 것과 같은 의미로만 생각해 왔다는 사실을 깨달았으며 이 모든 것들이 스스로를 바라보는 관점을 형성하는데 필수적인 요소들이었다는 사실을 알게 되었다.

9-12회기

그 다음으로 진행된 중요한 작업은, 표면화된 위태로운 인지도식으로 인해 유발되어진 불안을 회피하는데 있어서 자신의 증상이 일정 정도 역할을 수행하고 있음을 이해시키는 것이었다.

이 시점에서 그는 도움 없이 스스로 이것을 이해할 수 있었다. 그는 한 가지 중요한 관찰을 보고하였는데 그것은 매번 그가 부모님을 만나러 갔을 때마다 그의 증상이 가장 심하게 악화되었다는 사실이었다. 그가 자신이 가진 자기 인지도식의 기원에 대해 깨닫기 시작하였기 때문에 그 기원이 되는 심리적인 상황들을 다시 검토해보는 것이 부득이하게 어려울 수밖에 없지만 또 한편으로 매우 가치 있는 학습 경험이라는 것을 받아들일 수 있었다. 그는 치료자와 상의 후에 한 가지 과제를 수행하기로 동의하였는데 그 과제는 집으로 돌아가 가족 안에서 진행되는 심리적인 상호작용들을 관찰하고 이런 상호작용들이 그의 느낌에 영향을 주는 방식에 특히 주목해보는 것이었다. 공식화를 이용하여 John과 치료자는 몇 가지 가설들을 도출해냈다:

1 그의 가족은 감정적인 표현을 꺼리며 회피 한다;
2 가족의 의견에 반대하는 것은 불안을 유발 시킨다;
3 그의 증상 패턴은 이러한 정서적인 문제들에 따라 악화와 호전을 반복한다.

John의 과제는 이러한 가설들을 뒷받침하거나 혹은 이에 반대되는 증거를 찾는 것이었다. 자신의 집을 방문했던 것은 심리적으로 좋은 결과를 가져다주었으며 좀 더 치료가 진행되는데 도움이 되었다. 그는 가설을 지지하는 수많은 증거들을 관찰할 수 있었으며 또한, 항상 부모님을 기쁘게 해드려야만 한다는 자신의 가정에 반하여 행동할 수 있었다. 실제로, 그는 조카가 성가대에 들어가야 한다는 아버지의 의견에 반대하고 있는 자신을 발견하였다.

그의 아버지는 조카가 성가대에 들어가기 싫어하는 것에 대해 못마땅하게 여겼지만 John은 조카의 편을 들어 줄 수 있었다. 그의 아버지는 따끔한 충고를 하였는데 이 충고는 John에게 있어 자신이 가진 모든 심리적인 장애를 요약해서 보여주는 이야기였다 – '네가 이루어 놓은 것을 보면 네가 어떤 사람인지 알 수 있어.'

John은 이에 대해 아버지에게 맞섰으나 이로 인해 그 어떤 끔찍한 사건도 발생하지 않았다. 이는 매우 중요한 재학습 경험이었는데 왜냐면 이 경험이 그의 역기능적 인지도식을 약화시켜 그가 다른 관점에서 생각해 볼 수 있는 기회를 제공해 주었기 때문이다. 그는 자신의 증상에 있어 중요한 변화들을 보고하였다. 그가 누이의 아이들과 놀아주고 있었을 때, 그는 오염에 대한 침습적 사고들뿐만 아니라 앞서 설명했던 두려운 느낌들을 인식하게 되었다. 이 때 그는 이 상황에 지금까지와는 다른 대안적인 인지적 사고들을 적용시킬 수 있다는 것을 깨달았고 그런 대안적인 생각으로는 '이건 단지 침습적 사고들일 뿐이며 여기에 어떠한 중요성도 부여하면 안돼.' 같은 것이 있었다. 결과적으로 그는 의식행동을 하려는 충동을 조절할 수 있었으며 그가 과거에 항상 그랬었던 것과 달리 조카들과 놀아주는 것을 더 이상 회피하지 않을 수 있게 되었다. 그는 심리적으로 중요한 교훈을 경험을 통해 배웠으며 이는 치료를 통해 분명하게 드러난 공식화의 도움을 받아 이루어졌다.

치료는 John이 좀 더 수직적 연결을 할 수 있도록 돕는 방향으로 진행되었으며 이제 심리교육은 인지도식의 작동방식에 초점을 맞추게 되었다. John은 강박 증상들이 나타나게 된 14살 무렵과 관련하여 지금까지 이야기해 왔던 것들보다 더 중요한 사실을 이야기 하였는데 이는 그가 여자 친구와 가졌던 최초의 중요한 관계가 그 무렵 끝나 버리게 되었다는 사실이었다. 그가 이 사건에 대해 어떻게 느꼈는지에 대해 탐구하게 되면서 그는 자신이 여성을 선택하는데 있어 어떤 패턴이 있다는 사실을 인식하게 되었다 – 그가 선택한 여성들은 그녀들의 현재 삶의 위치나 직업에 대한 열정을 고려할 때 오래 사귀기에 안전하고 무난한 사람들이었다. 이 시점에서 그는 거절당하는 것을 피하고자 하는 자신의 욕구와 이 사실을 연관 지었다. 여성들에 대해 가지고 있는 자신의 추정과 반대로 행동해 보도록 하는 과제가 그에게 주어졌다: 그는 결과적으로는 여자 친구의 분노를 초래하기는 했지만 자신의 욕구를 그녀에게 주장하기 시작하였으며 그녀에게 도전하는 과정 속에서 자기 어머니의 성격과 자신이 여자 친구를 고르는 것 사이에 유사점이 있다는 사실을 깨달았다. 현재의 상태를 계속 유지시키고 불안을 회피 하도록 만드는 인지도식의 작동방식이 John을 다른 입장에서 생각해보지 못하도록 만들었으며 따라서 그는 자기-가치감에 대한 인식이 다른 사람들의 인정에 달려있다고 계속 믿어 오게 되었다. 어쨌든, 만약 그가 위험을 무릅

쓰고 사람들에게 더 친밀하게 다가가다 결국 거절당한다면 이 경험은 그가 실제로 무가치하다는 두려운 믿음을 더 견고하게 만들 것이다. 그러나 만약 이런 위험을 감수하지 않는다면, 이 믿음이 잘못되었다는 것을 결코 확인할 수가 없을 것이다.

치료가 진행되며 John과 치료자는 이런 딜레마에 직면하게 되었고 결국 그가 다른 사람들과의 관계에서 좀 더 위험을 무릅써 보도록 과제들이 주어지게 되었다. 이 과제들 안에는 직장 내에서와 직장 바깥에서 다른 사람들이 표현한 의견에 대해 공공연하게 그가 동조하지 않는 상황들을 설정해 보는 것이 포함되었다. 결과는 긍정적이었다. 그는 상사에게 몇 가지 사소하고 보람 없는 업무 문제들에 대해 자기주장을 하였으며 결과적으로 부서 내에서 업무가 더 공정하게 분배되었다. 여자 친구와의 관계에서 그는 개인적으로 자신에게 더 보람 있는 활동이나 취미에 참여하기 시작하였으며 이렇게 행동함으로써 나타난 결과 중의 한 가지는 여자 친구로부터 그를 업신여기는 식의 언사를 덜 듣게 된 것이었다.

John은 자신의 직업에 대한 좀 더 폭 넓은 문제들을 고려하기 시작하였다. 그는 현재의 직장에서 자신의 욕구들을 만족시키기는 어려울 것이라는 사실을 이해할 수 있었으며 따라서 다른 대안들을 고려하기 시작하였다. 치료가 끝날 무렵 그는 외국에 있는 직장에 지원을 하였다. 또한 그는 대학과는 관련이 없는 직장들도 고려하기 시작하였다. 그는 자신이 교수가 되기를 원하지 않으며 자신의 장점은 직원들을 교육시키고 감독하는데 있다는 – 치료 후에 그가 종사해 나가게 될 영역이 되었다 – 사실을 스스로 이해하였다. 그는 직업을 바꾸기로 한 자신의 결정이 '신기하게도 자신을 해방시켰다는' 사실을 발견하였다. 그에게 가장 중요했던 사실은 그가 남에게 의지하지 않고 할 일을 스스로 찾아 추구하기 시작하였다는 것이었다. 그는 부적절감이나 직장에서의 패배감을 더 이상 느끼지 않게 되었으며 증상이 크게 호전되었음을 보고하였다. 그는 더 이상 '시간 외' 근무를 해야 할 필요성을 느끼지 않았으며 회의 시간에 자신의 의견들을 효과적으로 표현하기 시작하였다.

전부 총 12번의 치료 회기가 한 시간씩 2주 혹은 3주 간의 간격으로 진행되었다. 많은 작업이 회기 밖에서 진행 되어야 했기 때문에 치료 회기 사이의 간격은 중요하였다. John이 치료를 종결하면서 마지막으로 치료에 대해 언급한 이야기는 인지도식의 변화와 관련하여 매우 인상적인 것 이었다: '이전보다 나에게 세상은 훨씬 덜 무섭고 훨씬 더 흥미진진해졌어요. 난 이전에는 상상하지 못했었던 일들을 하고 있어요. 나는 내가 이런 일들을 하지 못하도록 방해했던 것이 나의 증상들이었다고 생각했었죠. 하지만 지금은 그것이 증상들이 아니라 나 자신이었다는 것을 알았습니다.'

최종 공식화

최종 공식화(그림 6.4를 참조)는 초기 공식화보다 더 자세한 세부 사항들을 포함하지만 본질적으로는 크게 다르지 않았다. 발달 과정에서의 상황들과 관련된 가설들은 틀리지 않았다는 것이 입증되었으며 치료는 이런 상황들에 대한 더 자세한 세부 사항들을 밝혀내었다. 역기능적 인지도식들이 공식화를 통해 더욱 명확히 드러났다. 이 인지도식들은 서로 다른 두 가지 독립적인 차원으로 구분 된다는 것이 분명해졌다: 첫 번째 차원은 '책임감'과 '능력'이었으며 두 번째 차원은 '수용' 및 '호감'이었다. 양쪽 차원의 인지도식들은 모두 다른 사람들의 의견이나 판단에 지나치게 영향 받는 불안정한 심리적인 측면을 내포하고 있었으며 또한 이런 불안정성에 의해 발생하는 불안을 회피하기 위한 방법으로써 증상들을 형성하였다. 이 두 가지 차원들은 그 자체만으로도 긴장상태를 조성하였는데 왜냐하면 좋은 사람이 되고 다른 사람들에게 호감을 받는 상태를 계속 유지하기란 어려운 일이었기 때문이다. 강박장애에서 특징적으로 관찰되는 것과 마찬가지로, 침습적 사고들이 그 자체로서 현실적으로 직접 인지도식들을 활성화시키지는 않았다. 그럼에도 불구하고 침습적 사고들은 계속 관심의 초점이 되어 왔으며 부정적인 정서적 의미를 만들어 내는 방식을 통해 그리고 괴로움을 경감시키기 위해 의례적 행동을 할 필요성을 유발함으로써 역기능적 인지도식들과 상호 작용해 왔다.

이 최종 공식화가 pp. 151-154에 개략적으로 기술된 Salkovskis의 모델과 구성주의적 모델 양쪽의 요소들을 모두 포함하고 있다는 것에 주목해야 한다: Slkovskis(1985)는 '책임감'의 문제에 초점을 맞춘 반면 애착에 관한 Guidano와 Liotti(1983)의 설명은 '호감'의 문제와 더 부합되는 측면이 많다.

그림 6.4 최종 공식화

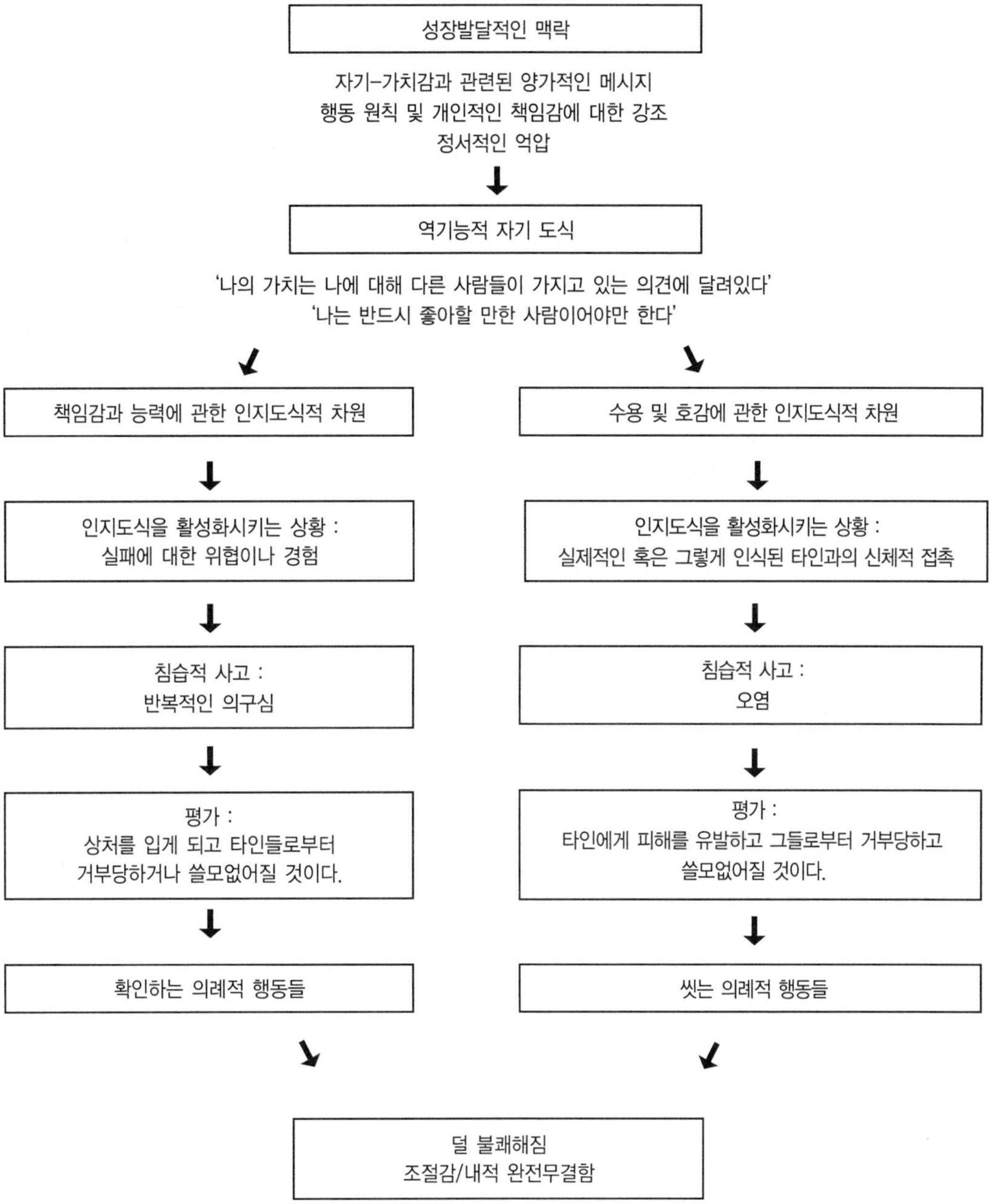
성장발달적인 맥락
자기-가치감과 관련된 양가적인 메시지
행동 원칙 및 개인적인 책임감에 대한 강조
정서적인 억압
역기능적 자기 도식
'나의 가치는 나에 대해 다른 사람들이 가지고 있는 의견에 달려있다'
'나는 반드시 좋아할 만한 사람이어야만 한다'
책임감과 능력에 관한 인지도식적 차원
수용 및 호감에 관한 인지도식적 차원
인지도식을 활성화시키는 상황 :
실패에 대한 위협이나 경험
인지도식을 활성화시키는 상황 :
실제적인 혹은 그렇게 인식된 타인과의 신체적 접촉
침습적 사고 :
반복적인 의구심
침습적 사고 :
오염
평가 :
상처를 입게 되고 타인들로부터
거부당하거나 쓸모없어질 것이다.
평가 :
타인에게 피해를 유발하고 그들로부터 거부당하고
쓸모없어질 것이다.
확인하는 의례적 행동들
씻는 의례적 행동들
덜 불쾌해짐
조절감/내적 완전무결함

결 과

그림 6.5에서 보여지는 것처럼, 침습적 사고 및 강박적 사고(의례적 행동)에 대해 측정된 모든 차원에서 증상의 경감이 관찰되었다.

그림 6.5 치료 전과 치료 후의 증상들에 대한 점수들

	각 삽화 당 침습적 사고의 지속 시간 (분)		침습적 사고의 강도 (1–10)		확신의 수준		의례적 행동의 완고함 (1–10)		각 삽화 당 의식행동의 지속시간 (분)	
	치료 전	치료 후	치료 전	치료 후	치료 전	치료 후	치료 전	치료 후	치료 전	치료 후
평균	57	16	7	3	8	2	8	1	37	8
범위	29–132	2–30	4–9	1–5	7–10	1–5	6–9	1–3	15–140	0–16

John은 침습적 사고들이 아직 남아 있음에도 불구하고 자신의 의례적 행동들을 멈출 수 있다고 보고하였다. 그는 이것이 침습적 사고들에 대한 확신이 줄어들었기 때문이라고 느꼈다. 그는 또한 직장의 회의에서 자신의 의견을 밝히거나 여자 친구 앞에서 의견을 밝히는 것, 또는 체육관에 특정한 운동기구들을 이용하러 가거나 어린 조카들과 같이 노는 것처럼 몇 가지 중요한 활동 영역에서 예전보다 회피하는 것이 줄어들었다고 보고하였다. 그는 이러한 변화들에 대해 매우 만족하였다.

또한 인지도식에도 변화가 이루어졌다는 증거를 관찰할 수 있었다. 그가 자신의 욕구 충족을 희생하면서까지 다른 사람들을 만족시키는데 몹시 몰두했다는 것을 깨닫게 됨으로써 그는 계속 그렇게 다른 사람들을 만족시키기 위해 행동해야 할 필요성이 있는지 의심하기 시작하였다. 그는 자신의 마음속에서 자기-가치감과 성취 – 적어도 그의 부모가 인정할 만한 수준의 성취 – 의 문제를 분리해서 생각하기 시작하였다. 그는 여러 역기능적 인지도식들의 기원들을 연결시켜 종합하였으며 정서적인 경험들을 더욱 많이 이해하게 되었다고 보고하기 시작하였다. 그는 여자 친구에게 화가 났던 것들과 불안했던 감정에 대해서도 이야기했지만 자신의 일에 있어서 느낀 만족감에 대해서도 이야기했다.

재발-방지

여기서는 치료의 여러 구성 요소들이 중요하였다:

1 치료에서 알게 된 자료들을 요약하였는데 서면으로 된 개요와 핵심에 관한 개략적인 삽화를 함께 준비함으로써 만약 그가 미래에 필요한 상황이 오게 되면 쉽게 이러한 정보를 얻을 수 있도록 하였다;
2 최종 공식화 및 인지 모델에 대한 인쇄물을 제공하였는데 특히 인지 모델 중에서 인지도식의 구성이나 작동 방식에 대한 내용을 John에게 제공하였고 이 자료들을 통해 그가 미래에 필요한 도움을 스스로 얻을 수 있도록 하였다;
3 증상을 심각하게 악화시키게 될 상황들이나 혹은 잠재적으로 증상을 유발시킬 가능성이 있는 상황들을 다루기 위한 위기상황 대비 계획을 수립하였다(John이 앞으로 살아가면서 겪게 될 지속적인 변화를 고려하면 일시적으로 상태가 퇴보하게 될 가능성도 충분히 존재하였다);
4 John이 치료를 받으면서 유용하다고 판단했던 대처전략들의 목록을 작성하였으며 이를 통해 그가 미래에 직면하게 될 문제들을 어떻게 다루어야 할 지 실제적이고 실용적인 정보들을 쉽게 얻을 수 있도록 하였다;
5 John이 스스로 독립적으로 대처해 나가는데 있어서 자신감을 가질 수 있도록 작업하였는데 이는 각 회기에서 해야 할 일들에 대한 책임을 점차 John이 도맡을 수 있도록 만들고 회기가 진행될수록 치료자가 그를 점점 덜 지시적으로 대하고 또한 회기 사이의 간격을 계속 늘림으로써 치료자의 도움을 점차 덜 받을 수 있도록 하였다.
6 변화를 지속시키기 위한 동기를 유지하기 위하여 치료 종결 후 일정시간 뒤에 후속 회기들을 시행하기로 계획하였다.

논 의

이 사례에서 첫 번째로 강조하고 싶은 것은 겨우 12회기를 통해서 얼마나 많은 변화가 이루어졌는가 하는 점이다. 또한 이런 변화의 수준을 살펴볼 때 순수한 행동치료적의 사례에서 볼 수 있는 증상적 수준에서의 변화뿐만 아니라 인지도식 수준에서의 변화도 이루어졌음을 관찰할 수 있었다. 이러한 점들로 인해 그에게 보다 낙관적인 예후를 기대할 수 있었다. John은 자신의 강박장애에 대한 인지모델을 빠른 시간 안에 충분히 이해할 수 있었으며 이런 협력적이고도 유도적 방식의 치료에 잘 적응하였다. 치료자는 인지적으로 잘 발달된 그의 지적 능력을 활용할 수 있었으며 p.26에 기술된 교모하고도 직관적인 질문과 통합을 통해 John이 자신의 증상 아래에 놓여있는 정서적인 문제들을 밝혀내고 다룰 수 있도록 도와줄 수 있었다.

행동치료와는 반대로 실제적인 증상들에 대해서는 거의 직접적이거나 명시적인 작업을 하지 않았다는 점에 주목해야 한다. 대신에 공식화를 발전시키고 발전시킨 공식화를 실제로 시험해 볼 수 있는 과제들을 구성하는데 주된 초점을 두었다. 증상의 변화는 이런 치료과정에 이차적으로 동반되는 부산물로서 이루어지는데 이는 개인적인 경험들을 점진적으로 재구성함으로써 불안을 회피해야 할 필요성이 줄어들고 따라서 증상에 의지해야 할 필요성 역시 줄어드는 과정을 통해 이루어진다. 실제로, 증상을 직접적인 방식으로 다루지 않음으로써 치료자는 행동치료에서 종종 볼 수 있는 수준의 변화에 대한 저항을 피해갈 수 있었다. 증상들이 가지고 있는 정서적 역할을 고려하는 것이 증상을 변화시키는데 있어 핵심 요인이었다.

변화하는데 있어 여러 요인들이 중요한 영향을 미쳤다: 초기 발달 과정에서의 문제들에 대한 탐구와 깨달음; 과거의 문제들과 현재의 문제들을 연결 짓기; 그렇게 해야만 하는 명백한 이유가 있는 경우에 한해서 공식화에 근거하여 과거를 탐구하고 밝혀내는 것.

인지도식이 변화했다는 증거가 존재하기 때문에, John의 예후는 매우 낙관적이다. 그는 직장에서의 문제 영역에 대해 더 초점을 맞추어 작업을 진행시켜 나갔으며 그와 친밀한 관계에 있는 사람들과의 문제들 - 추후에 보다 집중적인 인지도식 중심의 치료가 필요할 수 있는 - 은 상대적으로 덜 다루어졌다. 하지만 이런 후속 치료에 대한 결정을 내리기 전에 일정 기간 치료를 받지 않고 지내는 기간을 갖는 것이 중요한데 이는 다음과 같은 몇 가지 이유들 때문이다 (1) 치료를 받지 않고 지내는 기간 동안 그가 단기간의 치료에서 배우게 된 새로운 심리적인 전략들을 얼마만큼 유지할 수 있는가를 확인하는 것이 필요하기 때문이고 (2) 정규적인 인지치료를 시행 받지 않고 있는 상태에서 그가 작업을 좀 더 진행시켜 나갈 수 있는지를 알아보는 것이 필요하기 때문인데 이는 새로운 삶의 경험들을 통해 인지도식의 재구조화가 얼마나 이루어졌느냐에 달려있게 된다.

이 사례를 통해 어떻게 하면 합리주의적 관점과 구성주의적 관점을 통합하여 단순한 부분의 합이 아닌 이보다 더 높은 수준의 인지치료 패키지를 구성할 수 있을 지에 대해 서술하려고 노력하였다. 지면의 제약으로 인해 치료적 관계의 특수한 활용에 대해서는 자세하게 언급을 하기가 곤란하였다. 하지만 이런 치료적 관계가 가설들을 검증하기 위한 수단으로 활용되었을 뿐만 아니라 치료자와 환자 사이의 대인 관계적 문제들 또한 이러한 공식화의 관점에서 솔직하게 논의되었다. John의 사례에서 사람들의 비위를 맞추려 하고 불쾌한 감정을 회피하고자 하는 그의 욕구는 자연스럽게 치료자와의 관계로 확장되었다. 치료자와의 관계에서 John이 가지고 있는 이런 가정들에 반대되는 행동을 해봄으로써 그는 안전한 방법으로 변화를 시도해 볼 수 있었으며 이런 경험은 변화에 대한 확신을 가져다주었다.

제7장

신경성 폭식증의 사례

Sophie – 벽을 부수고 다리를 놓자

신경성 폭식증에 관한 역학적 연구들의 고찰을 통해 Fairburn과 Beglin(1990)은 청소년과 젊은 성인 여성들의 유병률을 1에서 3% 사이로 제시하였다. 그러나 저자들은 자신들이 검토한 연구들이 사례들을 진단하기 위해 사용한 여러 방법론들 때문에 식이장애의 유병률을 실제보다 적게 추정했을 가능성에 대해서도 고려하였다. 또한, Herzog 등(1991)은 만약 잠재적으로 진단이 내려질 수 있는 사람들까지 통계에 포함시킨다면, 유병률이 5에서 15% 사이까지 상승할 것이라고 주장하였다. 남성에서의 식이장애 유병률에 대해서는 추정할 수 있는 연구 자료가 부족하였다. 미국 정신과 협회의 *정신장애의 진단 및 통계 편람*(*Diagnostic and Statistical Manual of Mental Disorders, DSM*-IV, 1994) 제 4판은 남성에서 신경성 폭식증의 유병률이 여성 유병률의 10분의 1수준일 것이라고 추정하였다.

신경성 폭식증의 정의

DSM-IV에 정의되어있는 신경성 폭식증의 진단 기준이 표 7.1에 요약되어 있다. 식이 장애에 대한 문헌들을 검토한 후 Garner와 Garfinkel(1985)은 *DSM*-IV의 정의와 동일한 정의를 제시하였으며 이에 덧붙여 식이장애의 임상양상이 일반적으로 우울 및 불안증상 그리고 사회적 기능의 장애를 동반한다는 사실을 제시하였다.

Fairburn은 신경성 폭식증을 특징짓는 특성으로 통제력의 두드러진 결핍을 강조하였으며 이런 결핍에 기여했다고 추정되는 여러 요인들에 대해 제시하였다. 첫 번째로, 그는 신경성 폭식증에 걸린 사람들이 종종 비만의 가족력을 갖고 있다는 사실을 제시하였다. 임상가로서 그는 체중이 유전학적으로 결정되고 신경성 폭식증에 걸린 사람들이 체질적으로 과체중인 경향을 보인다는 전제를 가지고 추론을 진행하였다. 결과적으로 다이어트를 하려는 환자들의 노력은 자신의 타고난 체질에 반하는 행동이 되는 것이다. 두 번째로, Fairburn은 신경성 폭식증 환자들 가운데 물질 남용, 그 중에서도 괴로운 감정을 처리하기 위해 알코올을 남용하는 가족력이 많다는 것을 강조하였다. 이와 더불어 신경성 폭식증 환자들은 외향성, 통제력의 부족과 같은 성격 특성과 함께 내적으로는 만성적인 자존감의 저하를 보이는 경우가 많았다. 어려운 삶의 상황들 속에서 완벽주의를 고집하는 경향은 신경성 폭식증이 발병하기 바로 전 단계에서 자주 관찰되는 모습이다. 마지막으로, Fairburn은 신경성 폭식증의 발병 및 증상의 유지에 영향을 미치는 사회문화적 요인들의 역할에 대해 특히 강조하였다. 그는 신경성 폭식증이 다이어트에 실패함으로써 발생하는 것이라고 생각하였으며 이러한 다이어트 시도 자체는 결국 행복, 성공 그리고 한 인간의 바람직함을 날씬한 체형을 소유하는 것과 동일한 것으로 간주하는 문화적 기준들 때문에 촉발되는 것이라고 생각하였다.

표 7.1 신경성 폭식증의 진단 기준 (*DSM*-IV에서 요약되었음)

1 다음과 같은 특징을 가지는 폭식의 반복적인 삽화:

- 일정한 시간 동안(2시간 이내) 대부분의 사람들이 유사한 상황에서 동일한 시간 동안 먹는 것보다 많은 양의 음식을 먹는 것
- 삽화 동안 먹는 행동에 있어 조절능력을 상실했다는 느낌

2 체중 증가를 방지하기 위하여 자발적 구토 또는 완하제, 이뇨제, 관장제의 남용, 금식 혹은 지나친 운동과 같은 부적절한 보상 행동을 반복한다

3 폭식과 부적절한 보상 행동 모두 평균적으로 적어도 일주일에 2 회씩 3개월 동안 일어난다

4 몸매와 체중이 자신에 대한 평가에 과도한 영향을 미친다

인지 모델

Fairburn과 Cooper(1989a)는 신경성 폭식증을 지속시키는 요인들을 설명하기 위한 인지-행동 모델을 개발하였다(그림 7.1). 이 모델은 인지 행동적 용어로 신경성 폭식증을 개념화 할 수 있는 틀을 제시하였으며 인지행동 치료의 논리적 근거를 제공하였다. 그들은 논리적 근거의 일부분으로 다음과 같은 측면들을 강조하였다.

1. 서구 사회에서 다이어트를 하는 것은 흔히 볼 수 있는 행동이며 대부분의 여성들이 정

도에 따라 차이가 있기는 하지만 다이어트를 한다. 다이어트를 하게 되면 심리적 생리적 작용들의 결합에 의해 폭식행동을 하게 될 가능성이 높아지게 된다. 다이어트를 하게 되는 이유는 사람마다 다양하고 복잡하지만 궁극적으로는 많은 여성들이 자신의 몸매나 체중에 집착하게 된다. 일부 여성들의 경우에서는 이것이 과도해져서 결과적으로 엄격하고 경직된 식사 규칙들을 채택하고 이에 대해 고집스럽게 집착하게 된다. 따라서 설혹 그것이 아무리 사소한 것이라고 하더라도 식사 규칙에서 조금이라도 벗어나게 되면 이를 신경성 폭식증 환자들은 통제력의 부족 및 실패의 증거로 여기게 된다. 이렇게 되면 자신의 식사 규칙을 일시적으로나마 내던져 버리고 폭식 행동으로 이어지게 된다. 또 한편으로는 다이어트 혹은 제한 식이로 인해 표준체중보다 체중이 줄어들게 되면 신체 내에 존재하는 생리적 장치들이 자동적으로 작동하게 된다. 이런 생리적 장치들은 개체로 하여금 먹는 활동을 시작 할 수 있도록 신체를 자극하며 이는 개체의 생존에 필수적인 것이다. 따라서 만약 그 사람이 본인에게 필요한 양보다 적게 먹고 있는

그림 7.1 신경성 폭식증을 지속시키는 요인들에 대한 인지-행동 모델

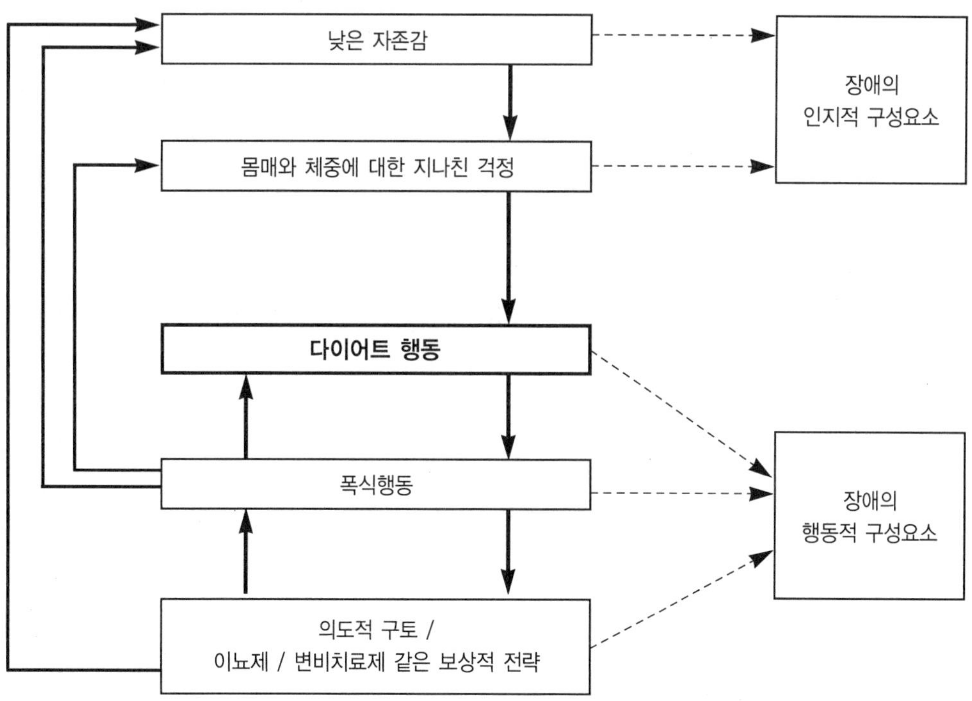

상태라면 이런 생리적 장치들은 오히려 그가 과식을 할 가능성을 높이게 된다. 체중과 몸매에 관심이 많은 일부 사람들에게 있어 폭식은 그 자체로 다이어트 행동을 강화시킨다. 그 결과 더 심한 폭식을 유발시키는 악순환 과정이 형성되게 된다.

2. 한 번 악순환 과정이 형성되면 그 사람은 자신의 체중과 몸매를 통제하기 위한 다른 방법들을 찾게 된다. 의도적 구토, 이뇨제 및 변비약의 사용 그리고 지나친 운동 모두가 폭식 행동을 강화시킨다. 이런 강화가 일어나는 이유는 그 사람이 이러한 방법들이 칼로리 흡수를 줄이는데 효과적이었다고 잘못 믿게 되기 때문이다. 이런 믿음은 과식의 부정적인 결과 – 즉, 체중 증가 –를 무시하도록 만들고 따라서 먹는 것에 대한 억제는 줄어들게 된다. 그러므로 두 번째 악순환 과정이 폭식과 제거 행동 사이에서 형성 된다.
3. 자신의 체중과 몸매에 대해 지나치게 걱정하는 사람들은 자신의 자기–가치감을 이러한 기준들에 따라 판단하는 경향이 있다. 따라서 전형적인 슈퍼 모델의 몸매가 가장 높은 평가를 받게 된다. 그러한 가치 체계가 다이어트 행위를 하도록 부추길 가능성이 높기 때문에 결국 다이어트 행동과 몸매 및 체중에 대한 걱정 사이에 세 번째 악순환 과정이 형성되게 된다.
4. 자신의 체중과 몸매에 대해 지나치게 걱정하는 사람들은 실패감, 무익함 및 무가치함에 대한 내적인 생각이나 느낌들을 자주 표현하는데 이러한 것들은 일반적으로 낮은 자존감으로 묘사될 수 있는 것들이다. 몸매와 체중에 대한 지나친 걱정, 다이어트 행동, 폭식 행동 및 제거 행동 모두는 낮은 자존감을 강화시키며 따라서 이들 사이에 네 번째 악순환 과정이 형성 된다.

SOPHIE

의뢰 과정

Sophie는 인지치료센터에서 치료받고 싶다는 그녀 자신의 요청에 따라 담당 의사를 통해 의뢰되었다. 의뢰 서신의 내용은 간략하였는데 문제에 대한 진단적 언급과 함께 Sophie 본인이 자신의 부모에게는 비밀로 해 줄 것을 특별히 요청하였다고 적혀있었다. 담당의사는 그녀의 어린 나이(그녀는 열 일곱 살이었다)에 대해 우려를 표명하였으며 그녀를 즉시 만나볼 것을 요청하였다.

평 가

그녀의 문제들에 대한 평가는 3회기 동안 이루어졌으며 심리측정 척도들과 면담 그리고 기준이 되는 최초 자기-관찰을 통해 세 가지 특정 영역들 - 병의 증상 양상, 병력 및 개인력에 관한 정보를 얻었다.

증상의 개요

대학생인 Sophie는 자신의 주된 문제가 매일 같이 반복되는 폭식 및 구토 행동이라고 표현하였다. 이 행동들은 일정한 패턴에 따라 반복되고 있었는데 오전 11시에서 오후 5시까지 그녀는 극히 소량의 제한된 식사를 하였고 이 시간 동안 자신이 '금지되지 않은 음식들' 이라고 부르는 제한적인 범위의 음식들을 소량만 섭취하였다. 이 시간 이후 한 번에서 세 번 정도의 폭식 삽화가 뒤따르게 되는데 대개는 저녁 5시에서 10시 사이에 발생하였으며 이 삽화 동안 그녀는 자신이 '금지된 음식' (표 7.2)이라고 부르는 음식들을 섭취하였다. 폭식 삽화들은 5분에서 30분 사이 동안 지속되었다.

이후 Sophie는 의도적 구토행동을 하게 되는데 대게 폭식을 한 다음 5분에서 10분 정도가 지난 후에 구토 행동을 하게 되었다. 구토는 집게손가락을 사용함으로써 상대적으로 쉽게 유발되었으며 항상 집에 있는 욕실에서 이루어졌다. 그러한 구토 행동은 하루에 1번에서 3번 사이의 빈도로 이루어졌으며 그 중의 한 번은 반드시 자러 가기 전에 행해졌다. 평가 당시, Sophie는 폭식 삽화를 유발시키는 계기들을 인식하지 못하였으며 자발적 구토 행동을 칼로리를 제거하는 방법이라고 여겼다. 그녀는 특정 음식들을 먹어도 괜찮은지 여부가 스스로 부과한 규칙들에 의해 결정 되는 특이한 식이 패턴에 대해 설명하였다(표 7.2). 또한 그녀는 혼자서 먹는 것을 더 선호하였으나 음식을 몰래 감추어 두거나 하지는 않았다. 그녀는 채식주의자였는데 채식주의자가 된 이유는 일부는 동물들의 권리에 관해 그녀가 가지고 있는 믿음들 때문이었으며 일부는 자신의 칼로리 섭취를 조절하는 수단이 되었기 때문이었다.

Sophie의 체질량 지수는 15였으며 이는 표준 체중에 미달되는 수치였다(Fairburn과 Cooper, 1989b). 그녀는 일주일에 한 번씩 체중을 측정하였다.

그녀는 체중 조절을 위하여 변비치료제나 이뇨제를 사용하지 않았으며 규칙적으로 운동하지도 않았다. 그러나 그녀는 이따금 자신이 지나치게 많이 먹었다는 생각이 들 경우 자신의 침실에서 운동 프로그램을 수행하였다. 이런 운동은 대략 3,4주에 한 번씩 5분에서

표 7.2 음식들에 관한 순위

금지되지 않은 음식들		
저지방 요구르트	구운 콩	꽃양배추
사과	오이	브로콜리
오렌지	블랙 커피	자몽
배	홍차	양파
토마토	호박	버터를 바르지 않은 구운 빵
상추	피망	
약간 금지된 음식들		
쌀	사탕옥수수	바나나
통밀 빵	오렌지 주스	코티지 치즈
파스타	우유	강낭콩
수프	조미료	양배추 샐러드
중간 정도 금지된 음식들		
치즈	저지방 스프레드	
야채 버거	아이스크림	
계란	저지방 마요네즈	
굽거나/삶은 감자		
금지된 음식들		
케이크	초콜릿	사탕
비스킷	칩스	구운 감자
페이스트리	카레	튀김 식품
버터/마가린	설탕	감자 칩

10분 사이 동안 이루어졌으며 운동 프로그램은 윗몸 일으키기로 구성 되었다. 이런 운동의 목적은 칼로리를 연소시키고 배가 들어가도록 하는 것이었다.

치료자가 Sophie와 함께 신체상(body image)에 대해 논의해 본 결과 그녀가 자신을 살쪘다고 생각하지 않는다는 사실은 분명하였다. 그러나 그녀는 배가 나오지 않는 것이 중요하다는 사실에 사로잡혀 있었으며 자신의 신체 중 배 부위에 살이 찌는 것에 대해 지나친 공포감을 표현하였다. 그녀는 또한 자신의 또래 집단에 있는 다른 여성들에 비해 자신이 별로 매력이 없다고 생각하고 있었으며 신체적 외모와 성격 모두에서 다른 여성들보다 자신이 못하다고 부정적으로 생각하는 경향이 있었다. 면담을 통해 드러난 Sophie의 믿음들은 신체적 외모에 따라 자기-가치감 및 성공 여부가 평가 되고, 행복 및 성취의 획득이 육체적인 완벽함을 소유하는 것과 같은 것이라고 생각하는 데에 초점이 맞추어져 있었다.

Sophie는 매일같이 자신의 기분변화가 심하다고 하였다. 그녀는 하루에도 여러 번에 걸쳐 기분이 아주 급격하게 쳐질 때가 있다고 보고하였다. 그녀는 이런 패턴을 유발시키는 계기가 무엇인지는 인식하지 못하였다. 그녀는 기분이 저조할 때 신경질적이 되었으며 사회적으로 위축되었다. 그녀는 기분이 저조한 시기와 자신이 설명한 폭식 및 제거 행동의 패턴 간에 아무런 연결을 짓지 못하였다. 그녀는 자신의 집중력과 기억력이 정상이라고 보고하였으며 수면 패턴 역시 정상이었다. 자살에 관해 질문 받았을 때 그녀는 어떠한 자살 사고도 표현하지 않았다. 그녀는 1주일에 5-10 표준 음주를 하였고 이는 권장 수준 범위 내의 음주량이었다. 그녀는 쾌락을 위해 마약을 사용하지 않았다. 그녀의 문제는 생리 불순을 야기시키지 않았다. 감별 진단에 대해 고려했을 때, Sophie가 묘사한 문제들은 주요 우울장애의 진단 기준이나 II축 장애의 진단 기준을 만족시키지 않았다.

기준이 되는 최초 심리 측정 척도 점수들은 다음과 같았다:

- Beck 우울척도: 25
- 절망감 척도: 3
- 역기능적 태도 척도: 150
- Hamilton 우울평가 척도: 5
  (상기 척도들에 대한 표준 점수에 대해서는 pp.66~7를 참조하라.)
- 식이 태도 검사(Eating-Attitudes Test; EAT): 42
  Garner와 Garfinkel(1979)은 EAT의 타당도 연구에서 신경성 식욕부진증 환자들과 정상 대조군사이의 경계선인 30점을 절단 값으로 제시하였다. 점수가 높을수록 질환의 심각도가 더 증가함을 나타낸다. 최대 점수는 117점이다.
- 에딘버러 신경성 폭식증 척도 검사(Bulimia Inventory Test Edinburgh; BITE):
  증상 척도: 22; 심각도 척도: 11
  Henderson과 Freeman(1987)은 BITE의 두 가지 척도들을 정의하였다. 증상 척도가 20점 혹은 그 이상인 경우 이는 매우 심한 장애가 있는 식이 양상 및 폭식 행동이 존재함을 나타낸다(최대 점수는 30점이다). 심각도 척도가 5점 혹은 그 이상인 경우 이 점수는 임상적으로 의미 있는 점수로 여겨지며 10점 이상의 점수는 극도로 심각함을 의미한다(최대 점수는 18점이다).

질환의 경과

Sophie는 10살 때 자신의 외모에 대해 처음 불만을 느꼈던 경험을 기억해 냈다. 이 당시 그녀는 과체중이었으며 이 때문에 그녀의 가족이나 학교 친구들에 의해 놀림을 받았었다. 그녀는 이것이 매우 속상하다고 느꼈었고 사회적으로 위축 되었던 것을 기억하였다.

1년 뒤, 그녀의 어머니는 그녀를 가족 주치의에게 데려갔으며 그녀가 다이어트를 할 수 있게 해 달라고 의사에게 요청하였다. 그 의사는 이것이 부적절하다고 생각하였으며 체중은 그녀가 청소년기를 지나게 되면서 아마도 자연스럽게 빠지게 될 것이라고 조언을 하였다. Sophie는 이 경험이 굴욕적이라고 느꼈으며 그녀의 어머니를 무신경하고 지지적이지 못한 사람이라고 생각하게 되었다. 그녀가 중등학교에 들어갔을 때, 그녀의 체중에 대한 놀림은 점차 강도가 심해져서 그녀는 '똥배' 나 '뚱뚱보' 같은 놀림(특히 남자 아이들로부터)을 받게 되었다. 그녀는 자신이 '버림받은 애' 였다고 표현하였으며 스스로를 방어하기에는 무기력했다고 표현하였다. 그녀는 자신이 얼마나 괴로운지 그 누구에게도 털어 놓지 못하였다.

열세 살에 Sophie는 자신의 식사를 제한하기 시작하였다. 이런 제한은 결국 폭식을 부추겼다. 신경성 폭식증을 주제로 다룬 한 잡지의 기사를 읽고 그녀는 체중 조절을 위한 수단으로서 의도적 구토의 방법들을 배우게 되었고 이후 1년 동안 그녀의 체중은 크게 줄어들게 되었다. 그녀의 체중 감소 및 이로 인한 모델 같은 몸매로의 변화는 가족과 친구들에 의해 칭찬받게 되었고 그들은 그녀가 현재 얼마나 매력적으로 보이는지에 대해 이야기를 하였다. 그녀는 살이 빠졌다는 이유만으로 갑작스럽게 다른 사람들의 마음에 들게 되었다는 사실에 대해 크게 분노를 느꼈다. 결과적으로 그녀는 자신이 새롭게 얻게 된 인기에 대해 매우 양가적으로 느끼게 되었으며 특히 자신을 조롱하던 소년들에 대해 그렇게 느꼈다.

Sophie는 자신의 문제에 대해 어느 누구에게도 이야기한 적이 없었으며 평가 당시 자신의 문제들에 대해 그녀의 어머니가 알고 있는지 잘 모르겠다고 이야기 하였다. 발병 후 그녀의 신경성 폭식증은 상당히 안정적인 편이었으나 열여섯 살에 그녀가 중등교육 자격시험들을 치르게 된 이후로 폭식 및 의도적 구토의 빈도는 악화되었다. 그녀 자신도 악화된 이유에 대해 잘 알지 못했으며 이런 악화 때문에 결국 치료를 찾게 되었다. 그녀는 부모 몰래 치료를 받았으며 치료 받는 사실을 부모에게 알리지 말 것을 치료자에게 부탁하였다.

폭식 및 의도적 구토 사이의 자기 파괴적 순환 과정, 음식 섭취에 대해 엄격하게 스스로 부과한 규칙들 그리고 낮은 자존감이 Sophie의 문제들을 지속시키는 요인들인 것으로 여겨졌다.

개인적 배경

Sophie는 더비셔(Derbyshire) 마을에서 태어나고 자랐다. 그녀는 세 아이 중 장녀였고 밑으로 14살의 남동생과 11살의 여동생이 있었다. 그녀는 자신의 아동기가 '불행했다' 고 표현하였으며 이에 대한 가장 중요한 이유로 자신과 아버지와의 관계를 언급하였는데 그녀는 아버지를 '엄격하고' '통제적인' 사람이라고 묘사하였다. 그녀는 어린 시절부터 자신의 아버지가 가족들이 어떠한 활동을 해야 하는지 결정하고 행동, 예절, 사회적 활동과 관련된 엄격한 규칙들을 정했었다고 하였다. Sophie는 자신의 아버지를 감정적으로 '냉담하고' '감정을 잘 드러내지 않는' 사람으로 생각하였다. 그녀의 아버지는 또한, 갑작스럽게 분통을 터뜨리는 경향이 있었으며 화를 내고 나면 며칠 동안 말을 하지 않곤 하였다. 이따금 그는 '못되게 행동한다' 며 그녀를 때리기도 했고 종종 그녀에게 너는 '맞아도 싸다' 고 말하기도 하였다. 평가 당시 그녀는 아버지와 일 년 동안 이야기를 하지 않고 있는 상태였는데 이는 그녀가 남자 친구가 있다는 사실을 알게 된 후 아버지가 뺨을 때리면서 '매춘부' 라고 이야기했기 때문이었다.

Sophie는 자신과 어머니와의 관계도 아버지와의 관계와 마찬가지로 감정적으로 냉담한 관계라고 언급하였고 어머니를 '이기적이고' '지지적이지 못한' 사람이라고 표현하였다. 그녀의 부모는 결혼 생활을 매우 힘들어 하였는데 서로 자주 격렬한 언쟁을 하는 편이었다. 그녀의 어머니는 Sophie를 결혼 생활에 관한 사적인 문제들을 의논할 수 있는 친구로서 대하였으며 Sophie는 이것이 견디기 힘든 부담이라고 생각하였다. 그녀는 어머니가 아버지의 행동에 맞서 저항하지 않았기 때문에 자신이 어머니에 대해 별로 존경심을 갖지 않았다고 표현하였다. 또한, 그녀는 자식들을 도와주지 못하는 어머니의 무능력해 보이는 모습에 대하여 분노를 드러냈으며 어머니가 자신에게 불편한 존재로 느껴졌다고 하였다.

그녀와 동생들과의 관계도 문제가 많았으며 그들은 서로 자주 말다툼을 하였다. 현재 그녀는 자신의 남동생 및 여동생과 거의 접촉을 하지 않고 있었다. Sophie가 스스로에 대해 가지고 있던 인식은 자신이 내성적이며 신경이 예민한 사람이라는 것이었다. 그녀의 초등학교 생활은 특히 힘들었는데 이유를 그녀는 남자 교사들과의 성격 차이라고 이야기하였다: 그녀는 분노발작을 보였었다고 이야기 하였으며 이 때문에 학교와 집에서 벌을 받았다고 하였다. 그녀는 항상 학교에서 한 두 명의 친구들과 교우관계를 유지하였으나 '사람들과 친밀해지는 것' 에 대해서는 어려움이 있었다고 했다. 그녀는 매주 사회 활동을 하였으며 영화를 보러 가고 술집이나 나이트클럽에도 방문하였다.

Sophie는 남자들과 사귀는데 있어 다소 어려움이 있다고 이야기 하였다. 그녀는 열 여섯 살에 처음으로 남자와 사귀게 되었고 이러한 관계는 3개월 간 지속되었다. 이 때 그녀는 처음으로 성적 경험을 가졌다 – 어느 날 그녀는 성 관계를 갖게 되었는데 성 관계 후 그 남자는 이별을 통보하였다. 돌이켜 생각해 보면, 그녀 자신은 이런 성적인 관계로 발전하기를 원하지 않았었는데 또래 친구들로부터 성관계를 갖는게 맞다고 하는 압력을 받았다고 한다. 그녀는 이 경험을 통해 자신이 마치 '값싼 여자' 인 것처럼 여겨졌으며 특히 자신과 교제했던 남자와의 성관계가 사실은 한 무리의 남자들 사이에서 이루어진 내기에서 비롯된 것이었다는 사실을 알고는 더욱 그렇게 느꼈다. 당연하게도 그녀는 자신과 어떠한 형태로든 관계를 맺으려고 시도하는 다른 남자들에 대해 적개심을 가지게 되었다. 그녀에게는 정기적으로 만나는 네 명의 동성 친구들이 있었다. 그녀는 지역 내 대입 준비학교에서 A 레벨 시험을 치르기 위해 공부하는 중이었으나 공부해야 할 분량이 많았을 뿐만 아니라 자신이 전혀 확신을 갖고 있지 못한 상태에서 장래 직업에 대한 계획을 세워야 한다는 압박감을 느꼈기 때문에 이에 대해 스트레스를 많이 받았다. 그녀는 일주일에 삼일 동안은 저녁 시간에 지역 내 술집에서 바텐더로 일하였다.

현재 상태

3번의 평가회기를 마친 후 얻어진 Sophie에 대한 인상은 스스로에 대해 매우 확신이 없는 내성적인 젊은 여성이라는 것이었다. 그녀는 자신의 문제들을 이야기 하는데 힘들어 했으며 자신의 생각들과 감정들을 표현하고 이들을 명명하기 위한 어휘를 쉽게 찾지 못하였다. 그녀는 타인과 눈 맞춤을 유지하는데 이따금 어려움을 겪었던 것과 마찬가지로 이야기를 할 때도 신경이 예민한 것처럼 보였다. 치료 회기에 참여하는 것을 주저하고 있는 사람이라는 것이 그녀에 대한 전체적인 인상이었다. 하지만, 토의의 주제가 그녀 자신으로부터 다른 것으로 이동하게 되면, 그녀는 좀 더 활기를 띠게 되었으며 특히 학교에서 자신이 하고 있는 문예창작에 대해 이야기를 할 때 그러하였다.

평가의 요약

Sophie의 상태는 중등도의 신경성 폭식증에 해당되었다. 그녀가 가진 문제의 핵심은 낮은 자존감인 것처럼 보였고 특히 그녀가 대인관계 상황에서 자신을 인식하는 방식의 측면이나 그녀가 다른 사람들과 관계를 맺는 능력의 측면을 고려할 때 이것이 더 문제가 되는 것처럼 보였다. 가설적으로 추정된 핵심 자기 인지도식은 무가치함 및 열등함에 대한 주제들을 중심으로 전개되어 나갔다. 아버지가 보인 통제적이고 모욕적인 행동 및 어머니가 보인 감정적인 거리감에 의한 영향으로 인해, 이런 자신에 대한 관점은 이미 아동기의 이른 시기에 확고하게 자리 잡은 것처럼 보였다. 이런 자신에 대한 인식은 그녀의 몸매와 체중에 대한 놀림과 괴롭힘 때문에 악화되었으며 또한, 그녀가 10살 때, 다른 사람들에 의해 사랑 받는다는 것 그리고 다른 사람들에게 받아들여진다는 것이 마른 몸매를 갖는 것과 같다고 -이는 가족들과 또래 집단에 의해 반복적으로 학습된 잘못된 사고방식이었으며 교사들을 포함한 어른들이나 친구들은 한 번도 이런 사고방식에 이의를 제기하지 않았다- 여기게 된 후에 이런 인식은 악화되었다. 13살이 되어 Sophie가 의도적 구토를 통해 체중을 줄이게 되고 이후 2년에 걸쳐 모델 같은 몸매를 얻게 되자 이러한 사고방식은 더 강화되었다. 하지만 그녀의 주위 사람들로부터 얻게 된 칭찬이나 관심은 그녀의 자존감을 높여주지 못하였고 대신에 이에 대해 양가적으로 느끼게 만들었다. Sophie는 마음 한구석에서나마 그녀의 주변 사람들이 공유하고 있는 암묵적인 가정, 즉 체중 감소가 어떤 과정을 통해 그녀를 이전과 다른 사람으로 변화시켰고 좀 더 다른 사람들이 받아들일 수 있는 사람으로 변화시켰다는 추정에 대해 거부하고 있었다. 바로 이 부분이 그녀가 치료를 찾도록 만들고 또한 치료에서 도움을 얻을 수 있도록 만든 구출 요인이라는 가정이 세워졌다.

단기인지치료에 대한 적합성

치료에 대한 적합성은 Sarfan과 Segal의 단기 인지치료 적합성 평가 척도를 사용하여 측정하였다(인지치료 과정의 여러 측면들이 0에서 5점 사이의 척도로 평가되어진다). 높은 점수는 좋은 예후를 나타내고 낮은 점수는 나쁜 예후를 나타낸다. 가능한 최대 총 점수 합계는 50점이다.

1 자동적 사고들에 대한 접근성

평가 단계에서 Sophie는 구체적인 자동 사고들을 인식하지 못하였으나 자신에게 괴로움을 야기시키는 일반적인 주제들에 대해서는 토의할 수 있었다 (1점).

2 감정들에 대한 인식과 구별

그녀는 감정들을 표현하거나 이들을 명명하지 못하였으며 어떻게 느끼는지 질문을 받았을 때, 자신이 느끼는 것을 표현하기 위해 '불편한' 이나 '혼란스러운' 같은 단어들을 사용하였다. 하지만, 그녀는 기분 변화가 심하다고 표현하였다. (2점).

3 변화를 위한 자신의 책임감을 받아들임

그녀가 부모의 도움 없이 자발적으로 도움을 요청했다는 사실은 그녀가 변화에 대한 자신의 책임을 받아들였다는 것을 암시한다. 이는 평가 기간 동안 더 분명해졌는데 그녀는 자신의 폭식 행동 및 의도적 구토 행동을 문제로 여기고 있다고 이야기를 하였으며 다음과 같은 의견을 제시하였다: '나는 나 자신이야말로 상황을 바꿀 수 있는 유일한 사람이라는 사실을 알고 있어요. 하지만 그렇게 하기 위해서는 도움이 필요해요' (5점).

4 인지적 논리 근거에 대한 적합성

치료자가 Sophie와 함께 이런 인지적 논리근거를 공유하였을 때, 그녀는 이론상으로는 이를 이해할 수 있지만 실제로 그녀가 이야기한 문제에 이것이 어떻게 적용되는지에 관해서는 다소 의구심이 든다고 이야기를 하였다 (3점).

5 협조 능력(치료시간 동안)

평가 기간 내내 그녀는 주저하는 모습을 보였으며 이따금 눈 맞춤을 유지하는 데에 어려움을 보였다. 그러나 회기가 진행되면서 그녀는 어느 정도 치료 과정에 참여하게 되었으며 좀 더 여유 있어 보였다 (2.5점).

6 협조 능력(치료시간 이후)

Sophie가 부모 및 형제자매와의 관계에 대해 이야기한 것에 따르면 그녀가 다른 이들과 어떠한 형태로든지 신뢰하는 관계를 맺었던 경험이 거의 없었다는 사실은 분명하였다. 그러나 그녀에게는 몇 명의 동성 친구들이 있었으며 그들과는 수년에 걸쳐 확고하고 지속적인 우정 관계를 유지하고 있었다 (3점).

7 문제의 만성화 정도

그녀는 4년간의 신경성 폭식증에 대한 병력을 이야기 하였으며 치료를 찾기 전 1년 동안 문제가 심각하게 악화되었음을 표현하였다 (3점).

8 안전 행동

그녀는 자신의 문제들을 의논하는데 힘들어했으며 불안을 유발시키는 주제들에 대해서는 한동안 회피하는 모습을 보였으나 평가 회기들이 진행되면서 점차 치료에 좀 더 참여하기 시작하였다. 비록 그녀가 약간의 의구심을 표현하기는 하였지만, 단기 치료에 금기가 될 수 있는 어떠한 중대한 안전 행동도 존재하지 않는 것처럼 보였다 (3점).

9 주제에 대한 집중

그녀는 쉽게 특정 주제에 집중할 수 있었으며 처음에는 망설였지만 곧 그 주제에 대해 어느 정도 심도 있는 토의를 시도하였다(3.5점).

10 치료에 대한 낙관적태도/비관적태도

Sohie는 치료의 효과에 대하여 드러내놓고 비관적이지는 않았으며 자기 입으로 낙관한다고 표현한 것은 아니지만 치료가 자신에게 유익할 수도 있다는 생각을 내비쳤다(3점).

종합점수는 29점으로 과연 치료를 통해 좋은 예후를 보일 수 있을지 다소 의문이 드는 점수였다. 하지만, 17살의 나이임에도 불구하고 Sophie가 스스로 문제가 있다는 것을 인정할 수 있다는 사실은 그녀에 대해 긍정적으로 평가해야 할 부분이었다. 연구를 통해 검증된 것은 아니지만 Fairburn(1992) 같은 연구자들의 임상 경험들을 통해 입증된 사실은 대다수의 여성들이 폭식과 의도적 구토를, 체중 조절을 위한 용인된 한 가지 방법으로 생각한다는 점이다. 따라서 Sophie가 자발적으로 도움을 요청하였다는 것은 주목할 만한 사실이었다. 그러나 그녀가 이전에 남자와의 데이트에서 경험했던 것을 고려할 때, 자신의 속마음을 털어 놓고 지지를 얻을 것이라는 기대와 함께 도움을 요청한다는 것은 결국 그녀 자신에게 매우 혐오스러운 일이 되게 될 것이라고 가정하는 것이 합리적이었다. 반면에, 그녀의 증상들은 지나치게 심각하지는 않았으며 신경성 폭식증의 실제적인 패턴도 비교적 안정적이었다.

초기 공식화

우리가 이미 앞에서 보았던 것처럼, 환자가 표현한 문제들을 공식화로 발전시켜 나가는 것은 인지치료에서 필수적인 부분이다. 이런 과정이 협력적인 방식으로 이루어져야 하며 가능한 환자가 이끌어 나가야 한다는 것이 인지 치료의 정신이다. 그러므로 어떤 질환에 작용할 것이라고 추정되는 심리적인 기제들에 관해 치료자가 어떤 가설을 세우더라도 여기에는 한계가 있을 수밖에 없다. 앞서 얘기한 것처럼 Sophie가 자신의 생각과 느낌들을 표현하거나 이들에 대해 명명하는 것을 어려워하였기 때문에 기분 장애의 발생이나 유지에 관한 Beck의 모델(1976)을 따라 가정했던 초기 공식화에도 필연적으로 이런 한계가 있을 수밖에 없었다. 이런 초기 공식화는 다음에 나오는 그림 7.2에 제시되어있다.

그림 7.2 초기 공식화

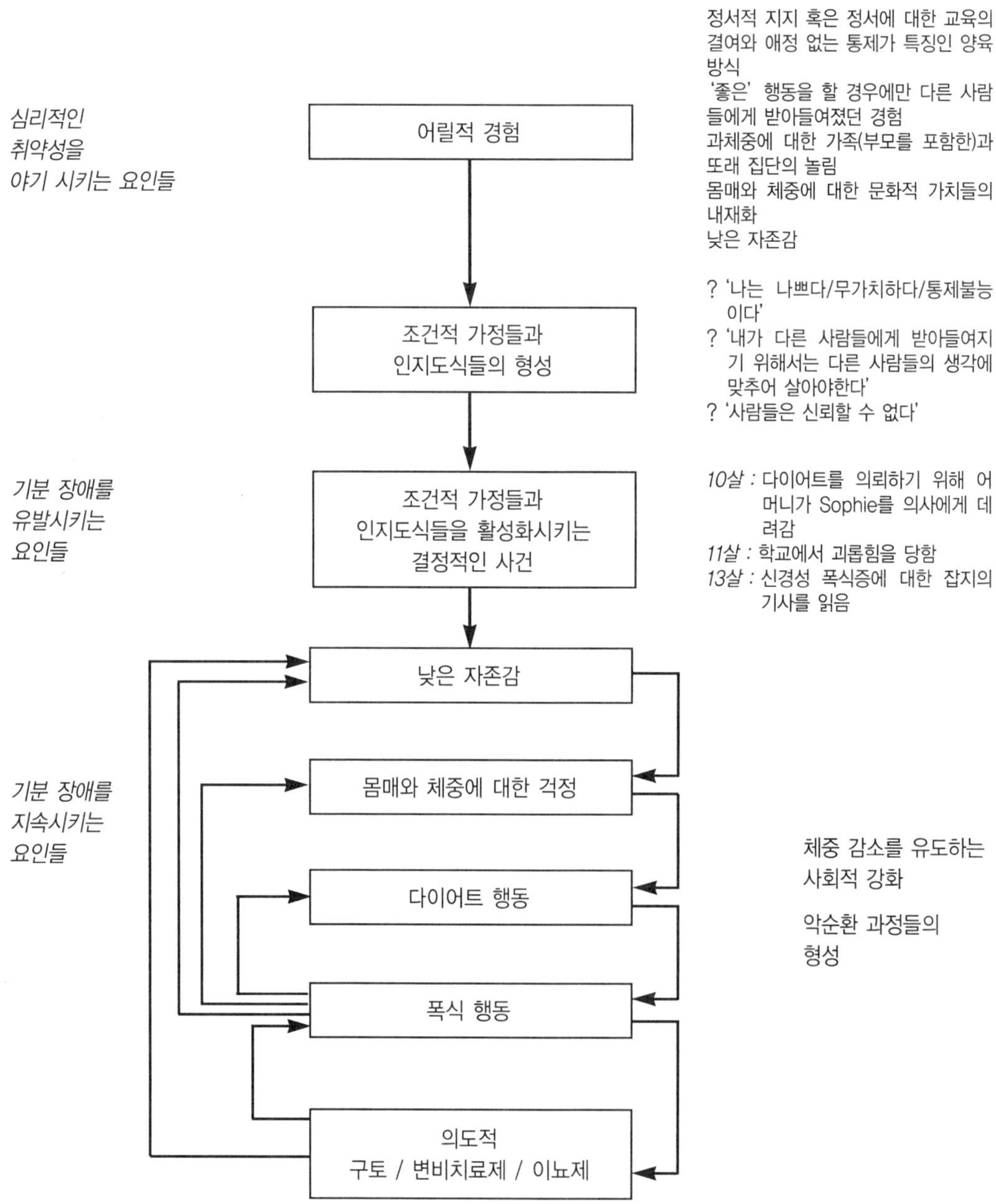

치 료

치료 계획

Fairburn과 Cooper의 모델을 따른 치료 계획이 제시 되었으며 이 모델은 3가지 구분된 단계들을 제시하고 있다; 여기서는 이 단계들에 대해 자세히 기술하지 않았다(Fairburn과 Cooper, 1989a를 참조할 것).

1 단계

이 단계는 1주일에 2회기씩 4주 동안 이루어진다. 회기의 횟수를 이렇게 정하게 된 논리적 근거는 폭식 및 구토 사이의 악순환을 중단시키기 위해서 빠른 행동 변화를 이루고 치료과정 및 치료과제에 대한 참여를 촉진시키기 위한 것이다. 이런 악순환을 중단시키는 과정에는 여러 하위 단계들이 포함 된다:

- 자기-관찰 (음식물 소비의 예는 표 7.3, p192에 나와 있음);
- 주 1회 체중측정;
- 인지모델을 환자에게 납득시키기;
- 심리교육;
- 규칙적인 식사 패턴의 실행;
- 자극-통제 전략들;
- 대안적 행동;
- 의도적 구토행동에 대한 치료자의 정보 제공.

2단계

이 치료 단계는 1주일에 1회기씩 8주 동안 진행 된다; 이 단계는 인지적인 부분에 중점을 둔 단계이며 의뢰인과 치료자는 다음과 같은 부분들에 초점을 맞추게 된다:

- 다이어트 행동의 중단;
- 신경성 폭식증의 맥락에서 사고, 감정 및 행동이 서로 어떤 관계를 맺고 있는지 - 이는 자동적 사고들, 조건적 가정들 그리고 핵심 인지도식들에 대한 인식과 수정을 포함 한다;
- 문제해결 기술의 개발;
- 신체상(body image)의 장애.

표 7.3 자기-관찰

시간	*양*	*음식 / 음료*	*폭식?*	*구토*	*변비치료제?*	*이유/생각*
오전 10:30	1	저지방 요구르트 블랙 커피 한 잔				배고프다
오전 12:30	1	샐러드 샌드위치 바나나				여전히 배고프다, 배고파 죽겠네
오후 5:00	1	야채 버거				배고프다
오후 6:00	3	빵 몇 조각				피곤해, 혼란스러워
오후 6:20	1 1	야채 버거 감자칩/봉지	그렇다	그렇다		이런 돼지 같으니라고!
오후 8:30	7	칩스(남동생의 접시에 있는 것을 가져옴)	그렇다	그렇다		지루해, 숙제를 해보려고 했지만 할 수가 없어
오후 10:00	1 3 2	아이스크림 한 그릇 비스킷 빵 몇 조각	그렇다	그렇다		한심해, 또 멍청한 짓을 했네, 나는 쓸모없는 인간이야
오후 11:00	1	케이크		그렇다		

3단계

이 단계는 2주일에 1회기씩 8주간에 걸쳐 진행 된다; 이 단계는 치료의 재발방지측면에 해당된다. 대개 의뢰인들은 이 단계에서도 여전히 증상들을 경험한다 – 이 증상들은 치료 종결 후에 호전되게 된다.

치료 경과

1 단계

치료의 첫 번째 단계들 중 하나는 의뢰인과 치료자가 상호 협조적인 방식으로 치료 목표들을 설정하고 문제의 우선순위 목록을 만드는 것이었다. Sophie의 우선순위 문제들과 목표에 대한 의견들이 그녀 자신이 고려한 사항들을 바탕으로 기술되었으며 이에 대한 요약은 표 7.4에서 볼 수 있다. 이외에도 이 단계에서의 추가적인 목표들은 다음과 같았다:

- 안정적인 치료적 관계를 만들기;
- 문제를 지속시키는 심리적이고 생리적인 과정들에 대해 논의하는 것을 포함하여 신경성 폭식증에 대한 인지-치료적 모델을 환자에게 납득시키는 것;
- Sophie에게 변비치료제와 이뇨제를 사용하는 것이 가져다주는 부정적인 결과들뿐만 아니라 폭식 및 구토 행동이 초래할 부정적인 결과들에 대해서도 심리교육을 통해 설명하는 것;
- 규칙적인 식사 패턴을 도입하는 것;
- 폭식 및 구토유발행동 의 악순환을 중단하는 것;
- 신경성 폭식증의 맥락 내에서 사고, 감정 및 행동 사이에 어떤 연결이 있는지 인식하는 것.

표 7.4 문제들에 대해 우선순위를 정하고 목표들을 설정하기

문제들	*목표들*
1 매일 같이 반복되는 폭식 및 구토 행동	폭식 및 구토 행동을 90% 감소시키기
2 사교적 상황에서의 자신감 부족 – 이는 회피 행동을 하도록 만든다	사교적 상황에 참여할 수 있고 다른 사람들이 자신을 어떻게 생각할까 덜 신경 쓸 수 있게 되기
3 가족 내의 지지 부족 – 이는 스트레스 받는 상황들에 대처하지 못하게 될 것이라고 느끼도록 만든다 –예를 들면, 시험 같은 상황	스트레스 받는 상황들을 다루기 위해서 가족 외의 사람들까지도 포함하는, 지지 체계에 기반을 둔 대처 전략들을 발전시키기

초기에 Sophie는 치료에 참여하는 것에 대해 어려움을 경험하였다. 그녀는 첫 4회기 중 2회기의 약속을 취소하였고 첫 2주 동안 치료자와 협의하여 부과된 숙제를 완수하지 않았다. 그녀는 또한 약속된 치료 시간보다 십 분에서 이십 분 정도 늦는 경향이 있었다. 이런 행동 패턴은 평가 당시 추정된 초기 가정과 일치하였다. 그녀의 집안 환경을 고려할 때, 신뢰를 구축하고 속마음을 털어 놓는 관계를 발전시킨다는 것은 그녀에게 어려운 일이 될 것이었다. 마찬가지로, 신경성 폭식증 같이 혼란스러운 특성을 가진 질환에서는 자주 이분법적인 추론과 행동이 두드러지기 때문에 그 자체로 종종 치료 과정을 방해하게 된다. 예를 들어, 음식 일지를 작성하는 것과 같이 숙제 중 어떤 한 가지 부분을 완수하지 못했다는 인식은 곧바로 전부 다 실패했다는 판단을 내리도록 만든다. 이런 판단과 관련하여 환자는 숙제 그 자체를 포기하는 것과 동시에 치료도 마찬가지로 포기하는 행동을 하게 된다.

3번째 회기에서 치료자는 Sophie와 이런 가설에 대해 공유하였다. 다음과 같이 그녀가 치료를 받으면서 경험하였을 가능성이 있는 어려움들을 탐구하기 위해 안내 탐색기법(guided discovery)이 사용되어졌다:

치료자: Sophie, 혹시 오늘 당신의 문제들 중 이야기하고 싶은 어떤 중요한 것이 있나요?

Sophie: 아니요, 특별히 없어요.

치료자: 좋아요. 만약 당신이 괜찮다면, 저는 오늘 치료 시간의 초반부를 우리가 함께 하는 이 시간에 대해 이야기 하는데 할애하고 싶어요.

Sophie: 좋아요.

치료자: 우리는 이제까지 3회기를 함께 했어요. 당신은 치료에 대해 어떤 것을 알게 되었나요?

Sophie: [조용히 바닥을 쳐다 보다] 약간 어려워요.

치료자: 그래요. 저는 당신이 치료 상황들을 다소 힘들어 하는 것은 아닐까 생각했어요. 혹시 당신은 이것 때문에 우리가 약속했던 최근 두 번의 치료 회기를 취소하게 된 건가요?

Sophie: 어느 정도는요. [침묵]

치료자: 때때로 사람들은 이러 저러한 이유로 치료를 어렵다고 느끼게 되고 이 때문에 그들은 치료 받고자 하는 열의를 잃어버리게 될 수 있어요. 당신은 좀 전에 우리의 치료 과정이 다소 어렵게 느껴진다고 이야기 했어요. 저와 함께 이런 어려움들에 대해 이야기해 볼 수 있겠어요?

Sophie: [조용히 눈물을 글썽이며] 모르겠어요.

치료자: Sophie, 당신 지금 정말로 슬퍼 보여요. 혹시 당신의 마음속에 지금 무엇이 스쳐 지나갔나요?

Sophie: [조용히] 모르겠어요. 저는 혼란스럽기만 해요.

치료자: 우리가 지금까지 함께 했던 회기들에서 당신이 저에게 이야기했었던 것들을 고려할 때 이 '혼란스럽다'는 것은 당신에게 있어 매우 자주 느껴지는 것 같아요.

Sophie: 그래요.

치료자: 또한 이런 느낌은 당신이 다른 사람들을 알아가는 동안, 당신에게 문제를 유발시키는 것처럼 보여요.

Sophie: 저도 그렇게 생각해요.

치료자: 우리가 지난 번 마지막으로 만났을 때 말이에요 Sophie, 당신은 당신과 다른 이들 사이에 마치 벽이 존재하는 것 같은 느낌을 느낀다고 이야기를 했었지요. 저는 당신이 혹시 당신과 저 사이에도 마찬가지로 장벽이 존재하는 것처럼 느끼지 않나 하고 생각해요.

Sophie: 맞아요. 저는 여기서 적절하게 의사소통을 하지 못한다고 느껴요. 그리고 제 감정들을 전달하지 못한다고 느껴요. 저는 그저 멀리 떨어져 있는 것처럼 느끼고 이야기하는 것도 어렵게 느껴져요.

치료자: 무엇이 이야기하는 걸 어렵게 만드는지 이야기 할 수 있어요?

Sophie: 확실히 잘 모르겠어요.

치료자: 여기 치료 받으러 오기 전에 당신은 어떤 느낌이 드나요?

Sophie: 다소 걱정스러워요.

치료자: 다소 걱정스럽다는 거군요. 당신은 무엇에 대해 걱정하나요?

Sophie: 제가 무슨 이야기를 해야 할지 그리고 제가 어떤 인상을 주게 될지 걱정 되요.

치료자: 당신이 어떤 인상을 주게 될지 걱정한다고 이야기를 할 때, 당신이 주는 인상에 대해 본인 스스로는 어떻게 생각하나요?

Sophie: 내성적이고 별로 말이 많지 않은 사람이라고 생각해요.

치료자: 그렇다면 지금 당신이 이야기 한 바에 따르면 당신이 최근 회기들을 취소한 이유 중의 하나는 당신이 내성적이고 별로 말이 많지 않은 사람으로 보일까 봐 걱정되기 때문인 건가요?

Sophie: 그래요.

치료자: 좋아요. 당신이 방금 이야기한 이러한 감정들은 사실 당신이 치료를 통해 바꾸어 보고 싶다고 이야기했던 것이잖아요. 그런데 또 한편으로 이러한 감정들 때문에 당신이 치료에 참석하지 못할 수도 있는 것처럼 보이네요. 이것은 우리가 전에 이야기했던 자기- 파괴적 악순환의 또 다른 예인 것처럼 생각되는데요.

Sophie: 그래요. 좀 그런 것 같아요.

치료자: 그러면 우리가 자기- 파괴적 악순환에 대해 검토해 보았던 마지막 시간으로 돌아가서 생각해 본다면, 이런 악순환이 계속 지속되는 이유에 대해서 당시 우리가 내린 결론이 무엇이었죠?

Sophie: 글쎄 잘 모르겠어요.

치료자: 당신의 치료 서류철에서 이에 대해 적었던 문서를 한번 확인해 보는 것이 어떨까요?

Sophie: [몇 분 후] 여기 있네요.

치료자: 거기에 뭐라고 적혀있나요?

Sophie: 이 악순환은 자기-비난과 모든 일을 완벽하게 할 수 없을 것이라는 부정적인 예상 때문에 지속된다고 적혀있네요. [Sophie는 문서를 보여 주었다]

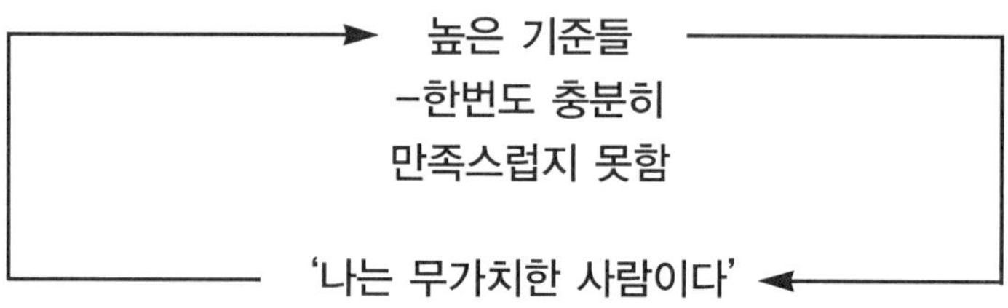

치료자: 당신은 이런 악순환이 지금 여기에서도 마찬가지로 일어나고 있다고 생각하나요?

Sophie: 무슨 뜻이죠?

치료자: 지금 상황이 당신이 당신 자신을 비난하고 당신의 성취에 대해 깎아 내리고 있는 상황이 아닌가 하는 거죠.

Sophie: 어떤 성취요?

치료자: 글쎄요, 당신은 지금 이십 분 동안 이야기를 하였고 우리는 당신의 문제에 대해 꽤 많이 알게 되었잖아요.

Sophie: 그런 것 같아요. [웃으면서] 저는 한 번도 그런 것에 대해 생각해 보지를 않았어요.

이 시점에서 최적의 치료 참여를 촉진시키기 위한 전략이 고안되었다. 첫 번째로, 실제적인 문제가 다루어졌다: 집에서 치료 작업을 수행하기 위한 구체적인 시간을 확보하기 위하여 활동계획 짜기를 사용하였다. 이 과정을 통해 오후 5시에서 6시 사이에 30분 동안 치료 작업을 위한 시간을 갖기로 정하였다. 두 번째로, 각 회기가 끝날 무렵에 Sophie와 치료자는 치료와 관련된 그녀의 생각과 느낌들을 확인하였을 뿐만 아니라 그녀의 문제와 그녀 자신에 대한 어떤 측면들이 그날 논의되었는지 요약 정리하였다. 이렇게 한 이유는 그녀의 문제가 갖고 있는 대인 관계적 측면에 초점을 맞추고 대인 관계적 맥락에서 얼마간 긍정적인 자존감을 확립하기 위해서였다.

Sophie는 신경성 폭식증에 대한 인지-행동 모델뿐만 아니라 치료의 교육적인 측면에도 잘 반응하였다. 그러나 흔히 있는 일이기는 하지만, 그녀는 서너 시간 마다 음식을 섭취하는 것을 기본 구조로 하는 식이 패턴을 실행하는 것에 대해 상상하면서 이를 다소 두렵게 느꼈다. 첫 번째 단계로, 그녀에게 표 7.2, p182. 에 기술되어 있는 것처럼 음식들을 분류해 보도록 요청 했다.

초기의 규칙적인 식사 패턴은 Sophie가 높은 수준의 괴로움을 경험하지 않으면서 먹을 수 있는 처음 두 가지 범주들의 음식들에 초점을 맞추었다. 하지만 이것은 다시 한번 신경성 폭식증에 내재되어 있는 이분법적인 추론을 더 두드러지게 만들었으며 더 규칙적으로 먹으려고 하면 할수록 폭식과 의도적 구토의 빈도가 늘어나게 되었다. 이 문제는 폭식 행동에 초점을 맞춤으로써 다루어지게 되었는데 '나는 폭식 할 것 같다' 서식이 이용되었다(표 7.5). 이 서식은 네 가지 주요 목적을 갖고 있다: 첫째로, 폭식을 유발시키는 계기들을 인식하고; 둘째로, 폭식 행동과 관련된 생각들과 느낌들을 검토하며; 셋째로, 폭식행동과 양립할 수 없는 다양한 대안적 행동들(예를 들면, 개를 데리고 산책을 가거나, 친구들에게 전화하거나, 침실을 정돈하거나 목욕을 하는 것)을 찾아내고; 마지막으로, 폭식충동에 저항 한 다음 그 결과에 대해 평가하기 위한 것이다. 1 단계가 진행되는 동안 폭식 행동에 대한 다음과 같은 유발 인자들이 발견되었다:

표 7.5 '나는 폭식 할 것 같다' 서식

다음 번에 당신이 폭식 할 것 같다는 생각이 들 때 이 서식을 사용하십시오. 이 서식을 당신이 자리에 가만히 앉아 어째서 폭식하려는지 그 이유를 곰곰이 생각해 볼 수 있도록 만들어 주는 방법으로 사용하면 됩니다. 일단 당신이 그 이유를 알아낼 수 있게 되면, 폭식보다 더 나은 다른 해결책이 있다는 사실을 분명히 알 수 있게 될 것입니다.

주의 당신은 이 서식은 당신이 폭식의 순환 과정 중 초기 단계에 있을 때만 사용할 수 있을 것입니다. 당신이 폭식을 하기 바로 직전 매우 고통스러운 상태일 때에는 자리에 차분히 앉아 주의 깊게 생각하는 것이 거의 어렵기 때문입니다.

날짜 12/8/1993 *시간* 오후 6시

장소 집

폭식을 하려는 충동은 얼마나 강렬한가요(1–10)? 6

어떤 느낌이 드는가요?

속상하고 지긋지긋하다는 느낌.

당신은 왜 폭식하고 싶어하죠? 당신을 화나게 하는 어떤 것이 있는가요?

나는 몇 가지 학교 과제들을 해보려고 시도하고 있다. 그런데 어떻게 시작을 해야 할지 모르겠다. 지금까지 오랜 시간 동안 애를 써보았지만 아직도 나는 이에 대해 이해하는 것이 어렵다.

당신은 폭식을 하는 대신 어떤 다른 행동을 하기로 결심했나요?

개를 데리고 산책하기. Alison에게 전화를 걸어 내가 작업하는데 그녀가 도움을 줄 수 있는지 그리고 함께 문제를 해결하기 위해 노력해 줄 수 있는지 물어보기.

일단 당신이 폭식 할 것 같지 않다는 사실을 깨닫게 되었을 때 당신은 어떤 느낌이었나요?

안심이 되었고 기뻤다. 일단 내가 문제를 해결하려고 노력하자마자 폭식하려는 충동은 아주 빨리 사라져 버렸다.

이번 경험을 통해 당신이 알게 된 것은 무엇인가요?

내가 폭식하게 되는 이유들이 존재한다는 것. 이 이유들을 해결하려고 노력하는 것이 도움을 준다는 것. 만약 내가 문제를 인식하고 이를 해결하기 위해 노력할 수 있다면 나는 그렇게 심한 불쾌감을 느끼지 않게 될 것이며 그렇게 오랫동안 기분 나쁜 상태에 있지 않아도 될 것이다. 나는 가끔씩 나의 폭식 행동을 조절할 수 있지만 다음번에도 그렇게 될까?!

- '내가 원하지 않거나 어찌 할지 잘 모르는 일에 직면하게 되는 경우? 예를 들면, 직장을 갖는 것이나 학교 과제들 같은 것들';
- '내가 해야 할 건설적인 일이 아무것도 없을 경우';
- '배가 고픈 경우';

- '내가 다른 사람들하고 잘 지내지 못했다고 생각하거나 사교적 상황에서 "침묵" 했었다고 생각한 경우' ;
- '내가 목적이 없는 상태라는 생각이 들거나 내 미래의 직업 생활이 어떻게 될지 잘 모르겠다고 생각할 때' ;
- '내가 텔레비전을 보면서 동시에 무언가를 먹고 있는 경우' ;
- '내가 화가 나거나 기분이 상하거나 의기소침할 때' ;
- '피곤할 때' ;
- '집에 아무도 없을 때' ;
- '내가 다른 사람들에게 거절 받았다고 느낄 때' .

Sophie는 치료의 이러한 측면이 새로운 사실을 알게 해준다는 것을 깨달았다. 그녀는 이 서식을 지속적으로 사용하였으며 폭식 행동이 '일시적으로 무언가를 인식하지 못하도록 막아준다' 는 사실을 발견하였다. 치료 회기들을 통한 탐구를 통해 그녀가 인식하지 않으려 했던 그 '무엇' 은 바로 고통스러운 감정들이라는 것을 알 수 있었다. 가족 간의 상호작용에 대한 추후의 토의를 통해 그녀의 양쪽 부모 모두에게 정서적 회피 패턴이 있음을 알 수 있었으며 여기에는 갈등에 대한 회피(그녀의 어머니)뿐만 아니라 사랑, 애정 및 걱정을 표현하는 것에 대한 회피(양쪽 부모 모두)도 포함 되었다.

이런 패턴은 대인 관계적 상황에서 현재 그녀가 경험하고 있는 문제들과 관련이 있었는데 그녀는 자신의 감정들을 인식하는데 어려움을 겪는 경우가 있었으며 보다 흔하게는 다른 사람에게 거절 받는 것에 대한 두려움의 감정을 표현하기 어려워하는 경우가 많았다. 이에 대응하여 사고, 감정 및 행동 사이에 어떤 연결이 있는지 확인하기 위한 자기-관찰 방법을 도입하였다. 폭식을 유발시키는 계기들 중 일부를 약화시키기 위하여, 치료자는 사전활동계획 짜기(prospective-activity scheduling)를 사용하였다. 이 계획 짜기의 목적은 식사 후나 Sophie가 폭식 행동을 시도할 가능성이 증가하는 시간대에 해야 할 활동들을 미리 계획함으로써 하루 동안의 시간들을 구성하는 것이었다.

1 단계를 마치면서 그녀는 다음과 같은 것들을 달성하였다:

1 그녀는 치료자와 적절하면서도 자신의 이야기를 털어 놓고 상의할 수 있는 관계를 발전시켜 나갔다.
2 그녀는 폭식을 유발시키는 여러 가지 주기적인 유발인자들을 인식하였으며 이들에 대

처하기 위한 다양한 전략들을 성공적으로 수행하였는데 이로 인해 폭식 행동 및 자발적 구토행동의 빈도가 50% 감소하였다. 이런 전략들에는 다음과 같은 것들이 포함되었다:

- 그녀의 하루 시간을 구성하기;
- 그녀의 문제와 연관된 생각과 느낌들을 인식하기.

2 단계

이 단계에서 주로 강조되었던 부분은 사고, 감정 및 행동 사이의 연결 고리들을 인식하는 것이었다. 신경성 폭식증이 지속되는데 있어 영향을 미치는 이런 연결 고리들을 확인한 후에는 음식, 몸매 및 체중에 대해 Sophie가 갖고 있던 별반 도움 되지 않는 생각 패턴들뿐만 아니라 그녀가 동료들과의 상호 작용 속에서 부정적으로 자신을 인식해 왔던 것들에 대해서도 의문을 가져보는 방향으로 치료의 초점이 이동하였다. 또한, 그녀에게 내재되어 있는 조건적 가정들과 핵심 인지도식들을 밝혀나가는 차원에서 공식화에 더 중점을 두게 되었다. 일단 이런 조건적 가정들과 핵심 스키마들이 인식된 후에는 이들을 수정하는 방향으로 치료 작업이 진행되었다.

처음 2단계를 시작할 때, Sophie는 저조한 기분을 느낀다고 보고하였으며 어떤 특정 회기에서는 많이 울먹거리기도 하였다. 이 자체는 사실 본질적으로 긍정적인 변화였는데 왜냐하면 이런 변화는 그녀가 자신의 실제 감정들을 표현할 수 있을 정도로 치료적 관계를 충분히 신뢰할 수 있다는 것을 나타내는 것이기 때문이다. 그때까지 그녀는 치료에서 부과된 어떠한 숙제도 하지 않았으며 자신을 치료뿐 아니라 모든 일에 대한 '완전한 실패자'로 묘사했었다.

먼저, 치료에 대한 재검토가 이루어졌는데, 실패와 관련된 그녀의 생각들에 대하여 증거에 입각한 반론을 제기하기 위해 현재까지 얻게 된 진전과 호전된 부분들을 검토하였다. 치료 작업을 통해 이분법적인 추론 및 행동이 확인되었으며 성취에 관한 일일 목록이 새롭게 사용되어졌다. 이 목록의 목적은 Sophie가 자신이 하지 못한 것보다 자신이 성취한 것에 주목하도록 유도함으로써 긍정적인 자존감을 확립하기 시작하도록 만드는 것이었다. 치료 작업이 진행되던 중 어느 회기에서 그녀는 회기 한 주 전에 일을 하면서 상당한 괴로움을 경험하였다고 보고하였으며 이는 다음과 같이 검토되었다. 현재 일하고 있는 술집에서의 일자리(그녀는 이 일이 힘들다고 느꼈다)와 그녀가 이전에 일했었던 옷 가게의 일자리(이 일에 대해서 그녀는 매우 자신감 있게 느꼈었다)가 비교되었으며 이를 통해 다음과

옷 가게	*술집*
1 매장 내에서 자유롭게 돌아다닐 수 있다	1 바 뒤쪽의 제한된 공간에서만 움직일 수 있다
2 동료들은 모두 같은 연령대이다	2 다른 사람들 특히 남자들의 시선을 받게 된다
3 고객들은 같은 연령대거나 더 어린 사람들이고 옷들을 보지 그녀를 보지 않는다	3 고객들은 주로 나이 많은 남자들이다
4 고객들은 자신의 이름을 밝히지 않고 익명으로 행동한다	4 단골 고객들은 그녀와 어떤 형태의 관계를 맺기를 원한다
	5 자신이 상품처럼 진열되어 있는 느낌을 느끼고 '사람들이 나의 외모/행동을 평가한다'는 것을 스스로 의식한다
	6 스스로는 자신을 부끄럼 많은 사람으로 인식하는데 외향적인 사람처럼 행동하지 않으면 안 된다

같은 점들이 명백해졌다:

이런 작업을 통해서 드러나게 된 가장 중요한 핵심은 Sophie의 문제와 관련하여 통제가 갖는 중요함이었다. 따라서 폭식 행동을 유발 시키는 한층 더 중요한 계기는 통제 불능 상태가 된다는 인식이었다. 그리고 그녀가 남자들, 특히 그녀 자신보다 나이가 많은 남자들과 교류할 때 더 통제 불능 상태가 된다고 느끼는 인식도 마찬가지로 중요하였다. Sophie는 이를 그녀와 아버지 사이에 존재했던 상호작용과 관련지을 수 있었으며 아버지와의 관계에서 항상 무가치함과 열등함을 느꼈음을 알게 되었다.

그녀가 경험하는 괴로움의 수준이 증가되었음에도 불구하고 Sophie는 폭식 행동 및 구토가 증가하였다고 보고하지 않았다. 실제로, 그녀의 신경성 폭식증이 시작된 이후 처음으로, Sophie는 삼일 동안 폭식 행동 및 의도적 구토 행동을 하지 않았음을 12회 회기 때 보고하였다.

치료의 이 시점에서 그녀는 감정들 및 이와 관련된 생각들을 더 잘 인식할 수 있게 되었으며 또한 더 자주 이들에 대해 이름을 붙여 부를 수가 있게 되었다. 다음 단계에서는 그녀의 생각들에 이의를 제기해 보는 방법이 새롭게 사용되었으며 이 방법은 Beck(1976)에 의해 개략적으로 기술된 방식을 따라 진행되었다. 그녀는 곧 치료의 이러한 측면을 활용하게 되었는데 특히 자신의 자동 사고들이 타당한지 시험해보기 위한 행동 실험들을 만들어 보았다. Sophie는 이러한 중요한 두 가지 실험들을 자발적으로 고안하였다. 맨 먼저, 그녀는 자신의 신경성 폭식증을 가까운 친구에게 털어 놓았다. 그녀가 예상했던 혐오나 거절대신에, 그녀의 친구는 실제적인 도움을 제공하였을 뿐만 아니라 그녀에게 걱정과 위로를 해주었다.

비록 Sophie가 자신의 문제에 대해 자세하게 의논한 것은 아니었지만, 이런 행동 실험을 통한 경험은 그녀가 자신의 어머니에게 자신이 현재 '카운슬러'를 만나고 있는 중이라고 고백하도록 만들었다. 이에 대해 그녀의 어머니는 안타까움을 표현하였으며 자신도 가족들 간의 관계에 대해 불편함을 느낀다고 이야기를 하였으나 이를 남편이 스스로의 감정들을 가족들에게 적절하게 전달하는데 어려움이 있는 탓으로 돌렸다. 그러고 나서 그녀의 어머니는 여러 차례 감정적인 문제들에 관해 가족들끼리 논의하도록 부추겼으며 이는 가족 간의 긴장감을 더 증가시키게 되었다. 이와 관련하여 Sophie는 다음과 같은 생각들과 감정들을 인식하였다:

감정들

죄책감 70% 이것은 나의 잘못이야. 내가 부모님 사이에 문제를 일으켰어.'

분노 100% '내 아버지는 무신경하고 매정한 사람이야. 아버지는 너무 몰상식해. 이건 불공평해

슬픔 90% '우리 가족은 너무 불행해 – 내가 현재 이런 상태인 것도 놀랄 일은 아니야.'

이런 생각과 감정들이 치료시간에 논의되었으며 이에 대해 타당한 이의들을 제기해 볼 수 있었다.

그 다음 두 번의 회기가 진행되는 동안 Sophie는 여러 가지 힘든 상황들에 직면하게 되었다:

- 그녀는 근무 시간에 대해 상사와 협의하였다;
- 친구와 함께 하는 사교적 상황들을 회피하였다;
- 자신과 '거리감이 있다'고 느껴지고 '어울리지 않는다'고 느껴져서 학교에 출석을 하지 않았다.

또 다시 그녀는 회기 내에서 몹시 울먹이게 되었으며, 안내탐색 기법(guided discovery)을 통해 다음과 같은 가정들이 제기되었다:

- 조건적 가정: '만약 내가 나 자신이나 내 감정들을 통제하지 못하게 된다면, 사람들은 내가 무가치하다는 것을 깨닫게 될 것이고 나를 멀리하게 될 것이다.'
- 인지도식: '나는 열등하다.'

15회기에 이를 때까지 Sophie의 폭식 행동 및 자발적 구토 행동은 70%가 줄어들었다. 또한 그녀는 이런 행동들을 여러 날에 걸쳐 전혀 하지 않고 지내는 경험을 정기적으로 하게 되었다. 이때까지 없어지지 않고 남아있는 폭식 및 구토 행동 삽화들을 유발시키는 계기들을 검토하는 과정에서, 세 가지 문제들이 드러났다:

1 '폭식과 구토 행동을 하지 않으면 나는 "통제 불능"인 것으로 느껴진다.'
2 '만약 내가 폭식하는 것을 중단하게 된다면, 나는 힘든 감정들을 처리하는 방법 중의 한 가지를 잃어버리게 되는 것이다.'
3 '만약 내가 폭식 및 구토 행동을 중단하게 된다면, 나는 다시 체중이 늘어나서 내 외모에 더욱 불만을 갖게 될지도 모른다.' 괄호 안에다 그녀는 다음과 같이 적었다: '(하지만, 나는 체중을 줄인다 해도 여전히 불만족스러울 수 있다는 사실도 알고 있다.)'

이런 문제들에 대처하기 위해 여러 가지 방법들이 사용되었는데 이런 방법들에는 의견 안에 내재하는 모순점에 대해 이의를 제기하는 방법, 감정들을 다루기 위한 대안적 전략들을 이용하는 방법 그리고 체중 및 몸매와 관련된 문제들을 다루기 시작하는 방법 – 여기에는 '금지된 음식'을 먹기 시작하는 것도 포함되었다 – 들이 있었다. 또한 조건적 가정들 및 핵심 인지도식들의 수준에서 직접적으로 치료 작업을 진행하는 것이 반드시 필요하다는 사실이 분명해졌으며 치료는 그녀가 가지고 있는 특정 믿음들이 어떻게 형성되게 되었는지 설명해 줄 수 있는 초기 경험들에 초점을 맞추기 시작하였다. 다시 한 번 그녀는 치료를 건설적인 방식으로 이용할 수 있었다.

그녀는 자신이 아버지에게 말을 하지 않고 있는 것이 '통제'를 행사할 수 있는 그녀의 유일한 방법이라는 사실을 깨달았으며 이를 다른 남자들과의 관계에도 적용시켰다는 것을 깨닫게 되었다. 마찬가지로 그녀는 자신과 아버지 사이의 관계를 고려할 때, 자신이 남자들을 신뢰하는데 있어 어려움을 겪는 것이 이해할 만하다는 사실을 깨달았다. 이를 통해 그녀는 자신이 사교적 상황에 참여하게 되었을 때, 상황에서 한발 물러서거나 다른 누군가가 자신에게 말을 걸어 줄 때까지 기다리는 대신에 대화를 시작해보는 행동 실험을 고안하게 되었다. 이 실험은 그녀에게 다른 사람들과 공통된 어떤 것을 그녀가 갖고 있다는 느낌을 주었을 뿐만 아니라 그녀의 통제감에도 극적인 영향을 주었다.

치료의 2단계가 끝나갈 때쯤, Sophie는 다음과 같은 것들을 성취하였다:

1 일부 금지된 음식들을 포함하는 규칙적인 식사 패턴을 확립하였다;
2 폭식 행동 및 의도적 구토 행동의 발생 빈도를 감소시켰다;
3 그녀의 신경성 폭식증과 관련하여 사고, 감정 및 행동 사이의 연관성을 인식하였다;
4 그녀의 생각들에 이의를 제기하기 시작하였고 사교적 상황에서 이전과 다르게 행동하기 시작하였으며 이로 인해 그녀의 기분 상태 및 불안 증상이 호전되었다;
5 그녀의 문제들이 어떻게 시작되었고 무엇이 이들을 유지시키고 있는지 일부분 이해하기 시작하였다.

3 단계

이 단계에서의 주요 목적은 이전 단계에서 얻었던 성취들을 공고히 하고 조건적 가정들 및/혹은 핵심 인지도식들을 수정하며 재발-방지 작업을 하는 것이었다.

Fennell(1992)은 하나의 조건적 가정을 수정하기 위해서는 8개월간의 일관된 치료 작업이 필요하다고 추정하였다. 이런 치료 작업은 치료의 마지막 단계에서 시작되며 의뢰인이 치료 종결 후에도 이러한 중요한 영역에서 지속적으로 치료 작업을 해 나갈 수 있도록 실행 계획이 세워지게 된다. Sophie와 치료자는 특정한 구체적인 실행 계획이 기록된 플래시 카드를 작성하였다. (이 방법에 대한 개요는 다음 표 7.6에 기술되어 있다.) 치료 과정 동안 긍정적인 자존감을 확립하는 것이 지속적으로 강조되었다. 여기에는 성취에 관한 일일 목록을 침실 벽에 붙여 놓고 성취에 대한 보상과 함께 스스로를 칭찬하기 같은 전략들이 포함되었다. 이와 더불어 자기-비난에 도전하기 위해 인지치료를 사용하는 것은 물론 치료 회기 시간 동안 그녀의 문제에 대하여 이의를 제기하도록 하는데 치료의 초점이 맞추어졌다.

치료의 마지막 단계가 진행되는 동안 자존감에 대한 치료 작업을 계속하기 위한 과제가 시행되었는데 이 과제에는 특히 인지도식의 역할에 대해 자세히 검토해 보는 것이 포함되었다. Sophie에게 스스로 생각할 때 신체적 외모와는 무관한 자신이 지닌 긍정적인 특성들 중 열 가지를 목록으로 작성해 보도록 하였다. 치료자와 Sophie의 친구 세 명도 그들이 생각하기에 그녀가 가진 긍정적인 특성이라고 생각되는 점들에 대해 마찬가지로 목록을 작성하였다.

이 과제에 대한 환자들의 반응은 다양한 편이다. 취약한 자존감을 가진 환자들은 이 과제에 참여하는 것을 거부하기도 하며 오히려 자기 자신에 대한 긍정적인 의견들을 생각해 내야 한다는 사실에 대해 매우 괴롭게 느낄 수도 있다. 임상적으로 이런 반응은 치료 작업을 통해 이의를 제기하여 수정하고자 하는 인지도식이 지닌 영향력의 세기와 경직성의 측면에서 이해될 수도 있으며 2축의 장애가 존재함을 나타내는 것으로 볼 수도 있다. 이러한 경우 대개 좀 더 장기간의 인지도식에 초점을 맞춘 인지치료를 필요로 한다.

표 7.6 조건적 가정들에 이의를 제기해보기 위한 플래시 카드

나는 다음과 같은 믿음을 가지고 있다
만약 내가 나 자신이나 내 감정들을 통제하지 못하게 된다면, 사람들은 내가 무가치하다는 것을 깨닫게 될 것이고 나를 거부하게 될 것이다.

내가 이러한 믿음을 놓지 않고 있는 것은 그럴만하다 왜냐하면..

1

2

3

하지만, 이 믿음은 비현실적이야, 왜냐하면…

1

2

3

이러한 믿음은 내게 도움이 되지 않아, 왜냐하면…

1

2

3

이보다 좀 더 도움이 되는 믿음은 다음과 같은 것들이다

1

2

3

나는 이 믿음을 오랜 시간 동안 가지고 있어 왔기 때문에 이에 대해 이의를 제기해 보는 것은 어려운 일이 될 것이다. 뒤따르는 실행 계획은 이러한 믿음을 수정하기 위한 것이다
[특정한 구체적인 전략들]

Sophie는 이 과제를 대하며 다소 마음 내키지 않아하였으나 어떻게든 목록을 작성해 내었으며 자신의 친구들에게도 목록을 작성하도록 부탁하였다. 그 다음 이 목록들을 취합하여 대조해 보았으며 Sophie에게 목록들을 통해 확인하게 된 특성들에 대해 즉각적으로 어떤 생각들과 감정들이 들었는지 이야기 해보도록 하였다. 그녀는 다른 이들의 관찰에 대하여 어느 정도의 놀라움과 즐거움을 표현하였고 그녀가 스스로에 대해 지각하는 것과 다른 이들이 그녀에 대해 지각하는 것 사이에 차이가 있음을 곧바로 인식하였다.

그 다음으로 그녀에게 이 특성들을 다음과 같은 세 가지로 분류해 보도록 하였다:

1 그녀가 진실이라고 받아들일 수 있는 것들;
2 그럴듯해 보이지만 완전한 진실로 받아들일 수는 없어 보이는 것들;
3 그녀가 생각했을 때 도저히 받아들일 수 없는 것들.

이 분류는 표 7.7에 기술되어 있다.

표 7.7 긍정적인 특성들에 대한 Sophie의 목록

1. 내가 받아들일 수 있는 나 자신에 관한 긍정적인 특성들

독립적인	사려 깊은
책임감 있는	예의 바른
신뢰할 수 있는	도움을 주는

2. 그럴 수도 있겠다고 여겨지는 나 자신에 관한 긍정적인 특성들

부지런한	관대한
끈기 있는	적극적으로 일을 찾아서 하는데 능숙한
창조적인	분별력 있는

3. 다른 사람들이 이야기한 것이지만 나는 인정하기 힘든 나의 긍정적인 특성들

지지적인	총명한
재미있는	흥미로운
친절한	이해심이 있는
배려심이 많은	따뜻한

이런 분류들에 대해 검토해보기 위하여 여러 행동 시험들이 고안되었다. 첫 번째로, 그녀에게 범주 1에 속하는 특성들에 대한 일상적인 예들을 수집해보도록 하였다. 이렇게 한 목적은 부정적인 자기 - 비난으로부터 그녀가 가진 관심의 초점을 자신에 대한 긍정적인 관점을 확립하는 방향으로 이동시키는 것이었다. 부정적인 사건들이나 특성들로부터 관심의 초점을 긍정적인 것들로 이동시킨 것만으로도 Sophie에게 깊은 영향을 주었다. 두 번째로, 그녀와 그녀의 친구 세 명으로 하여금 범주 2에 속하는 특성들에 대한 일지를 작성하도록 하였다. 친구들의 도움을 얻는 것이 매우 중요하였는데 왜냐하면, 스스로 내리는 자신에 대한 평가와 다른 사람들이 내리는 자신에 대한 평가 사이에 불일치가 있음을 보여주는 새로운 관점을 친구들의 도움을 통해 얻을 수 있기 때문이었다. 또한 이런 새로운 관점을 통해 Sophie가 자신을 바라보는 방식을 변화시키기 시작하였고 다른 이들과 속마음을 털어 놓을 수 있는 관계를 형성하기 시작하였기 때문에 이런 점에서 이 관점은 그녀에게 긍정적인 도움을 주었다.

마지막으로, 범주 3에 속하는 특성들을 검토하였다. 임상적 경험에 따르면, 의뢰인이 받아들이지 못하는 특성들은 핵심 인지도식과 연관되어 있는 경우가 많았으며 Sophie에게도 그러한 것처럼 보였다. 따라서, 사례 공식화에 주의를 기울이게 되었으며 또한 낮은 자존감을 유지시키는 내적인 믿음들의 역할에 대해 주목하게 되었다. 이러한 믿음들에 대해 이의를 제기해 보는데 있어 첫 번째 단계는 각각의 특성들에 관한 Sophie의 생각과 느낌들을 그녀가 적어보는 것이었다. 이런 작업은 감정적 추론과 같은 사고 오류를 확인하는 것뿐만 아니라 'Elaine은 본인이 나에게 미안한 감정을 느끼고 있었기 때문에 내가 배려심이 많다고 이야기를 한 것뿐이야.' 와 같은 생각들에 이의를 제기하는 것도 포함하는 것이 특징이었다. 두 번째 단계는 이러한 특성들에 대해 Sophie의 친구들도 몇 개월에 걸쳐 매일 일지를 쓰도록 - 일지를 어떻게 쓰는지 그녀가 친구들에게 알려주게 되었다 - 그녀가 요청하는 것이었다. 마지막 단계에서 그녀에게 이런 특성들과 일치하는 행동에 참여 해보도록 하였고, 이에 대한 타인들의 반응뿐만 아니라 자신의 생각 및 느낌들을 관찰해 보도록 하였다. 이런 전략을 실행하기 위하여 역할극이 회기 내에서 사용되었으며 부정적인 자동 사고들에 이의를 제기하기 위하여 반전 역할극이 이용되었다. 물론, 치료의 이런 부분은 몇 개월에 걸친 반복을 필요로 하였으며 낮은 자존감과 관련된 인지적 취약 요인들을 약화시키기 위한 장기 전략으로서 실행된 것이었다.

자존감에 대한 치료 작업을 통해 얻게 된 중요한 성과는 Sophie의 친구들 역시 스스로를 평가할 때 그녀가 하는 것과 마찬가지로 많은 부분에서 유사한 걱정 및 고민들을 하고 있다는 사실을 그녀가 깨달은 것이었다. 이 깨달음은 Sophie가 이러한 문제들 중 일부분에 대한 탐색을 위해 독서요법을 사용할 수 있도록 이끌었다. 추천된 책들은 아름다움의 신화(The Beauty Myth, Wolf, 1990), 내일 나는 더 날씬해진다(Tomorrow I'll Be Slim, Gilbert, 1989), 절대 포기하지 마(Never Give Up, Fleming, 1992), 여성 사이즈(Womansize, Chernin, 1983), 그리고 설탕과 향신료(Sugar and Spice, Lees, 1993)였다. 또한, Sophie는 스스로에 대해 가지고 있는 자신의 관점이 타당한지 의문을 갖기 시작하였으며 그녀가 자신에 대해 어떻게 생각하든지 간에 다른 사람들은 그녀와 똑같은 방식으로 그녀를 바라보지 않는다는 사실을 인정하기 시작하였다.

치료의 3단계를 마치면서 Sophie는 다음과 같은 성취들을 달성하였다:

1 폭식 행동 및 자발적 구토행동의 빈도가 95% 감소하였다;
2 괴로움을 느끼게 하는 생각들과 감정들에 대해 이의를 제기하는 치료 작업에 적극적으로 참여하였다;
3 사교 활동에 더 적극적으로 참여하였고 주관적으로 느끼기에 친구들 및 직장 동료들과의 인간관계에서 예민함이 줄어들었음을 보고하였다.

그리고 이와 더불어:

4 비록 편안한 대화는 여전히 힘들어 하였지만, 이전과는 달리 그녀가 자신의 친구들과 지지적이며 자신의 속마음을 털어 놓을 수 있는 관계를 맺는 것이 더 가능해졌다.

최종 공식화

최종 공식화는 Sophie와 함께 작성하였으며 이는 다음에 나오는 그림 7.3에 제시되어 있다.

결 과

치료를 마치면서 평가회기 때 시행되었던 척도들이 다시 한 번 시행되었으며 다음과 같은 변화들이 입증되었다:

- Beck 우울척도: 3

그림 7.3 최종 공식화

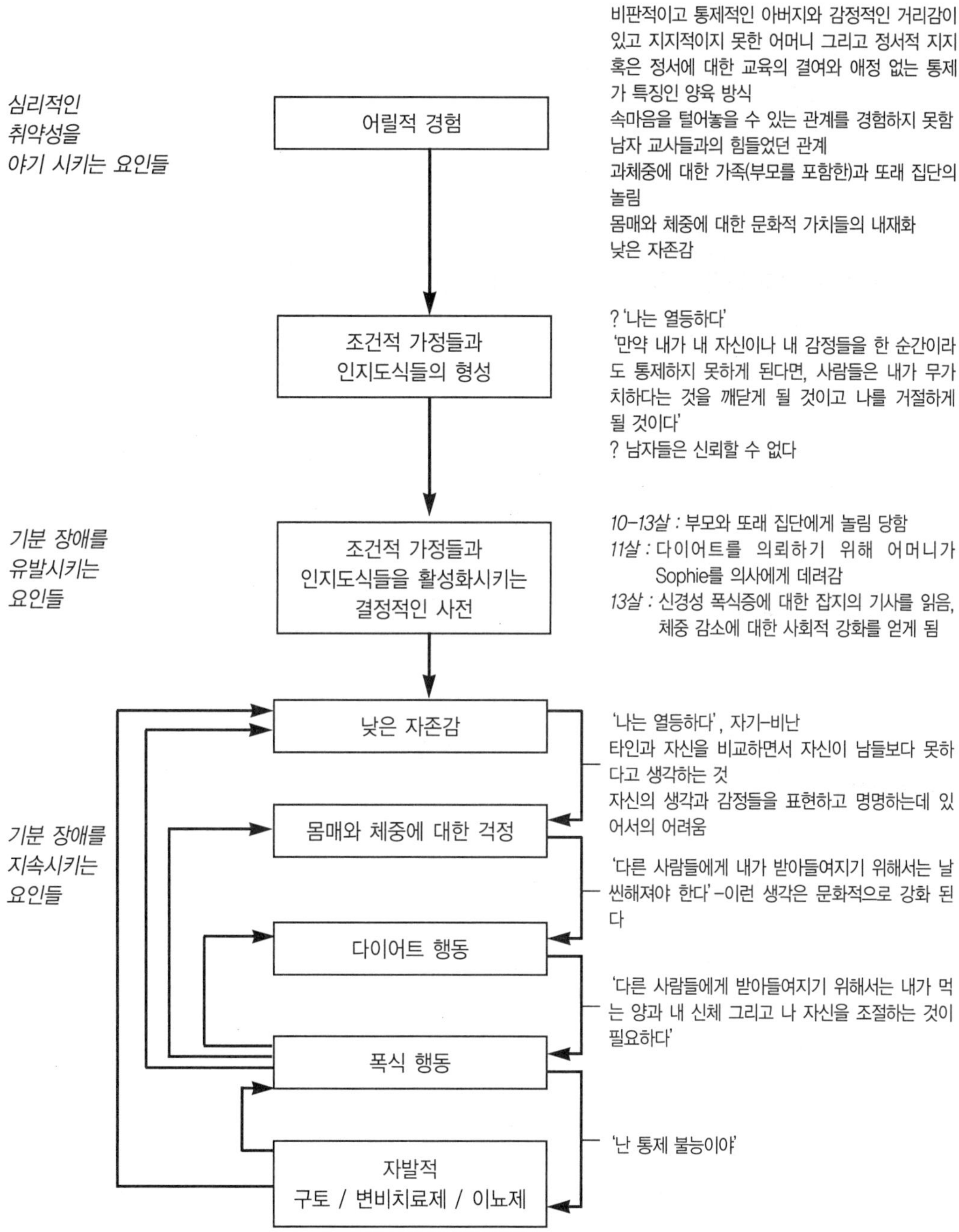
심리적인
취약성을
야기 시키는 요인들
어릴적 경험
비판적이고 통제적인 아버지와 감정적인 거리감이 있고 지지적이지 못한 어머니 그리고 정서적 지지 혹은 정서에 대한 교육의 결여와 애정 없는 통제가 특징인 양육 방식
속마음을 털어놓을 수 있는 관계를 경험하지 못함
남자 교사들과의 힘들었던 관계
과체중에 대한 가족(부모를 포함한)과 또래 집단의 놀림
몸매와 체중에 대한 문화적 가치들의 내재화
낮은 자존감
조건적 가정들과
인지도식들의 형성
? '나는 열등하다'
'만약 내가 내 자신이나 내 감정들을 한 순간이라도 통제하지 못하게 된다면, 사람들은 내가 무가치하다는 것을 깨닫게 될 것이고 나를 거절하게 될 것이다'
? 남자들은 신뢰할 수 없다
기분 장애를
유발시키는
요인들
조건적 가정들과
인지도식들을 활성화시키는
결정적인 사전
10–13살 : 부모와 또래 집단에게 놀림 당함
11살 : 다이어트를 의뢰하기 위해 어머니가 Sophie를 의사에게 데려감
13살 : 신경성 폭식증에 대한 잡지의 기사를 읽음, 체중 감소에 대한 사회적 강화를 얻게 됨
기분 장애를
지속시키는
요인들
낮은 자존감
'나는 열등하다', 자기-비난
타인과 자신을 비교하면서 자신이 남들보다 못하다고 생각하는 것
자신의 생각과 감정들을 표현하고 명명하는데 있어서의 어려움
몸매와 체중에 대한 걱정
'다른 사람들에게 내가 받아들여지기 위해서는 날씬해져야 한다'–이런 생각은 문화적으로 강화 된다
다이어트 행동
'다른 사람들에게 받아들여지기 위해서는 내가 먹는 양과 내 신체 그리고 나 자신을 조절하는 것이 필요하다'
폭식 행동
'난 통제 불능이야'
자발적
구토 / 변비치료제 / 이뇨제

- 절망감 척도: 0
- Hamilton 우울평가 척: 0
- 역기능적 태도 척도: 75
- 식이 태도 검사: 12
- Edinburgh 신경성 폭식증 척도 검사: 증상 척도: 6; 심각도 척도: 3

그림 7.4(p.210)는 치료 경과를 따라 폭식 행동 및 자발적 구토 행동이 감소하는 것을 보여준다.

그림 7.4 치료 경과에 따른 폭식 행동 및 자발적 구토 행동의 빈도

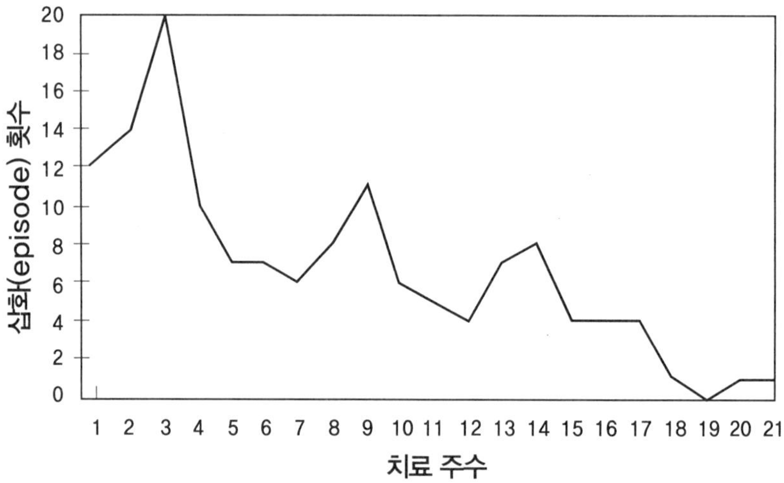

재발-방지

재발 방지는 인지 치료의 필수적인 부분이다. 신경성 폭식증의 치료에 있어서 이는 특히 중요한데 왜냐하면, 만약 신경성 폭식증이 장기간 지속되게 된다면, 환자는 불임 및 골다공증 같은 문제들을 포함한 여러 가지 신체적 건강에 대한 위험 요소들을 갖게 되기 때문이다. 그녀가 인식하게 된 조건적 가정들에 대해 이의를 제기해 보는 치료 작업을 통해 Sophie는 이미 이러한 재발 방지 작업의 일부분을 시작한 상태였고 긍정적인 자존감을 확립하는 치료 작업도 마찬가지로 시작된 상태였다. 이러한 전략들은 재발을 일으킬 수 있는 그녀의 심리적인 취약성을 약화시키는데 목표를 두었다.

Sophie와 치료자는 협력적으로 작업하였으며 함께 치료에 대한 개요 및 재발 방지를 위한 상세한 계획을 작성하였다(이에 대한 내용은 다음에 나오는 표 7.8에서 확인 할 수 있다).

표 7.8 재발 방지를 위한 상세한 계획

무엇보다도 내가 문제의 발생에 취약한 이유는 무엇인가?

- 자신감의 부족
- 자기–비난
- 나의 감정들을 인식하는데 있어서의 어려움(이는 초기 아동기 경험과 관련되어 있다)

치료를 통해 내가 배우게 된 것은 무엇인가?

- 나는 이제 폭식 행동을 유발시키는 계기들을 인식할 수 있다
- 나는 이제 규칙적으로 먹을 수 있다(하루에 3번의 식사와 3번의 간식)
- 나 자신에 대해 처음 가지고 있던 생각들이 반드시 옳은 것만은 아니다; 나는 자기–비난적이다
- 내가 나 자신을 바라보는 방식과 다른 사람들이 나를 바라보는 방식은 같지 않다
- 사람들은 나를 좋아하고 내가 긍정적인 특성들을 가지고 있다고 생각한다

어떤 부분들이 나를 취약하게 만드는가?

- 내가 가진 매일의 시간들에 대해 계획을 세우거나 시간을 체계적으로 쓰지 않는 것 – 이는 폭식 행동을 야기 시킬 수도 있다
- 문제들이 발생했을 때 이들을 다루지 않는 것
- 나 자신에게 모질게 대하고 내가 한 성취들을 깎아 내리는 것
- 집에서의 갈등
- 새로운 사람들과의 만남
- 남자들과의 관계

이러한 취약성들을 약화시킬 수 있는 전략은 무엇인가?

- 조건적 가정에 대한 행동 계획을 지속적으로 실행하는 것
- '긍정적인 특성들'에 대한 작업을 계속하는 것
- 내가 가진 생각들을 관찰하고 이들에 대해 이의를 제기해 보는 것 – 특히 위기 상황에 있을 때
- 나의 조건적 가정들과 핵심 인지도식들을 활성화시킬 수 있는 상황들에 대해 의식하는 것
- 내가 하고 있는 규칙적인 식사 계획을 계속해 나가는 것
- 내가 가진 매일의 시간들에 대해 미리 계획을 세워서 목적을 부여하고 이 시간들을 구조화하는 것
- 속마음을 털어놓을 수 있는 관계를 발전시키기 위해 적극적으로 노력하는 동시에 이를 위해서는 시간과 노력이 필요하다는 사실을 명심하는 것; 친구들을 이용하여 상호간의 지지 체계를 확립하는 것
- 내가 이룬 성과들을 관찰하고 지속적으로 문제들에 대처해 나가고 있다는 점에 대해 스스로에게 보상을 해주는 것; 이분법적인 사고와 행동에 주의를 기울이는 것

상태의 퇴보에 대처하기

- 포기하지 말라
- 상태를 정상궤도로 돌려놓기 위해 치료 서류철을 이용하라

• 친구들에게 도움을 요청하라
• 문제들을 적어보라 - 이 문제들을 해결하기 위해 노력하라
• 치료자에게 전화를 걸어 조언을 들어라
• 이 모든 것들을 늦기 전에 일찌감치 시작하라

내가 가진 개인적인 장점들은 무엇인가?
• 나는 부지런하며 문제에 지속적으로 대처해 나가고 있다
• 나는 분별력을 지니고 있으며 도움을 청하고 이를 건설적으로 이용하는 과정에 있어 책임감을 느낀다
• 나는 진취성과 창조성을 많이 가지고 있다
• 나는 독립적이다
• 나는 친밀하고 따뜻하며 이해심이 있고 다른 사람들에게 제공해 줄 수 있는 것들을 가지고 있다

논 의

Sophie는 5개월에 걸쳐 20회기의 치료를 받았다. 초기에는 그녀가 단기인지-행동 치료를 시행 받는 것이 과연 적합한 것인지 불확실하였으나 그녀는 치료에 참여하게 되었고 치료를 통해 많은 도움을 얻게 되었다. 그녀는 자신의 폭식 행동 및 구토 행동을 실제적으로 제거하는데 성공하였을 뿐만 아니라 자신의 생각과 감정을 인식하는 것을 배우고 실제 삶의 상황에서 이들이 타당한지 시험해보는 과정에 적극적이고 지속적으로 참여하였다. 따라서 치료를 마칠 때쯤 그녀는 자기 자신을 정의하는 방식뿐만 아니라 다른 이들과의 관계를 정의하는 방식의 측면에서도 새로운 관점을 발전시키기 시작하였다.

그녀의 나이가 치료를 진행시키는데 있어 여러 가지 방해 요인들을 발생시킬 가능성이 있었는데 왜냐하면 그녀 자신 및 세계 그리고 타인과의 관계와 관련하여 그녀의 내부를 구성하는 개념들 중 많은 부분이 아직도 발달하고 있는 상태였기 때문이었다. 이따금 이는 사례공식화를 어렵게 만들었는데 왜냐하면 반쪽만 그려진 지도를 가진 상태에서 한 발 물러서서 방향을 찾을 경우 미지의 바다에 도달할 때가 종종 있기 때문이다. 하지만 어쩌면 이 때문에 그녀가 치료를 이용할 수 있었는지도 모른다; 그리고 치료가 적어도 그녀에게 자신에 대한 좀 더 긍정적인 관점을 확립할 수 있는 기술을 제공해 주었고 삶 속에서 그녀 자신만의 길을 결정할 수 있는 나침반을 제공해 주었을 것이라고 기대된다.

그녀가 당혹스럽다고 느꼈던 치료의 한 가지 측면은 독서요법을 사용하여 여성의 신체 상 및 여성의 행동에 관한 사회적 구성 개념들을 검증해 보는 과정이었다. 신체상(body image)은 Sophie에게 매우 중요하였으며 이런 점은 그녀의 또래 집단에 의하여 크게 강

화되었다. 게다가 그녀는 추천 서적들을 페미니스트의 관점을 지지하는 것으로 받아들였는데 이는 그녀가 또래 집단 내에서 경험하는 영역을 벗어나는 것이었을 뿐만 아니라 그녀가 동일시 할 수 없는 개념이었다.

치료 종결 후, Sophie는 외국에서 일을 하게 되었기 때문에 추가적인 후속 회기들은 실행되지 않았다. 2년이 지난 후 그녀는 자신이 치료자에게 받았던 도움에 대해 감사의 편지를 보냈다. 치료 종결 후 3개월이 되던 시기에 한 달 가량 증상이 악화되었던 짧은 시기가 있었으나 그녀는 이에 대해 효과적으로 대처하였으며 증상은 이후에도 지속적으로 호전되었다고 하였다. 그녀는 스스로에 대해 더 마음 편하게 느끼게 되었고 다른 사람들과 있을 때 자연스럽게 행동하는 것이 좀 더 가능해졌다는 것을 느끼게 되었다고 이야기하였다. 그녀는 편지를 끝맺으면서 다음에 나오는 Shakespeare의 소네트(Harrison, 1950)를 인용하였는데 이 소네트가 겉으로 드러난 외모를 근거로 사람들이 잘못된 비교를 하게 되는 경향에 대해 그녀가 어떻게 느끼는지를 요약하고 있다고 이야기 하였다:

내 여인의 눈은 전혀 태양 같지 않고,
산호는 그녀의 붉은 입술 보다 더 붉으며,
눈이 희다면, 그녀의 가슴은 오히려 검은 편이고,
머리털이 철사라면, 그녀의 머리에는 검은 철사가 자라고 있다.
나는 붉고, 흰 장미는 보았으나
그녀의 뺨에서는 그런 장미는 볼 수 없으며,
그녀의 숨결보다도 더 좋은 향을 풍기는
그런 향수도 있다.
내 그녀의 말소리를 사랑하지만,
음악이 더 즐거운 소리라는 것을 부정 하지 않으며,
단 한번도 여신이 걷는 것을 못 본 것 같으나,
나의 그녀는 땅을 밟고 걸어간다.
하지만 단연코 내 연인은
거짓으로 비유되어 꾸며진 그 무엇보다 진귀할 지어다.

제8장

장기적인 문제들을 가진 사례

Luke – '나는 외롭고 의지할 데 없는 사람이다. . .
그리고 내가 하는 일은 모두 어그러지기만 한다'

Charles Dickens, *David Copperfield*

장기적인 문제들을 가진 환자들 가운데, 잔류형 정신병적 증상들을 가진 환자들과 인격 장애 환자들은 치료가 가장 어려운 환자들이다. 이번 사례 연구에서는, I축 장애 (주요 우울증)와 함께 회피성 인격 장애를 가진 환자가 설명된다. 2장에서 언급했던 것처럼, *DSM*-III-R과 *DSM*-IV를 통해 구체적이고 분명한 진단 기준이 개발되었기 때문에 이런 장기적인 문제들을 가진 환자들의 영역에서 연구와 치료적 접근의 발전이 가속화되게 되었다.

인격 장애는 진료실에서 매우 흔하게 볼 수 있는 장애이다. Turkat과 Maisto(1985)는 정신과 환자들 중 50%가 인격 장애를 보인다는 사실을 발견하였다. Shea 등(1990)은 주요 우울증의 치료에 있어 인지 치료, 대인관계 정신치료 그리고 임상적 면담치료가 병행된 imipramine(과거에 사용되었던 대표적인 우울증 치료 약물이나 부작용이 많아서 현재는 우울증 치료를 위한 목적으로는 쓰이지 않고 있음; 역주) 약물치료를 위약 투여와 비교한 미국국립정신보건원의 치료결과연구(Elkin등, 1989)를 들며 178명의 환자들 중 74%의 환자들이 *DSM*-III-R 진단 기준에 따른 인격 장애의 증상들 가운데 적어도 한 가지 이상의 기준을 만족시켰음을 보고하였다. 57%의 환자들이 한 가지 이상의 증상에 대한 기준을 만족시켰으며 53%의 환자들은 두 가지 이상의 인격 장애 군에 속하는 증상들을 가지고 있었다:

인격장애 I군은 '기묘하거나-엉뚱한' 상태로 묘사되며 편집성, 분열성 그리고 분열형 인격 장애가 여기에 포함된다. II군은 '극적이거나-변덕스러운' 상태로 묘사되며 여기에는 반사회성, 경계성, 히스테리성 그리고 자기애성 인격 장애가 포함된다. III군은 '불안하거나-두려워하는' 상태로 묘사되며 회피성, 의존성 그리고 강박성 인격 장애가 이곳에 포함된다.

치료 종결 시점에서, 다른 환자들과 달리 인격 장애 환자들은 자신들의 사회 활동 및 여가활동에서 더 낮은 기능 수준을 보였으나 서로 다른 여러 치료방법들(인지 치료, 대인관계 정신치료 혹은 약물치료)에 대한 치료 반응에서 다른 환자들과 큰 차이를 보이지는 않았다. 이와는 반대로, Rush와 Shaw(1983)는 인격 장애 환자들이 인지 치료에 잘 반응하지 않는다는 의견을 제시하였으며 Mays와 Franks(1975)는 정신치료에 불량한 반응을 보이는 주된 이유들 중 하나가 바로 인격 장애를 갖고 있기 때문이라는 의견을 제시하였다. Tyrer 등(1993)은 범 불안장애, 공황 장애 또는 기분 부전증 환자들에 대해 본인들이 시행한 치료 결과연구에서 인격 장애가 대체적으로 치료 결과에 부정적인 영향을 주었음을 보고하였다.

여러 역학 조사들에 대한 재검토를 통해, Weissman(1993)은 지역 사회 혹은 정신과적 문제를 가진 환자들의 친족들 가운데 약 10-13%가 인격장애임을 보고하였다. 비록 그녀가 인격 장애의 평생 유병률을 0.4에서 5.6% 정도로 낮게 추정하였음에도 불구하고 인격 장애가 가진 만성적인 특성과 장애와 연관된 정신병리 및 사회적 기능장애 때문에 진료실에서의 유병률은 높아지게 된다. 인격 장애와 공존하는 질환은 우울증(앞에서 언급했던 것처럼), 범 불안장애, 단순 공포증, 광장공포증, 사회 공포증, 알코올 남용, 강박 장애 그리고 기분 부전증이다(경계성 인격 장애의 공존 질환에 대해서는 Swartz 등(1990)을 참조할 것).

인격 장애의 정의

DSM-IV는 인격 장애를 서로 구분되는 특성 혹은 특징 군에 따라 정의 내리지만, 이 장애는 시간이 경과함에 따라 '경직되고 부적응적인 상태로 변화하며 계속 지속되므로 심각한 기능상의 장애나 주관적인 고통을 초래' 하기 때문에 단순한 인격적 특성(trait)들과는 구분된다(미국 정신과 협회, American Psychiatric Association, *DSM*-IV, 1994). 인격 장애로 기술되는 임상 양상들 중 많은 부분이 축I 장애에서도 마찬가지로 존재하기 때문에 축I 장애의 급성기에는 인격 장애로 진단 내리는 것에 주의를 기울여야 하며 오로지 역기능적 인격 양상들이 초기 성인기 이전 시기에 나타나고 이런 인격 양상들이 장기간에 걸친 한 개인의 기능 상태를 특징짓는 경우에만 인격 장애로 진단 내려야 한다.

인격 장애에 대한 *DSM*-IV 진단 기준들이 표 8.1에 요약되어 있다.

인격 장애를 이런 방식으로 정의 내리는 것에 대해서는 논란의 여지가 없지 않다. 이런 정의는 임상에 근거를 둔 정의이며 심리학에서 이루어진 인격에 대한 기본적인 연구들을 대체적으로 무시한다. 인격 장애들 사이에 겹쳐지는 영역이 존재한다는 사실은 이러한 정의의 특이도 및 발견적 가치에 대한 의문을 불러일으킨다. Rutter(1987)는 '특성에 의해 정의되는 인격 장애의 정의를 계속 유지해야 할 정당한 이유가 별로 없고' 그보다는 오히려 인격 장애를 '사회적 관계와 전반적인 사회적 기능 상태에서의 지속적이고 광범위한 이상으로 특징짓는 것'이 더 바람직하다고 결론 내렸다.

표 8.1 인격 장애의 일반적 진단 기준

1 개인이 속한 문화적 기준에서 현저하게 벗어난, 내적 경험과 행동의 지속적인 패턴이 다음에 나오는 영역들 중 두 가지 이상의 영역에서 표현되어진다:

- *인지* (자신 및 타인 그리고 사건들에 관한 지각과 해석)
- *정서적 반응* (반응의 범위, 강도, 불안정성 및 적절성)
- *대인관계적 기능*
- *충동 조절*

2 지속적인 패턴은

경직되어 있으며 개인 생활과 사회생활의 광범위한 영역에 걸쳐있다;
변하지 않고 오랜 시간 지속되어 왔으며 발병 시기는 청소년기나 초기 성인기로 거슬러 올라간다;
다른 정신 장애의 결과로 발생한 것이 아니다;
물질 혹은 일반적인 의학적 상태의 직접적인 생리적 효과로 인한 것이 아니다.

인지 모델

Beck 등(1990)은 주로 임상 경험을 통해 얻게 된 통찰에 근거를 둔 인격 장애의 모델을 제시하였다. 인격 장애에서 관찰되는 특징적인 장기적 문제들을 바라봄에 있어서, Beck 등의 저자들은 '핵심적인' 문제들이 인식되고 수정되어야 한다는 데 있어서 정신분석가들과 의견을 같이 하고 있다. 비록 초기에는 Adler, Horney, Sullivan 및 Frankl과 같은 '자아 분석가' 들의 생각들로부터 영감을 얻었지만, 이들과는 달리 Beck과 그의 동료들은 핵심 인지 구조들이 무의식적이거나 환자가 이용할 수 없는 것들이 아니며 인지 구조들이 결과적으로 형성하는 것들은 대개 인식의 영역 안에 놓이게 된다는 의견을 제시하였다(Ingram과 Hollon, 1986). 인지 치료자의 역할은 환자가 이런 인지 구조에 의한 결과물들의 전반적인 주제들과 함께 이와 연관된 감정 및 행동들을 좀 더 의식하게 되고 따라서 핵심 구조들을 인식하고 수정할 수 있도록 훈련시키는 것이다.

그림 8.1 선천적인 생존 전략 및 학습된 생존 전략으로서의 인격 장애

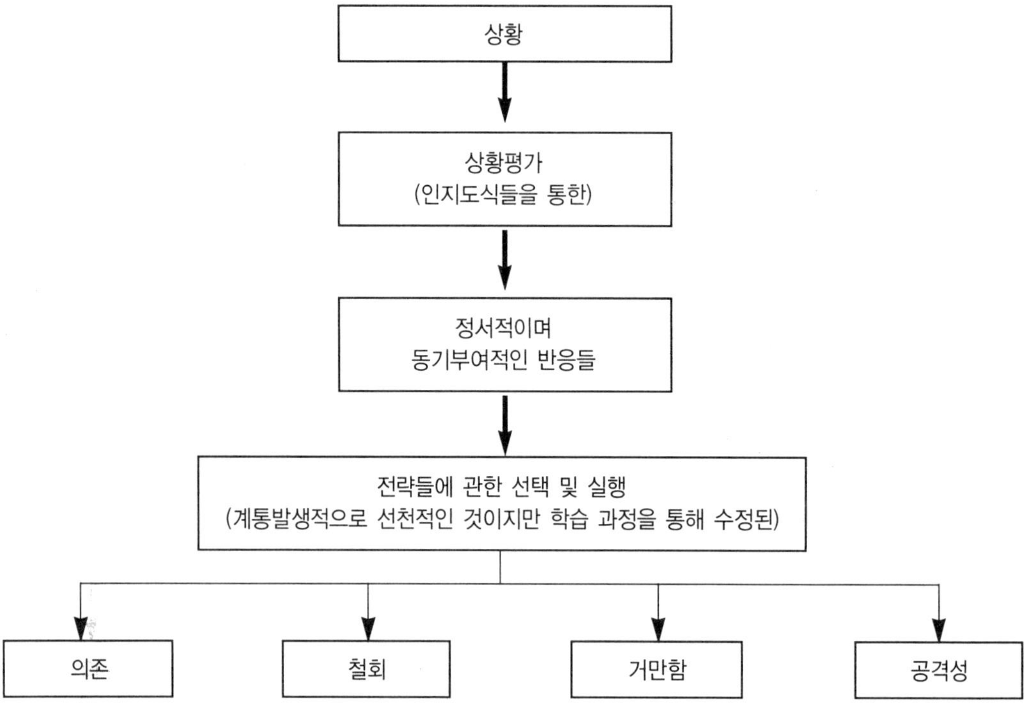

Beck의 이론은 인격에 대한 발생적이고 진화론적인 관점에 기반을 두고 있다. 인격 패턴들은 생존 및 번식을 촉진시키기 위하여 진화를 통해 현재까지 선택되어 온 전략들을 나타내는 것으로 추정된다. 범불안장애나 우울장애 같은 증후군들에서 뿐만 아니라 인격 장애에서도 이런 원시적인 전략들의 변형된 형태들이 과장된 형태로 관찰되어질 수 있다. 정보-처리 및 정서적 과정을 통해 정보가 평가되는 방식에 따라 이러한 진화론에 기초한 다양한 전략들이 촉발되며 이런 전략들은 적응적일 수도 있고 부적응적일 수도 있다. 또한, 인지도식이라는 용어로 명명된 상대적으로 안정적인 핵심 구조를 통하여 개인이 처한 상황에 대한 평가가 이루어진다. 이 모델은 그림 8.1에 제시되어 있다.

인격 특성들을 욕동(motivational drives)이 아닌 기저의 인지도식이 반영된 기본 전략들로써 개념화한 것이 인격 장애에 대한 Beck의 인지 이론의 핵심이며 그의 치료 방법에 대한 기초를 이루고 있는 것이다. 역기능적 인지도식과 이와 관련된 전략들은 환자를 전반적인 자극들에 취약하도록 만드는데 이는 그러한 인지도식과 전략들이 지나치게 과잉일반화 되어 있고 경직되어 있기 때문이다. 따라서 의존적인 개인은 다른 이들로부터의 애정 및 지지를 상실하는 것에 대해 취약한 것이며; 자기애적인 개인은 자신의 자존감이 줄어드는 것처럼 보이는 환경에 취약하게 되고; 회피적인 개인은 오히려 자기-주장이나 결단력이 필요한 사회적 혹은 직업적인 상황에서 정신적 외상을 입게 된다.

동물 행동학적 측면에서 볼 때, 인격 장애의 행동적, 인지적 그리고 정서적 전략들은 지금보다 더 원시적인 과거 시대에서는 적응적이었을 것으로 생각되나 현재는 더 이상 적응적이지 않은, 자연 도태되었어야 할 반사 작용들이 현재까지 지속되는 것으로 여겨질 수 있다. 이들은 개인 혹은 사회에 해로운 행동들을 유발시키게 된다. 예를 들어, 인류의 초기 발달 단계에서는 고도의 약탈 행위가 생존에 도움을 주었을 수도 있으나 현재 우리의 사회적 환경에서 볼 때 이는 지나치게 공격적이고 '반사회적' 일 수 있다. 마찬가지로, 노출증적 표현도 야생에서는 도움을 얻거나 짝을 유혹하는데 도움이 되었을 것이지만, 이것이 현재에도 하나의 행동 전략으로 사용되는 경우에는 '과장된' 혹은 '히스테릭한' 사람이라는 딱지가 붙을 수 있다. 따라서 약탈, 경쟁, 사교성 및 위험에 대한 회피 같이 진화에 기반을 둔 모든 행동들은 과도하고 융통성 없고 통제되지 않을 경우 문제가 될 수 있다. Beck 등(1990)은 인격 장애를 과도하게 발달한 전략들과 불충분하게 발달한 전략들의 측면에서 정의 내렸다.

인지 도식(또는 핵심 믿음)들은 축II 장애에서도 축I 장애에서와 똑같은 역할을 하지만 차이가 몇 가지 있는데, 그 중 하나는 축II 장애에서의 인지도식들이 보다 일반화 되어 있다는 것이다 – 다시 말하자면 더 많은 상황들에 적용되어 진다는 것이다; 또 하나는 이들이 더 지속적이라는 것이다 – 즉 이는 이 인지도식들이 대부분의 시간 동안 작용하고 있다는 의미이다; 그리고 마지막 차이점은 이들이 더 경직되어 있다는 것이다 – 이는 환자의 마음속에서 이러한 인지도식들의 진실성 및 적합성에 대한 의구심이 들지 않는다는 의미이다.

이런 인지도식들에 대한 한 가지 예가 표 8.2에 제시되어 있다. 이러한 경직되고 광범위한 부정적 인지도식들은 다음과 같은 세 가지 방식들로 정보를 처리 한다:

1 이러한 인지도식들을 부정하게 되는 정보들을 걸러내는 방식;

2 이 인지도식들의 정당성을 확인시켜주는 정보 처리과정;
3 긍정적이거나 중립적인 자극들을 인지도식들의 정당성을 입증하는 부정적 정보들로 왜곡시키는 방식.

표 8.2 인격 장애에서 보이는 인지도식들에 대한 예

무조건적 인지도식 *(핵심 인지도식)*	'나는 무능하다'
↓	↓
조건적 인지도식들 *(기본적 가정들)*	'나는 혼자서 아무것도 할 수 없다' '만약 내가 의지할 수 있는 강한 누군가가 없다면, 나는 잘 대처하지 못할 것이다' '나는 다른 사람들의 도움을 필요로 한다'

각각의 인격 장애에는 스스로에 대한 전형적인 자기-인식 및 타인에 대한 전형적인 평가 그리고 전형적인 인지도식들이 동반된다. 이러한 인지적인 측면들은 종종 인격 장애들 간에 서로 공유되는데 장애들 사이의 차이는 각 장애들 나름의 특징적인 행동 전략 및 내외부적 통제 체계를 통해 드러나게 된다. Beck 등(1990)에 따르면, 통제 체계는 서로 다른 장애들 각각에서 발견되는 전형적인 자기 침습적 사고들을 통해 드러난다: 예를 들면, 편집성 환자의 경우에는 '어느 누구도 믿지 말라'; 분열성 환자의 경우에서는 '안전한 거리를 유지하라'; 의존성 환자의 경우는 '그들이 원하는 모든 것을 하라'; 자기애성 환자에서는 '너 자신이 주목 받도록 해야 한다'; 그리고 회피성 환자의 경우에서는 '위험을 무릅쓰지 말라'가 전형적인 자기 침습적 사고의 예가 된다.

Young(1990) 및 Young과 Klosko(1993)는 인격 장애에서 볼 수 있는 초기 부적응적 인지도식들에 대한 인지도식-중심 치료를 제안하였다. Young은 인격 장애에 대한 이론 및 치료의 영역에 두 가지 유용한 기여를 하였다. 첫 째로, 그는 초기 부적응적 인지도식들이 계속 지속되도록 만드는 과정들을 자세히 기술하였다:

인지도식-유지 과정들 인지적 왜곡들, 부적응적 행동들 및 환경적 영향들이 인지도식에서 이루어질 수 있는 적응적 변화를 가로막게 된다.

인지도식-회피 인지도식이 유발되는 상황과 관련된 강렬한 고통을 회피하기 위하여 의식적이고 자동적인 과정들이 개발된다. 이런 과정들은 인지적, 정서적 그리고 행동적 회피 전략들을 포함한다.

인지도식-보상 인지도식을 위장하는 전략들이 개발된다 – 예를 들면, 의존성 환자의 경우 극단적으로 자율적인 태도나 행동들을 보이는 경우가 있고 자신의 무가치함에 대한 인지도식을 가지고 있는 사람 같은 경우 자기애적 행동들을 보이는 경우가 있다.

두 번째로, Young(1990)은 매우 분명하게 정의된 치료적 방법들을 개발하였는데 그는 인격 장애를 치료하는데 있어 치료적 관계와 정서적 방법들을 이용하는 것이 중요하다고 강조하였다. 그가 강조한 것들은 다른 인지 치료자들이 덜 강조해 온 것들이었다.

인격 장애들 중 *경계성 인격 장애*의 영역에서 Linehan(1993a, 1993b)은 변증법적 행동 치료(dialectical behavior therapy: DBT)라고 불리는 패키지를 개발하였는데 이는 경계성 인격의 생물-사회적 이론에 기초를 두고 있다. 첫 번째로, 그녀는 환자가 그 안에 속해 있기는 하지만 환자에게 자주 해로운 영향을 주게 되는 사회 시스템을 강조하였다. 따라서 경계성 환자들은 그러한 주위 환경에 영향을 줄 수 있는 사회 기술 및 자기-통제 기술들을 배워야만 한다. 두 번째로, 그녀는 경계성 환자들의 이분법적인 사고방식과 극단적인 행동 및 감정들을 변증법적인 실패로 생각하였다. 환자는 서로 정반대로 대립하는 힘들(정립과 반정립) 사이에 꼼짝하지 못하고 갇혀 있어 통합으로 나아가지 못하게 된다. 치료는 통합을 촉진시키는 것을 목표로 한다. 세 번째로, DBT 치료자는 현실의 변화하는 속성을 의식한다. 치료자, 환자 및 주위 환경은 시간에 따라 계속 변화하며 치료자는 시간적인 변화에 대한 개념에 좀 더 편안해지는 것을 목표로 삼아야 한다.

마지막으로, 그녀는 경계성 인격 장애의 가장 중요한 결함을 감정 조절장애로 보았으며 이것이 감정적인 취약성과 부적응적 감정 조절 전략들에서 기인된 것으로 생각하였다. 그녀는 이러한 결함들이 부분적으로는 생물학적으로 결정된 것이며 부분적으로는 아동기 때 개인의 정당성을 부정 당하는 부정적인 환경에서 양육 받은 결과 때문이라고 생각하였다.

DBT는 개인 및 집단 형식의 광범위한 인지 행동 기법들을 포함하고 있으며 이들은 환자가 심리적인 기술들을 발전시킬 수 있도록 돕는 것을 목적으로 한다. 또한 Layden 등(1993)도 특별히 경계성 환자를 위한 인지-행동 기법들을 기술하였다. 비록, 그들의 치료 방법이 Beck 등(1990) 및 Young(1990)의 방법과 차이가 있지는 않으나 그들은 이론적으로 Erikson과 Piaget의 발달 단계를 더 강조하였다. 그들은 각각의 발달 시기에 완수해야 하는 과업 달성에 실패할 경우 이것이 경계성 환자가 가지게 되는 특정한 초기 부적응적 인지도식들을 형성한다고 주장하였다.

LUKE

의뢰 과정

Luke는 지역사회 정신보건 팀에 의해 의뢰되었다. 의뢰 내용을 통해 그가 만성적인 사회적인 문제들과 대인관계의 문제들을 가지고 있으며 힘겨운 아동기를 경험하였고 네 번의 자살시도를 한 과거력이 있는 무직의 25세 남성이라는 것을 개략적으로 알 수 있었다. 그는 지역사회 정신보건 팀에서 평가를 받기 전에 2년 동안 개인적 상담을 받았으나 별다른 진전은 없는 상태였다. 그는 우울증에 대한 진단을 정식으로 받았으며 의뢰 당시 항우울제를 복용 중이었다.

평 가

증상 양상

Luke는 회피성 인격 장애의 진단 기준들 가운데 여러 가지 기준들을 만족시켰다(*DSM-*IV를 참조, 미국 정신과 협회, American Psychiatric Association, 1994). 예를 들어, 아버지를 제외하면, 그가 여태까지 대인관계에서 편안함을 느끼고 '친구' 라고 부를 수 있는 사람은 오직 한 사람 밖에 없었다. 그는 대부분의 사교적 상황에서 극도로 불안해하였으며 이들을 회피하려고 하였고 심지어는 낮 동안에 다른 사람들이 자신을 '특이하게' 생각할까봐 두려운 마음에 길거리를 걷는 것조차도 어려움을 느꼈다. 다른 사람들 앞에서 그를 관찰한 결과 그가 어색하고, 부끄러움이 많으며 불안해 한다는 사실을 알 수 있었다. 낯선 사람들과 함께 있을 때 그는 말을 더디게 하였으며 시선을 잘 마주치지 못하였다. Luke는 여러 사람들을 만나야 하는 집단적인 만남보다는 일대 일로 만나는 상황이 더 편하다고 느꼈으며 그럼에도 불구하고 일대 일 상황에서도 긴장을 풀고 편안한 자세로 바꾸기까지는 얼마간의 시간을 필요로 하였다. 그러나 그가 대인관계의 어려움에도 불구하고 그는 다른 사람들에게 받아들여지고 그들과 교우 관계를 맺고자 하는 강한 갈망을 가지고 있었다.

그는 임상적인 우울증의 진단 기준들을 만족시켰으며(p.62 을 보라) 절망 척도에서 높은 점수를 보였다 - 척도에 대한 점수는 그림 8.5에 요약되어 있다. 또한 그는 사회 공포증, 광장공포증 및 경도의 공황 증상들을 보였다. 하지만, 걱정이 이러한 불안 장애들의 근본적인 기초를 이루고 있는 것과는 달리, Luke의 문제들은 개인적인 재난에 대한 두려움 보다는 친밀함에 대한 두려움에서 기인되는 것처럼 보였다. 그의 문제들 대부분은 다양한 정도의 심각성을 가지고 그 이전부터일 수도 있겠으나 적어도 초기 청소년기부터는 계속 지속되어 온 것처럼 보였다.

초기 선별 면담에서 그는 자신의 문제들을 다음과 같이 요약하였다:

- '내가 대인관계에 대해 두려워함으로 인해 그것을 회피하려는 경향 - 나는 다른 사람들이 나를 좋아하지 않을까 봐 걱정이다' ;
- '내가 이상하게 보인다고 사람들이 생각할 것이기 때문에 특히 낮 시간 동안 혼자서 외출하는 것이 어려운 것' ;
- '때때로 폭음을 하고 수면제를 자주 복용하는 것' ;
- '전반적인 권태감' .

질환의 경과

불안 및 회피 행동은 일생 동안 지속되어 온 것처럼 보였다. 다섯 살에서 여섯 살 때쯤 그는 학교 운동장에서 이방인이라고 느꼈던 것을 기억하였다. 그는 초등학교 시절 학교 주위를 혼자 어슬렁거렸던 것을 회상하였으나 자신이 다른 아이들에게 받아들여졌는지에 대해서는 확실히 기억하지 못하였다. 그에게는 학교 교육이 항상 힘들었으며 네 번의 각기 다른 자살 시도 중 첫 번째 자살 시도가 열두 살 때 휴일이 지나고 학교를 다시 나가게 된 후 이루어졌다. 자살 시도를 한 이유들을 그는 다음과 같이 제시하였다:

- '나는 아이들이 싫었다.'
- '학교에는 사생활이 존재하지 않았다.'
- '내가 하고 싶어 했던 과목들을 하지 못하고 있었다.'
- '앞으로 4년을 더 버티느니 차라리 죽는 것이 더 낫다고 느꼈다.'

그는 오랜 기간 동안 심리학적 치료를 받아 왔는데 그가 처음 약물과다 복용을 하고 난 직후인 열두 살 때부터 치료를 받기 시작하였다. 그는 이후 열일곱, 스물 그리고 스물한 살 때

연이어 약물 과다 복용을 시도하였다. 그는 이러한 '진정한' 자살시도들이 극도로 외롭고 절망적인 시기 직후에 발생하였다고 주장하였다: '비록 내가 대부분의 시간 동안 외로움을 느끼고 있음에도 불구하고, 이따금 이런 상황이 절대로 바뀌지 않을 것이라는 생각이 들기도 한다.'

센터에 의뢰되기 전에 그는 2년 동안 개인 치료를 받았다. 이 치료는 Gestalt 치료와 정신역동적 치료가 혼합된 형태인 것처럼 보였고 치료적이기 보다는 좀 더 지지적인 편이었다. 18개월에 걸친 인지치료 기간 동안 그는 자문 정신과의사에게 처방 받은 항우울제를 복용하였다.

개인적 배경

Luke는 독자였으나 그가 태어나기 5년 전에 유아기 때 사망한 손위 형제가 있었다. 그의 부모는 그가 태어났을 때 사십 대 중반이었다. 그는 정상적인 아동기 발달과제들(걷기, 말하기 등등)을 적절한 시기에 성취한 것처럼 보였다. 그가 기억하기에 자신이 특이하다는 느낌을 처음 느꼈던 시기는 네 살에서 다섯 살 경이었다. 그는 다른 아이들과 있을 때 어색함과 부끄러움을 많이 느꼈다고 회상하였으며 초기 학창 시절 동안에 친구가 거의 없었다고 하였다. 그는 일생 동안 '진정한' 친구는 오로지 단 한 명뿐이었다고 주장하였다. 그는 이 친구(Susan)를 4년 전까지 만났으나 불행하게도 그녀는 이후 외국으로 이주하게 되었다. Susan은 여전히 Luke와 서신을 통해 연락을 하며 지내고 있었으나 그녀의 현재 남자 친구가 이런 관계를 불만스럽게 느끼는 상태였다.

Luke의 어머니는 사회복지사였으며 아버지는 식료품 잡화점을 직접 운영하였다. 그의 아버지는 그가 여덟 살 때 사망하였으며 이 당시 아버지의 사망은 그를 심란하게 만들었다: 'Susan을 제외하면, 아버지는 나를 이해한다고 할 수 있는 유일한 사람이었다.' 어머니와의 유대감에 대한 증거는 거의 존재하지 않았다: '내 어머니는 한 번도 나에게 많은 관심을 보여 준 적이 없었다 – 어머니는 자신의 직업에 더 관심이 많았다'; '나는 어머니가 나를 기숙학교에 보냈기 때문에 어머니를 미워하였다; 어머니는 단지 내가 멀리 떨어져 있기를 원했던 것이다.' 그는 어머니가 자신을 결코 좋아한 적이 없다고 확신하고 있었으며 어머니가 자신을 방치하고 거부해 왔다고 느꼈다.

Luke는 학교 교육이 자신에게는 '불행하고, 외롭고 타인들로부터 고립되는' 경험이었다고 이야기 하였다. 그는 스스로를 매우 부끄러움이 많은 소년이었다고 표현하였으며 자신의 생각을 공개적으로 분명하게 이야기 하는 것이 어려웠다고 이야기 하였다. 그는 초기 아동기에 심하게 말을 더듬었으며 이는 그가 다른 사람들의 시선을 더 의식하도록 만들었다. 말수가 적은 그의 태도 때문에 다른 아이들이 그를 비웃고 괴롭히는 것처럼 보였으며 이런 경험은 다소 이른 시기부터 그가 등교를 기피하도록 만들었다. 열 살 때부터 그는 Kent에 있는 사설 기숙학교에 가게 되었으며 자신의 자유 시간 중 대부분을 자신의 방에 있거나 혼자 산책하면서 보냈다. 두뇌가 명석했음에도 불구하고 그는 남들이 자신을 가르치기 어렵다는 점에서 비뚤어진 자부심을 느꼈다. 그는 어떠한 시험에도 합격하지 않을 것이라고 결심하였다– '나는 나의 성공으로 인한 후광을 교사들이 누리는 것을 원하지 않는다.' 그는 아무런 공식적인 자격증도 없이 열여섯에 학교를 그만두었고 정부에서 제공하는 여러 교육 과정들을 수강하였다. 비록 이런 교육 과정들 중 한 곳에서 Susan을 만나기는 하였지만, 그는 다른 과정 수강생들과 어울리는 것이 매우 힘들다는 사실을 다시 한번 깨달았다.

평가 당시, 그는 무직이었으며 혼자 살고 있었다. 그는 매우 무질서한 생활을 하고 있었으며 음주나 수면제 복용으로 삶에 대처하고 있었다. 그는 자신의 현재 삶의 방식을 다음과 같이 간결하게 묘사하였다:

> 나는 혼자 있는 자신을 혐오하지만, 다른 사람들과 함께 잘 지낼 수가 없다 – 그들은 나를 겁에 질리게 만든다! 나는 그들과 같지 않고 그들은 항상 그것을 빠르게 간파 한다… 뭐랄까 매일의 나날들이 새로운 날들과 합쳐진다… 대부분의 시간은 괜찮고 나는 이 시간들에 잘 대처할 수 있다. 나는 늦게 일어나서 비디오 몇 개를 시청하고 그리고 난 후에는 컴퓨터를 하면서 시간을 보내고 오후 3시에는 무언가를 먹는다. 그런 다음에는 TV에서 아이들 프로그램을 방송할 때까지 내가 가진 공상 과학 소설들을 읽는다. 나는 이후 나머지 저녁 시간 동안 TV를 보고 난 다음 수면제를 몇 알 먹고 잠자리에 든다 – 이것이 나의 일과다! 음식이 떨어질 때를 제외하면 나는 바깥에 많이 나가지를 않는다. 나는 초등학교 아이들이 주위에 없는 조용한 시간대를 골라서 밖으로 나가 한꺼번에 많은 쇼핑을 한다. 운이 좋은 경우에는 내 어머니가 나를 위해 쇼핑을 해준다. 이따금 나는 정말로 불쾌하다 – 나는 '내 삶은 항상 이런 식으로 흘러가는 건가?' 같은 생각을 하기 시작한다. 이런 경우 나는 욕실에 틀어박혀 바닥에 눕는다; 몇 시간이 지나면 나는 잠이 들고 최악의 상황은 지나가게 된다.

현재 상태

첫 번째 면담에서 치료자가 대기실로 Luke를 만나러 갔을 때, 치료자는 두려움의 분위기를 감지하였다. 그는 작고 창백하며 깔끔한 사람이었다. 치료자가 스스로를 소개하였을 때, 그는 눈을 내리깔고 치료자의 존재를 인정하지 않았으며 천천히 주저하듯이 치료자의 사무실로 이동하였다. 방에 들어가자마자 그는 느릿느릿하게 자리에 앉았는데 마치 투명 보호 망토로 자신을 감싸고 있는 것처럼 보였다. 치료자는 이 면담이 힘들 거라고 판단하였다! 비록 첫 3회기 동안 그는 다소 부끄러움 많고 어색한 모습을 지속적으로 보였으나 다행히도, 시간이 진행되면서 장벽이 제거되기 시작하였다. 그는 4번째 회기에 치료적 관계를 분명하게 즐기기 시작하였다. 그는 이제 빠르게 안정을 찾았다 – 그리고 이것이 그가 치료를 받을 때 보이는 일반적인 패턴이라는 것이 나중에 드러나게 되었는데 이는 아마도 치료 상황이 그가 거절의 두려움 없이 이야기를 할 수 있는 몇 안 되는 기회들 중의 하나였기 때문인 것 같았다.

평가에 대한 요약

Luke는 만성적인 사회적 문제들과 대인관계의 문제들을 가지고 있는 '평범해' 보이는 젊은 남성이었으며 회피성 인격 장애의 진단 기준에 부합되었다. 그는 자기 삶의 대부분 동안 다른 사람들과 어울리는 것을 극단적으로 어려워하였으며 이 때문에 그는 자주 외로움과 고립감을 느꼈고 이따금 절망감도 느꼈다. 그는 심각한 자살 시도를 네 차례 한 과거력이 있었으며 여전히 자살을 만약 사정이 아주 안 좋아질 경우에 실행 가능한 선택지로 여기고 있었다. 그는 자신의 어머니와 좋지 못한 관계를 가졌으며 어머니가 자신을 좋아하지 않는다고 느꼈다; 그는 이러한 감정이 자신 혼자만의 일방적인 감정이 아니라 상호적인 감정이라고 주장하였다.

그는 현재 도시의 아파트에서 혼자 거주하고 있었으며 낮에는 외출을 할 엄두를 내지 못하고 있었다. 그는 무직이었고 16살에 기숙학교를 그만두고 난 이후 계속 같은 상태였다. 그는 종종 자신의 고독에 권태감을 느꼈고 그럴 경우 이따금 폭음을 하였다. 그는 또한, 자신의 기분이 특히 나쁠 때, 수면제를 복용하였다. 그는 지난 5년 동안 항우울제를 처방 받아 복용하고 있었으며 현재 그 지역 자문 정신과의사에게 치료를 받고 있는 상태였다.

그와 작업한 초기 경험들과 의뢰 사유를 고려해 볼 때, Luke의 사례가 장기적인 사례가 될 것이라는 사실이 분명해졌다. 일단 이런 사실이 인지되고 나자, 치료자 자신을 위해서도 작업이 진행되는 동안 좋은 동료들 몇 사람으로부터 지도 감독을 받을 수 있도록 준비를 해

두는 것이 반드시 필요하다고 느껴졌다.

단기인지치료에 대한 적합성

적합성 척도(다음에 나오는 표 8.3을 보라)는 Luke가 많은 점에서 인지 치료에 적합하지 않다는 점을 시사하였다. 하지만, 다양한 논리적 근거들을 가진 여러 치료 방법들 중에 어떠한 방법을 선택하여 치료를 하더라도 인격 장애를 가진 사람들을 치료하는 것은 언제나 어렵다는 사실을 우리는 받아들여야 한다. 그리고 그가 인지 모델을 긍정적으로 받아들였고 몇 가지 부정적 자동사고들을 인식할 수 있었으며 회기 내에서 좋은 협력적 관계를 보였다는 사실은 고무적인 부분이라고 생각되었다. 하지만, 몇 가지 점들은 특히 나쁜 예후를 시사하였는데 그 중에서도 특히 그의 문제들이 만성화되었다는 점과 그가 문제들을 감정상으로나 행동상으로나 회피하려고 하는 경향이 있다는 점이 그러하였다.

표 8.3 단기 인지치료 적합성 평가 척도

적합성 평가(부적합 0–5 적합)	
1 자동사고들에 대한 이용가능성	3.0
2 감정들에 대한 인식 및 구분	2.0
3 변화에 대한 개인적인 책임감을 받아들임	2.0
4 인지적인 논리적 근거에 대환 친화성	2.0
5 협력에 대한 가능성(회기 내에서의)	3.0
6 협력에 대한 가능성(회기 바깥에서의)	1.0
7 문제의 만성화 경향	1.0
8 안전 행동	1.0
9 주제에 초점을 맞출 수 있음	2.0
10 치료에 대한 환자의 낙관적 태도/비관적 태도	2.5
	총 점수 19.5

초기 공식화

네 번째 회기에 Luke와의 공동 작업을 통해 초기 공식화가 도출되었다. 공식화의 세부 사항들을 구성하는데 이 네 번 째 회기 시간의 많은 부분이 할애되었다. 주된 문제, 개인력, 공식화, 치료 계획이라는 각각의 제목이 붙어 있는 네 장짜리 공동 문서가 정식으로 작성되어졌다. 이 문서는 타이핑되어 그 다음 회기 때 Luke에게 전달되었으며 치료가 진행되어 나감에 따라 다시 참고 되고 개정되었다. 일부 치료자들은 공식화를 치료 후반기에 공유하는 것을 더 선호한다는 사실에 유념하는 것이 중요하다(p74. 참조).

Luke의 역기능적-사고 일지들을 통해 얻어진 여러 예들 중의 하나를 이용하여 그림 8.2를 통해 그에 대한 초기 공식화를 설명하였다. 이 그림은 그가 실행해보도록 요청 받았던 초기 행동 시험들 중의 하나 – 이웃의 파티 초대를 수락해 보는 것 – 를 나타낸 것이다. 그림에서 볼 수 있듯이 파티에 있는 동안 인지도식적 주제들이 활성화되었고 역기능적인 순환과정을 통해 이들이 표현되었다. 그는 이러한 상황이 힘들다는 사실을 분명히 알고 있었으며 파티가 시작되는 그 순간부터 파티를 떠나고 싶어 하였다. 하지만 그는 이런 심적 고통에도 불구하고 파티에 남아있기로 결정하였고 이런 그의 결정은 존경 받아 마땅하였다. 그는 처음에는 자신의 역기능적 인지도식에 동반되는 관점 – 즉, 자신이 '특이하다'는 관점 – 과 모순되는 증거처럼 보였던 것을 결국 합리화시킬 수 있었는데 이를 지켜보는 것(과각성과 선택적 주의 집중이라는 제목 아래 부분)은 흥미로웠다.

이런 시나리오는 다른 사회적 활동 상황들(예를 들면, 그가 매주 하는 쇼핑 상황)에서도 아주 똑같이 반복되었다. 그가 두려움을 느끼지 않았던 유일한 때는 Susan과 함께 시간을 보내었을 때라는 사실은 주목할 만하다: '만약 내가 Susan과 함께 있는 경우에는 사람들이 나를 커플 가운데 한 사람으로 볼 것이며 따라서 그들은 나를 정상적인 사람으로 생각할 것이다.'

회피성 인격 장애를 가진 사람들에 대한 공식화 과정 및 인격 장애 일반에 관한 충분한 고찰을 원한다면, Beck 등(1990)을 참조하라.

그림 8.2 초기 공식화

양육

- 부끄럼을 타는 기질
- 다소 냉담하고 양가적인 어머니
- 아버지의 부재
- 기숙학교

사건들

- 아버지의 사망
- 초등학교 및 중등학교에서의 어려움들
- 사회기술 결핍을 야기시킨 사회적인 고립상태

인지도식의 주제들

'나에게는 무언가 특이한 점이나/문제가 있다'
'만약 내가 다른 이들과 어울리게 된다면, 나는 아마도 상황을 올바로 이해하지 못하게 될 것이며, 그들은 나를 하찮게 생각하게 될 것이고 결국 내가 미치광이라는 사실을 알게 될 것이다'

행동 실험 (파티)

'파티'에서 든 생각들

'나는 다른 사람들과 잘 지낼 수 없어'
'나는 여기를 벗어나야 한다 – 집으로 가자, 원래 있던 곳인 안전한 집으로 가자'

감정

- 공포

과각성과 선택적 주의 집중

- 사람들이 나를 쳐다보고 있다
- 그들은 지금 나를 무시하고 있다

불안 증상들

- 두근거림
- 어지러움
- 식은 땀

행동

- 눈맞춤을 회피하기
- 구석에 가서 앉기
- 과도한 음주

치 료

치료 계획

치료 계획의 이상적인 형태가 그림 8.3에 제시되어 있다. 이 그림은 선택된 치료적 접근 방식이 교육적인 접근 방식이라는 사실을 개략적으로 제시하고 있는 것에 불과하다. 이 치료 계획의 기본적 원칙들은 다음과 같았다. (1) 평가 단계 동안 환자–치료자 사이의 신뢰를 구축하고 초기 몇 주 동안 Luke의 자신감을 향상 시키는 것; (2) 교육적인 기법들을 이용하여 인지적 관점을 통해 그가 자신의 문제들을 폭 넓게 이해할 수 있도록 만드는 것(이 단계에는 초기 공식화를 Luke와 함께 공유하는 것뿐만 아니라 이용되어질 가능성이 있는 치료적 방법들에 대해 개략적으로 설명하는 것이 포함된다); (3) 실행 계획 및 변화에 대한 몇 가지 목표들을 치료자와 환자가 서로 협의하여 결정하는 것; (4) Luke의 자기–효능감을 강화하는 것 – 이는 변화를 위한 필수적인 전제 조건으로 느껴졌다; (5) 위에서 언급되었던 목표들을 달성하기 위하여 다양한 기법들을 사용하는 것.

이른바 '정상적인' 행동이라고 불리는 것은 연속적인 선상의 한 지점에 위치하는 것일 뿐이라고 생각하는 것이 가장 바람직하다는 믿음을 Luke에게 교육시키는 것이 치료의 주된 특징들 가운데 하나였다: 달리 말하자면, 행동에 관해서는 절대적인 것(즉, 어떤 상황에서의 행동이 '올바른' 방식의 행동인지 아니면 '잘못된' 방식의 행동인지 두 가지로 명확히 나누어지는 것)에 대한 구분이 거의 없다는 사실을 그가 이해할 수 있도록 돕는 것이었다. 예를 들어, 값비싼 레스토랑에 있는 경우와 같이 매우 격식을 차려야 하는 상황에서 조차도 사람들은 서로 다른 다양한 방식으로 식사를 하고 포크나 수저를 정확하게 사용하지 않는 경우도 흔하다. 이처럼 인간이 가진 다양성을 '회복시켜 정상화시키는' 문제는 Luke가 자신이 가지고 있는 '나'와 '그들'의 태도(즉, 자신이 나머지 사회 구성원들과 다르다는 그가 가지고 있는 느낌)에 대해 이의를 제기해 보도록 돕는데 있어 특히 중요하였다. 이 부분에서 그가 가지고 있는 생각의 경직성에 성공적으로 이의를 제기해 보는 것이 치료적 작업의 주요 목표였다.

인지도식적 측면에서, 인격 장애 환자들을 치료하는 주요 원칙들은 (1) 환자들이 현재 가지고 있는 역기능적 인지도식들을 약화시키고 (2) 좀 더 적응적인 인지도식들을 구축하는 것이다. 환자 스스로가 '정상적으로' 기능한다는 것이 무엇인지 알고 있는 다른 장애들과는 달리 Luke 같은 환자들은 이러한 '정상 상태'를 이전에 전혀 경험해보지 못했을 수도 있다고 추정된다. 따라서 이런 관점에서 환자를 고려하면, 어째서 치료가 다른 장애에 비해 더 많이 어려운지를 한결 쉽게 이해할 수 있을 것이다.

그림 8.3 치료 계획

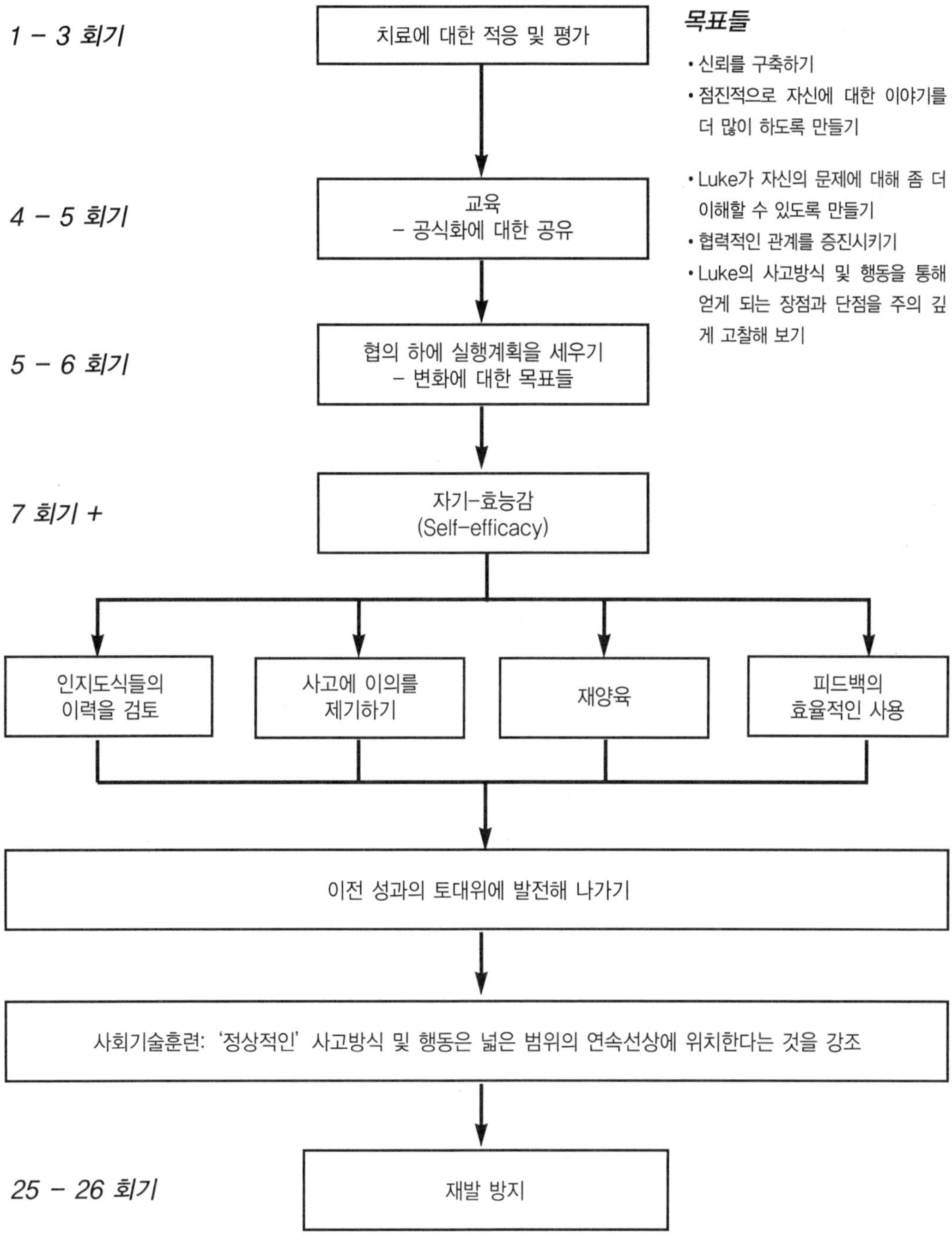
1 – 3 회기
치료에 대한 적응 및 평가
목표들
• 신뢰를 구축하기
• 점진적으로 자신에 대한 이야기를 더 많이 하도록 만들기
• Luke가 자신의 문제에 대해 좀 더 이해할 수 있도록 만들기
• 협력적인 관계를 증진시키기
• Luke의 사고방식 및 행동을 통해 얻게 되는 장점과 단점을 주의 깊게 고찰해 보기
4 – 5 회기
교육
– 공식화에 대한 공유
5 – 6 회기
협의 하에 실행계획을 세우기
– 변화에 대한 목표들
7 회기 +
자기–효능감
(Self–efficacy)
인지도식들의 이력을 검토
사고에 이의를 제기하기
재양육
피드백의 효율적인 사용
이전 성과의 토대위에 발전해 나가기
사회기술훈련: '정상적인' 사고방식 및 행동은 넓은 범위의 연속선상에 위치한다는 것을 강조
25 – 26 회기
재발 방지

치료 경과

주목할 만한 부분은 치료 방법들이 다른 장애들을 치료하는데 이용되었던 것들과 유사하다는 사실인데 이는 Luke 같이 회피성 인격 장애를 가진 환자들이 여러 가지 연관된 문제들 - 가령 사회 공포증, 광장공포증을 동반한 공황 장애, 우울증 및 불안증의 특정한 측면들과 같은 문제들 - 로 인해 고통 받고 있기 때문이다. 하지만 다음에 우리가 개략적으로 기술하게 될 치료적 측면들은 다양한 기법들의 세부 사항들을 포함하고 있으며 다른 장애들의 치료와 좀 더 분명하게 구분되는 일부 특징들을 나타내고 있다. 그림 8.3은 치료적 개입의 시기를 개략적으로 제시하고 있다.

4-6회기

치료에 대한 적응 및 평가를 위한 첫 3회기가 경과한 후에 진행된 4-6회기는 Luke에게 그가 가지고 있는 문제들 내에서 인지도식들이 어떠한 역할을 하는지에 대해 교육하고 초기 공식화를 그와 함께 공유하는 것으로 목표를 삼았다. 그에게 인지도식이 어떻게 작동하는지에 대해 설명하기 위해 Padesky(1990)의 '자기-편견으로써의 인지도식' 비유가 이용되었으며 정보-처리 과정 내에 특정한 편견들이 존재한다는 사실이 소크라테스 질문법을 통해 입증되었다. 예를 들면, Luke는 본인은 가지고 있지 않으나 친구 혹은 친인척이 가지고 있는 뿌리 깊은 편견에 대해 개략적으로 이야기 해 볼 것을 요청 받았다:

Luke: 제 삼촌은 여성 정치인을 싫어해요.

치료자: 만약 여성 정치인이 정치적인 큰 실수를 하게 되면 삼촌은 뭐라고 이야기 하게 될까요?

Luke: 삼촌은 '거봐 내가 뭐랬어!' 같은 이야기들을 할 거에요.

치료자: 그래요, 그럼 만약 그 여성 정치인이 성공을 하게 되면요?

Luke: 삼촌은 아마도 그것을 무시하거나 아니면 어떻게 해서든지 그것을 깎아 내릴 거에요. 예를 들면, 대처 여사 같은 경우는 예외적인 경우이며 그녀는 핸드백을 든 일종의 '남자 중의 남자' 라고 삼촌은 이야기 하곤 했어요.

이야기가 더 진행되어 감에 따라 이 기법은 사람들이 자신의 확고한 믿음들을 유지하는데 기여하게 되는 다양한 형태의 왜곡들을 Luke가 이해할 수 있도록 도와주었다. 또한 이 기법은 자신이 다른 사람들에 비해 '특이하다'는 그의 추정 역시 다른 사람들이 가지고 있는 것과 유사한 인지적인 편견들을 그 또한 가지고 있었기에 형성된 것일 수도 있다는 사실을 이해할 수 있도록 해주었다. 더 나아가 그는 지금 제시된 예를 이용하여 그러한 확고한 생각들을 변화시키기 위해 시도할 수 있는 여러 가지 방법들에 대한 제안들을 해 볼 수 있게 되었다 : 예를 들어, 그는 왜곡들을 관찰하는 방법, 전반적인 의견들에 이의를 제기해 보는 방법, 대안적인 방식의 생각들을 찾는 방법 그리고 '감정적으로' 생각하는 것이 아니라 사실과 증거를 이용하여 생각하는 방법을 제안해 볼 수 있었다.

또한, Young(1990)은 환자들에게 인지도식들–혹은 그의 표현에 따르면, '초기 부적응적 스키마들' – 을 교육시키는 것이 매우 중요하다는 사실을 제시하였다. 이러한 교육을 돕기 위해 그는 *'인지도식에 초점을 맞춘 인지 치료를 받는 내담자를 위한 안내서(A Client's Guide to Schema-focused Cognitive Therapy)'* 라는 인쇄물을 제작하였다. '인지도식은 어떻게 작용 하는가' 에 관한 부분이 포함되어 있는 이 유용한 인쇄물이 Luke에게 제공되었으며 그는 이것이 많은 정보를 제공해 준다는 사실을 깨달았다. 치료자의 도움을 통해 그는 자신의 인지적 편견들, 사회적 접촉에 대한 회피 그리고 이따금 보이는 공격적이고 교만한 태도 모두가 '자신은 남들과 달리 특이하다' 는 인지도식의 경직성을 지속시키는 과정들임을 알게 되었다.

평가 및 인지 모델에 대한 소개를 마친 뒤, Luke는 구체적인 치료 목표들에 대해 몇 가지 제안들(즉, *실행 계획*)을 하기 시작하였다. 그러나 막상 정규적인 실행 계획을 세워야 할 때가 되자 그는 자신이 가지고 있는 문제들을 재구성하여 다룰 수 있는 수준의 목표들로 변환시키는 것을 매우 어려워하였다. 측정된 인지 치료에 대한 적합성 척도 점수들(표 8.3)을 통해 예상할 수 있었던 것처럼, 그는 구체적인 주제들에 초점을 맞추고 이들을 적합한 단계들로 나누는 것을 어려워하였으며 변화에 대한 개인적인 책임감을 받아들이는 것을 주저하였다.

좀 더 적극적인 치료 단계로 나아감에 따라 그가 치료자와의 만남을 치료적인 회기로 보기보다는 사회적인 지지로 보고 싶어 한다는 사실이 이 시점에서 명확해지기 시작하였다. 과거에 그가 받았던 많은 도움들이 사회적인 지지에 해당되는 것들이었으며 이때까지 아무도 그에게 변화를 위해서 매우 적극적으로 작업할 것을 요구하지 않았다. 이전부터 존재해 온 수동성이 인지 치료 요법의 요건에 부합하지 않는다는 사실은 자명하였다. 5회기에서 이 주제를 직접적으로 거론하고 다루었을 때 회기는 매우 불편한 상태로 진행되었으며 이는 그가 분명히 위협 받았다고 느꼈기 때문이었다. 그럼에도 불구하고 회기가 끝날 무렵에는 정식 치료 계약이 이루어졌으며 이는 장기 및 단기 목표들로 구성되었다.

장기 목표들 25회기의 인지 치료 요법을 끝내면서 다음과 같은 것들을 성취하는 것을 목표로 하였다:

- 그는 대낮에 길거리를 혼자서도 편안하게 걸어 다니게 될 것이다;
- 그는 두려움 없이 다른 사람들과 이야기를 할 수 있게 될 것이다;
- 그는 알코올 및 수면제 복용을 줄이게 될 것이다;
- 그는 고등학교에 진학해서 중등교육 자격시험 입문 강좌를 수강하게 될 것이다.

단기 목표들 매번 치료 회기를 마치기 전에 협력적인 방식으로 치료자와 환자가 함께 계획들을 세웠다. 초기 숙제 계획들 중 한 가지 예가 다음에 제시되어 있는데 과제들은 2주 뒤에 있을 다음 번 회기 전 까지 수행되어야 했다:

- 하루에 한 번 적어도 15분 씩 낮 시간 동안 집 밖으로 외출하기;
- 매일 같이 하루에 적어도 두 사람 이상과 이야기하기 - 예를 들어, 누군가에게 시간을 물어 보거나 점원에게 도움을 요청하는 것; 하지만 어떠한 술을 대량으로 구입하거나 하는 것은 이에 포함되지 않음;
- 집을 청소하고 정원을 정돈하기, 특히 이웃에게 진공청소기를 빌려달라고 부탁하기.

이런 행동적 작업을 수행함과 동시에 Luke는 자신의 치료 경과를 노트에 기록해 보는데 동의하였으며 이 기록에는 그가 수행한 행동적 작업 및 사고에 이의를 제기해 보는 작업에 관한 세부 사항들이 포함되었다. 이 노트 안에는 또한, 그의 역기능적 사고 일지들 및 관찰 과정들을 복사한 것이 포함되었다. 이 노트를 자주 찾아봄으로써 그는 자신의 치료 경과를 반복해서 생각해 보게 되었으며 치료의 효과적인 부분과 효과적이지 못한 부분을 생각해 보게 되었다.

7-10회기

Luke와의 작업 관계가 충분히 확립되고 그에게 인지 치료적 방식을 교육하고 난 뒤에는 이제 그의 초기 목표들 중 일부에 대한 해결책을 모색하는 방향으로 치료가 진행되게 되었다. 이를 위해서, 다양한 상황들에 대한 그의 자기-효능감을 증진시키는 것이 필요하였다. 그래서 그에게 자신의 문제 상황들 중 몇 가지를 선택하여 다음과 같은 사항들을 평가해 보도록 하였다: (1) 특정 상황에 의해 야기된 위험과 (2) 그 상황에서 그가 가진 대처 능력.

그리고 그 다음 이 문제 상황들을 좀 더 현실적으로 평가할 수 있는 기회를 그에게 제공하기 위한 치료적 개입들이 계획되었다. 예를 들면 다음과 같다:

치료자: 당신은 가게에 들어가면, 무엇을 두려워하는 건가요?

Luke: 만약 제가 찾는 것을 발견하지 못할 경우, 점원에게 도움을 요청해야만 하는 것이 두려워요.

치료자: 자, 당신이 만약 도움을 요청할 경우, 당신은 어떤 느낌을 느끼게 되고 당신의 마음속에는 어떤 생각이 스쳐 지나가게 되나요?

Luke: 위협적인 느낌이 들어요, 왜냐면 점원이 저를 무시할지도 모르기 때문이에요 – 이따금 사람들은 저를 무시하거든요.

치료자: 만약 당신이 기억하기에 가장 최근에 이 같은 상황에서 누군가 당신을 무시했던 경우가 있었다면 – 그 때 무슨 일이 일어났던 건가요?

Luke: 제가 치즈 판매대에 갔을 때인데 그 때 줄을 서서 기다리면서 번호표를 받았어요. 그런데 제 순서가 되었을 때 어떤 사람이 제 앞으로 끼어들었어요.

치료자: 당신은 이 상황을 어떻게 이해했나요?

Luke: 사람들은 제가 거기에 있어서는 안 된다는 사실을 알고 있었던 거에요. 그들은 아마 제가 이상하다고 – 다른 모든 사람들과 다르게 특이하다고 생각했을 거에요!

이 상황을 좀 더 자세히 검토해 보자, Luke의 차례가 되었을 때 그가 크게 대답하는 것을 매우 주저했다는 사실이 드러났다. 실제로, Luke의 번호가 호명되었을 때 그는 너무 긴장을 한 나머지 점원의 주의를 끌지 못하였으며 점원에게 이야기를 하기는 했지만 목소리에 지나치게 힘이 없게 되었다. 상황에 대한 그의 설명을 토대로 표 8.4에 개략적으로 기술된 시나리오를 작성할 수 있었는데 이 시나리오는 그 상황에서 인지되었던 위험들뿐만 아니라 이에 대한 몇 가지 가능성 있는 대처 전략들을 제시하였다. 이러한 실제적인 대처 기술들은 그에게 자신의 역기능적 인식들을 정식으로 시험해 볼 수 있는 기회를 최초로 제공해 주었다.

이러한 작업의 일환으로, 그는 몇 가지 자기주장 기술들을 교육 받았으며 역할극을 통해 이들을 연습해 보았다. 그는 이러한 과제들이 매우 어렵다고 느꼈으나 이러한 기술들을 발전시키는 것이 중요하다는 사실을 받아들였다.

표 8.4 위험들 및 이들에 대한 적절한 대처 기술들을 개략적으로 기술한 문제-해결 도표

위험들	*필요한 대처 기술들*
1 나는 무시당하게 될 것이다. 사람들은 내가 상황을 올바로 이해하지 못했다는 사실을 알게 될 것이다. 나는 당황하게 될 것이고 기분이 나빠질 것이다 2 나는 이상한 사람이고 아주 쉽게 무시당한다는 생각	● 한 쪽으로 치우쳐서 서 있지 말고 줄에 맞추어 똑바로 서 있기 ● 내 차례가 돌아오면 점원과 눈 맞춤을 하기 ● 분명하게 이야기하기 - 줄을 서서 기다리는 동안 내가 이야기 하게 될 내용들을 미리 준비하기

11-20회기

이 단계에서 치료의 초점이 바뀌게 되었는데 여러 가지 방법들을 사용하여 Luke의 인지도식에 이의를 제기해 보게 되었다. 자신이 '특이하다'는 그의 믿음에 대한 확신은 종종 100%로 기록되었다: '나는 다른 사람들과 다르다. 그리고 이제까지 한 번도 다른 사람들과 다르지 않았던 적이 없다.' 하지만, *개인력 검사* - 출생 후부터 현재까지 - 를 통해 그의 삶에도 자신이 그다지 '특이하다'고 느끼지 않았던 시기가 존재한다는 증거들이 드러나게 되었다. 치료자와 환자는 이런 시기를 두드러지게 보여주는 연령별 도표를 작성하였다(다음에 나오는 그림 8.4). 치료자는 Luke가 한 번도 자신에게 0점('나는 완전히 특이하다')을 준 적이 없다는 사실을 안내탐색 기법을 통해 확인하였는데 왜냐하면, 만약 0점을 준 적이 있다면, 이는 분명히 이런 역기능적 관념을 강화시키는 역할을 하게 될 것이기 때문이었다. 따라서 '연속선 방법(continuum method)'이라고 불리는 기법(나중에 더 자세히 논의된다)이 사용되었으며 이를 통해 그로 하여금 자신이 과거에 만났던 사람들이나 혹은 알고 있었던 사람들 가운데 그 자신보다 더 특이한 사람으로 분류되어질 수 있는 사람들을 떠올려 보도록 하였다. 자신보다 더 특이하다(또는 기이하다)고 생각되었던 사람들 중에는 히틀러, 예수 그리스도, 은둔자들 및 자신의 어머니가 포함되었다. 그림 8.4는 여러 회기에 걸친 이런 과제 수행의 최종 결과물을 보여준다.

얼마간의 논의 끝에 Luke가 길을 걸어갈 때 사람들이 그를 이상하게 볼 근거가 희박하다는 사실을 치료자가 지적하자 Luke는 다음과 같이 이야기하였다: '제가 특이하지 않다고 말하도록 당신이 저를 속인 방식은 매우 기발합니다. 하지만 저는 "저 자신을" 당신보다 더 잘 알고 있고 무엇이 정말로 이상해 보이는지 알고 있습니다.' 이 대화를 통해 배우게 된 교훈은 그가 자신의 생각/행동에 존재하는 불일치에 대해 솔직하게 인정하기 보다는 다소 당혹스러워하면서 이를 인정하는데 시간을 필요로 한다는 점이었으며 그가 자신이 가지고 있다

그림 8.4 인지도식들의 이력에 대한 검토

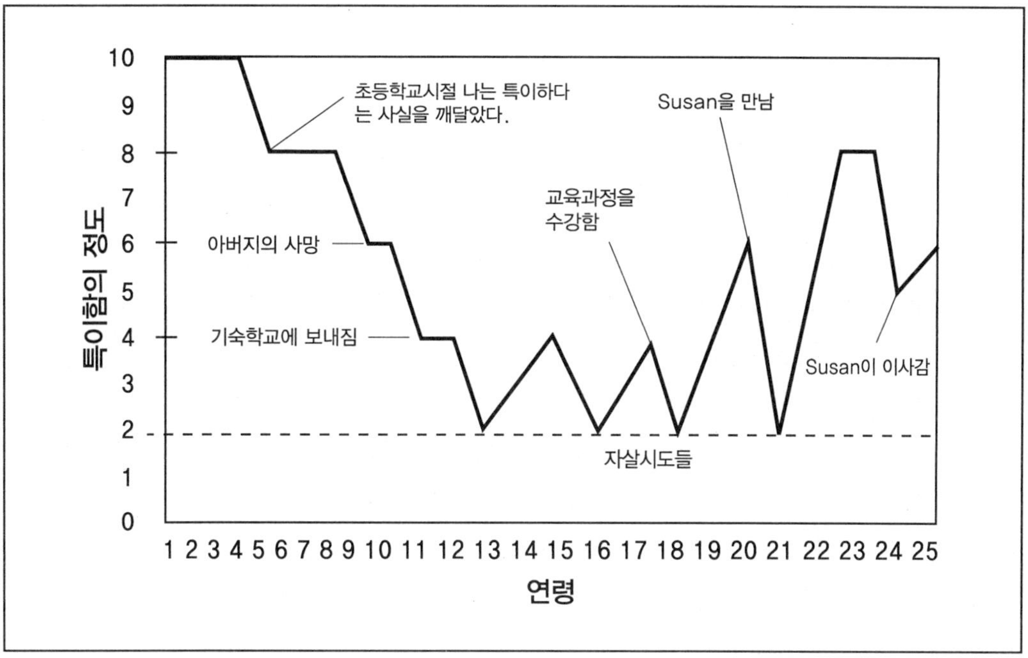

특이함의 정도 0 '나는 완전히 특이하다'
10 '나는 정상이다'
적어도 Luke가 자신의 삶에서 느꼈던 정상

고 생각하는 모순들을 앞으로 해결하게 될 것이라는 희망도 이 대화를 통해 가져 볼 수 있었다. 치료자는 다음에 나오는 형태로 질문을 수정해서 그에게 제시해 보았다 – 그가 혼자서 낮 시간 동안 시내를 돌아다니는 것에 대해 꺼려하는 것을 예로 이용하였다:

치료자: 당신은 지난 번 Susan과 같이 공원을 걸었을 때 자신이 어색하거나 특이하다는 느낌을 전혀 느끼지 못했다고 했어요. 제 얘기가 맞나요?

Luke: 맞아요, 저는 제 주위에 있던 다른 사람들을 신경 쓰지 않았던 것 같아요.

치료자: 당신이 Susan과 함께 있었을 당시, 당신은 옷을 다른 방식으로 입고 있었거나 다른 방식으로 걸음을 걸었던 건가요 – 당신의 겉모습이 어떤 면에서 달랐던 건가요?

Luke: 그렇지는 않았다고 생각해요.

치료자: 이 상황에서 당신이 특이하다고 느끼지 못했던 이유가 무엇이었나요?

Luke: 잘 모르겠어요… 그저 다른 사람들이 무엇을 생각하고 있는지 보다는 대화하는 것에 제가 더 관심이 많았기 때문이 아닐까요.

치료자: 당신은 낮 시간 동안에 혼자 길을 걷고 있을 때, 다른 사람들이 당신에 관해 이야기를 할지도 모른다고 걱정을 자주 하는 편인가요?

Luke: 예, 항상 그래요. 사람들이 제가 기묘하다는 사실을 알아챌 거라고 생각해요.

치료자: 그럼 한번 생각해 보죠… 당신이 혼자 있을 경우 당신은 자신이 특이해 보이기 때문에 다른 사람들이 이것을 즉시 알아 챌 것이라고 생각하는군요. 하지만, 당신이 Susan과 함께 있을 경우에는 당신이 혼자 있을 때와 정확히 똑 같은 방식으로 옷을 입고 거의 똑 같은 방식으로 행동했음에도 불구하고 당신은 충분히 편안하다고 느끼잖아요. 이 둘 사이에 단 한 가지 차이가 있다고 한다면 그것은 전자에서는 당신이 자기 자신에게 주의를 기울이고 있는 반면 후자에서는 다른 것에 주의를 집중하고 있다는 점인 것 같아요. 그런 미묘한 주의 집중의 변화가 마치 당신에게 도움을 주는 것처럼 보이는데 어떻게 이럴 수 있는지 놀랍게 느껴져요.

Luke: 저도 그런 것 같다고 생각해요. 당신이 지금 생각한 것은 그 당시에 제가 경험한 것과 관련이 있어요.

이런 경우에 있어, 만약 치료자가 '이런 것이 당신의 생각이 당신의 행동에 영향을 미친다는 직접적인 증거가 아닐까요?' 와 같은 이야기를 했다면, 이 이야기는 그의 인지도식들과 정면으로 충돌하였을 것이며 그는 이 이야기를 치료자가 그의 문제의 진정한 본질을 이해하지 못하고 있다는 증거로 이용했을 것이다. 따라서 우회적이며 의아해 하는듯한 방식의 접근이 더 효과적이다. 마찬가지로, 그가 행동 과제를 성공적으로 수행한 뒤에도 직접적으로 이에 대한 칭찬(예를 들면, '잘했어요 – 당신이 공원을 걸어 다닌 것은 굉장한 일이었어요. 저는 당신이 이것을 할 수 있을 것이라는 것을 알고 있었어요' 같은 이야기를 하는 것)을 하지 않는 것이 더 낫다고 여겨졌다 – 만약 이런 이야기를 하게 되었다면 앞서 기술한 것과 유사한 저항에 직면하게 되었을 가능성이 높고 생색을 내는 것처럼 보였을 수도 있으며 자신의 문제가 이해를 받지 못했다는 또 다른 증거로 그가 생각했을 수도 있다.

인지도식을 유지하게 만드는 과정들을 무력화시키기 위해 사용되었던 또 다른 방법은 *사고에 이의를 제기해 보는 것과 연속선 기법을 이용하는 것*이었다. Luke의 일지와 자세한 회기 내용들을 통해 얻어진 그에 대한 의견들은 다음과 같은 전반적이고 지속적인 내면의 역기능적 특성들을 드러내었다:

- '나는 다른 사람들과 같지 않다.'
- '나는 지루한 사람이다.'

이러한 의견들을 다루려고 했을 때, 치료자는 이런 전반적인 의견들을 좀 더 구체적인 의미들로 나누어 보도록 Luke를 도울 필요가 있었다. 이는 연속적 유도질문하기를 통해 이루어졌다: 예를 들어, Luke가 '특이하다'는 표현을 통해 실제적으로 의미하고자 하는 것이 무엇인지 그와 함께 명확히 결정하는 것이 중요하였다. 그는 이에 대해 다음과 같이 대답하였다: '저는 호감이 가지 않는 사람이에요; 저는 아무런 사회적 기술도 가지고 있지 않아요.' 그 다음 이러한 각각의 의견들이 양쪽 끝에 서로 대립되는 양극단을 갖고 있는 연속선상의 한 점에 놓이게 되었다.

1 시험하려는 의견: '나는 호감이 가지 않는 사람이다'

0+ -- +100

'나는 세상에서 가장 호감이 가지 않는 사람이다'	'나는 세상에서 가장 매력적인 사람이다'

2 시험하려는 의견: '나는 아무런 사회적 기술도 가지고 있지 않다'

0+ -- +100

'나는 사회적 기술을 아무것도 가지고 있지 않다'	'나는 사회적 기술이 극단적으로 뛰어난 사람이다'

처음에 그는 이러한 각각의 연속선상에서 자신의 의견이 0점에 해당된다고 평가하였다. 하지만, 그 다음 소크라테스식 질문법을 통해 그는 이러한 의견들을 정당화 시킨 자신의 추론과정을 탐색하고 이에 대해 이의를 제기해 볼 수 있게 되었다. 예를 들면, 첫 번째 의견을 검토하면서 그는 자신보다 덜 호감 가는 사람들이 존재한다는 사실을 발견하게 되었다; 게다가 또한, 그는 자신이 좋아하는 여러 가지 특성들을 본인 자신도 가지고 있다는 사실을 인정할 수 있었다. 또한, 그는 자신이 높이 평가하는 여러 가지 사회 기술들을 본인 자신도 가지고 있고 Susan 및 치료자와의 관계에서 이런 기술들 중 많은 부분을 이용할

수 있다는 사실도 깨닫게 되었다. 그는 연속선상에서 다시 평가를 하게 되었으며 각각의 의견이 30점과 40점에 해당된다는 평가를 내렸다. 그 다음에는 그가 바라는 연속선상의 점수가 어느 정도인지 논의 되었으며 그는 대략 60에서 70점 사이를 원하였다. 좀 더 많은 논의를 통해 이런 높은 점수를 얻기 위해서 필요한 사항들의 목록이 제기되었다:

- 불안감 없이 사람들과 대화할 수 있는 것;
- 적절한 눈 맞춤을 할 수 있는 것;
- 스스로를 자신감 있게 드러낼 수 있는 것.

인지도식의 기능에 대한 검토가 이루어졌는데 이는 그가 자신의 현재 사고방식을 유지함으로써 얻게 되는 *장점과 단점*들을 주의 깊게 고찰해 봄으로써 가능했다. 이와 더불어, Luke는 자신의 치료 과정을 통해 인지 치료 기법들 – 즉, 자신이 가지고 있는 기본적인 부정적 자동사고들(negative automatic thoughts; NATs) 및 행동들 그리고 이들이 자신의 저조한 기분과 맺고 있는 관계에 대해 인식하고 이의를 제기해 보는 것 – 을 사용하는 데 있어 점차 숙달되게 되었다. 그가 가진 사고의 경직성 때문에, 사고에 이의를 제기해 보는 과제들을 수행하는 것은 초기에 매우 어려웠다. 예를 들면, 그는 처음 인지된 NATs에 대해 수많은 이의를 제기해 보았으며 이들을 기록한 일지들을 가지고 회기에 다시 참석하였으나 원래 NATs에 대해 갖고 있던 믿음 점수에 어떠한 변화도 없었다고 하거나 혹은 동반된 감정에 어떠한 변화도 없었다고 보고하였다(표 8.5).

가끔은 그가 회기에 다시 와서 다음과 같이 이야기하는 것을 즐기는 것처럼 보이기도 하였다: '저는 제가 가진 생각들에 대해 대응해 보려고 노력했어요. 하지만 이런 노력은 제가

표 8.5 감정에 어떠한 변화도 없음을 보여주는 일지의 예

부정적 자동사고	*감정 및 평가 점수*	사고에 이의를 제기해 보기	*감정 및 재평가 점수*	부정적 자동사고에 대한 믿음
'사람들이 나를 쳐다보고 있다–그들은 내가 특이하다는 사실을 알 수 있을 것이다' 믿음: 100%	*공포* 90%	'그들은 아마도 내 새 외투를 쳐다보고 있을 것이다' 믿음: 30%	*공포* 90%	90%

느끼는 방식을 바꾸지 못했어요.' 이런 식으로 회기가 진행된 데에는 여러 가지 이유들이 존재하였다. 예를 들면, 표 8.5의 예 에서 볼 수 있는 것처럼, 사고에 이의를 제기해 보는 과정들이 완전히 충분한 설득력을 갖추지 못했던 것이 이유 중의 하나였다. 또한, 그는 실제적으로 '쟁점이 되고 있는' 인지들을 때때로 평가에서 제외시키곤 했다. 따라서 사고들과 이에 대해 이의를 제기해 보는 과정들이 이후 회기에서 재검토 되었으며 그는 점점 더 이런 과제에 능숙해지게 되었고 이에 따라 그의 기분 점수도 호전되게 되었다.

또한, 그가 기록한 사고들이 진정한 인지도식적 주제들을 다루지 못하고 있다는 사실도 분명해졌다. 다시 한번 연속적 유도질문하기가 핵심 역기능적 믿음들을 밝히는데 도움을 주었다. 이러한 작업을 통해 '호감 가지 않는다'는 주제가 다시 드러나게 되었다. 소크라테스식 질문법을 통해 이 주제를 밝혀나가면서 Luke는 이제 설득력 있게 사고에 이의를 몇 가지 제기해 보게 되었으며 이 과정은 이 주제를 구체적으로 명확하게 다루게 되었다. 예를 들면, 다음과 같다:

- '사람들이 나를 쳐다본다고 해서 이것이 그들이 나를 좋아하지 않는다는 사실을 의미하는 것은 아니다.'
- '어떤 사람을 완전히 알게 되기 전까지 당신은 그 사람이 호감 가는 사람인지 아닌지 결정할 수 없다.'

Luke가 자신의 생각에 이의를 제기해 보는데 있어 어느 정도 도움이 된다고 느꼈던 또 하나의 기법은 Young 등(1993)이 고안한 '인지도식-치료 플래시 카드'였다. 그는 자신의 휴대용 노트 안에 이 플래시 카드 형태의 질문들을 복사해서 가지고 다녔다. 이 기법은 그가 우울하거나 불안한 기분 상태가 되도록 자극 받았다고 느낄 때마다 다음과 같은 질문들을 스스로에게 해볼 것을 요구하였다:

1. ***느낌*** – '너는 지금 현재 어떻게 느끼고 있니? 나는 …를 느끼고 있는데 그 이유는 … 때문이다.'
2. ***인지도식(들)에 대한 인식*** – '이것은 나의 … 인지도식이 활성화된 것이다; 이 인지도식은 …정도(degree)까지 상황을 과장되게 보이도록 만든다.'
3. ***실제 상황*** – '비록 내가 …하다고 느끼지만, 실제는 …하다.'
4. ***행동*** – '비록 내가 …하다고 느끼지만, 나는 나 자신을 돕기 위해 …를 하러 갈 수 있다.'

Luke는 이 기법이 대단한 발견을 가져다주거나 기분에 직접적인 변화를 일으키지는 못했지만, 자신이 가진 어려움들을 완화시키는데 도움을 주었다고 이야기 하였다: '플래시카드는 내가 무언가에 주의를 집중하도록 도움을 주었으며 내가 최악의 상황에 놓여있을 때 이따금 상황에 대해 충분히 생각하도록 도와주었어요.'

인격 장애 환자들과 작업할 경우, 치료적 관계가 변화를 위한 중요한 수단이라는 사실은 곧 명백해진다 - 그러므로, 이에 대한 특별한 주의가 필요하게 된다. Young(1990)은 치료의 일부분이 '재양육(re-parenting)' 과정을 포함해야 한다고 주장하였다. 이 점에서 치료자는 아동기 양육환경에 존재했던 결함들을 보상하기 위하여 따뜻하고 수용적이며 일관된 관계를 제공하도록 노력하게 된다. Luke의 경우에 있어서는, 재양육에 무조건적인 긍정적 배려, 필요할 때 그 자리에 있어주기 (예를 들면, 예정에 없던 시간에 건 전화 통화를 받아주는 것) 그리고 자신의 부모가 허용해 주기를 원했던 일들을 그가 하도록 '허용' 해주는 것이 포함되었다. 이 때문에 치료자는 그가 일주일 마다 한 번씩 포장 판매 음식을 사먹으며 이를 즐기는 것을 '스스로 허용하도록' 격려하였다. 과거에 그는 이런 행동을 지나치게 제멋대로 행동하는 것으로 여겨 왔었다.

놀랍게도 이런 치료 과정은 그가 가진 사고 및 행동 패턴이 어느 정도의 유연성을 갖도록 도움을 주었다. 이런 과제가 중요했던 이유는 이를 통해 그가 과거에 존재하던 삶의 패턴이 변화될 수 있다는 사실을 깨달았기 때문이었다. 이 과제는 또한, 다른 사람들과의 접촉을 좀 더 촉진시킴으로써 그의 사회화 기술을 향상시켰다. 치료를 끝마칠 때쯤 그는 피자 배달원과 친하게 알고 지내게 되었다.

21-24 회기

Luke의 어머니는 그와 함께 21회기와 22회기에 참석하였다. 어머니의 참석은 그와 어머니 사이의 관계를 살펴보고 그의 문제를 더 폭 넓은 관점에서 이해하는데 도움을 주었다. 그의 어머니와 함께한 회기에서 그녀는 그의 행동이 다른 사람들에게 미치는 영향에 대해서 어느 정도 직접적인 피드백을 그에게 제공해 줄 수 있었다. 또한 그녀는 Luke에 대한 자신의 느낌들을 이야기할 수 있었다. 그녀는 그에 대해 느꼈던 양가감정을 인정하고 이에 대해 사과하였다. 그녀는 이것이 그녀의 첫 아들이 사망한 후 받게 된 충격 때문이라고 느꼈다: '나 스스로 인정하기는 참으로 어렵지만, 나는 그 당시 너무 상처받았었죠. 그 때 Luke가 태어났고 마치 나는 그를 어쩔 수 없이 마지못해 돌보는 것만 같았어요.' 이 회기들은 대단히 감정적이었으며 따라서 매 회기가 끝날 때마다 심리적 경험보고 과정이 필요하였다.

이 회기들에서 Luke가 표현한 감정들이 그 다음 진행된 두 회기 동안 논의의 중요한 초점이 되었다. 그는 처음으로 울먹거렸고 두려움을 느꼈다. 그는 혹시라도 자신이 감정들에 압도되지나 않을까 하는 생각 때문에 자신의 감정들을 인정하는 것을 두렵게 느낀다는 사실을 깨달았다. 하지만, 이는 그에게 상당히 많은 압박감을 주었다 – 불쌍한 네덜란드 꼬마 소년의 경우에서처럼, 그가 사용한 빈약한 마개 뒤편에서는 엄청나게 많은 양의 물이 밀려들어 오고 있었다. 감정을 서로 나누는 것이 가져오는 결과 및 장점과 단점에 대해서 세세하게 논의가 이루어졌다. 논의의 결과 그는 압도되는 것에 대해 그가 갖고 있는 두려움이 그를 감정에 대해 회피하도록 만들었다는 것을 깨달았다. 공교롭게도, 이런 회피가 다소 거리를 두는듯한 태도를 만들어 냈으며 이런 태도는 종종 다른 이들에게 무관심함으로 오해 되곤 했다. 논의를 통해 치료자와 Luke는 이런 태도가 그를 더욱 고립되도록 만들었고 그가 가진 '특이함' 에 대한 느낌을 강화시켰다는 사실을 이해하게 되었다.

과거에 Luke는 자신의 감정들에 대처하기 위해서 외적인 대처 기제들(음주 및/혹은 수면제 복용)을 사용해 왔으며 이는 의심할 여지없이 중대한 문제였다. 따라서 좀 더 적응적인 대처 전략들을 사용할 수 있을지에 대해 검토해보고 그의 삶에 있어 불안이 갖는 전반적인 역할 및 기능에 대해 탐구해 보는 과정이 치료 작업의 일부로서 필요하였다. 그가 현재 가지고 있는 두려움을 극복하기 위해서는 어느 정도 불안을 경험으로 느낄 준비가 되어 있어야 하며 현재 이러한 두려움을 회피하고 있기 때문에 그가 가지고 있는 역기능적인 순환과정이 계속 지속되고 있다는 사실이 강조되었다.

만약 Susan이 이사를 가지 않았다면, 그녀 역시 회기에 참석하도록 요청 받았을 것이라는 사실에 주의를 기울여야 하는데 왜냐하면 그녀는 그의 인생에 있어 대단히 중요한 사람이었기 때문이었다. 여러모로 그에게 미래에 관한 희망을 주었던 사람이 바로 그녀였다 – '만약 내가 그녀와 친구가 될 수 있다면, 다른 사람들 중에도 나를 좋아하게 될 사람이 있을지도 모른다.'

Luke를 치료하는데 있어 *피드백*을 이용하는 것이 무엇보다 중요하게 여겨졌다. 그는 줄곧 회피를 해왔기 때문에 자신이 무엇을 해야 하는지 알지 못했다 – '나는 무엇이 정상적인 것인지 모른다!' (행동, 느낌들 및 사회 기술들에 대한 정보를 피드백 해주는 것은 이따금 '한정된 범위 내에서 재양육하는' 방법 중의 하나로 여겨지기도 한다.) 종종 피드백은 과거에 그가 힘들다고 느꼈던 시나리오를 역할극으로 해보는 방식을 통해 이루어졌다.

그가 아동기 때 집과 학교에서 경험했던 고통스러운 경험들을 다시 재현시키기 위해 영상화 기법이 시도되었으나 결과는 성공적이지 못했다. 만약 이것이 성공했다면, 이 기법은 그의 초기 부적응적 인지도식들이 확립되는데 있어 중요한 역할을 담당했던 과거의 고통스러운 감정들과 당시에 이루어진 해석들을 생생하게 재현시키는데 도움을 주었을 것이다. 그리고 그 다음에 치료자는 그가 아이의 입장에 서있는 성인으로서 과거의 중요했던 상황들에 대해 대응해 보도록 도왔을 것이다. 하지만, Luke는 이런 정서적인 치료 접근 방식에 동참하지 않았다-그의 회피 행동은 여전히 지나치게 강고했다.

최종 공식화

그림 8.2에 개략적으로 기술되어 있는 초기 공식화 외에도 치료는 두 가지 중요한 근원적인 믿음들을 강조하였다: (1) '나는 호감이 안가는 사람이다' - 무조건적 믿음; (2) '만약 내 감정들이 통제되지 않는 상태에서 요동치게 된다면, 나는 폐인이 될 것이다' - 조건적 믿음. 그가 호감가지 않는 사람이라는 믿음은 그 이전 회기들에서도 분명히 드러났었지만, 그의 어머니가 참여한 회기들 내에서 더욱 명확하게 드러났다. 그녀는 Luke가 아동기였을 때 그와 유대감을 형성하는 것이 어려웠다고 느꼈다 - 아마도, 이는 그녀가 이야기한 것처럼, 그녀의 첫 아들이 유아기 때 사망한 충격 때문이었을 것이다. Luke가 이런 어머니의 양가감정을 감지했을 가능성이 있으며 이런 지각이 그가 천성적으로 가지고 있는 부끄럼 많은 기질과 결합하여 그의 초기 아동기 시절의 어려움들을 형성시켰을 가능성이 있다고 가정해 볼 수 있었다. 이런 어려움들은 아마도 그의 아버지가 일찍 사망하게 되어 더욱 악화되었을 것이며 기숙학교에 보내졌을 때 그가 어머니에게서 또 다시 거부당했다고 느꼈기 때문에 더욱 악화되었을 것이다. 따라서 그가 자신의 어린 시절 경험들을 통해 자신이 본질적으로 '사랑스럽지 않고' '특이하다' - '거부된 사람이다!' 는 일부 핵심 믿음들을 내재화 시키게 된 것처럼 보였다.

이런 믿음들 때문에 그리고 이 믿음들이 그림 8.2에서 묘사된 것들과 지속적으로 상호작용하기 때문에 분명히 Luke의 사회 기술 결핍은 그가 가진 많은 어려움들을 한층 더 악화시켰을 것이다. 이러한 결함을 극복하기 위해, 사회 기술 훈련이 치료에 포함되었다. 또한 그는 다른 환자 네 명과 함께 좀 더 정규적인 사회 기술 집단 훈련에도 참여하였다. 초기에 그는 이런 치료 과정을 힘들어 하였으나 치료자의 격려와 함께 포기하지 않고 이를 계속 지속해 나갔으며 결국 이는 그에게 큰 도움이 되었다.

결 과

심리측정 척도 점수들

첫 회기 후 Luke는 기준이 될 일련의 심리척도검사들을 시행 받았으며 이 척도들 중 하나는 Young의 인지도식 설문지(Young's schema questionnaire; YSQ, Young, 1990)였다. 아직 타당성이 검증되지 않은 이 설문지의 123가지 항목 목록은 역기능적 인지도식들을 확인하기 위해 특별히 고안되었다. 이 설문지는 표 8.6에 개략적으로 기술된 것처럼, 15가지 인지도식의 주제들로 구성되어 있으며 이들은 세 가지 상위 – 인지도식 주제들로 나누어진다: 자율성, 가치감 및 유대감. Young은 이 설문지를 심리측정 도구로 사용하자는 어떠한 제안도 하지 않았으며 아직까지 이 설문지에 대한 표준점수를 제시하지도 않았지만 타당도에 대한 연구 작업이 현재 YSQ 개정판 (Young과 Brown, 1990)을 대상으로 수행되고 있다. 최초 설문지 원판은 그 자체로 진단적이거나 척도로서의 기능을 갖는다기 보다는 치료적 도구로서 평가 과정에 도움이 될 것으로 여겨진다.

Luke는 평가 단계에서 부각되었던 문제들과 유사한 문제들인 특이함, 사회적 관계의 어려움 그리고 무능함에서 특히 높은 점수를 기록하였다. 또한, 회피성 인격 장애에 대한 그의 진단을 고려할 때, 그가 가지고 있는 사회적 관계에 대한 욕구 및 감정적인 욕구들이 중요한 문제들이지만 현재는 만족되지 못하고 있다는 사실이 강하게 느껴졌다. 그의 점수들은 표 8.6에 제시되어 있다.

운이 없게도, Luke는 치료 종결 후의 단계에서 YSQ를 시행하지 않았기 때문에 치료의 효과를 측정할 수 없었다. 하지만, 치료 전 후에 대한 평가는 다음의 검사들을 통해 이루어졌다: Beck 우울척도 (BDI, Beck 등, 1961); 절망감 척도 (hopelessness scale; HS, Beck 등, 1974); 역기능적 태도 척도 (dysfunctional attitude scale; DAS, Weissman과 Beck, 1978); 자동적사고 설문지 (automatic thoughts questionnaire; ATQ, Hollon과 Kendall, 1980); 상태–특성 불안척도 (STAI–S, Speilberger 등, 1970). 이 설문지들과 이들의 표준점수들에 대한 자세한 설명은 pp.66~7. 을 참고하면 된다. 그림 8.5에 점수가 제시되어 있다.

표 8.6 Young의 인지도식 설문지에 대한 Luke의 평가 점수

상위-인지도식

자율성	*평균점수*	*가치감*	*평균점수*
• 의존	4.7	• 결함/ 사랑스럽지 않음	5.8
• 복종	4.7	• 사회적으로 바람직하지 않음	5.6
• 신체손상 또는 질병에 대한 취약성	3.7	• 무능함/실패	4.9
• 조절감 상실에 대한 두려움	3.1	• 죄책감/처벌	2.6
		• 수치심/당혹감	5.6
		• 엄격한 기준들	4.4
유대감		• 자격(entitlement)/ 불충분한 제한	3.5
• 정서적 박탈	5.7		
• 버림받음/상실	4.2		
• 불신	4.2		
• 사회적 고립/ 소외	5.7		

최대 심각도 점수 : 6;　최소 : 1

그림 8.5 치료 전 후의 심리측정 척도 점수들

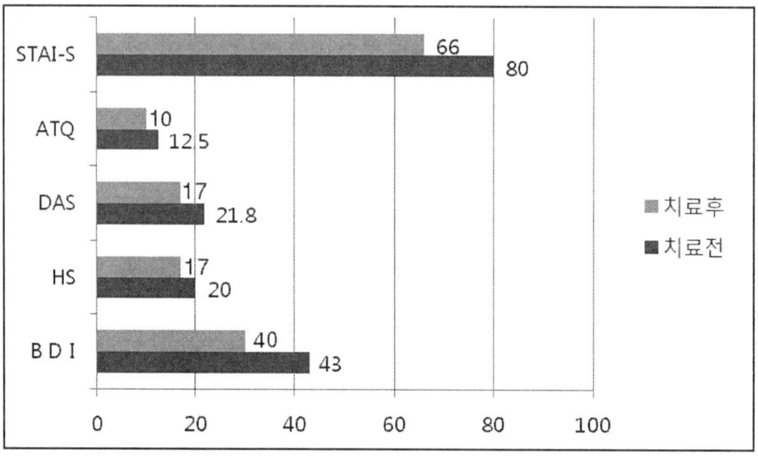

DAS와 ATQ 점수는 10퍼센트 감소하였음

STAI-S 상태-특성불안척도 - 상태 판
ATQ 자동 사고 설문지
DAS 역기능적 태도 척도
HS 절망 척도
BDI Beck 우울척도

이 막대그래프로 된 표에서 볼 수 있는 것처럼, 치료 과정이 완전히 종결된 후에도 Luke는 여전히 모든 척도에서 높은 점수를 기록하였다; 특히 그는 절망 척도 내에 있는 걱정함 항목에서 높은 점수를 기록하였다 – 점수는 15+였으며 이 점수는 자살 가능성이 높은 고위험군에 해당된다고 알려져 있다. 이런 다소 실망스러운 결과에도 불구하고 도표에 제시된 자료는 점수의 분명한 하향 추세를 보여주었다.

이에 덧붙여, 치료 종결 후의 높은 점수들은 종결 당시 그가 느낀 실망감을 일부분 반영하는 것일 수도 있다: '나는 아직 치료를 끝낼 준비가 되었다고 느끼지 않는다 – 당신의 일생과 비교할 때 18개월은 실제로 긴 시간이 아니다.' 종결에 대한 문제는 치료가 종결을 향해 진행되어 가는 동안 회기들 내에서 상세히 논의되었다. 그가 자신 및 세계 그리고 자신의 미래를 보는 방식을 바꿀 수 있도록 인지 치료가 그에게 분명한 도움을 주었다는 사실이 중요했다. 그는 자신의 문제들에 대한 더 많은 이해와 함께 자신의 생각, 행동 및 감정들을 다루는 얼마간의 효과적인 기법들을 얻게 되었으며 이제 변화에 대해 좀 더 많은 책임감을 가질 수 있게 되었다.

임상적 결과

만성적인 인격 장애 환자들과의 작업에서 성공은 종종 그들의 삶의 질이 향상되었는지에 대한 관점에서 평가된다. Luke의 사례에서 가장 명백한 변화가 이루어진 지점이 바로 이 부분이었다. 26회기가 끝나는 시점에서, 그는 혼자서 시내를 돌아다닐 수 있었다. 그는 사람들이 붐비는 장소에 가는 것에는 지속적으로 어려움을 느꼈으나 공원을 매일 같이 걷는 것은 이제 즐거워하게 되었다. 치료 기간 동안 그는 사회 기술 집단 훈련에 참가하였을 뿐만 아니라 그 지역 학교의 예비- 등록 학생들을 위해 마련된 격주마다 진행되는 입문 강좌에도 참석하기 시작하였다. 그는 다음 학년에 GCSE 수학과 전산학을 공부하기로 결심하였다. 상당히 긍정적이었던 또 다른 사실은 그가 자신의 주치의를 통하여 사회복지 서비스를 받을 수 있도록 구체적으로 준비해 보는데 성공하였다는 점이다. 그는 15회기 치료 직후에 이 일을 실행에 옮기게 되었는데 15회기는 종결에 대한 문제가 처음 거론되었던 회기였다. 그는 사회복지과를 통해 학생 도우미 기관과 접촉하게 되었는데 이 기관의 업무는 지역사회 내의 '곤경에 처한' 사람들을 돕는 것이었다. 그는 남자 도우미들 중 한 명과 친밀한 관계를 맺기 시작하였고 종종 술집을 방문하였다(그는 이 시간들을 마음 편하게 보냈다!).

6개월 후의 후속 회기에서도 Luke는 자신이 얻은 성취들을 계속 유지하고 있었다. 치료 종결 후에 치료적 진전이 더 이루어졌다는 증거는 관찰되지 않았으나 이 당시 그는 다음 년도 가을에 GCSE 두 과목을 더 수강하기를 희망하고 있었다. 그는 2개월 뒤로 예정되어 있는 12개월 후의 후속 회기에 참석하기로 되어있다.

재발-방지

25-26 회기

치료 종결 전에, Luke를 위한 재발방지 프로그램이 고안되었다. 인격 장애 환자들을 위한 치료 영역에서의 경험적 연구가 부족한 상태였기 때문에 효과가 입증된 재발 방지 프로그램 역시 전무한 실정이었다. 하지만 Beck 등(1990)이 제안한 모델은 그 자체가 갖고 있는 명백한 타당성 때문에 이용될 수 있었다. 그가 제안한 계획에는 새로운 교우관계를 맺어보도록 환자를 격려하는 것이 포함되었으며 또한; 현재 환자가 가지고 있는 관계를 심화시켜보도록 격려하고; 좀 더 많은 책임감을 가져보도록 격려하며; 좀 더 자기주장을 적극적으로 해보도록 격려하고; 회피를 멈추어 보도록 격려하며; 새로운 경험을 시도해보도록 환자를 격려하는 것들이 포함되어졌다. 이 모든 목표들이 치료를 통해 다루어졌으며 기존에 성취한 것들을 확장시켜 나가는 방법들에 대해서도 또한 논의가 이루어졌다.

다른 재발 방지 프로그램들에서도 시행되는 것처럼, Luke 역시 자신이 장래에 경험하게 될 문제들에 대해 예상해보도록 요청 받았다. 마지막 회기 바로 전 회기에 재발과 관련된 일련의 전형적인 질문들에 대한 답들을 생각해보도록 숙제의 일부로서 그에게 과제가 부과되었는데 예를 들면, 다음과 같은 질문들이었다:

- 만약 내가 다시 상황을 회피하게 된다면, 나는 어떻게 해야 할까?
- 만약 내 상태가 퇴보하게 된다면, 나는 어떻게 해야 할까?
- 만약 내 새로운 친구가 Susan이 그랬던 것처럼 내 곁을 떠나가게 된다면, 나는 어떻게 해야 할까?

특히 Luke의 절망 척도 점수가 높았기 때문에, 재발 방지 작업에 자살 방지 프로그램이 포함되어야 했다는 사실이 Luke의 재발 방지 작업의 중요한 특징 중 하나였다: 이는 Persons(1989)와 Blackburn, Davidson(1995)의 저술을 근거로 하였다. Luke의 프로그램은 다음과 같이 진행되었다.

1. ***사례 공식화의 작성*** '불행의 수레바퀴'가 그림으로 표현되었는데(그림 8.6 참조) 이는 자살 사고 및 자살 표현을 조장시키는 행동들, 감정들, 사건들 그리고 생각들을 개략적으로 나타내었다. 이러한 특징들에 대한 자세한 설명은 재발-방지 프로그램에 관해 설명하는데 도움을 주었으며 또한 주된 위험요인들에 대한 요약된 정보를 Luke에게 제공해 주었다.
2. ***행동치료적 개입들*** (a) Luke는 자살을 하지 않기로 서약하였다; (b) 그에게 수면제를 집에 모아두지 말도록 당부하였다; (c) 그는 자살 – 방지 플래시 카드를 작성하였는데 이는 그가 가진 문제들에 대해 자살 이외의 대안적인 해결책들을 그가 생각해 내고 이들을 시험해 볼 수 있도록 도움을 주었다; (d) 상세한 토의를 거친 후에 살아야 하는 이유들과 죽어야 하는 이유들에 대한 목록을 작성하였고 살아야 하는 이유들이 우세하도록 작성하였다.

그림 8.6 Luke의 자살 사례 공식화 – '불행의 수레바퀴'

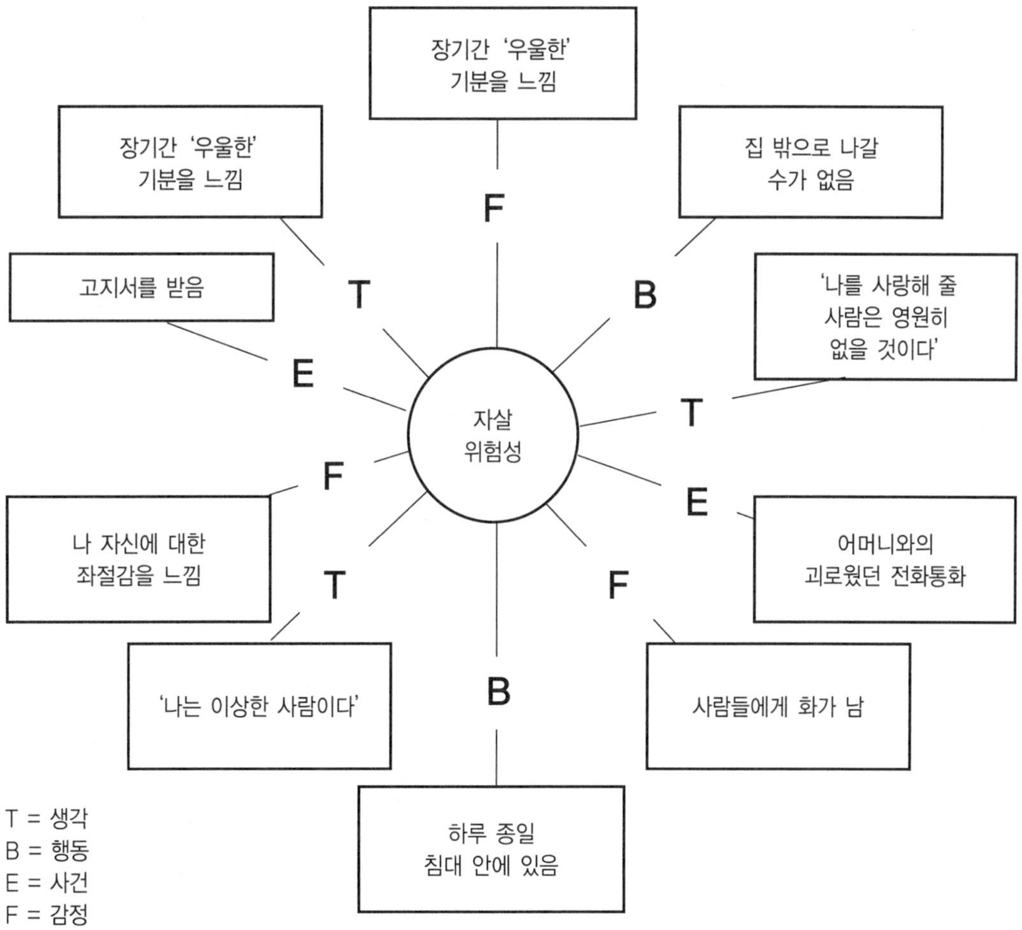

이러한 여러 가지 목록들은 Luke의 휴대용 노트에 기입되었다. 이와 더불어 그는 자신이 심각한 위험 상황에 처하게 되었다고 느껴지거나 혹은 심각한 자살 사고를 경험하고 있다고 느껴질 경우 인지 치료 센터와 접촉할 것을 약속하였다.

논 의

치료가 끝나는 시점에서 Luke의 삶이 괄목할 만큼 변화했다고 말하기는 어려웠다. 실제로, 그는 공원에서 새끼 양처럼 뛰어 놀지는 못하였고 완전히 낯선 사람들과 태연하게 이야기를 나누지도 못하였다. 그는 여전히 자신이 가진 시간 중 80-85%를 혼자서 지내는데 사용하였다. 인지도식이 변화한 측면을 고려하면(pp27-29. 참조) 아마도 그저 가장 낮은 수준의 변화에 도달하였을 뿐일 것이다 - 즉, 인지도식 위장의 수준이었을 것이다. 그럼에도 불구하고, 중요한 변화들이 이루어졌으며 그의 치료 진행 속도가 느리기는 하였지만, 예후 인자들은 양호하였다. 그는 자신의 역기능적 순환 과정들과 이들이 가져오는 결과들에 대한 이해를 발전시켰으며 자신이 가지고 있는 인지적인 편견들의 개요에 대해서도 잘 알고 있었다. 또한 그는 이전에는 극복할 수 없었던 문제들을 좀 더 다룰 수 있는 부분 구성 요소들로 세분화하는 기술에 초점을 더 맞추게 되었고 이를 발전시켜 나갔다; 그리고 마지막으로, 그는 변화에 대한 개인적인 책임감을 받아들이게 되었다. 그는 불안을 견딜 수 있었으며 고통과 함께 살아가는 방법을 배우기 위하여 이를 견디어 낼 수 있었는데 이는 그의 삶에 있어 처음 있는 경험인 것처럼 보였다. 이러한 변화를 일으킨 주요한 인지적 이유들 중 하나는 그의 생각에 융통성이 증가하였기 때문이었다. 자신이 최초에 가졌던 생각들(NATs)이 반드시 옳은 것은 아닐 수도 있다는 것을 그가 받아들이게 되자 이는 과거에 자신이 가졌던 세상에 대한 경직된 관점에 그가 이의를 제기해 볼 수 있도록 허용해 주었다. 따라서 직관적인 사고방식에서 귀납적이고 연역적인 사고방식으로 분명한 변화가 이루어졌다고 볼 수 있다.

정의상 회피성 인격장애 환자들은 일반적으로 치료에 참여하는 것이 어려운 사람들이다. 따라서 일반적으로 치료자가 신중하게 '서서히 준비를 해 나가는 것'이 필수적이다. Luke의 경우에는 이런 부분이 확실히 필수적이었는데 그는 초기 3회기 동안 질문 기법에 예민한 반응을 보였었다-의심할 여지없이 신뢰가 문제되는 상황이었다. 그럼에도 불구하고, 그는 이후 매우 빠르게 치료에 익숙해졌으며 그와 치료자 사이에 충분한 치료적 관계가 확립되었다. 이는 그가 환자 역할에 익숙하기 때문이었을 가능성이 부분적으로나마 존재하였다.

일부 치료자들은 이런 종류의 환자들과 회기 참석에 대한 확고한 계약을 맺는 것이 중요하다고 느낀다. 그러나 현재 사례인 Luke의 경우, 극단적인 회피와 높은 절망감 척도 점수를 보였기 때문에 초기 치료 계약은 상당히 유연할 수밖에 없었다. 그럼에도 불구하고 그가 회기 약속을 취소하거나 회기에 결석을 하게 되었을 경우, 치료자는 기회가 닿는 대로 그에게 전화를 걸어 현재 당면한 문제에 대해 논의할 수 있도록 노력하였다. 첫 10회기가 경과한 이후, 더욱 확고한 새로운 계약이 맺어졌는데 이 계약은 정해진 회기 약속에 참석하지 못하게 되는 일이 연속해서 두 번 발생할 경우 치료를 종결하기로 규정하였다. 이따금, 그는 회기에 참석하지 못한 경우 이와 관련하여 얼핏 보기에 사소한 이유들을 제시하곤 했다: 예를 들면, '정오에 있었던 약속 시간에 늦잠을 잤어요.' 같은 이유를 이야기 하였다. 하지만 이런 행동이 그의 회피에 대한 인지도식이 표현된 측면일 수도 있다는 사실을 인정하는 것이 중요하였다. 그가 이런 이유들을 이야기 할 때 그를 치료에 부적합한 사람이라고 거절하고 치료를 종결시키는 것은 어렵지 않은 일이었을 것이다 – 그렇게 했으면 치료자와 환자 모두는 짧은 시간 동안 안도감을 느꼈을지 모른다. 그러나 이러한 방식으로 반응하는 대신에 치료자는 Luke의 회피를 그가 치료자를 시험하는 행동으로 이해하는 쪽을 선택하였다. 치료자는 거절이나 버림받는 것이 대인 관계에서 피할 수 없는 결과가 아니라는 생각을 Luke에게 제공함으로써 그에게 자신의 인지도식적 가정과 반대되는 몇 가지 증거들이 존재한다는 사실을 고려해 볼 수 있는 기회를 주었다고 생각하였다.

치료자가 인격 장애 환자들과 치료 작업을 할 때 종종 자신의 기술이 능숙하지 못하다고 느끼기 쉽다. 그럴 때 얻게 되는 느낌은 치료자가 Luke와 함께 앉아서 그가 치료를 계속해나가게 될 경우 얻게 되는 장점과 단점들을 재평가하도록 도움을 주었다. 이런 식의 치료 과정은 치료자와 환자 모두가 현재까지 이루어진 치료 경과를 검토해 볼 수 있도록 허용해 주었으며 현재 당면한 어려움들에 대하여 다른 종류의 관점을 가질 수 있도록 만들어 주었다. 이 사례가 시사하는 바에 따르면, 인격 장애 환자들을 치료하는데 있어 아마도 치료자가 유념해 두어야 할 가장 중요한 점은 치료 회기들이 환자뿐만 아니라 치료자에게도 매우 부담스러운 일이 될 것이라는 사실이다; 치료 경과는 매우 느리게 진행될 것이며 치료 과정은 종종 같은 자리를 맴돌게 된다. 이를 명심하고, 회기를 적절하게 구조화하는 것이 필수적이다. 예를 들면, 회기를 1주일에 1번씩 하는 것은 피하는 것이 더 좋은데 왜냐하면, 이것이 환자, 특히 회피적 특징들을 갖는 환자에게 위협적일 수 있으며 또한, 치료자를 지치게 만들 수 있기 때문이다.

일반적으로 인격 장애 환자의 인지도식들이 치료 영역 내에서 지속적으로 활성화 된다는 사실을 명심하는 것이 중요하다 - 이는 인격 장애 외의 다른 장애를 가진 환자들에게는 해당되지 않는다. 따라서 광범위한 영역에 걸쳐있는 환자의 경직된 사고방식은 종종 치료에 있어 장애물의 역할을 하게 되며 이따금 적극적인 방식으로 치료를 훼손시키기도 한다. 또한 환자의 인지도식들이 치료자 자신이 가지고 있는 인지도식들을 활성화 시키는 경향이 있다는 사실을 기억해 두는 것이 중요하다: 이 사례에서는 치료자가 거절 받는 느낌과 Luke를 향한 죄책감을 번갈아 가면서 느꼈다. 이러한 느낌들은 종종 거북하게 느껴지지만 환자가 다른 사람들에게 어떤 영향을 미치는지에 대한 통찰을 치료자에게 제공해 주기 때문에 중요하다. 이러한 이유들 및 기타 다른 이유들 때문에, 인격 장애 환자들과 효율적으로 작업하기 위해서는 치료자가 좋은 동료들로부터 지도 감독을 받는 것이 필수적이다.

마지막으로, 치료 목표를 낮추는 것이 필요할 수도 있다. 실제로, 기존에 일반적으로 사용되던 결과 평가 척도로만 평가할 경우 이 평가 척도 상에서 커다란 변화를 성취하는 것은 가능하지 않을 수도 있지만 환자의 삶의 질에는 괄목할 만한 변화를 가져올 수도 있다.

제9장

맺음말

이 마지막 장에서는 우리가 주제를 선정할 때 지침이 되었던 일반적인 원칙들, 인지 치료의 수련에 대한 제언들 그리고 임상 실제 및 연구에 있어 앞으로 나아가야 할 방향들에 대해 이야기하고자 한다.

일반적 원칙들

먼저 밝혀야 할 점은 이 책이 인지 치료에 대한 입문 서적이 아니라는 사실이다.(그러한 입문 서적들은 이미 여러 권 출판되어 있다: Beck 등, 1979; Hawton 등, 1989); Blackburn과 Davidson, 1995; Williams, 1992.) 우리는 이 책을 읽는 독자들이 어느 정도의 지식과 경험이 있을 것이라고 가정하였다.

첫 두 장을 집필하면서 우리가 의도했던 바는 임상활동을 하고 있는 인지치료자들 및 인지 치료를 배우고 있는 이들에게 치료의 기초가 되는 이론 및 경험적 연구에 대한 배경 지식들을 전달하고자 하는 것이었다. 비록 이 책이 임상 실제에서의 인지치료에 대한 실례를 보여주는 것에 주된 초점이 맞추어져 있기는 하지만, 우리는 인지치료자들이 양쪽 측면에 대하여 충분히 인식하는 것이 반드시 필요하다고 믿는다. 인지 치료는 처음 이 치료방법이 개발된 그 당시부터 경험주의적인 접근 방식을 사용해 왔으며 이것이 이 치료가 갖는 장점이자 매력적인 부분이다. 치료자의 과학적 배경 지식은 치료적 접근을 하는데 있어 치료자의 자신감을 증가시키고 이런 자신감은 결국 환자들에게 전달되어 희망과 치료적 협력을 증진시키게 된다. 당연하게도 희망은(Frank, 1973) 어떤 형태의 치료에서건 필수적인 중요 요소로 여겨져 왔다.

이 책이 강조하고자 하는 바는 인지치료자들이 인지 치료에 관한 이론 및 연구뿐만 아니라 정신병리에 대해서도 충분히 숙달되어 있어야 하며 다른 모든 좋은 치료자들이 갖고 있는 일반적인 특성들 – 다시 말하면, 온정, 진실함, 공감 그리고 이해심 – 을 가지고 있어야 한다는 점이다(Truax와 Carkuff, 1967). 솔직하고도 협력적인 방식으로 정교화 되어진 사례 공식화는 치료에 있어서 중요한 역할을 한다는 것은 반복되어 온 주제이기도 하다. 이는 Persons(1989)이 적절하게 기술했던 것처럼, 장애에 대한 전반적인 지식, 관련된 이론 및 연구 결과에 대한 충분한 숙지, 전반적인 임상 경험 그리고 인지 치료에 대한 풍부한 경험을 바탕으로 한다; 그리고 중요한 또 한 가지는 환자가 명시적으로 전달하고자 하는 것뿐만 아니라 암묵적으로 전달하려고 하는 부분까지도 경청하고 환자의 세계를 이해할 수 있는 능력이 있어야 한다는 점이다.

이러한 사례-공식화를 통한 접근이 없게 된다면, 치료자는 지도 없는 여행자 혹은 목적지가 없는 탐험가가 되어 원을 그리며 빙글빙글 돌게 되거나 흥미로울 수 있는 눈앞의 대상들 때문에 끊임없이 마음이 혼란스러워지게 될 것이다. 공식화는 치료가 나아가야 할 방향과 초점을 맞추어야 할 부분을 제시함으로써 치료에 도움을 주게 되며 또한, 적절한 치료 작업이 비교적 단 기간 내에 확실히 이루어질 수 있도록 도움을 주게 된다. 우리가 기술했던 사례들은 모두 인지 치료를 전문적으로 시행하는 진료실 내에서 볼 수 있는 실제 사례들이었으며, 비록 서로 간에 큰 차이가 있는 사례들이지만, 9회기에서 26회기 사이에 뚜렷한 호전을 보였다. 장기적인 사례의 경우, 축 II 진단 (회피성 인격 장애) 외에도 축 I 장애(우울증)를 가지고 있었으며 호전의 정도가 크지는 않았으나 그럼에도 불구하고 26회기에 주목할 만한 변화를 보였다.

비록 치료의 방식에 있어 사례들 간에 약간의 차이가 존재할 수는 있으나 – 이는 인지치료가 획일화된 치료가 아니라는 것을 보여준다 – 이 사례들은 이 치료 방법의 여러 중요한 측면들을 실례로 보여주었다. 앞에서 강조된 인지적 개념화 및 단기적인 형식 외에도 주의 깊은 평가 및 판단 그리고 회기 내와 회기들 사이에서의 치료 구조가 강조된다. 협력적인 경험주의 방식이 치료방식의 근거를 구성하며 치료가 시작되는 그 순간부터 환자가 이런 방식을 통해 – 소크라테스 질문법, 행동 실험들 및 숙제 부과 등의 방법을 통하여 – 작업하도록 격려하게 된다. 무엇보다도, 우리가 이 책을 통해 보여주기를 원했던 것은 인지 치료에서 권장되는 치료 구조, 치료 방식 및 치료 내용을 유지하면서도 어떻게 임상가가 유연하고 창조적이 될 수 있는지에 대한 것이었다.

이 책에서 다루어지지 않은 영역들

3장에서 8장까지 기술되어진 사례 연구들은 인지 치료가 우울증뿐만 아니라 다른 여러 영역에도 확장되어 적용될 수 있다는 것을 실례를 통해서 보여준다. 하지만, 현재 발전하고 있는 여러 가지 중요하고 흥미로운 영역들에 대해서는 다루어지지 않았다는 점에 유의할 필요가 있다 – 예를 들면, 사회 공포증, 정신증, 건강 염려증, 신체 질환(암, 통증, 피부질환)에 동반되는 심리 상태 및 외상 후 스트레스 장애; 그리고 아동 및 청소년, 성폭행 희생자 그리고 문제를 가진 부부에 대한 인지치료 영역들. 현재 진행 중인 임상 및 연구 영역들까지 포함한다면, 이 목록은 끝없이 길어질 수 있을 것이다. 경험적인 입증을 중요시하기 때문에 이러한 영역들의 발전은 필연적으로 천천히 진행될 수밖에 없지만, 여러 실험 연구들 및 사례 연구들이 계속 발표되고 있는 상황이다.

발전해 가고 있는 영역들 중 두 가지 영역인 정신증과 사회 공포증에 대한 예들은 진료실에서 시행되는 인지 치료가 실험 연구로부터 어떻게 발전하게 되는지를 보여준다. 2장에서 정신병적인 환자들에게서 보여지는 망상 및 환청들에 대한 일부 연구들이 기술되었다. 조현병(정신분열병) 환자들에게서 나타나는 편향된 추론의 정확한 본질을 결정하려고 시도하는 실험 연구들은 흥미롭다(Huq 등, 1988; Bentall, 1994; Garety 등, 1991). 이러한 연구들을 통해 비정상적인 믿음들을 발전시키고 유지시키도록 만드는 근본 원인인 귀인 편견들과 확률적 추론에서의 오류들을 확인할 수 있었다. 정신병적인 환자들을 치료할 경우 소크라테스 질문법과 행동 실험들을 이용하여 이러한 왜곡들에 대해 이의를 제기해 볼 수 있다.

사회 공포증의 영역에서는 Clark와 Well(1994)이 인지모델을 지지하는 일련의 실험들을 보고하였으며 다음과 같은 사실들을 제시하였다:

1. 사회 공포증 환자들은 사회 공포증 환자가 아닌 다른 사람들에 비해 사회적 상황들을 더 위협적이라고 해석하는 경향이 있다;
2. 사회 공포증 환자들은 다른 사람들이 그들을 부정적으로 평가하고 있다고 믿는데, 이는 그들이 관심의 초점을 다른 사람들에게 맞추지 않고 스스로에게 맞추기 때문이다;
3. 일반 대조군과 비교했을 때, 사회 공포증 환자들은 최근에 일어난 사회적 상황에서의 상호작용에 대해 자세한 세부 사항들을 잘 기억하지 못하는 경향이 있다;
4. 사회 공포증 환자들은 사회적 상황들에서 사회 공포증 환자가 아닌 다른 사람들에 비

해 내부 수용적 정보(심장박동수 같은)를 더 많이 인식하는 경향이 있다;

5. 사회 공포증 환자들은 자신들이 보이는 정서적 반응에 대해 본인들 스스로가 인식하고 있는 것을 바탕으로 다른 사람들이 그들을 평가할 것이라고 믿는다;
6. 사회 공포증 환자들은 사회적 위협을 뜻하는 단어들에 대한 주의 편향을 보인다;
7. 사회 공포증 환자들은 어떤 일과 관련하여 자신들에 대한 부정적인 자기-평가를 내린 이후에 이에 대해 다시 분석하는 시간을 갖는다.

이러한 연구들은 특정 장애에 대한 치료 모델을 구체화시켜 일반적인 인지 치료 모델에 편입될 수 있는 치료에 대한 특수 기법들을 마련하는데 분명한 도움을 주게 된다.

첫 두 장에서 기술된 이론 연구, 실험 연구 그리고 치료 연구들에 대해서는 부득이하게 필요한 부분만을 선별적으로 제시할 수밖에 없었는데 왜냐하면 이 영역들을 충분히 다루려면 원칙적으로는 각각의 영역에 대해 적어도 한 장씩을 할애하는 것이 필요하기 때문이다. 그러나 이미 지적했던 것처럼, 우리는 이에 대해 흥미 있는 독자들이 좀 더 광범위한 논의들을 참조할 수 있도록 수많은 참고 문헌들을 제시하였다(p263. 참조).

인지치료에 대한 수련

앞에서 이미 우리는 인지 치료자들이 완전히 숙달되게 익혀야만 하는 배경 지식과 특수 기술들을 강조하였으며 사례 연구들을 통해 이에 대해 분명하게 설명하였다. 전문화된 수련 과정 및 전문가의 지도 감독이 필수적이라는 사실은 분명하다. 그러므로 인지 치료가 표준화된 정규 과정들을 통한 교육이 이루어지게 되었을 뿐만 아니라 이 과정들이 대학에서 인증 받고 영국 심리학회에서 대학원 과정으로 인증 받았다는 사실은 환영할만한 발전이라고 할 수 있다. Newcastle-upon-Tyne, Oxford 및 London에서는 현재 이러한 과정들을 다양한 경력을 가진 정신건강 전문가들에게 제공하고 있다. Newcastle-upon-Tyne에서 우리가 경험한 바에 따르면, 수련생들은 가장 순수한 형태의 인지치료에 대해 배우는 것을 어려워하는 것처럼 보였는데 심지어는 자신이 이때까지 인지치료자였다고 믿고 있던 수련생의 경우에서도 그러하였다. 보통 그들은 자신들이 긴 배움의 과정에서 시작 단계에 있다는 것을 깨닫게 된다. 연말이 되면, 대개 그들은 치료 전략들을 수립하기 위하여 치료의 중심축으로 사용할 수 있는 인지 공식화를 도출하는데 있어 더 자신감을 느끼게 되었다는 사실을 보고하게 된다. 그들은 단지 개개의 나무들만을 보는 것이 아니라 숲을 볼 수 있게 되기 시작한 것이다! 흥미롭게도, 그들 대부분은 과정이 끝나고 난 다음에도 지속적으로 지도 감독을 받기를 원한다.

자주 제기되는 의문 중의 하나는 좋은 인지 치료자의 특성이란 무엇인가에 대한 것이다. 과연 우리는 수련 과정이 시작 되는 순간 누가 가장 좋은 치료자가 될 것인지 예측할 수 있을 것인가? 이 부분에 대해서 알려진 것은 거의 없는 실정이다. 과거에 시행된 연구는 대부분 정신역동적 치료 상황에서 좋은 결과를 얻을 수 있도록 이를 촉진시키는 특성들에 대한 것이었다. 예를 들어, Lambert(1989)는 치료적 특성들을 다섯 가지 정적 특질의 관점에서 요약하였다: 인구통계학적 특징, 인격 패턴, 사고방식 및 가치관, 인격의 적응상태 그리고 수련의 방향 및 수련 경험; 그리고 치료 과정에서의 세 가지 변수의 측면에서도 치료적 특성들이 요약되었다: 치료 방식, 치료 기법 그리고 치료 관계에 대한 태도. 치료자 특성들에 관한 Luborsky의 평가 척도(Luborsky's Rating Scale for Therapist Qualities, Luborsky 등, 1985)는 좋은 치료 결과를 예측할 수 있는 세 가지 요소들을 평가한다: 다른 사람들을 돕는 것에 대한 흥미, 치료자의 기술 그리고 치료자의 심리적인 적응 상태.

우리가 경험한 바에 따르면, 치료자의 중요한 특성들은 다음과 같다:

1. 인지치료자는 객관적이지만 한편으로는 공감적인 방식으로 경청하고 관찰할 수 있는 능력을 가져야 한다. 이는 치료자가 *자신을 의식하지 않고* 전적으로 타인에게 집중할 것을 요구한다.
2. 하지만 이와 동시에 인지치료자는 지시적이고 탐구적이며 교훈적일 수 있어야 한다. 이는 치료자가 환자의 깨달음을 촉진시키는 적절한 질문들을 할 수 있어야 하고, 몇 분 동안 진행된 대화에 담겨있는 드러난 의미와 숨겨진 의미를 간략하게 요약하는 적절한 피드백을 제공할 수 있어야 하며 환자가 자신의 불만들 가운데 서로 관계없는 것처럼 보이는 측면들을 통합할 수 있도록 도와줄 수 있어야 함을 의미한다.
3. 좋은 인지치료자는 치료에서 깨달음을 얻는 과정을 즐길 수 있어야 한다 – 다시 말하면, 공식화를 찾고 치료 방식의 변화를 모색함으로써 특정한 개인을 돕게 되는 과정을 즐길 수 있어야 한다는 것이다.
4. 좋은 인지치료자는 만약 현명하게 사용될 경우, 기분을 좋게 만들어 줄 뿐만 아니라 치료적 관계도 촉진시키도록 만드는 유머 감각을 가져야 할 것이다.
5. 또 한편으로 중요한 것은 인지치료자는 창조적인 마음을 가져야 할 필요가 있다는 사

실이다; 즉, 치료자는 각각의 환자들에게 적합하도록 치료의 방법들을 매번 조정할 수 있어야 할 뿐만 아니라 다양한 구체적인 이미지들, 비유들, 이야기들 및 일화들을 이용할 수 있어야 한다. 치료를 마칠 때 환자들에게서 피드백을 받아 보면, 이러한 다양한 것들을 이용했던 것이 종종 환자들에게 감명을 주게 되거나 중요한 전환점으로 작용하게 된다는 사실을 분명히 알게 된다.

비록 인지치료자로서의 적합성은 타당성이 입증된 평가 척도인 인지 치료척도(Cognitive Therapy Scale, Young과 Beck, 1988)를 통해 공식적으로 평가될 수 있지만 이 척도는 부적합하다는 것이 우리가 경험을 통해 내린 결론이다. 치료자의 역량은 여러 가지 요소들로 구성되어 있으며 이 요소들 중의 하나가 치료 프로토콜을 충실히 따를 수 있는 기술이다. 이 요소 하나만으로 충분하지 않다는 것은 분명한 사실이다. 임상가로서의 능력은 이보다 훨씬 더 파악하기 어렵고 정의 내리기 어려운 것이다. 이 영역에서의 연구가 시급한 실정이다.

앞으로 나아가야 할 방향

새로운 정신병리적 영역으로 치료가 확장되어 가는 문제 외에도 장차 인지 치료가 다루어야만 하는 특수한 문제들이 존재한다. 이러한 문제들에는 인지 치료에 대한 반응 예측 문제, 변화 기제에 대한 문제 그리고 질병 발생의 예방 문제 등이 포함된다.

다양한 치료 방법들이 존재한다는 사실과 증가되고 있는 임상적인 업무량 및 보건 의료 경제학적인 압력을 고려할 때, 반응 예측 문제는 치료를 시행하는 임상가에게 있어 특히 중요한 부분이다. 만약, 임상가가 효과적일 가능성이 있는 두세 가지의 치료 방법들을 사용할 수 있는 능력을 지니고 있다면, 제기될 수 있는 질문은 '어떤 치료 방법을 어떤 사람에게 적용시켜야 할 것인가?' 가 될 것이다. 어쩌면 모든 사람들에게 조금씩이라도 자신이 할 수 있는 모든 치료방법들을 전부 제공함으로써 선택의 위험을 분산시키고 싶은 유혹을 느낄 수도 있을 것이다. 하지만, 그러한 절충적인 방식으로는 그 누구에게도 도움을 주기 힘들다; 따라서 이러한 절충적인 혼합된 치료방식이 추가적인 효과를 준다고 보기는 어려우며 오히려 그 반대로 각각을 구성하는 치료 방법들을 독자적으로 사용했을 때가 더 효과적일 수 있다.

불행하게도, 2장에서 기술된 치료 결과 연구들에 대한 결과들은 각각의 사례에서 치료를 결정 내릴 수 있을 만큼 충분한 예측 요인들을 분명하게 제시하지 못하였다. 이 연구들은 그저 가장 비용이 적게 드는 치료를 알려 줄 뿐이며 그 치료는 정신과적 약물 치료일 것이다. 그러나 이 간편한 해결책에는 두 가지 제한 점이 존재 한다. 일반적인 임상 현장에서 우울증을 치료할 때, 정신과적 약물 치료가 인지 치료보다 비용이 적게 들게 되는 경우는 오로지 전문의가 아닌 일반의에게 약물을 처방 받았을 때뿐이다. 임상에서 환자들을 치료하는 자문 정신과 의사에게 처방을 받을 경우, 약물 치료비용은 예상과 달리 인지 치료비용보다 더 높아지게 된다*(Scott와 Freeman, 1992).

직접적인 비용 문제 외에도 정신 장애가 초래하는 매우 높은 간접적인 비용 역시 문제가 되고 있는 실정이며(West, 1992) 대부분의 사례에서, 재발의 위험이 높은 편이다. 따라서 재발을 예방하는 것이 경제학적인 측면과 인간적인 고통의 측면에서 비용 문제를 평가할 때 중요한 요소가 되게 된다. 2장에서 기술된 인지 치료의 장기적인 효과들에 대한 연구들을 통해 알 수 있는 것처럼, 현재까지는 인지치료가 갖는 예방적 효과는 매우 희망적으로 보인다. 따라서 만약 재발의 위험성이 높을 경우에는, 인지 치료를 고려하는 것이 아마도 매우 바람직할 것이라고 이야기 할 수 있다. 인지 치료가 고려될 수 있는 또 다른 경우들은 약물 치료를 받을 수 없는 경우나 이미 약물치료로는 효과가 없다는 사실이 밝혀진 경우 그리고 약물 치료에 대한 장, 단기 투약순응도가 낮을 것으로 예상되는 사례들의 경우이다. 하지만, 우리는 반응에 대한 예측 요인들에 관해 더 정밀한 연구들을 수행해야 할 필요가 있다: 증후군이 아닌 단일 증상들에 대한 분석을 통해 연구가 이루어져야 할 필요가 있으며; 인격 요인들이 갖는 역할, 인지적 사고방식이 갖는 역할, 심리적-마음상태가 갖는 역할 그리고 환경적 요인들이 갖는 역할에 대한 분석이 필요하다.

인지 치료에서 변화가 일어나는 기제들을 이해하는 것 또한 반응 예측에도 도움을 주게 되는데 이는 치료에 반응하지 않는 사람들을 좀 더 이른 치료시기에 확인함으로써 돈과 수고를 절약할 수 있다는 측면에서 그러하다. 이러한 변화에 대한 이해는 치료 과정을 향상시키도록 도울 뿐만 아니라 심지어 치료 경과를 단축시키기도 한다. 만약, 1장에서 기술된 것처럼, 인지도식이 변화하는 네 가지 수준이 존재한다는 Beck 등(1990)의 의견이 옳다면 – (가장 낮은 수준인) 인지도식의 위장 수준부터 인지도식의 재해석 수준과 인지도식 수정 수준을 거쳐 (가장 높은 수준인) 인지도식의 재구성 수준에 까지 이르는 네 가지 수준 – 가

역주

* 이것은 정신과 전문의에게 직접 진료를 받을 경우 진료비가 엄청나게 비싸지는 미국 내 정신의료 체계에서의 이야기이며 의료 수가가 낮은 국내의 경우 오히려 인지 치료를 받을 경우 의료 보험의 적용을 받지 못함으로 인해서 약물 치료에 비해 비용이 더 비싸질 수도 있다.

능성 있는 변화 기제들을 이해하는 것은 또한 치료자가 각각의 환자들에 대한 합리적인 치료 목표들을 확립하는데 도움을 주게 될 것이다. 일부 환자들의 경우 한정된 시간 동안 인지도식의 위장 수준 이상의 목표에 도달하는 것이 어려울 수 있는 반면에 다른 환자들의 경우에는 인지도식의 재구성 수준에까지 도달하도록 하는 것이 합리적인 목표일 수 있다.

비록, 1장에서 기술한 것처럼, 인지 치료에서 일어나는 변화 과정에 관해 여러 가지 모델들이 존재하지만(Persons, 1993), 이러한 모델의 발전은 인지심리학에서의 기초연구를 통해서 이루어질 것이다. Teasdale과 Barnard(1993)의 연구는 임상 인지심리학과 기초 인지심리학 사이의 유대가 반갑게도 더욱 긴밀해지기 시작한 것을 전형적으로 보여주고 있으며 이는 향후 유익한 결과를 가져 올 것으로 기대하고 있다. 인지도식이 인지 이론 및 치료에 매우 중요한 역할을 하고 있기 때문에, 이를 평가하고 분석하는 과정에 있어 더 나은 방법론을 찾지 못하는 한 변화의 기제들에 대한 이해가 더 발전하기는 어려울 것이다. 설문지들로 구성된 최근의 방법들로는 각각의 환자가 가지고 있는 핵심 자기 인지도식들을 밝혀내는데 도움이 되지 못한다. 변화의 기제들에 대한 이해가 발전하기 위해서는, 기초 인지 심리학을 통해 영감을 얻은 방법들이 필요하며 이 방법들은 보편적 법칙에 의거한 접근들 대신에 개별 사례적 접근들을 반드시 포함해야 한다.

마지막으로, 향후 인지 치료가 하게 될 중요한 역할이라 한다면 질병의 발생을 예방하는 것일 것이다. 치료가 심리-교육적이라고 가정할 때, 질병 위험군에게 인지 치료를 적용하는 것은 매우 적합한 선택일 것이다. 이런 위험군에는 임신한 여성들, 어린 아이들을 돌보는 가정주부들, 졸업반의 아이들, 만성적인 우울한 기분 상태를 보이는 일반 진료 환자들, 은퇴를 앞둔 사람들 그리고 곧 정리 해고를 당하게 될 사람들이 포함된다. 기본적인 철학 및 기법들을 교육하기 위하여 인지 치료가 집단으로 시행될 수도 있다. 인지 치료의 기본적인 개념 – 생각들이 실제는 아니라는 것 – 는 어찌되었든 매우 단순하다; 하지만, 불행하게도, 이것은 가르쳐서 알 수 있는 것이 아니다. 일단, 이런 개념이 완전히 이해되기만 하면, 다음 단계 – 현재보다 덜 고통스러운 다른 관점들이 존재할 수도 있다는 사실 뿐만 아니라 현재와는 다른 다양한 관점들과 감정들을 제공해 줄 수 있는 다른 행동들이 존재할 수도 있다는 사실을 고려하는 것 – 는 덜 어려운 과정이 될 것이다.

끝으로, 우리는 인지 치료가 현재까지 많이 발전해 왔지만, 아직도 가야 할 길이 많이 남아있다는 점을 강조하고 싶다. 구성주의 같은 몇몇 이론적 접근들은 아직까지도 거의 연구되어 있지 않은 상태이며 경험적인 연구를 통해 타당성이 입증되기를 기다리고 있는 실정이다.

1장에서 이야기했던 것처럼, 인지 치료적 접근들이 발달해 온 역사를 인간의 일생과 비교해서 생각할 때, 이제 인지 치료는 중년의 시기에 접어들었다고 볼 수 있는데 우리는 이 시기에 나타날 수 있는, 현 상태에 안주하고자 하는 마음을 경계해야만 한다. 우리가 이 책을 통해 전달하고자 희망했던 것은 거의 40년에 걸친 연구와 임상 경험을 통해 자신감을 획득하게 되었지만, 여전히 개척자의 마음가짐과 젊은이의 창조성이 과거와 마찬가지로 계속 필요하다는 사실이다. 그러나 발전은 신중하게 이루어져야만 하며 인지 치료에 대한 관심이 계속 늘어나고 있는 요즘 우리는 특히 우리의 경험주의적 전통을 계속 계승해 나가야 할 것이다.

참고문헌

제 1 장

Adler, A. (1936) The neurotic's picture of the world. *International Journal of Individual Psychology*, 2, 3–10.

Alloy, L. B. (1988) *Cognitive Processes in Depression*. Guilford Press, New York.

Arnkoff, B. (1981) Flexibility in practising cognitive therapy. In G. Emery, S. Hollon and R. Bedrosian (eds), *New Directions in Cognitive Therapy* (pp. 203–23). Guilford Press, New York.

Arnold, M. (1960) *Emotions and Personality* (vol. 1). Columbia University Press, New York.

Bandura, A. (1977) *Social Learning Theory*. Prentice Hall, Englewood Cliffs, NJ.

Barber, J. P., De Rubeis, R. J. (1989) On second thought: where the action is in cognitive therapy for depression. *Cognitive Therapy and Research*, 13, 441–57.

Barnard, P. J., Teasdale, J D. (1991) Interacting cognitive subsystems: a systemic approach to cognitive–affective interaction and change. *Cognition and Emotion*, 5 (1), 1–39.

Beck, A. T. (1967) *Depression: Clinical, Experimental and Theoretical Aspects*. Harper & Rowe, New York.

Beck, A. T. (1976) *Cognitive Therapy and the Emotional Disorders*. International Universities Press, Madison

Beck, A. T., Emery, G. (1985) *Anxiety Disorders and Phobias: A Cognitive Perspective*. Basic Books, New York.

Beck, A. T., Freeman, A., and associates (1990) *Cognitive Therapy of Personality Disorders*. Guilford Press, New York.

Beck, A. T., Rush, A. J., Shaw, B. F., Emery, G. (1979) *Cognitive Therapy and Depression*. Guilford Press, New York.

Beck, A. T., Young, J. (1988) *Cognitive Therapy Rating Scale*. Center for Cognitive Therapy, Philadelphia, Pa.

Blaney, P. H. (1986) Affect and memory: a review. *Psychological Bulletin*, 99, 229–46.

Bower, G. H. (1981) Mood and memory. *American Psychologist*, 36, 129–48.

Bower, G. H. (1983) Affect and Cognition. In D. E. Broadbent (ed.), *Functional Aspects of Human Memory*. London: The Royal Society, pp. 149–64.

Bowlby, J. (1969) *Attachment and Loss*. Vol. 1: *Attachment*. Basic Books, New York.

Bowlby, J. (1973) *Attachment and Loss*. Vol. 2: *Separation: Anxiety and Anger*. Basic Books, New York.

Bowlby, J. (1980) *Attachment and Loss*. Vol. 3: *Loss, Sadness and Depression*. Hogarth, London.

Campbell, R. J. (1989) *Psychiatric Dictionary*. 6th edn. Oxford University Press, New York.

Craik, F. I. M., Tulving, E. (1975) Depth of processing and the retention of words in episodic memory. *Journal of Experimental Psychology: General*, 104, 268–94.

Crowley, R. M. (1985) Cognitions in interpersonal theory and practice. In M. J. Mahoney and A. Freeman (eds), *Cognition and Psychotherapy* (pp. 291–312). Plenum Press, New York.

Davanloo, H. (1980) *Short-term Dynamic Psychotherapy*. Aronson, New York.

Dobson, K. S. (1988) The present and future of cognitive–behavioural therapies. In K. S. Dobson (ed.), *Handbook of Cognitive–behavioural Therapies* (pp. 387–414). Guilford Press, New York.

Dobson, K. S., Block, L. (1988) Historical and philosophical bases of the cognitive–behavioural therapies. In K. S. Dobson (ed.), *Handbook of Cognitive–behavioural Therapies* (pp. 3–38). Guilford Press, New York.

d'Zurilla, T. J. (1988) Problem-solving therapies. In K. S. Dobson (ed.), *Handbook of Cognitive–behavioural Therapies* (pp. 85–135). Guilford Press, New York.

Edwards, D. J. A. (1989) Cognitive restructuring through guided imagery: lessons from gestalt therapy. In A. Freeman, K. M. Simon, L. E. Beutler and H. Arkowitz (eds), *Comprehensive Handbook of Cognitive Therapy* (pp. 283–93). Plenum Press, New York.

Ellis, A. (1962) *Reason and Emotion in Psychotherapy*. Lyle Stuart, New York.

Ellis, A. (1983a) Rational–Emotive Therapy (RET). Approaches to overcoming resistance. I: common forms of resistance. *British Journal of Cognitive Therapy*, 1, 28–38.

Ellis, A. (1983b) Rational–Emotive Therapy (RET). Approaches to overcoming resistance. II: how RET disputes clients' irrational resistance-creating beliefs. *British Journal of Cognitive Therapy*, 1, 1–16.

Ellis, A. (1990) Is Rational-Emotive Therapy (RET) 'rationalist' or 'constructivist'? In L. W. Dryden (ed.), *The Essential Albert Ellis: Seminal Writings on Psychotherapy* (pp. 114–41). Springer, New York.

Ellis, A., Greiger, R. (1977) *Handbook of Rational-Emotive Therapy*. Springer, New York.

Fennell, M. J., Teasdale, J. D., Jones, S., Damlé, A. (1987) Distraction in neurotic and endogenous depression: an investigation of negative thinking in major depressive disorder. *Psychological Medicine*, 17, 441–52.

Frank, J. (1974) Therapeutic components of psychotherapy. *Journal of Nervous and Mental Disease*, 159, 325–42.

Frank, J. (1985) Therapeutic components shared by all therapies. In M. J. Mahoney and A. Freeman (eds), *Cognition and Psychotherapy* (pp. 49–80). Plenum Press, New York.

Freeman, A. (1981) Dreams and images in cognitive therapy. In G. Emery, S. D. Hollon and R. Bedrosian (eds), *New Directions in Cognitive Therapy*. Guilford Press, New York.

Freeman, A. (1992) The development of treatment conceptualizations in cognitive therapy. In A. Freeman and F. M. Dattilio (eds), *Comprehensive Casebook of Cognitive Therapy*. Plenum Press, New York.

Freeman, A., Leaf, R. (1989) Cognitive therapy of personality disorders. In A. Freeman, K. M. Simon, L. E. Beutler and H. Arkowitz (eds), *The Comprehensive Handbook of Cognitive Therapy*. Plenum Press, New York.

Freeman, A., Pretzer, J., Fleming, B., Simon, K. M. (1990) *Clinical Applications of Cognitive Therapy*. Plenum Press, New York.

Golden, W., Dryden, W. (1986) Cognitive-behavioural therapies: commonalities, divergences, and future developments. In W. Dryden and W. Golden (eds), *Cognitive-behavioral Approaches to Psychotherapy* (pp. 356–78). Harper & Row, New York.

Goldfried, M., Padawer, N., Robins, C. (1984) Social anxiety and the somatic structure of heterosocial interaction. *Journal of Abnormal Psychology*, 93, 87–97.

Greenberg, L. S., Safran, J. D. (1984) Integrating affect and cognition: a perspective on the process of therapeutic change. *Cognitive Therapy and Research*, 8, 559–78.

Greenberg, L. S., Safran, J. D. (1987) Emotion in psychotherapy. *American Psychologist*, 44, 19–29.

Guidano, V. F. (1987) *Complexity of the Self. A Developmental Approach to Psychopathology and Therapy*. Guilford Press, New York.

Guidano, V. F. (1991) *The Self in Process: Towards a Post-rationalist Psychotherapy*. Guilford Press, New York.

Guidano, V. F., Liotti, G. (1983) *Cognitive Processes and Emotional Disorders*. Guilford Press, New York.
Hamilton, E. W., Abramson, L. J. (1983) Cognitive patterns and major depressive disorder: a longitudinal study in a hospital setting. *Journal of Abnormal Psychology*, 92, 173–84.
Hollon, S., Kriss, M. (1984) Cognitive factors in clinical research and practice. *Clinical Psychology Review*, 4, 35–76.
Hollon, S. D., DeRubeis, R. J., Evans, M. D. (1987) Causal mediation of change in treatment for depression: discriminating between non-specific and non-causality. *Psychological Bulletin*, 102, 139–49.
Horney, K. (1950) *Neurosis and Human Growth: The struggle toward self-realization*. Norton: New York.
Howes, J. L., Parrott, C. A. (1991) Conceptualization and flexibility in cognitive therapy. In T. M. Vallis, J. L. Howes and P. C. Miller (eds), *The Challenge of Cognitive Therapy, Applications to Non-traditional Populations*. Plenum Press, New York.
Jack, R. L., Williams, J. M. G. (1991) Attribution and intervention in self-poisoning. *British Journal of Medical Psychology*, 64, 345–58.
Jacobson, N. S. (1989) The therapist–client relationship in cognitive behaviour therapy: implications for treating depression. *Journal of Cognitive Psychotherapy*, 3, 85–96.
Kelly, G. (1955) *The Psychology of Personal Constructs*. Norton, New York.
Kuiper, N. A., Derry, P. A. (1982) Depressed and non-depressed content self-reference in mild depressives. *Journal of Personality*, 50, 67–80.
Kuiper, N., Olinger, J. (1986) Dysfunctional attitudes and a self-worth contingency model of depression. In P. Kendall (ed.), *Advances in Cognitive–behavioural Research and Therapy* (vol. 5). Academic Press, New York.
Lambert, K. N. (1983) *Psychotherapy and Patient Relationships*. Dorsey, Homewood, Ill.
Lazarus, A. (1987) The multimodal approach with adult outpatients. In N. Jacobson (ed.), *Psychotherapists in Clinical Practice: Cognitive and Behavioral Perspectives* (pp. 286–326). Guilford Press, New York.
Lazarus, A., Fay, A. (1982) Resistance or rationalization? A cognitive–behavioural perspective. In P. Wachtel (ed.), *Resistance: Psychodynamic and Behavioral Approaches* (pp. 115–32). Plenum Press, New York.
Lazarus, R. (1966) *Psychotherapy and Patient Relationships*. McGraw-Hill, New York.
Liotti, G. (1987) The resistance to change of cognitive structures: a counterproposal to psychoanalytic metapsychology. *Journal of*

Cognitive Psychotherapy: An International Quarterly, 1, 87–104.

Liotti, G. (1991) Patterns of attachment and the assessment of interpersonal schemata: understanding and changing difficult patient–therapist relationships in cognitive psychotherapy. *Journal of Cognitive Psychotherapy*, 5, 105–14.

Louisy, H. (1989) Automatic activation of core and peripheral self-knowledge: an idiographic approach. Unpublished Masters thesis, University of Saskatchewan, Saskatoon, Canada.

Mahoney, M. J. (1974) *Cognition and Behaviour Modification*. Ballinger, Cambridge, Mass.

Mahoney, M. J. (1988) The congitive sciences and psychotherapy: patterns in a developing relationship. In E. S. Dobson (ed.), *Handbook of the Cognitive Behavioral Therapies* (pp. 357–86). Guilford Press, New York.

Mahoney, M. J. (1991) *Human Change Processes: The Scientific Foundations of Psychotherapy*. Basic Books, New York.

Malan, D. (1976) *The Frontier of Brief Psychotherapy*. Plenum Press, New York.

Mann, J. (1969) *Time-limited Psychotherapy*. Harvard University Press, Cambridge, Mass.

Mattarazzo, R., Philips, J., Weins, A., Saslow, G. (1965) Learning the art of interviewing: a study of what beginning students do and their pattern of change. *Psychotherapy: Theory, Research and Practice*, 2, 49–60.

Meichenbaum, D. (1977) *Cognitive-behavior Modification: An Integrative Approach*. Plenum Press, New York.

Meichenbaum, D. (1985) *Stress-inoculation Training*. Pergamon Press, New York.

Meichenbaum, D., Gilmore, J. B. (1982) Resistance from a cognitive–behavioral perspective. In P. Wachtel (ed.) *Resistance: Psychodynamic and Behavioural Approaches* (pp. 133–56). Plenum Press, New York.

Neimeyer, R. (1986) Personal construct therapy. In W. Dryden and W. Golden (eds.), *Cognitive–behavioral Approaches to Psychotherapy* (pp. 224–60). Harper & Row, New York.

Neimeyer, R., Twentyman, C., Prezant, D. (1985) Cognitive interpersonal group therapies for depression: a progress report. *The Cognitive Behaviorist*, 7 (1), 21–2.

Padesky, C. A. (1993) Socratic Questioning: Changing Minds or Guiding Discovery? Paper presented at the European Congress of Behavioural and Cognitive Therapies, London.

Perris, C. (1986) *Cognitive Therapy: Theory and Practice*. Natur Och Kultur, Stockholm.

Persons, J. B. (1993) The process of change in cognitive therapy: schema change or acquisition of compensatory skills? *Cognitive Therapy and Research*, 17 (2) 123–37.

Persons, J., Burns, D., Perloff, J. M. (1985) Mechanisms of action of cognitive therapy. The relative contribution of technical and interpersonal interventions. *Cognitive Therapy and Research*, 9, 539–52.

Piaget, J. (1972) *The Principles of Genetic Epistemology*. Routledge & Kegan Paul, London.

Piaget, J. (1977) *The Development of Thought*. Viking Penguin, New York.

Primakoff, L., Epstein, N., Covi, L. (1989) Homework compliance: an uncontrolled variable in cognitive therapy outcome research. In W. Dryden and P. Trower (eds), *Cognitive Psychotherapy and Stasis and Change* (pp. 175–89). Springer, New York.

Rehm, L. P. (1977) A self-control model of depression. *Behavior Therapy*, 8, 787–804.

Rendon, M. (1985) Cognitions and psychoanalysis. A Horneyman perspective. In M. J. Mahoney and A. Freeman (eds), *Cognition and Psychotherapy* (pp. 277–90). Plenum Press, New York.

Rogers, T. B., Kuiper, N. A., Kirker, W. S. (1977) Self-reference and the encoding of personal information. *Journal of Personality and Social Psychology*, 35 (9), 677–88.

Rosen, H. (1993) Developing themes in the field of Cognitive Therapy. In K. Kuehlwein and H. Rosen (eds.), *Cognitive Therapies in Action: Evolving innovative practice*. Jossey-Bass, San Francisco.

Rothstein, M. A., Robinson, P. N. (1991) The therapeutic relationship and resistance to change in cognitive therapy. In T. M. Vallis, J. L. Howes and P. C. Miller (eds), *The Challenge of Cognitive Therapy. Applications to Nontraditonal Populations*. Plenum Press, New York.

Safran, J. D. (1988) *A refinement of cognitive behavioural therapy and practice in light of interpersonal theory*. Clark Institute of Psychiatry, Toronto.

Safran, J. D. (1990) Towards a refinement of cognitive therapy in light of interpersonal theory: I. Theory. *Clinical Psychology Review*, 10, 107–21.

Safran, J. D., Greenberg, L. S. (1987) Affect and unconscious: a cognitive perspective. In R. Stern (ed.), *Theories of the Unconscious* (pp. 191–212). Analytic Press, Hillsdale, NJ.

Safran, J., Greenberg, L. (1988) Feeling, thinking and acting: a cognitive framework for psychotherapy integration. *Journal of Cognitive Psychotherapy: An International Quarterly*, 2, 109–31.

Safran, J. D., Greenberg, L. S. (1991) *Emotion, Psychotherapy and Change*. Guilford Press, New York.

Safran, J. D., Segal, Z. V. (1990) *Cognitive Therapy: An Interpersonal Process Perspective*. Basic Books, New York.

Safran, J., Vallis, T. M., Segal, Z. V., Shaw, B. F. (1986) Assessment of core cognitive processes in cognitive therapy. *Cognitive Therapy and Research*, 10, 509–26.

Schulman, B. (1985) Cognitive therapy and the individual psychology of Alfred Adler. In M. Mahoney and A. Freeman (eds), *Cognition and Psychotherapy* (pp. 243–58). Plenum Press, New York.

Segal, Z. V. (1990) Appraisal of the self-schema construct in cognitive models of depression. *Psychological Bulletin*, 103, 147–62.

Segal, Z. V., Hood, J. E., Shaw, B. F., Higgins, E. T. (1988) A structural analysis of the self-schema construct in major depression. *Cognitive Therapy and Research*, 12, 471–86.

Sifneos, P. E. (1972) *Short-term Psychotherapy and Emotional Crisis*. Harvard University Press, Cambridge, Mass.

Silverman, J. S., Silverman, J. A., Eardley, D. A. (1984) The process of change: cognitive therapy and pharmacotherapy: changes in mood and cognition. *Archives of General Psychiatry*, 43, 43–50.

Teasdale, J. D. (1983) Negative thinking in depression: cause, effect of reciprocal relationship? *Advances in Behaviour Research and Therapy*, 5, 3–25.

Teasdale, J. D. (1988) Cognitive vulnerability to persistent depression. *Cognition and Emotion*, 2, 247–74.

Teasdale, J. D. (1993). Emotion and two kinds of meaning: cognitive therapy and applied cognitive science. *Behaviour, Research and Therapy*, 31 (4), 339–54.

Teasdale, J. D., Barnard, P. J. (1993) *Affect, Cognition and Change. Re-modelling Depressive Thought*. Lawrence Erlbaum Associates, Hove.

Vallis, T. M., Shaw, B., McCabe, S. (1988) The relationship between therapist competency in cognitive therapy and general therapy skill. *Journal of Cognitive Psychotherapy: An International Quarterly*, 2, 237–50.

Weissman, A. N. (1979) The Dysfunctional Attitude Scale: a validation study. *Dissertation Abstracts International*, 40, 389–90B.

Wessler, R. L. (1993) Cognitive appraisal therapy and disorders of personality. In K. Kuehlwein and H. Rosen (eds.) *Cognitive Therapies in Action: Evolving innovative practice*. Jossey-Bass, San Francisco.

Williams, J. M. G., Watts, F. N., McLeod, C., Mathews, A. (1988) *Cognitive Psychology and Emotional Disorders*. John Wiley, London.

Young, J. E. (1990) *Cognitive Therapy for Personality Disorders: A Schema-focused Approach*. Professional Resource Exchange, Sarasota, Florida.

제 2 장

Agras, W. S., Rossiter, E. M., Arnow, B., Schneider, J. A., Telch, C. F., Raeburn, S. D., Bruce, B., Perl, M., Koran, L. M. (1992) Pharmacologic and cognitive–behavioural treatment for bulimia nervosa: a controlled comparison. *American Journal of Psychiatry*, 149, 82–7.

Agras, W. S, Schneider, J. A., Arnow, B., Raeburn, S., Telch, C. F. (1989) Cognitive–behavioural and response-prevention treatments for bulimia nervosa. *Journal of Consulting and Clinical Psychology*, 57, 215–21.

Alford, B. A., Correia, C. J. (1994) Cognitive therapy of schizophrenia: theory and empirical status. *Behaviour Therapy*, 25, 17–33.

American Psychiatric Association (1987) *Diagnostic and Statistical Manual of Mental Disorders*. 3rd edn. American Psychiatric Association, Washington, DC.

American Psychiatric Association (1994) *Diagnostic and Statistical Manual of Mental Disorders*. 4th edn. American Psychiatric Association, Washington, DC.

Barlow, D. H., Cerny, J. A. (1988) *Psychological Treatment of Panic*. Guilford Press, New York.

Barlow, D. H., Cohen, A. S., Cerny, T. A., Klosko, J. (1989) Behavioural treatment of panic disorder. *Behaviour Therapy*, 20, 261–82.

Barlow, D. H., Cohen, A. S., Waddell, M. T., Vermilyea, B. B., Klosko, J. S., Blanchard, E. B., Dinardo, P. A. (1984) Panic and generalised anxiety disorders. Nature and treatment. *Behaviour Therapy*, 15, 431–49.

Barlow, D. H., Craske, M. G. (1989) *Mastery of Your Anxiety and Panic*. Graywind Publications, Albany, NY.

Barnard, P. J., Teasdale, J. D. (1991) Interacting cognitive subsystems: a systematic approach to cognitive–affective interaction and change. *Cognition and Emotion*, 5, 1–39.

Barnett, P. A., Gotlib, I. H. (1988) Psychological functioning and depression: distinguishing among antecedents, concomitants and consequences. *Psychological Bulletin*, 104, 97–126.

Bebbington, P. (1985) Three cognitive theories of depression. *Psychological Medicine*, 15, 759–69.

Beck, A. T. (1963) Thinking and depression: I. Idiosyncratic content and cognitive distortions. *Archives of General Psychiatry*, 9, 324–33.

Beck, A. T. (1967) *Depression: Clinical, Experimental and Theoretical Aspects*. Harper & Row, New York.

Beck, A. T. (1976) *Cognitive Therapy and the Emotional Disorders*. International Universities Press, New York.

Beck, A. T. (1983) Cognitive therapy and depression: new perspectives. In P. J. Clayton and J. E. Barrett (eds), *Treatment of Depression: Old Controversies and New Approaches* (pp. 265–84). Raven Press, New York.

Beck, A. T., Emery, G. (1985) *Anxiety Disorders and Phobias: A Cognitive Perspective*. Basic Books, New York.

Beck, A. T., Epstein, H., Harrison, R. (1983) Cognitions, attitudes and personality dimensions in depression. *British Journal of Cognitive Psychotherapy*, 1, 1–16.

Beck, A. T., Freeman, A. and associates (1990) *Cognitive Therapy of Personality Disorders*, Guilford Press, New York.

Beck, A. T., Hollon, S. D., Young, J. E., Betrosian, R. C., Budenz, D. (1985) treatment of depression with cognitive therapy and amitriptyline. *Archives of General Psychiatry*, 42, 142–8.

Beck, A. T., Laude, R., Bohnert, M. (1974b) Ideational components of anxiety neurosis. *Archives of General Psychiatry*, 31, 319–26.

Beck, A. T., Rush, A. J., Shaw, B. F., Emery, G. (1979) *Cognitive Therapy of Depression: A Treatment Manual*. Guilford Press, New York.

Beck, A. T., Sokol, L., Clark, D. A., Berchick, B. L., Wright, F. (1992) Focused cognitive therapy of panic disorder: a crossover design and one-year follow-up. *American Journal of Psychiatry*, 147, 778–83.

Beck, A. T., Steer, R. A. (1990) *Manual for the Beck Anxiety Inventory*. Psychological Corporation, New York.

Beck, A. T., Ward, C. H. (1961) Dreams of depressed patients: charcteristic themes in manifest content. *Archives of General Psychiatry*, 5, 462–7.

Beck, A. T., Weissman, A., Lester, D., Trexler, L. (1974a) The measurement of pessimism: the Hopelessness Scale. *Journal of Consulting and Clinical Psychology*, 42, 861–5.

Beck, J. G., Stanley, M. A., Baldwin, L. E., Deagle, E. A., Averill, P. M. (1994) Comparison of cognitive therapy and relaxation training for panic disorder. *Journal of Consulting and Clinical Psychology*, 62, 818–26.

Bentall, R. P., Kinderman, P., Kaney, S. (1994) The self-attributional processes and abnormal beliefs: towards a model of persecutory delusions. *Behaviour Research and Therapy*, 32, 331–41.

Beutler, L. E., Scogin, F., Kirkish, P., Schretlen, D., Corbishley, A., Hamblin, D., Meridith, K., Potter, R., Bamford, C. R., Levenson, A. I. (1987) Group cognitive therapy and alprazolam in the treatment of depression of older adults. *Journal of Consulting Clinical Psychology*, 55, 550–6.

Blackburn, I.-M. (1988) An appraisal of comparative trials of cognitive therapy for depression. In C. Perris, I.-M. Blackburn and H. Perris (eds), *Cognitive Psychotherapy. Theory and Practice* (pp. 160–78). Springer-Verlag, Heidelberg.

Blackburn, I.-M. (1995) The relationship between drug and psychotherapy effects. In M. Aveline and D. A. Shapiro (eds), *Research Foundations for Psychotherapy Practice* (pp. 231–45). John Wiley, London.

Blackburn, I.-M., Bishop, S., Glen, A. I. M., Whalley, L. J., Christie, J. E. (1981) The efficacy of cognitive therapy in depression: a treatment trial using cognitive therapy and pharmacotherapy, each alone and in combination. *British Journal of Psychiatry*, 139, 181–9.

Blackburn, I.-M., Davidson, K. M. (1995) *Cognitive Therapy for Depression and Anxiey*. 2nd edn. Blackwell Scientific Publications, Oxford.

Blackburn, I.-M., Eunson, K. M. (1989) A content analysis of thoughts and emotions elicited from depressed patients during cognitive therapy. *British Journal of Medical Psychology*, 62, 23–33.

Blackburn, I.-M., Eunson, K. M., Bishop, S. (1986b) A two-year naturalistic follow-up of depressed patients treated with cognitive therapy, pharmacotherapy and a combination of both. *Journal of Affective Disorders*, 10, 67–75.

Blackburn, I.-M., Jones, S., Lewin, R. J. P. (1986a) Cognitive style in depression. *British Journal of Clinical Psychology*, 25, 241–51.

Blackburn, I.-M., Roxborough, H. M., Muir, W. J., Glabus, M., Blackwood, J. D. R. (1990) Perceptual and physiological dysfunction in depression. *Psychological Medicine*, 20, 95–103.

Blaney, P. H. (1986) Affect and memory: a review. *Psychological Bulletin*, 99, 229–46.

Blowers, C., Cobb, J., Mathews, A. (1987) Generalised anxiety: a controlled treatment study. *Behaviour Research and Therapy*, 25, 493–502.

Blue, F. R., McKnight, D., Ran, B., Fulcher, R. (1987) A multidisciplinary approach to all individuals with severe ritualistic behaviour. *Psychological Reports*, 61, 407–10.

Borkovec, T. D., Costello, E. (1993) Efficacy of applied relaxation and cognitive behavioural therapy in the treatment of generalized anxiety disorder. *Journal of Consulting and Clinical Psychology*, 61, 611–19.

Borkovec, T. D., Mathews, A. (1988) Treatment of nonphobic

anxiety disorders: a comparison of nondirective, cognitive and coping desensitization therapy. *Journal of Consulting and Clinical Psychology*, 56, 877–84.

Borkovec, T. D., Mathews, A., Chambers, A., Ebraham, S., Lytler, R., Nelson, R. (1987) The effects of relaxation training with cognitive therapy or nondirective therapy and the role of relaxation-induced anxiety in the treatment of generalised anxiety. *Journal of Consulting and Clinical Psychology*, 55, 883–8.

Bower, G. H. (1981) Mood and memory. *American Psychologist*, 36, 129–48.

Bower, G. H. (1987) Commentary on mood and memory. *Behaviour Research and Therapy*, 25, 443–55.

Bradley, B. P., Mathews, A. M. (1988) Memory bias in recovered clinical depressives. *Cognition and Emotion*, 2, 235–45.

Breslow, R., Kocsis, J., Belkin, B. (1991) Contribution of the depressive perspective to memory function in depression. *American Journal of Psychiatry*, 138, 227–30.

Burgess, I. S., Jones, L. N., Robertson, S. A., Radcliffe, W. N., Emerson, E., Lawler, P., Crow, T. J. (1981) The degree of control exerted by phobic and non-phobic verbal stimuli over the recognition behaviour of phobic and non-phobic subjects. *Behaviour Research and Therapy*, 19, 223–34.

Burns, D. D., Nolen-Hoeksema, S. (1992) Therapeutic empathy and recovery from depression in cognitive-behavioural therapy: a structural equation model. *Journal of Consulting and Clinical Psychology*, 60, 441–9.

Butler, G., Cullington, D., Hibbert, G., Kumes, I., Gelder, M. (1987) Anxiety management for persistent generalised anxiety. *British Journal of Psychiatry*, 151, 535–42.

Butler, G., Fennell, M., Robson, P., Gelder, M. (1991) Comparison of behaviour therapy and cognitive behaviour therapy in the treatment of generalised anxiety disorders. *Journal of Consulting and Clinical Psychology*, 59, 167–75.

Butler, G., Mathews, A. (1983) Cognitive processes in anxiety. *Advances in Behaviour Research and Therapy*, 5, 51–62.

Carney, M. W. P., Roth, M., Garside, R. F. (1965) The diagnosis of depressive syndromes and the prediction of ECT response. *British Journal of Psychiatry*, 111, 659–74.

Carter, C. S., Maddock, R. J., Magliozzi, J. (1992) Patterns of abnormal processing of emotional information in panic disorder and major depression. *Psychopathology*, 25, 65–70.

Chadwick, P. D. J., Birchwood, M. (1994) The omnipotence of voices. A cognitive approach to auditory hallucinations. *British Journal of Psychiatry*, 164, 190–201.

Chadwick, P. D. J., Lowe, C. F. (1990) Measurement and modification of delusional beliefs. *Journal of Consulting and Clinical Psychology*, 58, 225–32.

Chadwick, P. D. J., Lowe, C. F. (1994) A cognitive approach to measuring and modifying delusions. *Behaviour Research and Therapy*, 32, 355–62.

Chambless, D. L., Gillis, M. M. (1993) Cognitive therapy of anxiety disorders. *Journal of Consulting and Clinical Psychology*, 61, 248–60.

Clark, D. A., Beck, A. T. (1991) Personality factors in dysphoria: a psychometric refinement of Beck's sociotropy-autonomy scale. *Journal of Psychopathology and Behavioral Assessment*, 13, 369–88.

Clark, D. A., Beck, A. T., Brown, G. K. (1992) Sociotropy, autonomy and life-event perspectives in dysphoric and non-dysphoric individuals. *Cognitive Therapy and Research*, 16, 635–52.

Clark, D. A., Steer, R. A., Beck, A. T., Ross, L. (1995) Psychometric characteristics of revised sociotropy and autonomy scales in college students. *Behaviour Research and Therapy*, 33, 325–34.

Clark, D. M. (1986) A cognitive approach to panic. *Behaviour Research and Therapy*, 24, 461–70.

Clark, D. M. (1989) Anxiety states: panic and generalised anxiety. In K. Hawton, P. Salkovskis, J. Kirk, D. Clark (eds), *Cognitive Behaviour Therapy for Psychiatric Problems: A Practical Guide* (pp. 52–96). Oxford University Press, Oxford.

Clark, D. M., Salkovskis, P. M., Chalkey, A. J. (1985) Respiratory control as a treatment for panic attacks. *Journal of Behaviour Therapy and Experimental Psychiatry* 16, 23–30.

Clark, D. M., Salkovskis, P. M., Hackmann, A., Middleton, H., Anastasiades, P., Gelder, M. (1994) A comparison of cognitive therapy, applied relaxation and imipramine in the treatment of panic disorder. *British Journal of Psychiatry*, 164, 759–69.

Clark, D. M., Teasdale, J. D. (1982) Diurnal variation in clinical depression and accessibility of memories of positive and negative experiences. *Journal of Abnormal Psychology*, 91, 87–95.

Clifford, P. I., Hemsley, D. R. (1987) The influence of depression on the processing of personal attributes. *British Journal of Psychiatry*, 150, 95–193.

Cottraux, J., Mollard, E., Bouvard, M., Marks, I., Sluys, M., Nury, A. M., Douge, R., Ciadella, P. (1990) A controlled study of fluoxamine and exposure in obsessive–compulsive disorders. *International Journal of Clinical Pharmacotherapy*, 5, 17–30.

Covi, L., Lipman, R. S. (1987) Cognitive behavioural group psychotherapy combined with imipramine in major depression. *Psychopharmacological Bulletin*, 23, 173–6.

Coyne, J., Gotlib, I (1983) The role of cognition in depression: a critical appraisal. *Psychological Bulletin*, 94, 472–505.

Craighead, L. W., Agras, W. S. (1991) Mechanisms of action in cognitive–behavioural and pharmacological interventions for obesity and bulimia nervosa. *Journal of Consulting and Clinical Psychology*, 59, 115–25.

Crandell, C. J., Chambless, D. L. (1986) The validation of an inventory for measuring depressive thoughts: the Crandell Cognitions Inventory. *Behavior Research and Therapy*, 24, 403–11.

Craske, M. G., Brown, T. A., Barlow, D. H. (1991) Behavioural treatment of panic disorder: a two-year follow-up study. *Behaviour Therapy*, 22, 289–304.

Dalgleish, T., Watts, F. N. (1990) Biases of attention and memory in disorders of anxiety and depression. *Clinical Psychology Review*, 10, 589–604.

Dattilo, F. M., Freeman, A. (eds) (1994) *Cognitive–Behavioural Strategies in Crisis Intervention*. Guilford Press, New York.

Derry, P. A., Kuiper, N. A. (1981) Schematic processing and self-reference in clinical depression. *Journal of Abnormal Psychology*, 90, 286–97.

DeRubeis, R. J., Evans, M. D., Hollon, S. D., Garvey, M. J., Grove, W. M., Tuason, V. B. (1990) How does cognitive therapy work? Cognitive change and symptom change in cognitive therapy and pharmacotherapy for depression. *Journal of Consulting and Clinical Psychology*, 58, 862–9.

Dobson, K. (1989) A meta-analysis of the efficiency of cognitive therapy for depression. *Journal of Consulting and Clinical Psychology*, 57, 414–19.

Dobson, K. S., Shaw, B. F. (1987) Specificity and stability of self-referent encoding in clinical depression. *Journal of Abnormal Psychology*, 96, 34–40.

Dohr, K. B., Rush, A. T., Bernstein, I. J. (1989) Cognitive biases and depression. *Journal of Abnormal Psychology*, 98, 263–7.

Dunn, R. J. (1979) Cognitive modification with depression-prone psychiatric patients. *Cognitive Therapy and Research*, 3, 307–17.

Dupont, S. (1992) A case of a worried well obsessional (or an 8-month one-night stand) *Behavioural Psychotherapy*, 20, 287–90.

Durham, R. C., Allan, T. (1993) Psychological treatment of generalised anxiety disorder. A review of the clinical significance of results in outcome studies since 1980. *British Journal of Psychiatry*, 163, 19–26.

Durham, R. C., Murphy, I. J. C., Allan, T., Richard, K., Treliving, L. R., Fenton, G. W. (1994) A comparison of cognitive therapy, analytic psychotherapy and anxiety management training in the treatment of generalised anxiety disorder. *British Journal of Psychiatry*, 165, 315–23.

Durham, R. C., Turvey, A. A. (1987) Cognitive therapy vs behaviour therapy in the treatment of chronic general anxiety. *Behaviour Research and Therapy*, 25, 229–35.

Eaves, G., Rush, A. J. (1984) Cognitive patterns in symptomatic and remitted unipolar major depression. *Journal of Abnormal Psychology* 93, 31–40.

Elkin, I., Shea, M. T., Watkins, J. T., Imber, S. D., Sotsky, S. M., Collins, J. F., Glass, D. R., Pilkoniz, P. A., Leber, W. R., Docherty, J. P., Fiester, S. J., Parloff, M. B. (1989) NIMH treatment of depression collaborative research program: general effectiveness of treatments. *Archives of General Psychiatry*, 46, 971–82.

Ellis, A. (1987) Integrative development in rational-emotive therapy. *Journal of Integrative and Eclectic Psychotherapy*, 6, 470–9.

Emmelkamp, P. M., Beens, H. (1991) Cognitive therapy with obsessive–compulsive disorder: a comparative evaluation. *Behaviour Research and Therapy*, 29, 293–300.

Emmelkamp, P. M., Van der Helm, M., Van Zainten, B. L., Ploghg, I. (1980) treatment of obsessive–compulsive patients: the contribution of self-instructional training to the effectiveness of exposure. *Behaviour Research and Therapy*, 18, 61–6.

Emmelkamp, P. M., Visser, S., Hoekstra, R. J. (1988) Cognitive therapy vs exposure *in vivo* in the treatment of obsessive–compulsives. *Cognitive Therapy and Research*, 12, 103–14.

Endicott, J., Spitzer, R. L., Fleiss, J. Z., Cohen, J. (1976) The Global Assessment Scale: a procedure measuring overall severity of psychiatric disturbance. *Archives of General Psychiatry*, 33, 766–71.

Enright, S. T. (1991) Group treatment for obsessive–compulsive disorder: an evaluation. *Behavioural Psychotherapy*, 19, 183–92.

Evans, M. D., Hollon, S. D., DeRubeis, R. J., Piasecki, J. M., Grove, W. M., Garvey, M. J., Tuason, V. B. (1992) Differential relapse following cognitive therapy and pharmacotherapy for depression. *Archives of General Psychiatry*, 49, 802–8.

Fairburn, C. G. (1985) Cognitive–behavioural treatment for bulimia. In D. M. Garner and P. E. Garfinkel (eds), *Handbook of Psychotherapy for Anorexia Nervosa and Bulimia*. Guilford Press, New York.

Fairburn, C. G. (1988) The current status of psychological treatments for bulimia nervosa. *Journal of Psychosomatic research*, 32, 635–45.

Fairburn, C. G., Cooper, P. J. (1989) Eating disorders. In K. Hawton, P. Salkovskis, J. Kirk, D. M. Clark (eds), *Cognitive Behaviour Therapy for Psychiatric Problems. A Practical Guide*. Oxford University Press, Oxford.

Fairburn, C. G., Jones, R., Peveler, R., Carr, S., Hope, R., O'Connor, M. E. (1993) Psychotherapy and bulimia nervosa: longer-term effects of interpersonal psychotherapy, behaviour therapy and cognitive therapy. *Archives of General Psychiatry*, 50, 419–28.

Fairburn, C. G., Jones, R., Peveler, R., Carr, S., Solomon, R., O'Connor, M. E., Hope, R. E. (1991) Three psychological treatments for bulimia nervosa: a comparative trial. *Archives of General Psychiatry*, 48, 463–9.

Fairburn, C. G., Kirk, J., O'Connor, M., Cooper, P. J. (1986) A comparison of two psychological treatments for bulimia nervosa. *Behaviour Research and Therapy*, 24, 629–43.

Fairburn, C. G., Norman, P. A., Welch, S. L., O'Connor, M. G., Doll, H. A., Peveler, R. C. (1995) A prospective study of outcome in bulimia nervosa and the long-term effects of three psychological treatments. *Archives of General Psychiatry*, 52, 304–11.

Foa, E. B. (1979) Failure on treating obsessive–compulsives. *Behaviour Research and Therapy*, 17, 169–76.

Fowler, D., Morley, S. (1989) The cognitive–behavioural treatment of hallucinations and delusions: a preliminary study. *Behavioural Psychotherapy* 17, 267–82.

Frank, E., Kupfer, D. J., Perel, J. M., Cornes, C., Jarrett, D. B., Mallinger, A. G., Thase, M. E., McEachran, A. B., Grocholinski, V. J. (1990) Three-year outcome for maintenance therapies in recurrent depression. *Archives of General Psychiatry*, 47, 1093–9.

Freedman, D. X. (1989) Editorial note (especially for the media). *Archives of General Psychiatry*, 46, 983.

Freeman, A., Dattilo, F. M. (eds) (1992) *Comprehensive Casebook of Cognitive Therapy*. Plenum Press, New York.

Freeman, C. P. L., Barry, F., Dunkeld, D., Turnbull, J., Henderson, A. (1988) Controlled trial of psychotherapy for bulimia nervosa. *British Medical Journal*, 296, 521–5.

Gallagher, D. E., Thompson, L. W. (1982) Treatment of major affective disorder in older adult out-patients with brief psychotherapies. *Psychotherapy, Theory, Research and Practice*, 19, 482–90.

Gandev, P. S. (1992) A cognitive–behavioural approach for the treatment of obsession with an aggressive theme. *Journal of Cognitive Psychotherapy*, 6, 155–91.

Gandev, P. S. (1993) Cognitive–behavioural treatment of compulsive water-drinking: a case report. *Journal of Cognitive Psychotherapy*, 7, 63–8.

Garety, P. A. (1991) Reasoning and delusions. *British Journal of Psychiatry*, 159 (supplement), 14–18.

Garety, P. A., Kuipers, L., Fowler, D., Chamberlain, F., Dunn, D. (1994) Cognitive-behavioural therapy for drug-resistant psychosis. *British Journal of Medical Psychology*, 67, 259–71.

Garner, D. M., Rockert, W., Davis, R., Gasker, M. W., Olmsted, M. P., Eagle, M. (1993) A comparison between CBT and supportive expressive therapy for bulimia nervosa. *American Journal of Psychiatry*, 150, 37–46.

Gelder, M. G. (1990) Psychological treatment for depressive disorder. *British Medical Journal*, 300, 1087–8.

Gelder, M. G., Clark, D. M., Salkovskis, P. M. (1993) Cognitive treatment for panic disorder. *Journal of Psychiatric Research*, 27, 171–8.

Gilbert, P., Reynolds, S. (1990) The relationship between the Eysenck Personality Questionnaire and Beck's concepts of sociotropy and autonomy. *British Journal of Clinical Psychology*, 29, 319–25.

Glen, A. I. M., Johnson, A. L., Shepherd, M. (1984) Continuation therapy with lithium and amitriptyline in unipolar depressive illness: a randomized, double-blind, controlled trial. *Psychological Medicine*, 14, 37–50.

Haaga, D. A., Dyck, M. J., Ernst, D. (1991) Empirical status of cognitive theory of depression. *Psychological Bulletin*, 110, 215–36.

Hamilton, E. W., Abramson, L. Y. (1983) Cognitive patterns and major depressive disorder: a longitudinal study in a hospital setting. *Journal of Abnormal Psychology*, 92, 173–84.

Hamilton, M. (1959) The assessment of anxiety states by rating. *British Journal of Medical Psychology*, 32, 50–5.

Hamilton, M. A. (1960) A rating scale for depression. *Journal of Neurological and Neurosurgical Psychiatry*, 23, 56–62.

Hammen, C., Dyck, M. J., Miklowitz, D. J. (1986) Stability and severity parameters of depressive self-schema responding. *Journal of Social and Clinical Psychology*, 4, 23–43.

Hammen, C., Ellicott, A., Gitlin, M., Jamison, K. R. (1989) Sociotropy/autonomy and vulnerability to specific life events in patients with unipolar depression and bipolar disorders. *Journal of Abnormal Psychology*, 98, 154–60.

Hartmann, A., Herzog, T., Drinkman, A. (1992) Psychotherapy of bulimia nervosa: What is effective? A meta-analysis. *Journal of Psychosomatic Research*, 2, 159–67.

Hibbert, G. A. (1984) Ideational components of anxiety: their origin and content. *British Journal of Psychiatry*, 144, 618–24.

Hollon, S. D. (1982) Cognitive-behavioural treatment of drug-induced pansituational anxiety states. In G. Emery, S. D. Hollon and R. C. Bedrosian (eds), *New Directions in Cognitive Therapy: A Casebook* (pp. 120–38). Raven Press, New York.

Hollon, S. D., Beck, A. T. (1994) Cognitive and cognitive–behavioral therapies. In A. E. Bergin and S. L. Garfield (eds), *Handbook of Psychotherapy and Behaviour Change*. 44th edn. Wiley, New York.

Hollon, S. D., DeRubeis, R. J., Evans, M. D., Wiemer, M. J., Garvey, M. J., Grove, W. M., Tuason, V. B. (1992) Cognitive therapy and pharmacotherapy for depression. Singly and in combination. *Archives of General Psychiatry*, 49, 774–81.

Hollon, S. D., Kendall, P. C. (1980) Cognitive self-statement in depression: development of an automatic thoughts questionnaire. *Cognitive Therapy and Research*, 4, 383–95.

Hollon, S. D., Kendall, P. C., Lumry, A. (1986) Specificity of depressotypic cognitions in clinical depression. *Journal of Abnormal Psychology*, 95, 52–9.

Hollon, S. D., Shelton, R. C., Davis, D. D. (1993) Cognitive therapy for depression: conceptual issues and clinical efficiency. *Journal of Consulting and Clinical Psychology*, 61, 270–5.

Ingram, R. E., Lumry, A. E., Cruet, D., Sieber, W. (1987) Attentional processes in depressive disorders. *Cognitive Therapy and Research*, 11, 351–60.

Isen, A. M., Shalker, T. E., Clark, M., Karp, L. (1978) Affect, accessibility of material in memory and behaviour: a cognitive loop? Journal of Personality and Social Psychology, 36, 1–12.

James, I. A., Blackburn, I.-M. (1995) Cognitive therapy with obsessive–compulsive disorder. *British Journal of Psychiatry*, 166, 444–50.

Jaremko, M. E. (1982) Cognitive restructuring-assistance in the clinical extinction of fear and avoidance. *Scandinavian Journal of Behaviour Therapy*, 11, 175–82.

Kearney, C., Silverman, W. K. (1990) Treatment of an adolescent with obsessive–compulsive disorder by alternating response prevention and cognitive therapy: an empirical analysis. *Journal of Behaviour Therapy and Experimental Psychiatry*, 21, 39–47.

Kingdon, D. G., Turkington, D. (1991) The use of cognitive behaviour therapy with a normalising rationalise in schizophrenia. *Journal of Nervous Disease Rationale*, 179, 201–11.

Klein, D. F. (1989) Review of American psychiatric press review of psychiatry (vol. 7). *American Journal of Psychiatry*, 146, 263–4.

Klosko, J. S., Barlow, D. H., Tassinari, R., Cerny, J. A. (1990) A comparison of alprazolam and behaviour therapy in the treatment of panic disorder. *Journal of Consulting and Clinical Psychology*, 58, 77–84.

Kovacs, M., Beck, A. T. (1978) Maladaptive cognitive structures in depression. *American Journal of Psychiatry*, 135, 525–33.

Kovacs, M., Rush, A. J., Beck, A. T., Hollon, S. D. (1981) Depressed out-patients treated with cognitive therapy and pharmacotherapy. A one-year follow-up. *Archives of General Psychiatry*, 38, 33–9.

Kupfer, D. J., Frank. E., Perel, J. M., Cornes, C., Mallinger, A. G., Thase, M. E., McEachran, A. S. B., Grocholinski, V. J. (1992) Five-year outcome for maintenance therapies in recurrent depression. *Archives of General Psychiatry*, 49, 769–73.

Lam, D. H., Brewins, C. R., Woods, R. T., Bebbington, P. E. (1987) Cognition and social adversity in the depressed elderly. *Journal of Abnormal Psychology*, 96, 23–6.

Last, C., Barlow, D. H., O'Brien, G. T. (1983) Comparison of two cognitive strategies in treatment of a patient with generalised anxiety disorder. *Psychological Reports*, 53, 19–26.

Layden, M. A., Newman, C. F., Freeman, A., Morse, S. B. (1993) *Cognitive Therapy of Borderline Personality Disorder*. Allyn & Bacon, Boston.

Lee, N. F., Rush, A. J. (1986) Cognitive–behavioural group therapy for bulimia. *International Journal of Eating Disorders*, 5, 599–615.

Leitenberg, H., Rosen, J., Gross, J., Nudelman, S., Vara, L. S. (1988) Exposure plus response prevention treatment of bulimia nervosa. *Journal of Consulting and Clinical Psychology*, 56, 535–41.

Lewinsohn, P. M., Steinmetz, J. L., Larson, D. W., Franklin, J. (1981) Depression-related cognitions: antecedent or consequence? *Journal of Abnormal Psychology*, 90, 147–62.

Lindsay, W. R., Gamsu, C. V., McLaughlin, E., Hood, E. M., Epsie, C. A. (1987) A controlled trial of treatments for generalised anxiety. *British Journal of Clinical Psychology*, 26, 3–15.

Linehan, M. M. (1993a) *Cognitive–behavioural Treatment of Borderline Personality Disorders*. Guilford Press, New York.

Linehan, M. M. (1993b) *Skills Training Manual for Treating Borderline Personality Disorders*. Guilford Press, New York.

Linehan, M. M., Armstrong, H. E., Suarez A., Allmon, D., Heard, H. (1991) Cognitive–behavioural treatment of chronically parasuicidal borderline patients. *Archives of General Psychiatry*, 48, 1060–4.

Linehan, M. M., Heard, H., Armstrong, H. E. (1993) Naturalistic follow-up of a behavioural treatment for chronically parasuicidal borderline patients. *Archives of General Psychiatry*, 50, 971–4.

Lloyd, G. G., Lishman, W. A. (1975) Effect of depression on the speed of recall of pleasant and unpleasant experiences. *Psychological Medicine*, 5, 173–80.

Luka, L., Agras, W. S., Schneider, J. A. (1986) Thirty-month follow-up of cognitive behavioural group therapy for bulimia. *British Journal of Psychiatry*, 148, 614–15.

MacLeod, C. (1990) Mood disorders and cognition. In M. W. Eysenck (ed.), *Cognitive Psychology: An International Review* (pp. 9–56). Wiley, Chichester.

MacLeod, C. (1991) Clinical anxiety and the selective encoding of threatening information. *International Review of Psychiatry*, 3, 279–92.

MacLeod, C., Mathews, A. M. (1991) Cognitive experimental approaches to the emotional disorders. In P. R. Martin (ed.), *Handbook of Behaviour Therapy and Psychological Science: An Integrative Approach* (pp. 116–50). Pergamon Press, New York.

MacLeod, C., Mathews, A., Tata, P. (1986) Attentional bias in emotional disorders. *Journal of Abnormal Psychology*, 95, 15–20.

MacLeod, C., McLaughlin, K. (1995) Implicit and explicit memory bias in anxiety: a conceptual replication. *Behaviour Research and Therapy*, 33, 1–14.

Mathews, A. M., MacLeod, C. (1985) Selective processing of threat cues in anxiety states. *Behaviour Research and Therapy*, 23, 563–9.

Mathews, A. M., MacLeod, C. (1986) Discrimination of threat cues without awareness in anxiety states. *Journal of Abnormal Psychology*, 95, 131–8.

Mathews, A. M., Mogg, K., May, J., Eysenck, M. W. (1989) Implicit and explicit memory bias in anxiety. *Journal of Abnormal Psychology*, 98, 236–40.

McDowell, J. (1984) Recall of pleasant and unpleasant words in depressed subjects. *Journal of Abnormal Psychology*, 93, 401–7.

McLean, P. D., Hakstian, A. R. (1979) Clinical depression: comparative efficacy of out-patient treatments. *Journal of Consulting Clinical Psychology*, 47, 818–36.

McLean, P., Taylor, S. (1992) Severity of unipolar depression and choice of treatment. *Behaviour Research and Therapy*, 30, 443–51.

Meterissian, G. B., Bradwejn, J. (1989) Comparative studies on the efficiency of psychotherapy, pharmacotherapy, and their combination in depression: Was adequate pharmacology provided? *Journal of Clinical Psychopharmacology*, 9, 334–9.

Miller, I. W., Bishop, S. D., Norman, W. H., Keitner, G. I. (1985) Cognitive–behavioural therapy and pharmacotherapy with chronic drug-refractory depressed in-patients: a note of optimism. *Behavioural Psychotherapy*, 13, 320–7.

Miller, I. W., Norman, W. H., Keitner, G. I. (1989) Cognitive behavioural treatment of depressed in-patients: six- and twelve-month follow-up. *American Journal of Psychiatry*, 145, 1274–9.

Mineka, S. (1992) Evolutionary memories, emotional processing, and the emotional disorders. In D. Medlin (ed.), The Psychology of Learning and Motivation (vol. 28). Academic Press, New York.

Miranda, J., Persons, J. B. (1988) Dysfunctional attitudes are mood state dependent. *Journal of Abnormal Psychology*, 97, 76–9.

Mitchell, J. E. (1991) A review of controlled trials of psychotherapy for bulimia nervosa. *Journal of Psychosomatic Research*, 35, 23–31.

Mitchell, J. E., Pyle, R. L., Eckert, E. D., Hatsukami, D., Pomeroy, C., Zimmermann, R. (1990) A comparison study of antidepressants and structured intensive group psychotherapy in the treatment of bulimia nervosa. *Archives of General Psychiatry*, 47, 149–57.

Mogg, K., Bradley, B. P., Williams, R. (1995) Attentional bias in anxiety and depression. *British Journal of Clinical Psychology*, 34, 17–36.

Mogg, K., Mathews, A., May, J., Grove, M., Eysenck, M., Weinman, J. (1991) Assessment of cognitive bias in anxiety and depression using a colour-perception task. *Cognition and Emotion*, 5, 221–38.

Mogg, K., Mathews, A. M., Weinman, J. (1987) Memory bias in clinical anxiety. *Journal of Abnormal Psychology*, 96, 94–8.

Moore, K., Burrows, G. D. (1991) Hypnosis in the treatment of obsessive–compulsive disorders. *Australian Journal of Clinical and Experimental Hypnosis*, 19, 63–75.

Moore, R. G., Blackburn, I.-M. (1994) The relationship of sociotropy and autonomy to symptoms, cognition and personality in depressed patients. *Journal of Affective Disorders*, 32, 239–45.

Moore, R. G., Blackburn, I.-M. (in press) The stability of sociotropy and autonomy in depressed patients undergoing treatment. *Cognitive Therapy and Research*.

Murphy, G. E., Simons, A. D., Wetzel, R. D., Lustman, P. J. (1984) Cognitive therapy and pharmacotherapy, singly and together in the treatment of depression. *Archives of General Psychiatry*, 41, 33–41.

Nekanda-Trepka, C. J. S., Bishop, S., Blackburn, I.-M. (1983) Hopelessness and depression. *British Journal of Clinical Psychology*, 22, 49–60.

Ordman, A. M., Kirschenbaum, D. S. (1985) Cognitive–behavioural therapy for bulimia: an initial outcome study. *Journal of Consulting and Clinical Psychology*, 53, 305–13.

Ost, L. B. (1987) Applied relaxation: description of a coping technique and review of controlled studies. *Behaviour Research and Therapy*, 25, 397–410.

Ownby, R. (1983) A cognitive–behavioural intervention for compulsive handwashing with a thirteen-year-old boy. *Psychology in School*, 20, 219–22.

Parkinson, L. A., Rachman, S. (1981) Intrusive thoughts: the effects of an uncontrived stress. *Advances in Behaviour Research and Therapy*, 3, 111–18.

Perris, C., Skagerlind, L. (1994) Cognitive therapy with schizophrenic patients. *Acta Psychiatrica Scandinavica*, 89 (supplement 382), 65–70.

Peselow, E. D., Robins, C., Block, P., Barouche, F., Fieve, R. R. (1990) Dysfunctional attitudes in depressed patients before and after clinical treatment and in normal control subjects. *American Journal of Psychiatry*, 147, 439–44.

Power, K. G., Jerrom, D. W. A., Simpson, R. J., Mitchell, M. J., Swanson, V. (1989) A controlled comparison of cognitive behaviour therapy, diazepam and placebo in the management of generalised anxiety. *Behavioural Psychotherapy*, 17, 1–14.

Power, K. G., Simpson, R. J., Swanson, V., Wallace, L. A,. Feistner, A. T. C., Sharp, D. (1990) A controlled comparison of cognitive behaviour therapy, diazepam and placebo, alone and in combination for the treatment of generalised anxiety disorder. *Journal of Anxiety Disorders*, 4, 267–92.

Pretzer, J., Fleming, B. (1989) Cognitive–behavioural treatment of personality disorders. *The Behaviour Therapist*, 12, 105–9.

Prien, R. F., Kupfer, D. J., Mansky, P. A., Small, J. G., Tuason, V. B., Voss, C. B., Johnson, W. E. (1984) Drug therapy in the prevention of recurrences in unipolar and bipolar affective disorders. *Archives of General Psychiatry*, 41, 1096–1104.

Rachman, S. (1981) The primacy of affect: some theoretical implications. *Behaviour Research and Therapy*, 19, 279–96.

Rachman, S. (1984) A reassessment of the 'primacy of affect'. *Cognitive Therapy and Research*, 8, 579–84.

Rachman, S. J., Hodgson, R. J. (1980) *Obsessions and Compulsions*. Prentice Hall, New York.

Ray, C. (1979) Examination stress and performance on a colour-word interference test. *Perceptual and Motor Skills*, 4, 400–2.

Reda, M. A., Carpiniello, B., Secchiaroli, L., Blanco, S. (1985) Thinking, depression and antidepressants; modified and unmodified depressive beliefs during treatment with amitriptyline. *Cognitive Therapy and Research*, 9, 135–43.

Richards, A., French, C. (1991) Effects of encoding and anxiety on implicit and explicit memory performance. *Personality and Individual Differences*, 12, 131–9.

Robins, C. J. (1990) Congruence of personality and life events in depression. *Journal of Abnormal Psychology*, 99, 393–7.

Robins, C. J., Block, P. (1988) Personal vulnerability, life events, and depression symptoms: a test of a specific interactional model. *Journal of Personality and Social Psychology*, 54, 847–52.

Robinson, L. A., Berman, J. S., Neimeyer R. A. (1990) Psychotherapy for the treatment of depression: a comprehensive review of controlled outcome research. *Psychological Bulletin*, 108, 30–49.
Ross, M., Scott, M. (1985) An evaluation of the effectiveness of individual and group cognitive therapy in the treatment of depressed patients in an inner-city health centre. *Journal of the Royal College of General Practitioners*, 35, 239–42.
Rush, A. J., Beck, A. T., Kovacs, M., Hollon, S. (1977) Comparative efficacy of cognitive therapy and imipramine in the treatment of depressed patients. *Cognitive Therapy and Research*, 1, 17–31.
Rush, A. J., Watkins, J. T. (1981) Group versus individual cognitive therapy: a pilot study. *Cognitive Therapy and Research*, 5, 221–9.
Rush, A. J., Weissenberger, A. J., Eaves, G. (1986) Do thinking patterns predict depression symptoms? *Cognitive Therapy and Research*, 10, 225–36.
Salkovskis, P. M. (1985) Obsessional–compulsive problems: a cognitive–behavioural analysis. *Behaviour Research and Therapy*, 23, 521–83.
Salkovskis, P. M., Jones, D. R., Clark, D. M. (1986) Respiratory control in the treatment of panic attacks: replication and extension with concurrent measurement of behaviour and pC02. *British Journal of Psychiatry*, 148, 526–32.
Salkovskis, P. M., Warwick, H. M. (1985) Cognitive therapy of obsessive–compulsive disorder – treating treatment failures. *Behavioural Psychotherapy*, 13, 243–55.
Schwartz, R. M. (1986) The internal dialogue: on asymmetry between positive and negative coping thoughts. *Cognitive Therapy and Research*, 6, 591–605.
Scott, A. I. F., Freeman, C. L. (1992) Edinburgh primary care depression study: treatment outcome, patient satisfaction and cost after 16 weeks. *British Medical Journal*, 8304, 883–7.
Segal, Z. V. (1988) Appraisal of the self-schema construct in major depression. *Psychological Bulletins*, 103, 147–62.
Segal, Z. V., Shaw, B. F., Vella, D. D. (1989) Life stress and depression: a test of the congruency hypothesis for life event content and depressive sub-type. *Canadian Journal of Behavioural Science*, 21, 389–400.
Shaw, B. F. (1977) Comparison of cognitive therapy and behaviour therapy in the treatment of depression. *Journal of Consulting and Clinical Psychology*, 45, 543–51.
Shea, M. T., Elkin, I., Imber, S. D., Sotsky, S. M., Watkins, J. T., Collins, J. F., Pilkonis, P. A., Beckham, E., Glass, D. R., Dolan, R. T., Parloff, M. B. (1992) Course of depressive symptoms over follow-up. *Archives of General Psychiatry*, 49, 782–7.

Shea, M. T., Pilkonis, P. A., Beckham, E., Collins, J. F., Elkin, I., Solsky, S. M., Docherty, J. P. (1990) Personality disorders and treatment outcome in the NIMH Treatment of Depression Collaborative Research Program. *American Journal of Psychiatry*, 147, 711–18.

Shear, M. K., Fyer, A. J., Ball, G., Josephson, S., Fitzpatrick, M., Gorman, J., Liebowitz, M., Klein, D. F., Frances, A. J. (1991) Vulnerability to sodium lactate in panic disorder patients given cognitive behaviour therapy. *American Journal of Psychiatry*, 148, 795–7.

Shear, M. K., Pilkonis, P. A., Cloitre, M., Leon, A. C. (1994) Cognitive–behavioural treatment compared with nonprescriptive treatment of panic disorders. *Archives of General Psychiatry*, 51, 395–401.

Shipley, C. R., Fazio, A. F. (1973) Pilot study of a treatment for psychological depression. *Journal of Abnormal Psychology*, 82, 372–6.

Sifford, L. A., Raeburn, S. D. (1993) Group cognitive–behavioural therapy and group interpersonal psychotherapy for the non-purging bulimic individual: a controlled comparison. *Journal of Consulting and Clinical Psychology*, 61, 296–303.

Simons, A. D., Garfield, S. L., Murphy, G. E. (1984) The process of change in cognitive therapy and pharmacotherapy for depression: changes in mood and cognition. *Archives of General Psychiatry*, 41, 45–51.

Simons, A. D., Murphy, G. E., Levine, J. L., Wetzel, R. D. (1986) Cognitive therapy and pharmacotherapy for depression: sustained improvement over one year. *Archives of General Psychiatry*, 43, 43–8.

Spitzer, R., Endicott, J., Robins, E. (1978) Research diagnostic criteria: rationale and reliability. *Archives of General Psychiatry*, 35, 773–82.

Steuer, J. L., Mintz, J., Mammen, C. L., Hill, M. A., Jarvik, L. F., McCarley, T., Motoike, P., Rosen, R. (1984) Cognitive–behavioural and psychodynamic group therapy in treatment of geriatric depression. *Journal of Consulting and Clinical Psychology*, 55, 180–9.

Stravynski, R., Greenberg, D. (1992) The psychological management of depression. *Acta Psychiatrica Scandinavica*, 85, 407–14.

Sullivan, P. F., Joyce, P. R., Mulder, R. T. (1994). Borderline personality disorder in major depression. *Journal of Nervous and Mental Disorders*, 182, 508–16.

Tarrier, N., Beckett, R., Harwood, S., Baker, A., Yusupoff, L., Ugarterburn, I. (1993a) A trial of two cognitive–behavioural methods of treating drug-resistant residual psychotic symptoms in schizophrenic patients: I. Outcome. *British Journal of Psychiatry*, 162, 524–32.

Tarrier, N., Sharpe, L., Beckett, R. (1993b) A trial of two cognitive–behavioural methods of treating drug-resistant residual psychotic symptoms in schizophrenic patients: II. Treatment-specific changes in coping and problem-solving skills. *Social Psychiatry and Psychiatric Epidemiology*, 28, 5–10.

Taylor, F. G., Marshall, W. L. (1977) Experimental analysis of cognitive–behavioural therapy for depression. *Cognitive Therapy and Research*, 1, 59–72.

Teasdale, J. D. (1988) Cognitive volunerability to persistent depression. *Cognition and Emotion*, 2, 247–74.

Teasdale, J. D., Barnard, P. J. (1993) *Affect, Cognition and Change. Re-modelling Depressive Thought*. Lawrence Erlbaum Associates Ltd, Hove, UK.

Teasdale, J. D., Dent, J. (1987) Cognitive vulnerability to depression: an investigation of two hypotheses. *British Journal of Clinical Psychology*, 26, 113–26.

Teasdale, J. D., Fennell, M. J. V., Hibbert, G. A., Amies, P. L. (1984) Cognitive therapy for major depressive disorders in primary care. *British Journal of Psychiatry*, 144, 400–6.

Teasdale, J. D., Fogarty, S. J. (1979) Differential effects of induced mood on retrieval of pleasant and unpleasant events from episodic memory. *Journal of Abnormal Psychology*, 88, 248–57.

Teasdale, J. D., Russell, M. L. (1983) Differential effects of induced mood on the recall of positive, negative and neutral words. *British Journal of Clinical Psychology*, 22, 163–71.

Teasdale, J. D., Segal, Z., Williams, J. M. G. (1995) How does cognitive therapy prevent depressive relapse and why should additional control (mindfulness) training help? *Behaviour Research and Therapy*, 33, 25–39.

Teasdale, J. D., Taylor, R. (1981) Induced mood and accessibility of memories: an effect of mood state or of induction procedure? *British Journal of Clinical Psychology*, 20, 39–48.

Teasdale, J. D., Taylor, R., Fogarty, S. J. (1980) Effects of induced elation–depression on the accessibility of memories of happy and unhappy experiences. *Behaviour Research and Therapy*, 18, 339–46.

Thase, M. E., Simons, A. D., Cahalance, J., McGreary, J., Harden, T. (1991) Severity of depression and response to cognitive behavior therapy. *American Journal of Psychiatry*, 148, 784–9.

Thompson, L. W., Gallagher, D., Breckenridge, J. S. (1987) Comparative effectiveness of psychotherapies for depressed elders. *Journal of Consulting and Clinical Psychology*, 55, 385–90.

Thoren, P., Asberg, M., Cronholm, B., Jornestedt, L., Traskman, L. (1980) Clomipramine treatment of obsessive–compulsive disorders: a clinical controlled trial. *Archives of General Psychiatry*, 37, 1281–5.

Turkat, I. D., Carlson, C. R. (1984) Data-based versus symptomatic formulation of treatment. The case of a dependent personality. *Journal of Behaviour Therapy and Experimental Psychiatry*, 15, 153–60.

Turkat, I. D., Levin, R. A. (1984) Formulation of personality disorders. In H. E. Adamson and P. B. Sutker (eds), *Comprehensive Handbook of Psychotherapy*. Plenum Press, New York.

Turkat, I. D., Maisto, S. A. (1985) Personality disorders: application of the experimental method to the formulation and modification of personality disorders. In D. H. Barlow (ed.), *Clinical Handbook of Psychological Disorders*. Guilford Press, New York.

Tyrer, P., Merson, S., Onyett, S., Johnson, T. (1994) The effect of personality disorder on clinical outcome, social networks and adjustment – a controlled clinical trial of psychiatric emergencies. *Psychological Medicine*, 24, 731–40.

van Oppen, P., Arutz, A. (1994) Cognitive therapy for obsessive–compulsive disorders. *Behaviour Research and Therapy*, 32, 70–87.

van Oppen, P., de Haan, E., Van Balkom, A. T., Spinhoven, P., Hoogduin, K., Van Dyck, R. (1995) Cognitive therapy and exposure *in vivo* in the treatment of obsessive–compulsive disorder. *Behaviour Research and Therapy*, 33, 379–90.

Waddell, M. T., Barlow, D. H., O'Brien, G. T. (1984) A preliminary investigation of cognitive and relaxation treatment of panic disorder: effects on intense anxiety vs background anxiety. *Behaviour Research and Therapy*, 22, 393–402.

Watts, F. M., McKenna, F. P., Sharrock, R., Tresize, L. (1986a) Colour-naming of phobia-related words. *British Journal of Psychology*, 77, 97–108.

Watts, F. M., Tresize, L., Sharrock, R. (1986b) Processing of phobic stimuli. *British Journal of Clinical Psychology*, 25, 253–61.

Weissman, A. N., Beck, A. T. (1978) Development and validation of the Dysfunctional Attitude Scale. Paper presented at the annual meeting of the Association for the Advancement of Behaviour Therapy, Chicago.

Welkowitz, L. A., Papp, L. A., Cloitre, M., Liebowitz, M. R., Martin, L. Y., Gorman, J. M. (1991) Cognitive–behaviour therapy for panic disorders delivered by psychopharmacologically oriented clinicians. *Journal of Nervous and Mental Disease*, 179, 473–7.

West, R. (1992) *Depression*. London: Office of Health Economics.

Whisman, M. A. (1993) Mediators and moderators of change in

cognitive therapy of depression. *Psychological Bulletin*, 114, 248–65.

Wilfrey, D. E., Agras, W. S., Telch, C. F., Rossiter, E. M., Schneider, J. A., Golomb, A. G., Sifforch, L. A., Raeburn, S. D. (1993) Group cognitive–behavioural therapy and group interpersonal psychotherapy for the non-purging bulimic individual: a controlled comparison. *Journal of Consulting and Clinical Psychology*, 61, 296–303.

Williams, J. M. G. (1992) *The Psychological Treatment of Depression*. 2nd edn. Routledge, London.

Williams, J. M. G., Watts, F. N., MacLeod, C., Mathews, A. (1988) *Cognitive Psychology and Emotional Disorders*. Wiley, Chichester.

Willmuth, M. E. (1988) Cognitive–behavioural and insight-oriented psychotherapy of an eleven-year-old boy with obsessive–compulsive disorder. *American Journal of Psychotherapy*, 42, 472–8.

Wilson, G. T., Fairburn, C. G. (1993) Cognitive treatment for eating disorders. *Journal of Consulting and Clinical Psychology*, 61, 261–9.

Wilson, G. T., Rossiter, E. M., Kleifield, E. I., Landholm, L. (1986) Cognitive–behavioural treatment of bulimia nervosa: a controlled evaluation. *Behaviour Research and Therapy*, 24, 277–88.

Wilson, P. H., Goldin, J. C., Charbonneau-Powis, M. (1983) Comparative efficacy of behavioural and cognitive treatments of depression. *Cognitive Therapy and Research*, 7, 111–24.

Woody, G. E., McLellan, T., Luborsky, L., O'Brien, C. P. (1985) Sociopathy and psychotherapy outcome. *Archives of General Psychiatry*, 179, 188–93.

Young, J. E. (1990) *Cognitive Therapy for Personality Disorders: A Schema-focused Approach*. Professional Resource Press, Sarasoto, Florida.

Zajonc, R. B. (1980) Feeling and thinking: preferences need no inferences. *American Psychologist*, 35, 151–75.

Zeiss, A. M., Lewinsohn, P. M., Munoz, R. F. (1979) Non-specific improvement effects in depression using interpersonal, cognitive and pleasant events focused treatments. *Journal of Consulting and Clnical Psychology*, 47, 427–39.

Zeitlin, S., McNally, R. (1991) Implicit and explicit memory bias for threat in post-traumatic stress disorder. *Behaviour Research and Therapy*, 29, 451–7.

Zuroff, D. C., Colussy, S. A., Wielgus, M. S. (1983) Selective memory and depression: a cautionary note concerning response bias. *Cognitive Therapy and Research*, 7, 223–32.

제 3 장

Alloy, L. B., Abramson, L. Y. (1988) Depressive realism. Four theoretical perspectives. In L. B. Alloy (ed.), *Cognitive Processes in Depression* (pp. 223–65). Guilford Press, New York.

American Psychiatric Association (1994) *Diagnostic and Statistical Manual of Mental Disorders*. 4th edn. American Psychiatric Association, Washington, DC.

Beck, A. T. (1967) *Depression: Clinical, Experimental and Theoretical Aspects*. Harper & Row, New York.

Beck, A. T. (1976) *Cognitive Therapy and the Emotional Disorders*. International Universities Press, New York.

Beck, A. T. (1983) Cognitive therapy of depression: new perspectives. In P. J. Clayton and J. E. Barrett (eds.) *Treatment of Depression: Old controversies and new approaches*. Raven Press, New York.

Beck, A. T., Rush, A. J., Shaw, B. F., Emery, G. (1979) *Cognitive Therapy of Depression*. Guilford Press, New York.

Beck, A. T., Ward, C. H., Mendelson, M., Mock, J. E., Erbaugh, J. K. (1961) An inventory for measuring depression. *Archives of General Psychiatry*, 4, 561–71.

Beck, A. T., Weissman, A., Lester, D., Trexler, L. (1974) The measurement of pessimism: the Hopelessness Scale. *Journal of Consulting and Clinical Psychology*, 42, 861–5.

Blackburn, I.-M. (1987) *Coping with Depression*. Chambers, Edinburgh.

Blackburn, I.-M., Davidson, K. M. (1995) *Cognitive Therapy for Depression and Anxiety*. 2nd edn. Blackwell Scientific Publications, Oxford.

Blackburn, I.-M., Jones, S., Lewin, R. J. P. (1986) Cognitive style in depression. *British Journal of Clinical Psychology*, 25, 241–51.

Blacker, C. V. R., Clare, A. W. (1987) Depressive disorder in primary care. *British Journal of Psychiatry*, 150, 737–51.

Burns, D. (1980) *Feeling Good: The New Mood Therapy*. William Morrow, New York.

Clinical Resource and Audit Group, the Scottish Office (1993) *Depressive Illness. A Critical Review of Current Practice and the Way Ahead*. Scottish Office, Edinburgh.

Fennell, M. J. V. (1989) Depression. In K. Hawton, P. M. Salkovskis, J. Kirk, D. M. Clark (eds), *Cognitive Behaviour Therapy for Psychiatric Problems. A Practical Guide* (pp. 169–234). Oxford University Press, Oxford.

Freeling, P. R., Tylee, A. (1992) Depression in general practice. In E. S. Pankel (ed.), *Handbook of Affective Disorders*. Churchill Livingstone, Edinburgh.

Hamilton, M. (1960) A rating scale for depression. *Journal for Neurological and Neurosurgical Psychiatry*, 23, 59–61.

Hollon, S. D., Kendall, P. C. (1980) Cognitive self-statements in depression: development of an automatic thoughts questionnaire. *Cognitive Therapy and Research*, 4, 383–95.

Isacsson, G., Boethius, G., Bergman, U. (1992) Low level of antidepressant prescription for people who later commit suicide: 15 years of experience from a population-based drug database in Sweden. *Acta Psychiatrica Scandinavica*, 85, 444–8.

Kahneman, D., Slovic, P., Tversky, A. (eds) (1982) *Judgement under Uncertainty: Heuristics and Biases*. Cambridge University Press, Cambridge.

Nisbett, R. E., Ross, L. (1980) *Human Inference Strategies and Shortcomings of Social Judgement*. Prentice-Hall, Englewood Cliffs, NJ.

Safran, J. D., Segal, Z. V. (1990) *Interpersonal Process in Cognitive Therapy*. Appendix II. Basic Books, New York.

Schou, M., Weeke, A. (1988) Did manic-depressive patients who committed suicide receive prophylactic or continuation treatment at the same time? *British Journal of Psychiatry*, 153, 324–7.

Speilberger, C., Gorsuch, R., Lushene, R. (1970) *Manual for the State-Trait Anxiety Inventory*. Consulting Psychologists Press, Palo Alto, California.

Weissman, A. N., Beck, A. T. (1978) Development and validation of the Dysfunctional Attitude Scale. Paper presented at the annual meeting of the Association for the Advancement of Behaviour Therapy, Chicago, Illinois.

West, R. (1992) *Depression*. London: Office of Health Economics.

Wilkinson, D. G. (1989) *Depression: Recognition and Treatment in General Practice*. Radcliffe Medical Press, Oxford.

Williams, J. M. G. (1992) *The Psychological Treatment of Depression*. 2nd edn. Routledge, London.

World Health Organisation (1993) *The ICD-10 Classification of Mental and Behavioural Disorder. Diagnostic Criteria for Research*. WHO, Geneva.

제 4 장

American Psychiatric Association (1994) *Diagnostic and Statistical Manual of Mental Disorders*. 4th edn. American Psychiatric Association, Washington.

Angst, J., Doblar-Mikola, A., Schbeindegger, P. (1985) The Zurich study: anxiety and phobia in young adults. *European Archives of Psychiatric and Neurological Sciences*, 235, 171–8.

Barlow, D. H. (1988) *Anxiety and Its Disorders: The Nature and Treatment of Anxiety and Panic*. Guilford Press, New York.

Beck, A. T. (1976) *Cognitive Therapy and the Emotional Disorders*. International Universities Press, New York.

Beck, A. T. (1988) *Love Is Never Enough*. Penguin, London.

Beck, A. T., Emery, G., Greenberg, R. L. (1985) *Anxiety Disorders and Phobias: A Cognitive Perspective*. Basic Books, New York.

Beck, A. T., Steer, R. A. (1990) *Manual for the Beck Anxiety Inventory*. Psychological Corporation, New York.

Beck, A. T., Ward, C. H., Mendelson, M., Mock, J. E., Erbaugh, J. K. (1961) An inventory for measuring depression. *Archives of General Psychiatry*, 4, 561–71.

Beck, A. T., Weissman, A., Lester, D., Trexler, L. (1974) The measurement of pessimism: the Hopelessness Scale. *Journal of Consulting and Clinical Psychology*, 42, 861–5.

Blackburn, I.-M., Davidson, K. (1990) *Cognitive Therapy for Depression and Anxiety*. Blackwell Scientific Publications, Oxford.

Blazer, D. G., Hughes, D., George, L. K., Swartz, M., Boyer, R. (1991) Generalised anxiety disorder. In L. N. Robins, D. A. Regier (eds), *Psychiatric Disorders in America: The Epidemiological Catchment Area Study*. Free Press, New York.

Borkovec, T. D., Costello, E. (1993) Efficacy of applied relaxation and cognitive–behavioural therapy in the treatment of generalized anxiety disorder. *Journal of Consulting and Clinical Psychology*, 61, 611–19.

Borkovec, T. D., Inz, J. (1990) The nature of worry in generalised anxiety disorder. A predominance of thought activity. *Behaviour, Research and Therapy*, 2, 153–8.

Breslau, N., Davis, G. C. (1985) *DSM*-III generalised anxiety disorder: an empirical investigation of more stringent criteria. *Psychiatry Research*, 14, 231–8.

Butler, G. (1992) Personal communication.

Dean, C., Surtees, P. G., Sashisharan, S. P. (1983) Comparison of research diagnostic systems in an Edinburgh community sample. *British Journal of Psychiatry*, 142, 247–56.

Hamilton, M. A. (1960) A rating scale for depression. *Journal of Neurological and Neurosurgical Psychiatry*, 23, 56–62.

Safran, J. D., Segal, Z. V. (1990) *Interpersonal Process in Cognitive Therapy*. Appendix II. Basic Books, New York.

Salkovskis, P. M. (1989) Cognitive–behavioural factors and the persistence of intrusive thoughts in obsessional problems. *Behaviour Research and Therapy*, 27, 677–82.

Salkovskis, P. M., Kirk, J. (1989) Obsessional disorders. In K. Hawton, P. Salkovskis, J. Kirk, D. M. Clark (eds), *Cognitive*

Behaviour Therapy for Psychiatric Problems. A Practical Guide (pp. 129–68). Oxford University Press, Oxford.
Uhlenhuth, E. H., Balter, M. B., Mellinger, G. D., Cisin, I. H., Clinthorne, J. (1983) Symptom checklist syndromes in the general population: correlations with psychotherapeutic drug use. *Archives of General Psychiatry*, 40, 1167–72.
Weissman, A. M., Beck, A. T. (1978) *Development and Validation of the Dysfunctional Attitude Scale*. Paper presented at the annual meeting of the Association for the Advancement of Behaviour Therapy, Chicago.

제 5 장

American Psychiatric Association (1987) *Diagnostic and Statistical Manual of Mental Disorders*. 3rd edn. American Psychiatric Association, Washington, DC.
American Psychiatric Association (1994) *Diagnostic and Statistical Manual of Mental Disorders*. 4th edn. American Psychiatric Association, Washington, DC.
Barlow, D. H., Craske, M. G. (1989) *Mastery of Your Anxiety and Panic*. Graywind Publications, Albany, NY.
Beck, A. T., Emery, G., Greenberg, R. L. (1985). *Anxiety Disorders and Phobias*. Basic Books, New York.
Beck, A. T., Steer, R. A. (1990) *Manual for the Beck Anxiety Inventory*. Psychological Corporation, New York.
Beck, A. T., Ward, C. H., Mendelson, M., Mock, J. E., Erbaugh, J. K. (1961) An inventory for measuring depression. *Archives of General Psychiatry*, 4, 561–71.
Bernstein, D. A., Borkovec, T. D. (1976) *Progressive Relaxation Training: A Manual for the Helping Professionals*. Research Press, Champaign, Ill.
Chambless, D. L., Caputo, G. C., Bright, P., Gallagher, R. (1984) Assessment of fear in agoraphobics: the body sensations questionnaire and the agoraphobic cognitions questionnaire. *Journal of Consulting and Clinical Psychology*, 52, 1090–7.
Clark, D. M. (1986) A cognitive approach to panic. *Behaviour Research and Therapy*, 24, 461–70.
Clark, D. M. (1989) Anxiety states: panic and generalised anxiety. In K. Hawton, P. Salkovskis, J. Kirk and D. M. Clark (eds), *Cognitive Behaviour Therapy for Psychiatric Problems: A Practical Guide*. Oxford Medical Publications, Oxford.
Clark, D. M., Ehlers, A. (1993) An overview of the cognitive treatment of panic disorder. *Applied and Preventive Psychology*, 2, 131–9.

Clark, D. M., Salkovskis, P. M., Gelder, M., Koehler, K., Martin, M., Anastasiades, P., Hackmann, A., Middleton, H., Jeavons, A. (1988) Tests of a cognitive theory of panic. In I. Hand and H. Wittchen (eds), *Panic and Phobias* (vol. 2). Springer-Verlag, New York.

Clark, D. M., Salkovskis, P. M., Hackmann, A., Middleton, H., Anastasiades, P., Gelder, M. (1994) A comparison of cognitive therapy, applied relaxation and imipramine in the treatment of panic disorder. *British Journal of Psychiatry*, 164, 759–69.

Foa, E. B. (1988) What cognitions differentiate panic disorder from other anxiety disorders? In I. Hand and H. Wittchen (eds), *Panic and Phobias* (vol. 2). Springer-Verlag, New York.

Hamilton, M. A. (1960) A rating scale for depression. *Journal of Neurological and Neurosurgical Psychiatry*, 23, 56–62.

Marshall, S. L. (1978) *Men against Fire*. Peter Smith Publications, Gloucester.

McNally, R. (1991) Psychological approaches to panic disorder: a review. *Psychological Bulletin*, 108, 403–19.

Michelson, L., Marchione, K. (1989) Cognitive, behavioural, and physiological-based treatments of agoraphobia: a comparative outcome study. Paper presented at American Association of Behaviour Therapy, November, Washington, DC.

Norton, G. R., Harrison, B., Haunch, J., Rhodes, L. (1985) Characteristics of people with infrequent panic attacks. *Journal of Abnormal Psychology*, 94, 216–21.

Reich, J. H. (1986) The epidemiology of anxiety. *Journal of Nervous and Mental Disorders*, 174, 129–36.

Robins, L. N., Regier, D. A. (1991) *Psychiatric Disorders in America: The Epidemiological Catchment Area Study*. Free Press, New York.

Roth, A., Fonagy, P. (1995) *Research on the Efficacy and Effectiveness of the Psychotherapies*. Department of Health Report, London.

Safran, J. D., Segal, Z. V. (1990) *Interpersonal Process in Cognitive Therapy*. Appendix II. Basic Books, New York.

Salkovskis, P. M. (1988) Phenomenology, assessment and cognitive model of panic. In S. Rachman and j. Maser (eds), *Panic: Psychological Perspectives*. Erlbaum, Hillsdale, NJ.

Salkovskis, P. M., Clark, D. M. (1991) Cognitive therapy for panic disorder. *Journal of Cognitive Psychotherapy*, 5, 215–26.

Speilberger, C., Gorsuch, R., Lushene, R. (1970) *Manual for the State-Trait Anxiety Inventory*. Consulting Psychologists Press, Palo Alto, California.

제 6 장

American Psychiatric Association (1994) *Diagnostic and Statistical Manual of Mental Disorders*. 4th edn. American Psychiatric Association, Washington, DC.

Beech, H. R., Liddel, A. (1974) Decision-making, mood states and ritualistic behaviour among obsessional patients. In H. R. Beech (ed.), *Obsessional States*. Methuen, London.

Emmelkamp, P. M. (1987) Recent developments in the treatment of phobic and obsessive-compulsive disorders. In W. Huber (ed.), *Progress in Psychotherapy Research* (pp. 161–87). University of Louvain Press, Louvain.

Guidano, V. F., Liotti, G. (1983) *Cognitive Processes and Emotional Disorders: A Structural Approach to Psychotherapy*. Guilford Press, New York.

James, I. A., Blackburn, I.-M. (1995) Cognitive therapy with obsessive-compulsive disorder. *British Journal of Psychiatry*, 166, 444–50.

Rachman, S. J., DeSilva, P. (1978) Abnormal and normal obsessions. *Behaviour Research and Therapy*, 16, 233–8.

Rachman, S. J., DeSilva, P., Roper, G. (1976) The spontaneous decay of compulsive urges. *Behaviour Research and Therapy*, 14, 445–53.

Roper, G., Rachman, S. J. (1975) Obsessional-compulsive checking: replication and development. *Behaviour Research and Therapy*, 13, 25–32.

Roper, G., Rachman, S. J., Hodgson, R. (1973) An experiment on obsessional checking. *Behaviour Research and Therapy*, 11, 271–7.

Safran, J. D., Segal, Z. V. (1990) *Interpersonal Process in Cognitive Therapy*. Appendix II. Basic Books, New York.

Salkovskis, P. M. (1985) Obsessional-compulsive problems: a cognitive-behavioural analysis. *Behaviour Research and Therapy*, 25, 571–83.

Salkovskis, P. M. (1988) Intrusive thoughts and obsessional disorders. In D. Glasgow and N. Eisenberg (eds), *Current Issues in Clinical Psychology*. Gower, London.

Salkovskis, P. M. (1989) Obsessions and compulsions. In J. Scott, J. M. G. Williams, A. T. Beck (eds), *Cognitive Therapy in Clinical Practice* (pp. 50–77). Routledge, London.

Salkovskis, P. M., Harrison, J. (1984) Abnormal and normal obsession: a replication. *Behaviour Research and Therapy*, 22, 549–52.

Salkovskis, P. M., Warwick, H. M. C. (1988) Cognitive therapy of obsessive-compulsive disorder. In C. Perris, I.-M. Blackburn and H. Perris (eds), *The Theory and Practice of Cognitive Therapy*. Springer, Heidelberg.

제 7 장

American Psychiatric Association (1994) *Diagnostic and Statistical Manual of Mental Disorders*. 4th edn. American Psychiatric Association, Washington, DC.

Beck, A. T. (1976) *Cognitive Therapy and the Emotional Disorders*. Penguin, London.

Beck, A. T., Ward, C. H., Mendelson, M., Mock, J. G., Erbaugh, J. K. (1961) An inventory for measuring depression. *Archives of General Psychiatry*, 4, 561–71.

Beck, A. T., Weissman, A., Lester, D., Trexler, L. (1974) The measurement of pessimism: the Hopelessness Scale. *Journal of Consulting and Clinical Psychology*, 42, 861–5.

Chernin, K. (1983) *Womansize. The Tyranny of Slenderness*. Women's Press, London.

Fairburn, C. G. (1992) Personal communication.

Fairburn, C. G., Beglin, S. J. (1990) Studies of the epidemiology of bulimia nervosa. *American Journal of Psychology*, 167, 401–8.

Fairburn, C. G., Cooper, P. J. (1989a) Eating disorders. In D. M. Garner and P. E. Garfinkel (eds), *Handbook of Psychotherapy for Anorexia Nervosa and Bulimia*. Guilford Press, New York.

Fairburn, C. G., Cooper, P. J. (1989b) Eating disorders. In K. Hawton, P. Salkovskis, J. Kirk, D. Clark (eds), *Cognitive Behaviour Therapy for Psychiatric Problems: A Practical Guide* (ch. 8). Oxford University Press, Oxford.

Fennell, M. J. V. (1992) Personal communication.

Fleming, J. (1992) *Never Give Up*. Penguin, London.

Garner, D. M., Garfinkel, P. E. (1979) The eating attitudes test: an index of symptoms of anorexia nervosa. *Psychological Medicine*, 9, 273–9.

Garner, D. M., Garfinkel, P. E. (1985) *Handbook of Psychotherapy for Anorexia Nervosa and Bulimia Nervosa*. Guilford Press, New York.

Gilbert, S. (1989) *Tomorrow I'll Be Slim: The Psychology of Dieting*. Routledge, London.

Hamilton, M. A. (1960) A rating scale for depression. *Journal of Neurological and Neurosurgical Psychiatry*, 23, 56–62.

Harrison, G. B. (1950) *A Book of English Poetry*. (Sonnet CXXX, William Shakespeare.) Penguin, London.

Henderson, M., Freeman, C. P. L. (1987) A self-rating scale for bulimia. The 'BITE'. *British Journal of Psychiatry*, 150, 18–24.

Herzog, D. B., Keller, M. B., Lavori, P. W., Sacks, N. R. (1991) The course and outcome of bulimia nervosa. *Journal of Clinical Psychiatry*, 52 (supplement 10), 4–8.

Lees, S. (1993) *Sugar and Spice, Sexuality and Adolescent Girls*. Penguin Women's Studies, London.
Safran, J. D., Segal, Z. V. (1990) *Interpersonal Processes in Cognitive Therapy*. Basic Books, New York.
Weissman, A. N., Beck, A. T. (1978) Development and validation of the Dysfunctional Attitude Scale. Paper presented at the annual meeting of the Association for the Advancement of Behaviour Therapy, Chicago.
Wolf, N. (1990) *The Beauty Myth*. Vintage, London.

제 8 장

American Psychiatric Association (1994) *Diagnostic and Statistical Manual of Mental Disorders* (*DSM*–IV). American Psychiatric Association, Washington, DC.
Beck, A. T., Freeman, A., and associates (1990) *Cognitive Therapy of Personality Disorders*, Guilford Press, New York.
Beck, A. T., Ward, C. H., Mendelson, M., Mock, J. E., Erbaugh, J. K. (1961) An inventory for measuring depression. *Archives of General Psychiatry*, 4, 561–71.
Beck, A. T., Weissman, A., Lester, D., Trexler, L. (1974) The measurement of pessimism: the Hopelessness Scale. *Journal of Consulting and Clinical Psychology*, 42, 861–5.
Blackburn, I.—M., Davidson, K. M. (1995) *Cognitive Therapy for Depression and Anxiety*. 2nd edition. Blackwell Scientific Publications, Oxford.
Elkin, I., Shea, M. T., Watkins, J. T., Imber, S. D., Sotsky, S. M., Collins, J. F., Glass, D. R., Pilkoniz, P. A., Leber, W. R., Docherty, J. P., Fiester, S. J., Parloff, M. B. (1989) NIMH Treatment of Depression Collaborative Research Program: general effectiveness of treatments. *Archives of General Psychiatry*, 46, 971–82.
Hollson, S. D., Kendall, P. C. (1980) Cognitive self-statements in depression: development of an automatic thoughts questionnaire. *Cognitive Therapy and Research*, 4, 383–95.
Ingram, R. E., Hollon, S. D. (1986) Cognitive therapy for depression from an information-processing perspective. In R. E. Ingram (ed.), *Information–processing Approaches to Clinical Psychology*. Academic Press, New York.
Layden, M. A., Newman, C. F., Freeman, A., Morse, S. B. (1993) *Cognitive Therapy of Borderline Personality Disorder*. Allyn & Bacon, Boston.
Linehan, M. M. (1993a) *Cognitive–Behavioural Treatment of Borderline Personality Disorder*. Guilford Press, New York.

Linehan, M. M. (1993b) *Skills Training Manual for Treating Borderline Personality Disorder*. Guilford Press, New York.

Mays, D. T., Franks, C. M. (1975) Negative outcome: what to do about it. In D. T. Mays and C. M. Franks (eds), *Negative Outcome in Psychotherapy and What to do about It*. Springer, New York.

Padesky, C. A. (1990) Schema as self-prejudice. *International Cognitive Therapy Newsletter*, 6, 22–3.

Persons, J. B. (1989) *Cognitive Therapy in Practice. A Case Formulation Approach*. Norton, New York.

Rush, A., Shaw, B. F. (1983) Failure in treating depression by cognitive therapy. In E. B. Foa and P. G. M. Emmelkamp (eds), *Failures in Behaviour Therapy*. Wiley, New York.

Rutter, M. (1987) Temperament, personality and personality disorder. *British Journal of Psychiatry*, 150, 443–58.

Safran, J. D., Segal, Z. V. (1990) *Interpersonal Process in Cognitive Therapy*. Appendix II. Basic Books, New York.

Shea, M. T., Pilkonis, P. A., Beckham, E., Collins, J. F., Elkin, I., Solsky, S. M., Docherty, J. P. (1990) Personality disorders and treatment outcome in the NIMH Treatment of Depression Collaborative Research Program. *American Journal of Psychiatry*, 147, 711–18.

Speilberger, C., Gorsuch, R., Lushene, R. (1970) *Manual for the State-Trait Anxiety Inventory*. Consulting Psychologists Press, Palo Alto, California.

Swartz, M., Blazer, D., Winfield, I. (1990) Estimating the prevalence of borderline personality in the community. *Journal of Personality Disorders*, 4, 257–67.

Turkat, I. D., Maisto, S. A. (1985) Personality disorders: application of the experimental method to the formulation and modification of personality disorders. In D. H. Barlow (ed.), *Clinical Handbook of Psychological Disorders*. Guilford Press, New York.

Tyrer, P., Sievewright, N., Ferguson, B., Murphy, S., Johnson, A. L. (1993) The Nottingham study of neurotic disorder: effect of personality status on response to drug treatment, cognitive therapy and self-help over two years. *British Journal of Psychiatry*, 162, 219–26.

Weissman, A. N., Beck, A. T., (1978) Development and validation of the Dysfunctional Attitude Scale. Paper presented at the annual meeting of the Association for the Advancement of Behaviour Therapy, Chicago, Ill.

Weissman, M. M. (1993) The epidemiology of personality disorders. In R. Michels (ed.), *Psychiatry*. J. B. Lippincott, Philadelphia, Pa.

Young, J. E. (1990) *Cognitive Therapy for Personality Disorders: A Schema-focused Approach*. Professional Resource Press, Sarasoto, Florida.

Young, J. E., Brown, G. (1990) *Schema Questionnaire*. 2nd ed. Cognitive Therapy Center of New York, New York.

Young, J. E., Klosko, J. S. (1993) *Reinventing Your Life*. Penguin Books, New York.

Young, J. E. Wattenmaker, D., Wattenmaker, R. (1993) *Schema Therapy Flashcard*. Cognitive Therapy Center of New York, New York.

제 9 장

Beck, A. T., Freeman, A. and associates (1990) *Cognitive Therapy of Personality Disorders*, Guilford Press, New York.

Beck, A. T., Rush, A. J., Shaw, B. F., Emery, G. (1979) *Cognitive Therapy of Depression: A Treatment Manual*. Guilford Press, New York.

Bentall, R. P. (1994) Cognitive biases and abnormal beliefs: towards a model of persecutory delusions. In A. S. David and J. Cutting (eds), *The Neuropsychology of Schizophrenia* (pp. 337–60). Erlbaum, London.

Blackburn, I.-M., Davidson, K. M. (1995) *Cognitive Therapy for Depression and Anxiety*. 2nd ed. Blackwell Scientific Publications, Oxford.

Clark, D. M., Wells, A. (1994) A Cognitive Model of Social Phobia. In R. G. Heimberg, M. Liebowitz, D. Hope and F. Schneir (eds), *Social Phobia: Diagnosis, Assessment and Treatment*. Guilford Press, New York.

Frank, F. O. (1973) *Persuasion and Healing*. 2nd edn. Johns Hopkins University Press, Baltimore, Md.

Garety, P. A., Hemsley, D. R., Wesseley, S. (1991) Reasoning in deluded schizophrenic and paranoid patients. Biases in performance on a probabilistic inference task. *Journal of Nervous and Mental Diseases*, 179, 194–201.

Hawton, K., Salkovskis, P. M., Kirk, J., Clark, P. M. (1989) *Cognitive Behaviour Therapy for Psychiatric Problems. A Practical Guide*. Oxford University Press, Oxford.

Huq, S. F., Garety, P. A., Hemsley, D. R. (1988) Probabilistic judgements in deluded and non-deluded subjects. *Quarterly Journal of Experimental Psychology*, 40A, 801–2.

Lambert, M. J. (1989) The individual therapist contribution to psychotherapy process and outcome. *Clinical Psychology Review*, 9, 469–85.

Luborsky, L., McLellan, A., Woody, G., O'Brien, C., Auerbach, A. (1985) Therapist success and its determinants. *Archives of General Psychiatry*, 42, 602–11.

Persons, J. B. (1989) *Cognitive Therapy in Practice. A Case Formulation Approach*. Norton, New York.

Persons, J. B. (1993) The process of change in cognitive therapy: schema change or acquisition of compensatory skills? *Cognitive Therapy and Research*, 17, 123–37.

Scott, A. I. F., Freeman, C. L. (1992) Edinburgh primary care depression study: treatment outcome, patient satisfaction and cost after 16 weeks. *British Medical Journal*, 8304, 883–7.

Teasdale, J. D., Barnard, P. J. (1993) *Affect, Cognition and Change. Re-modelling Depressive Thought*. Lawrence Erlbaum Associates, Hove, UK.

Truax, C. B., Carkuff, R. R. (1967) *Toward Effective Counselling Psychotherapy: Training and Practice*. Aldine, Chicago, Ill.

West, R. (1992) *Depression*. London: Office of Health Economics.

Williams, J. M. G. (1992) *The Psychological Treatment of Depression*. 2nd edn. Routledge, London.

Young, J. E., Beck, A. T. (1988) *Cognitive Therapy Scale*. Unpublished manuscript, University of Pennsylvania, Philadelphia, Pa.

역자 약력

이상열 (원광의대 정신건강의학과 교수)

원광의대 졸업, 정신건강의학과 전문의, 의학박사
캐나다 토론토 의대 정신신체의학 연수
한국 정신신체의학회 이사장
대한신경정신의학회 이사
대한우울조울병학회 이사
대한정신약물학회 이사
한국불안의학회 이사

천영훈 (인천참사랑병원장)

원광의대 졸업, 정신건강의학과 전문의
인천시 서구 정신건강센터장
인천광역시 정신보건사업기술지원단 위원
한국중독정신의학회 이사
한국정신신체의학회 이사
대한정신의료기관협의회 이사

구재우 (용인정신병원 정신건강의학과 과장)

고려대학교 의과대학 졸업
인천참사랑병원 정신과장(전)
인천의료원 정신과장(전)
대한신경정신의학회 정회원
한국정신분석학회 정회원
대한최면의학회 정회원

– 임상가를 위한 사례집 –

인지치료의 실제

초판인쇄일	2015년 5월 11일
초판발행일	2015년 5월 15일
저 자	Ivy-Marie Blackburn and Vivien Twaddle
옮 긴 이	천 영 훈·구 재 우·이 상 열
펴 낸 이	오 무 근
펴 낸 곳	도서출판 **하나의학사**
출판신고	제300-2011-21호(1988. 4. 1)
주 소	서울시 서대문구 거북골로 7-7 하나빌딩 1층
전 화	(02)730-2555, 2556
팩 스	(02)730-2557
이 메 일	hanampc1@naver.com

정가 23,000원

♦ 역자와의 합의로 인지 생략

♦ 잘못된 책은 구입처에서 교환해 드립니다.

ISBN 979-11-85696-15-7 93510